# Carom Billiards: Over the Hill Patterns

## 3-Cushion Billiards Championship Shots

From International Competitions
(Test Yourself Against Professional Players)

Allan P. Sand
PBIA Certified Instructor

ISBN 978-1-62505-234-6
PRINT 7x10

ISBN 978-1-62505-422-7
PRINT 8.5x11

First edition

Copyright © 2016  Allan P. Sand

All rights reserved under International and Pan-American Copyright Conventions.

Published by Billiard Gods Productions.
Santa Clara, CA 95051
U.S.A.


For the latest information about books and videos, go to: http://www.billiardgods.com

**Acknowledgements**

Wei Chao created the software that was used to create these graphics.

# Table of Contents

**Introduction** ................................................................................................................. 1
   About the Graphic Layouts ...................................................................................... 1
   Table Setup ............................................................................................................. 2
   Purpose of the Layouts ........................................................................................... 2

**A: Downhill Small Corner Hooks** ............................................................................. 3
   A: Group 1 ............................................................................................................... 3
   A: Group 2 ............................................................................................................... 8
   A: Group 3 ............................................................................................................. 13
   A: Group 4 ............................................................................................................. 18

**B: Downhill Expanded Corner Hooks** .................................................................... 23
   B: Group 1 ............................................................................................................. 23
   B: Group 2 ............................................................................................................. 28
   B: Group 3 ............................................................................................................. 33
   B: Group 4 ............................................................................................................. 38

**C: Short Rail-to-Rail Full Table Pattern** ................................................................ 43
   C: Group 1 ............................................................................................................. 43
   C: Group 2 ............................................................................................................. 48
   C: Group 3 ............................................................................................................. 53

**D: Corner Return (long rail) Basic** ......................................................................... 58
   D: Group 1 ............................................................................................................. 58
   D: Group 2 ............................................................................................................. 63
   D: Group 3 ............................................................................................................. 68
   D: Group 4 ............................................................................................................. 73

**E: Corner Return (long rail) Extended** .................................................................. 78
   E: Group 1 ............................................................................................................. 78
   E: Group 2 ............................................................................................................. 83
   E: Group 3 ............................................................................................................. 88

**F: Shallow Down Hill Leg** ....................................................................................... 93
   F: Group 1 ............................................................................................................. 93
   F: Group 2 ............................................................................................................. 98
   F: Group 3 ........................................................................................................... 103
   F: Group 4 ........................................................................................................... 108

**G: Short Rail into the Corner** ............................................................................... 113
   G: Group 1 ........................................................................................................... 113
   G: Group 2 ........................................................................................................... 118
   G: Group 3 ........................................................................................................... 123

**H: Double-Hooks (basic)** ...................................................................................... 128
   H: Group 1 ........................................................................................................... 128
   H: Group 2 ........................................................................................................... 133
   H: Group 3 ........................................................................................................... 138

**I: Double-Hooks (extended)** ................................................................................. 143
   I: Group 1 ............................................................................................................ 143
   I: Group 2 ............................................................................................................ 148

| | |
|---|---:|
| I: Group 3 | 153 |
| I: Group 4 | 158 |

**J: Double-Hook with Return Diagonal** ............................................................. **163**
- J: Group 1 ................................................................................................ 163
- J: Group 2 ................................................................................................ 168
- J: Group 3 ................................................................................................ 173
- J: Group 4 ................................................................................................ 178

**K: Double Hilltop** ................................................................................................ **183**
- K: Group 1 ............................................................................................... 183

**L: Outside Return Hook** .................................................................................. **188**
- L: Group 1 ................................................................................................ 188
- L: Group 2 ................................................................................................ 193

**M: Outside Corner Return (short rail)** ......................................................... **198**
- M: Group 1 .............................................................................................. 198

Other books by the author …

- 3 Cushion Billiards Championship Shots (a series)
- Carom Billiards: Some Riddles & Puzzles
- Carom Billiards: MORE Riddles & Puzzles
- Why Pool Hustlers Win
- Table Map Library
- Safety Toolbox
- Cue Ball Control Cheat Sheets
- Advanced Cue Ball Control Self-Testing Program
- Drills & Exercises for Pool & Pocket Billiards
- The Art of War versus The Art of Pool
- The Psychology of Losing – Tricks, Traps & Sharks
- The Art of Team Coaching
- The Art of Personal Competition
- The Art of Politics & Campaigning
- The Art of Marketing & Promotion
- Kitchen God's Guide for Single Guys

# Introduction

This is one of a series of Carom Billiards books that show how professional players select shots, based on the table layout. All of these shots have been mapped out based on shots played at international competitions.

This book contains a wide variety of examples of the CB paths known as "over the hill" patterns.

These shots put you inside the head of the player beginning with the ball positions (shown in the first table layout). The second table layout shows the shooting decision and the results of the player's choice.

## About the Graphic Layouts

There are two graphics for each shot. The first graphic shows the ball positions on the table. The ball labeled "A" is always the player's CB. The first graphic the ball positions on the table. The second graphic shows how the shot was played.

Each table graphic in this book is a black & white representation of a standard 5 x 10 carom billiards table. Balls are represented with these three symbols.

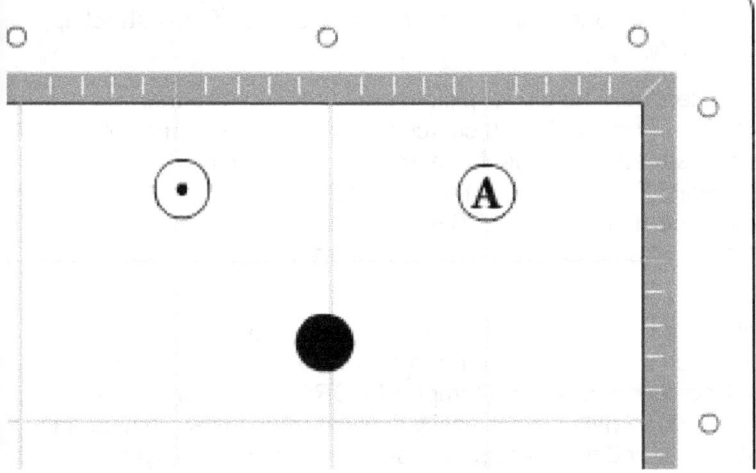

(A) The white "A" ball "A" is ALWAYS the shooter's cue ball.

(•) The white "center dot" ball is always the opponent's cue ball.

● This is the red Object Ball, represented in the layouts as the black ball.

Each shot is represented with two layouts on each page. The first layout shows the ball position setup BEFORE the shot. The second layout shows the ball pathways that the balls travel during the shot.

## Table Setup

1. Use donuts (paper reinforcement rings) to mark positions for the carom balls. These are available at any office supply store.

2. Place chalk cubes at the locations where the CB contacts each rail.

When you play the shot, observe where the CB pattern and each rail contact. You may need several attempts as you make adjustments to the CB spin to properly follow the pattern.

## Purpose of the Layouts

These are examples of shots that champion 3-cushion players from all over the world had to play. The first graphic provides the layout. The second graphic provides the results of their shooting solution. These layouts are provided for two purposes.

- Use the first layout as a mental exercise. The player picked one, but there are many possibilities. From the comfort of your armchair, you can consider multiple options, and work out the pattern using the spin and speed you would have applied. These help stretch and extend your skills in tactical analysis. Then consider how the player decided how to shoot the shot. From the patterns you can determine how the CB was played and the type of applied spin. It's helpful to use a pointer (or your finger) to trace the pattern as you work out how the shot was played.

- The second purpose is to take these layouts to the practice table. Position the paper reinforcement rings in place for each ball. You are going to shoot the layout many times, so these donuts help mark the ball positions for each attempt. BEFORE you experiment with your own "solutions", shoot the pattern until you can easily duplicate the paths. This means you will do a lot of experimentation to find the spin/speed used by the original player. Only AFTER you understand and can execute the pattern should you experiment with your own ideas.

This combination of mental analysis and practical table practice will boost your growth as an intelligent and thinking carom billiards player.

# A: Downhill Small Corner Hooks

The CB comes off the first OB and goes towards the middle of the long rail. The CB goes into the far corner. It goes into the short rail and then to the long rail. The CB goes cross corner into the second OB.

## A: Group 1

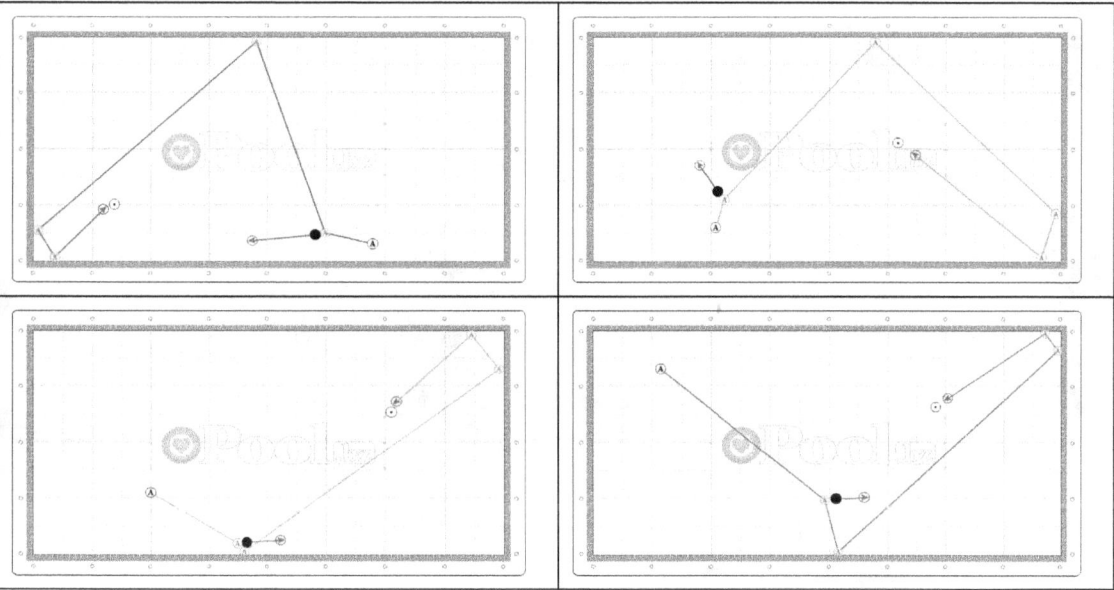

**Analysis**:

A:1a. _____

A:1b. _____

A:1c. _____

A:1d. _____

## A:1a – Setup

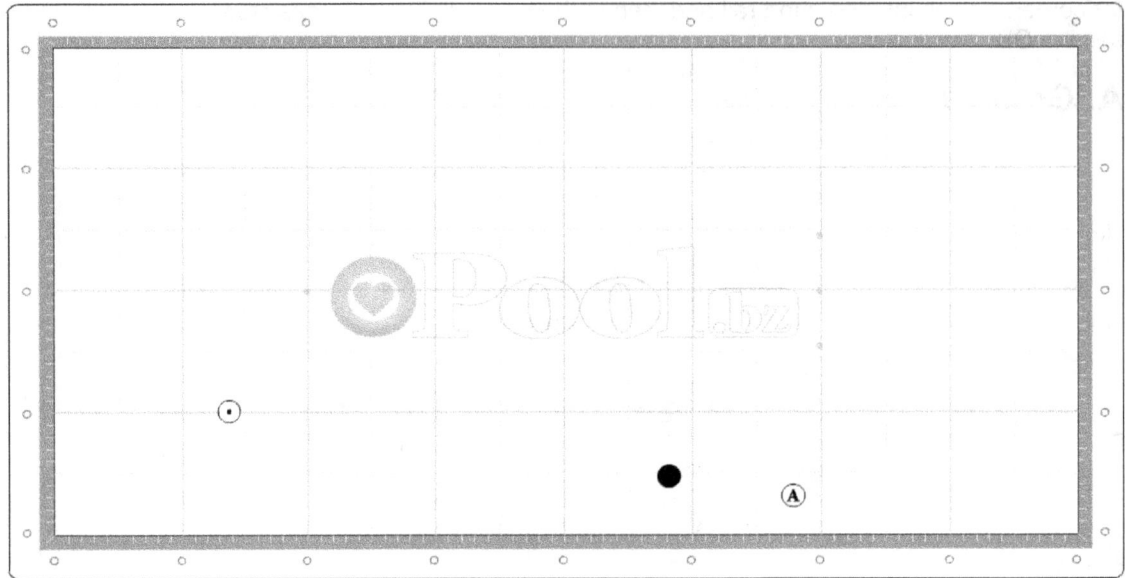

## Shot Pattern

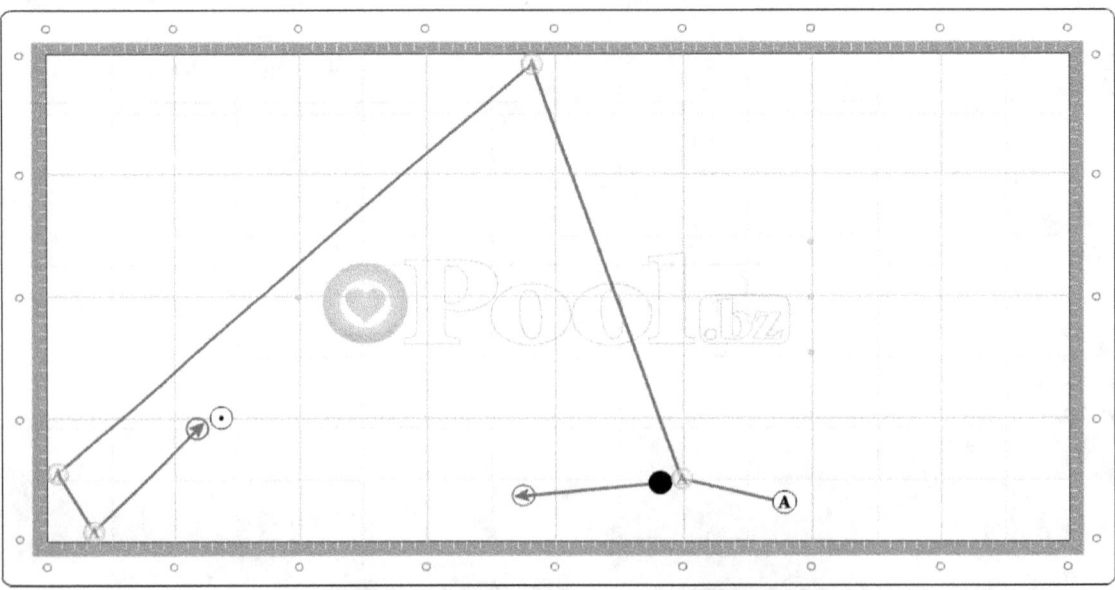

## A:1b – Setup

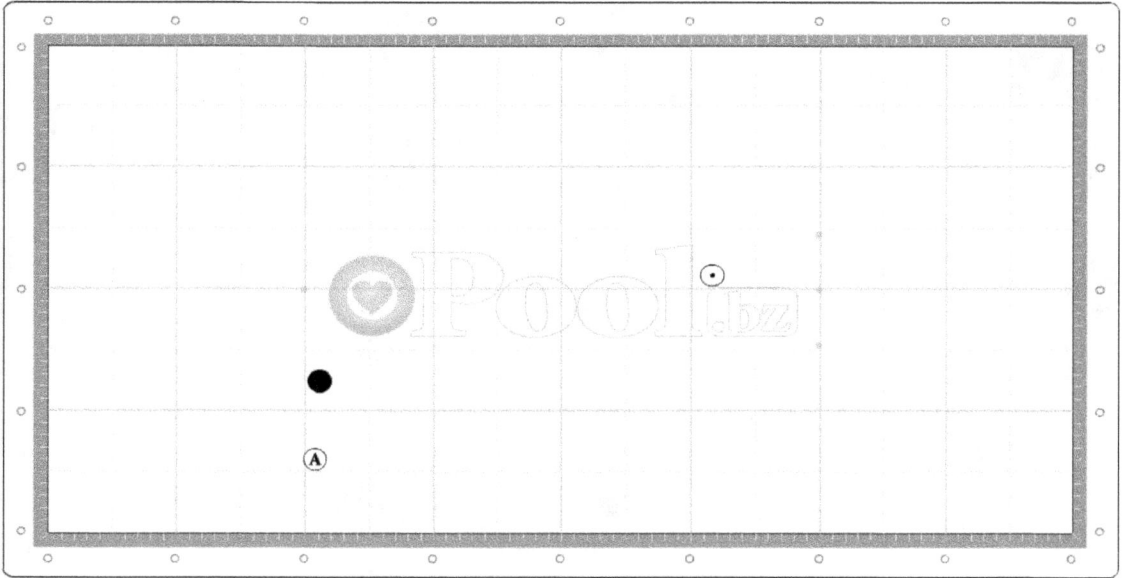

## Shot Pattern

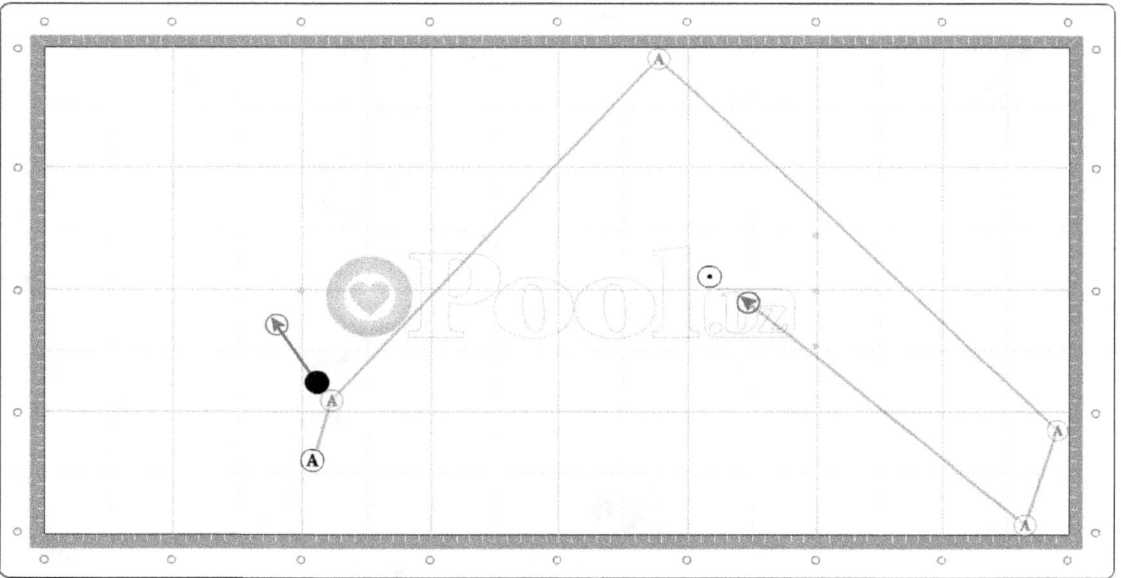

## A:1c – Setup

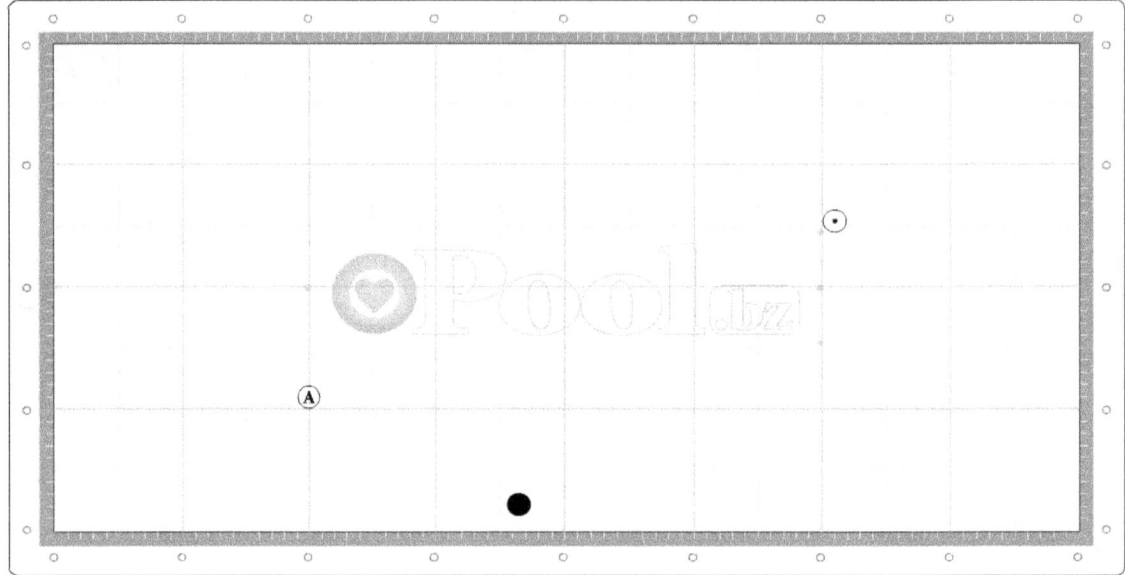

## Shot Pattern

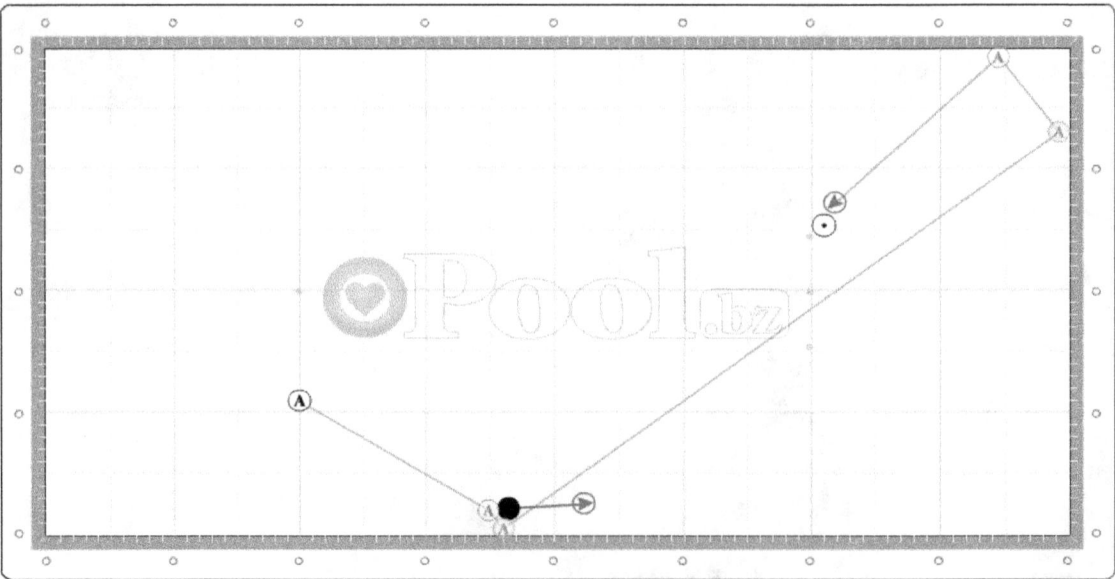

## A:1d – Setup

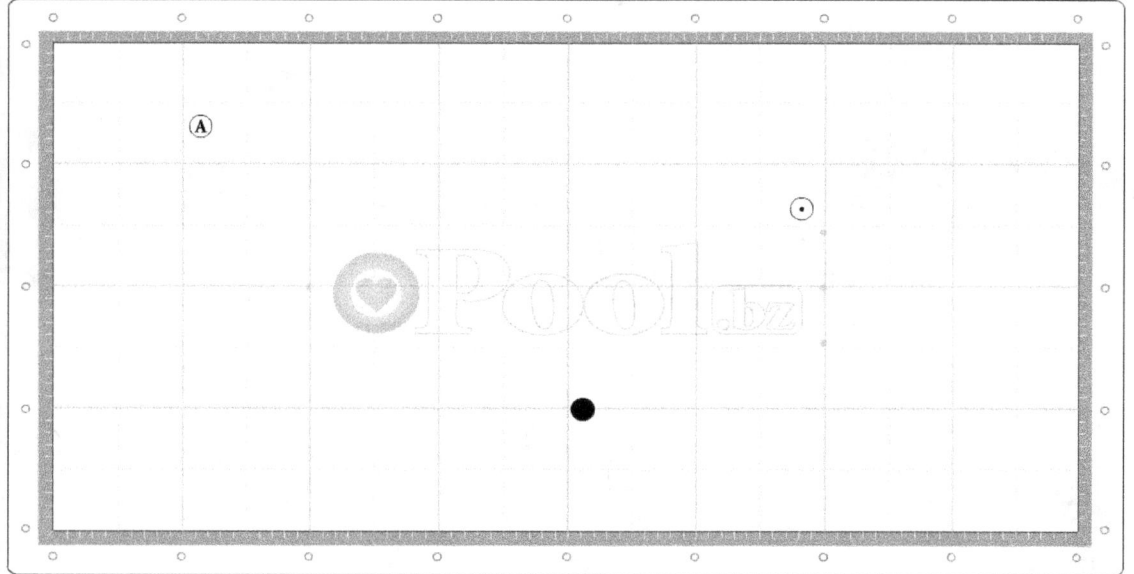

## Shot Pattern

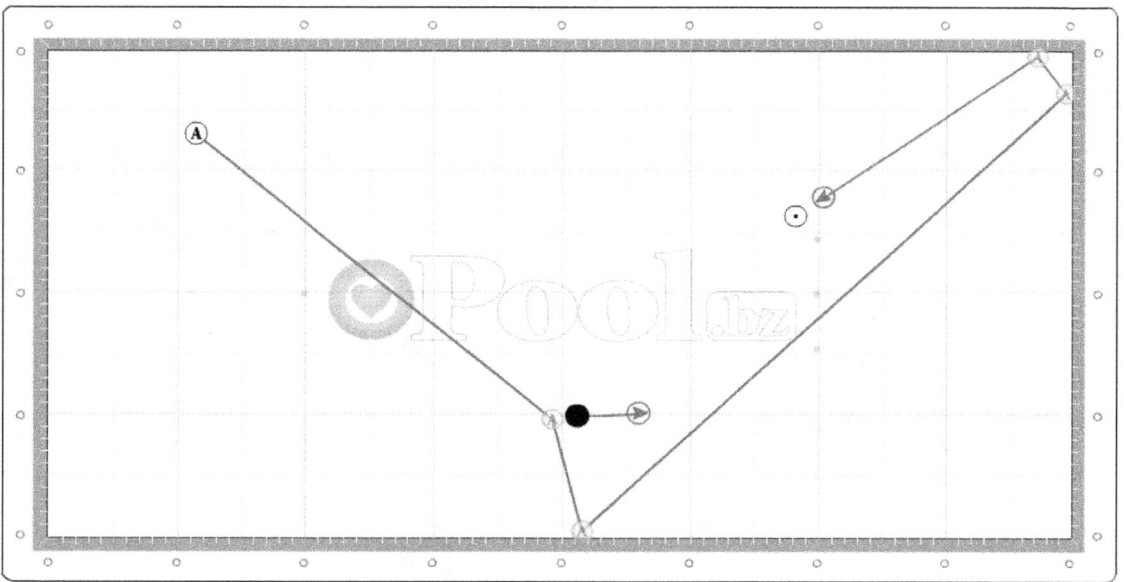

# A: Group 2

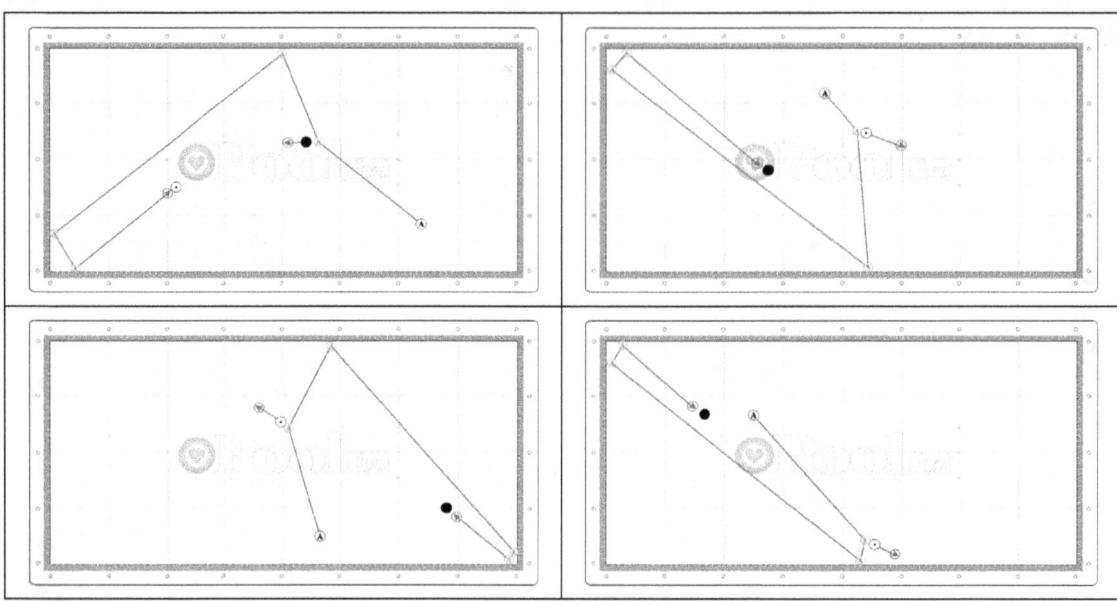

**Analysis**:

A:2a. _____

A:2b. _____

A:2c. _____

A:2d. _____

**A:2a – Setup**

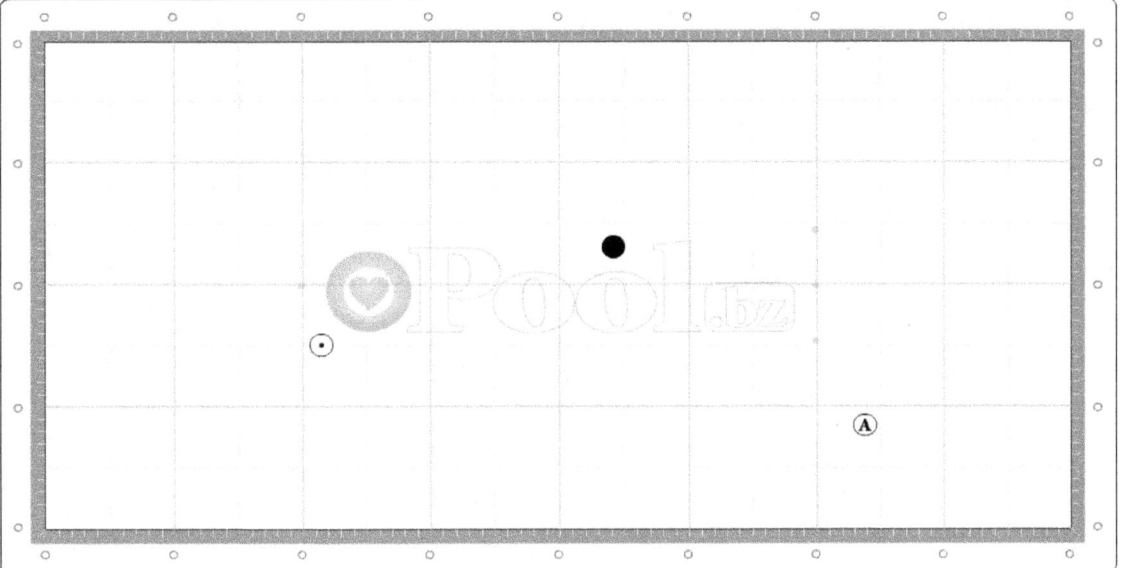

**Shot Pattern**

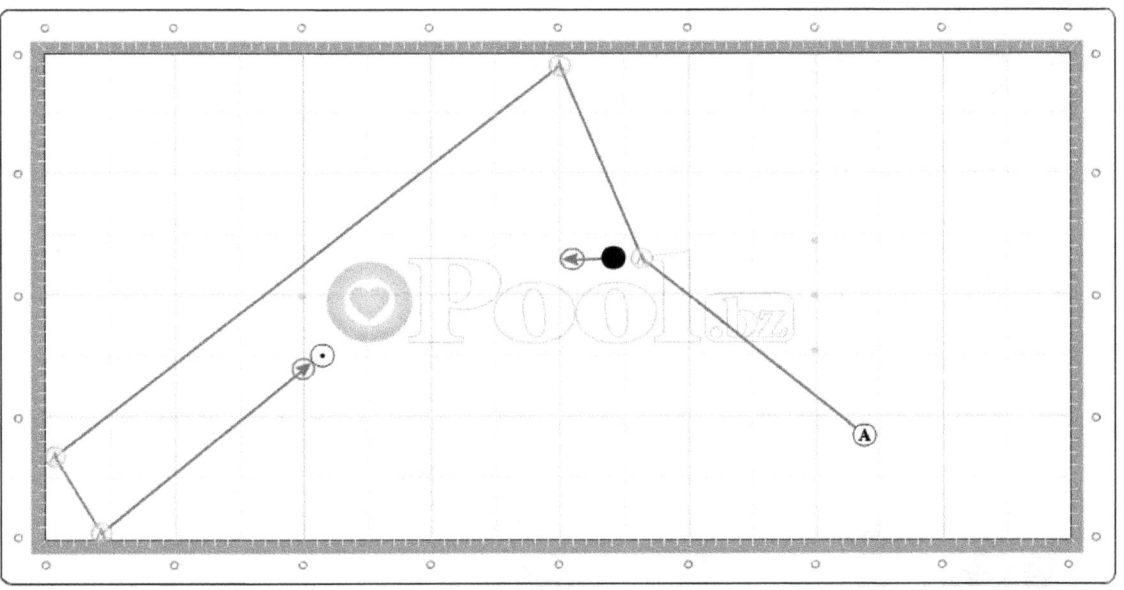

## A:2b – Setup

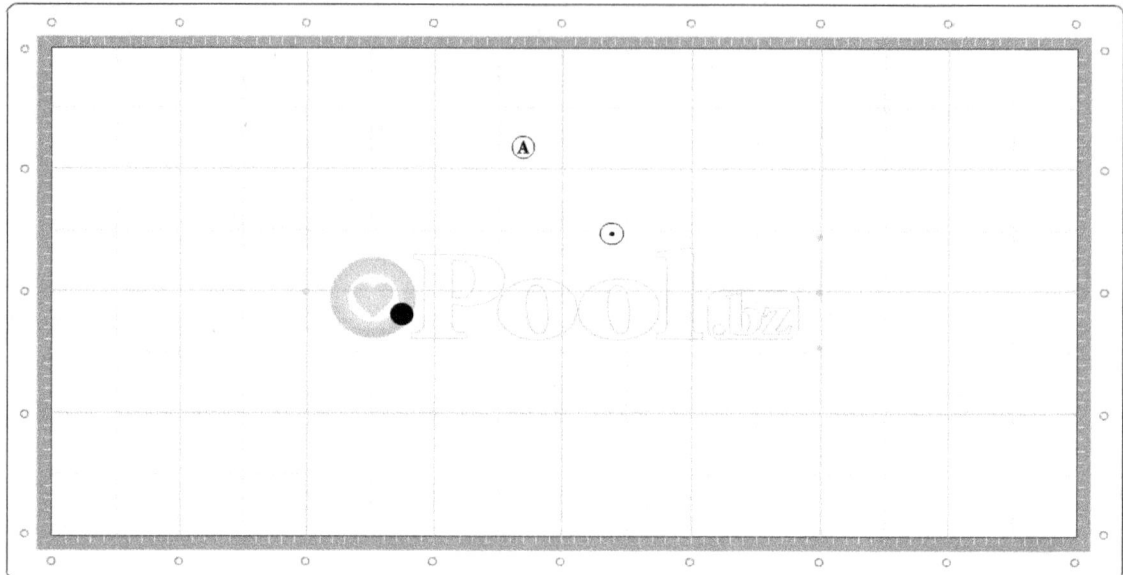

## Shot Pattern

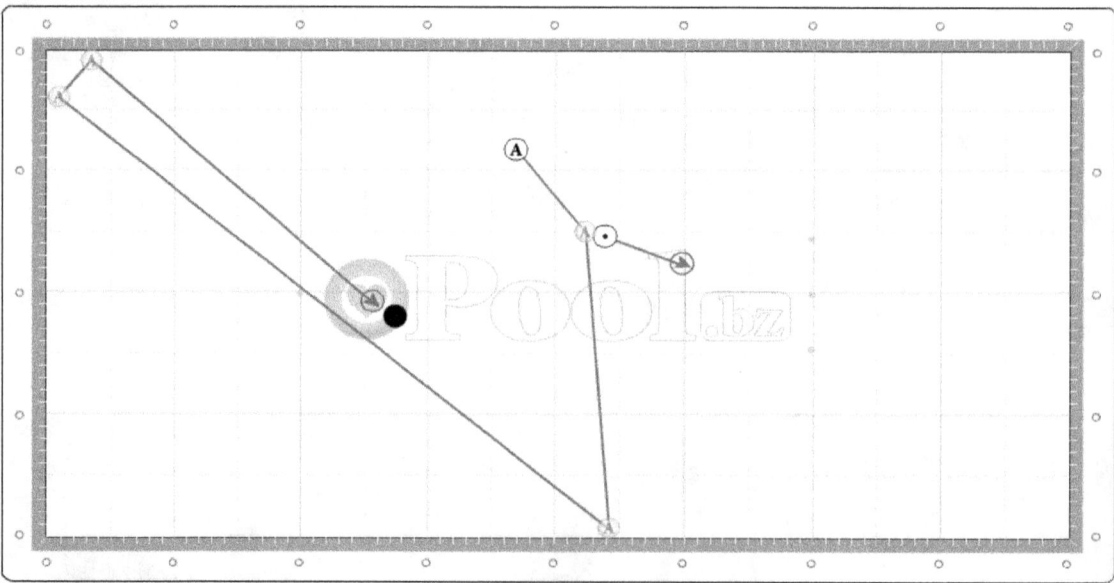

## A:2c – Setup

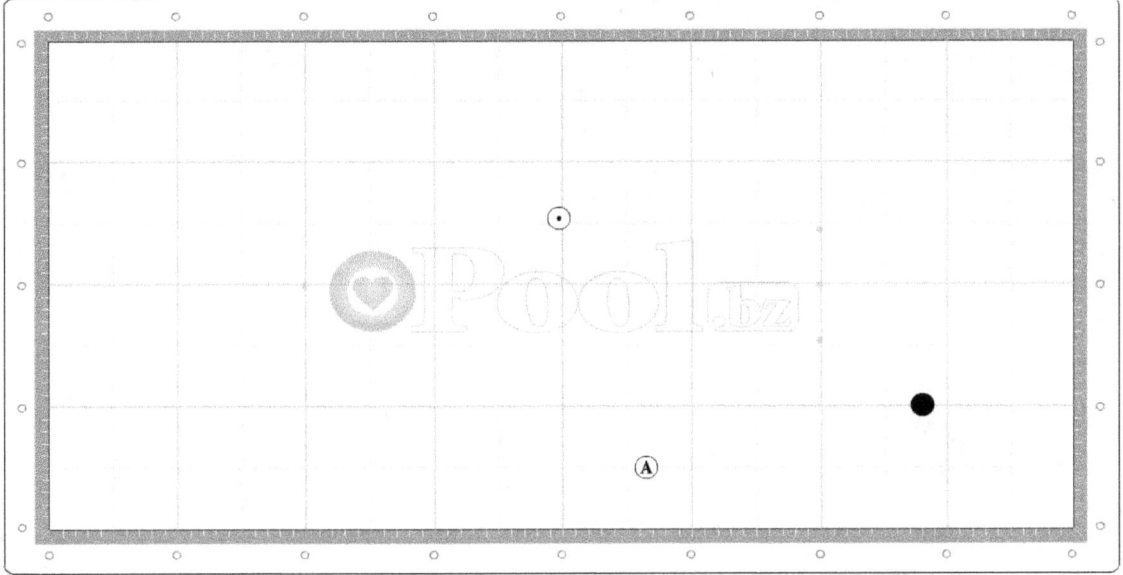

## Shot Pattern

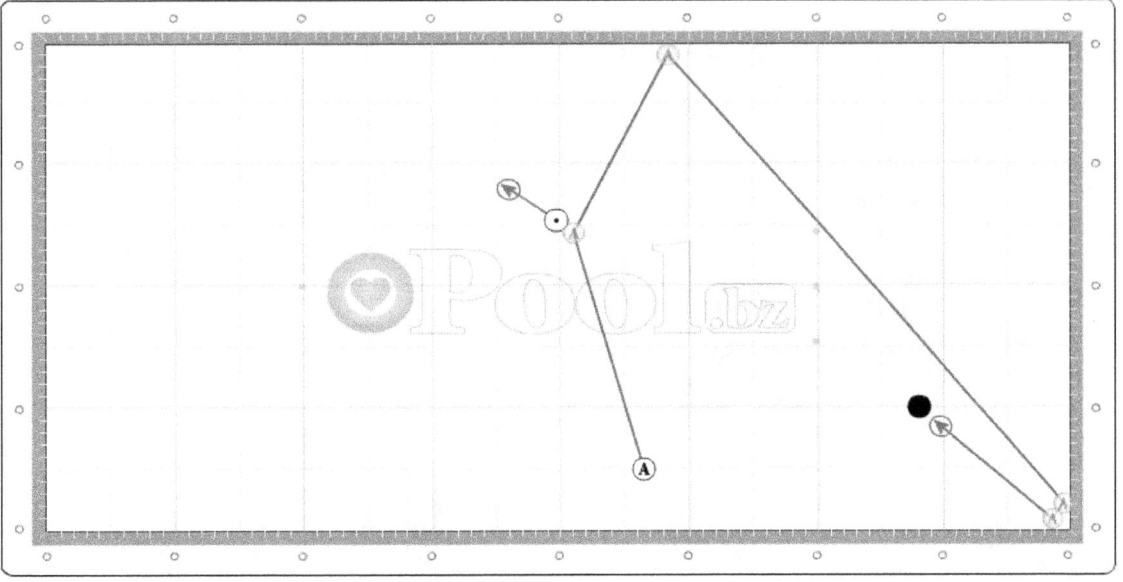

## A:2d – Setup

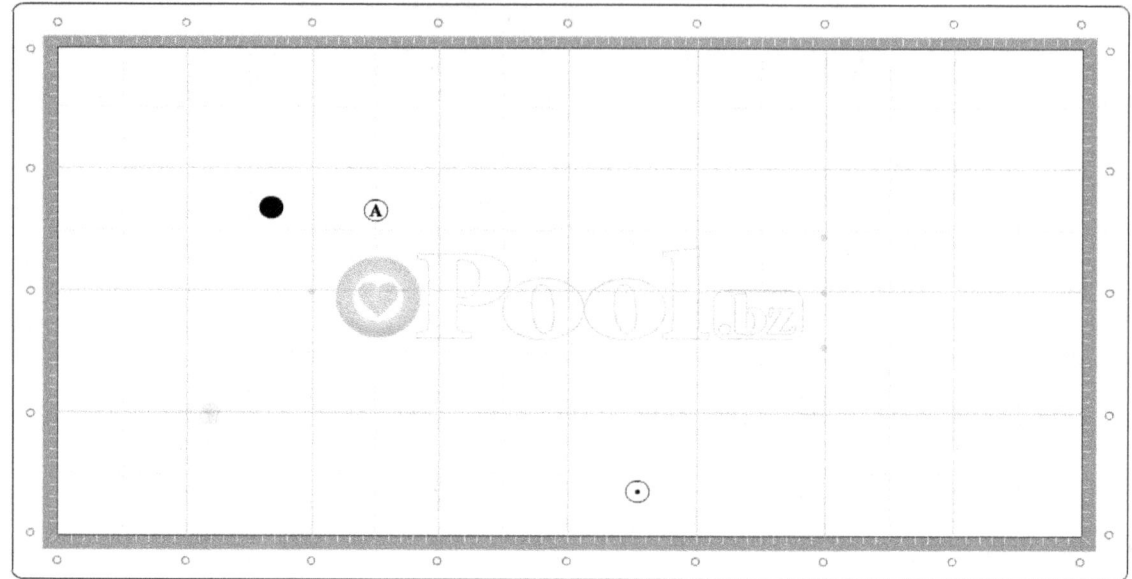

## Shot Pattern

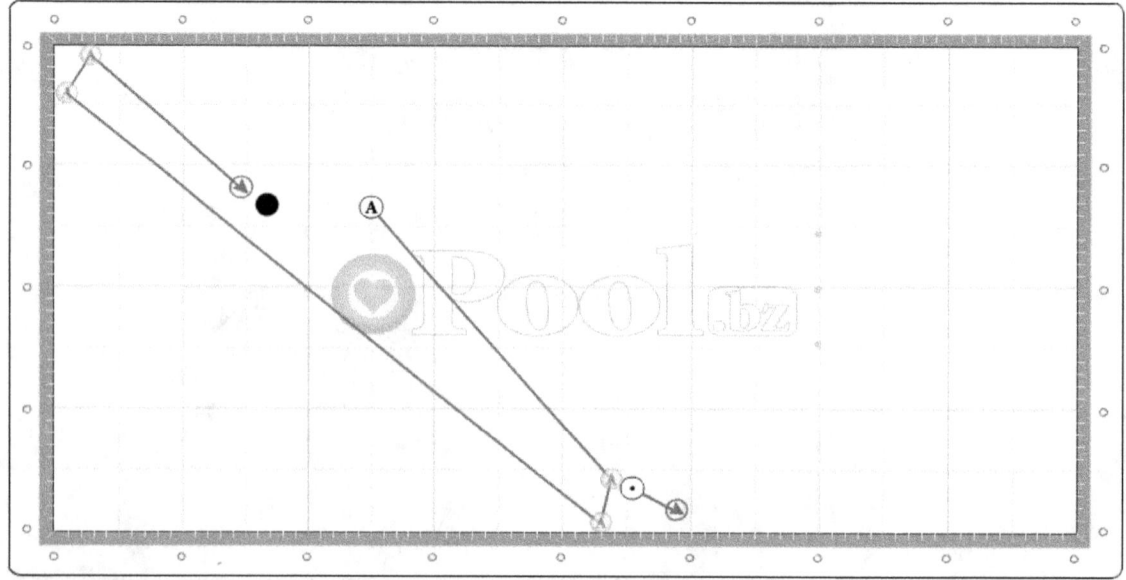

# A: Group 3

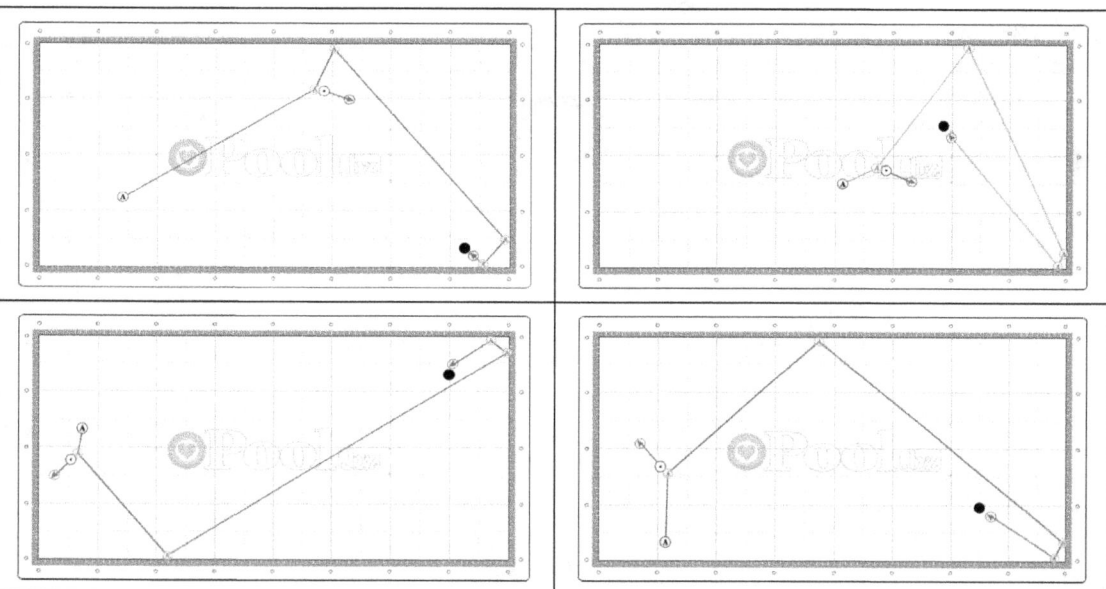

**Analysis:**

A:3a. _____

A:3b. _____

A:3c. _____

A:3d. _____

## A:3a – Setup

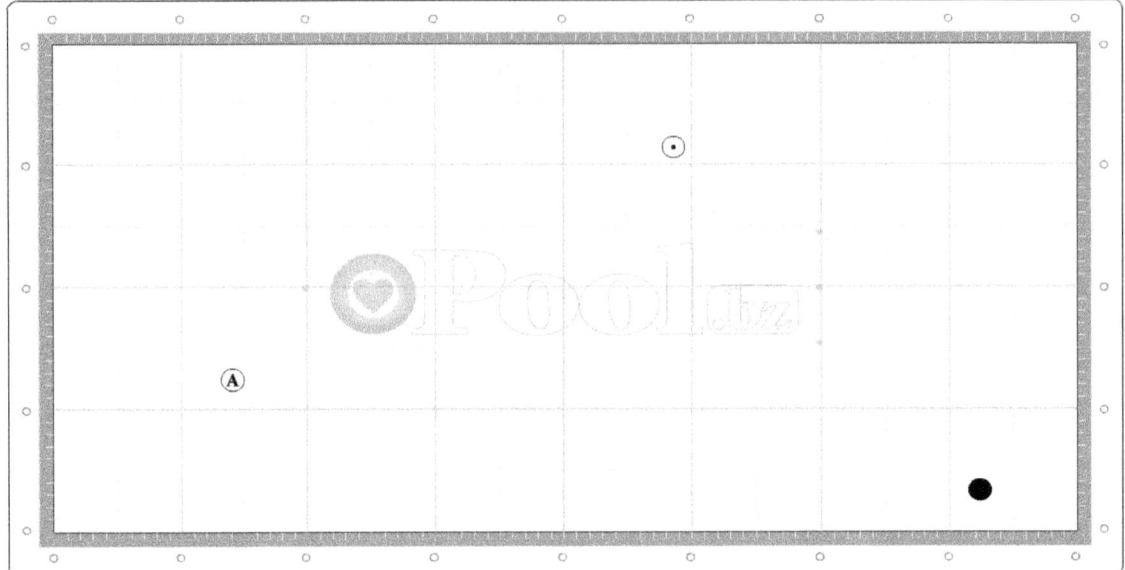

## Shot Pattern

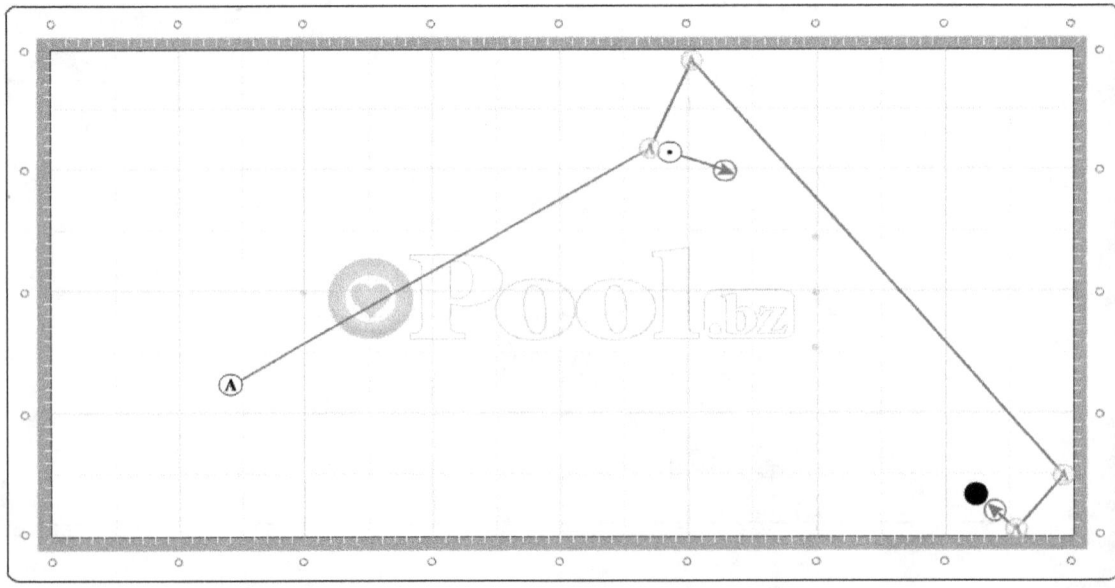

## A:3b – Setup

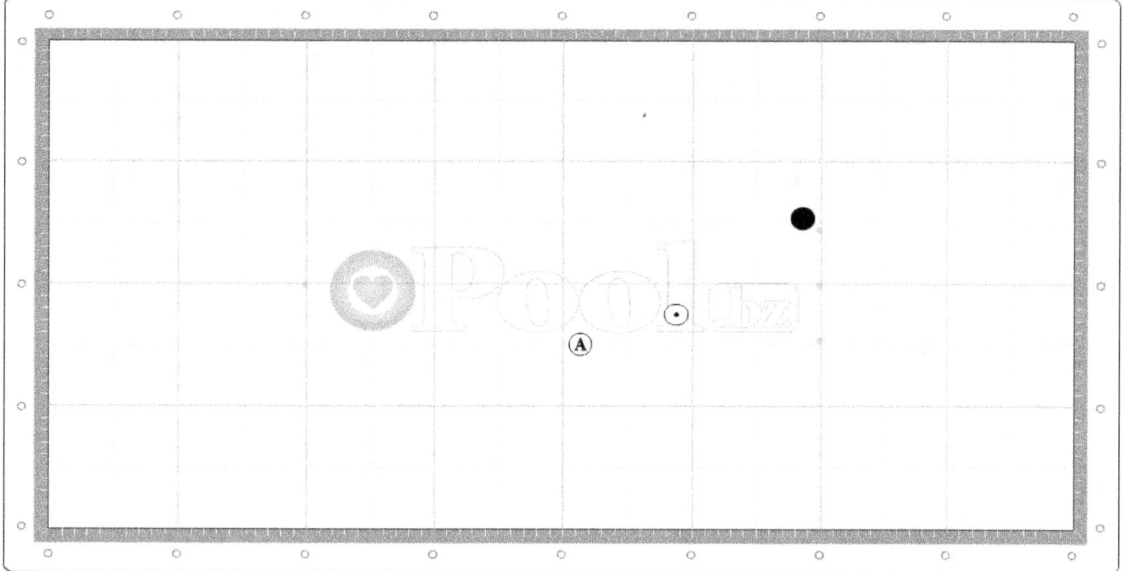

## Shot Pattern

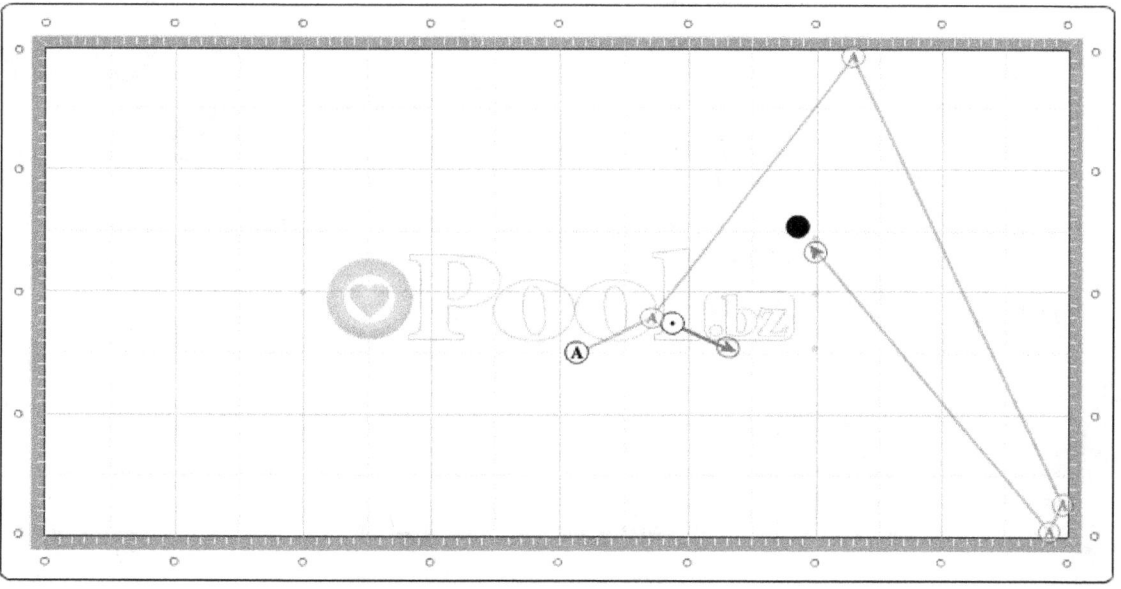

## A:3c – Setup

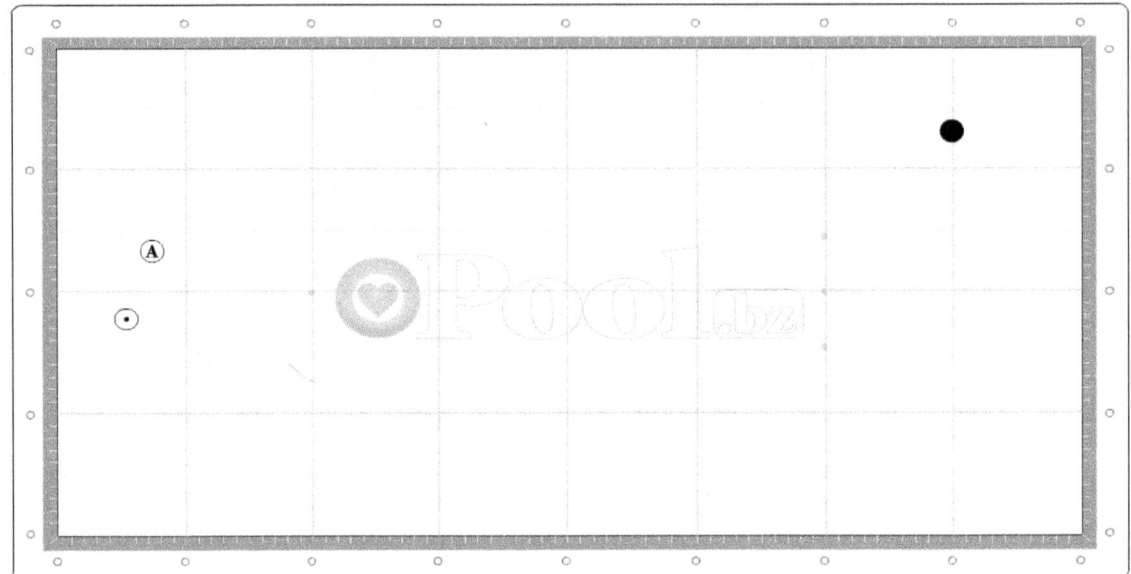

## Shot Pattern

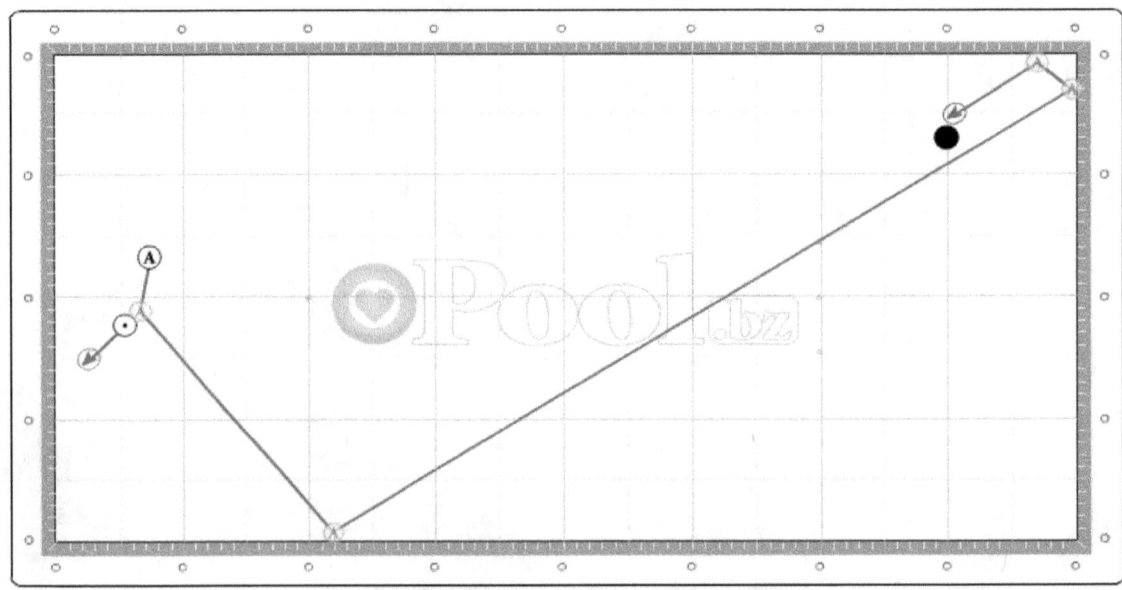

**A:3d– Setup**

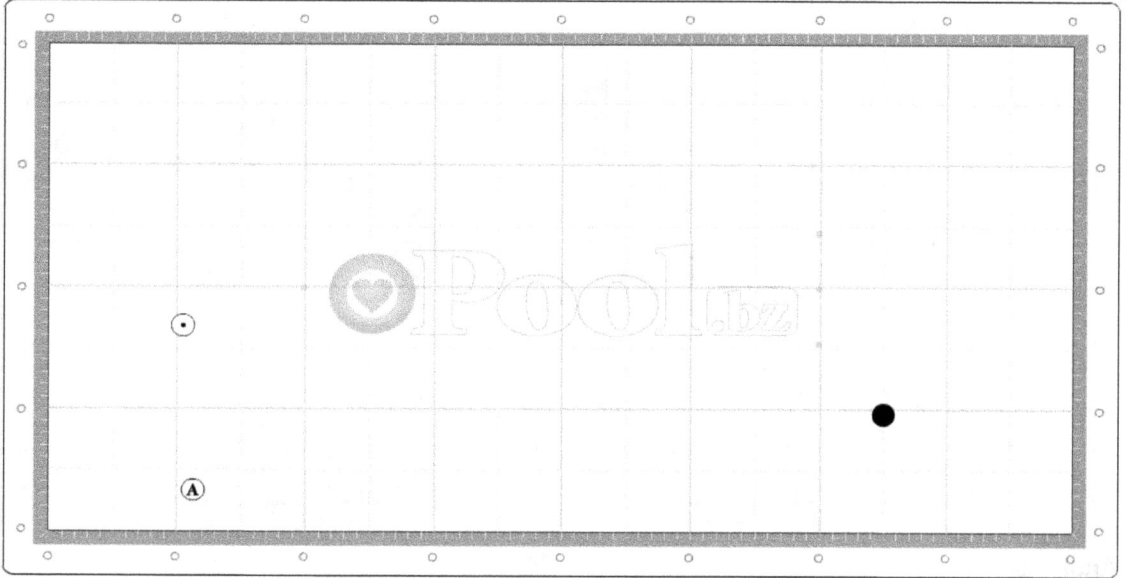

**Shot Pattern**

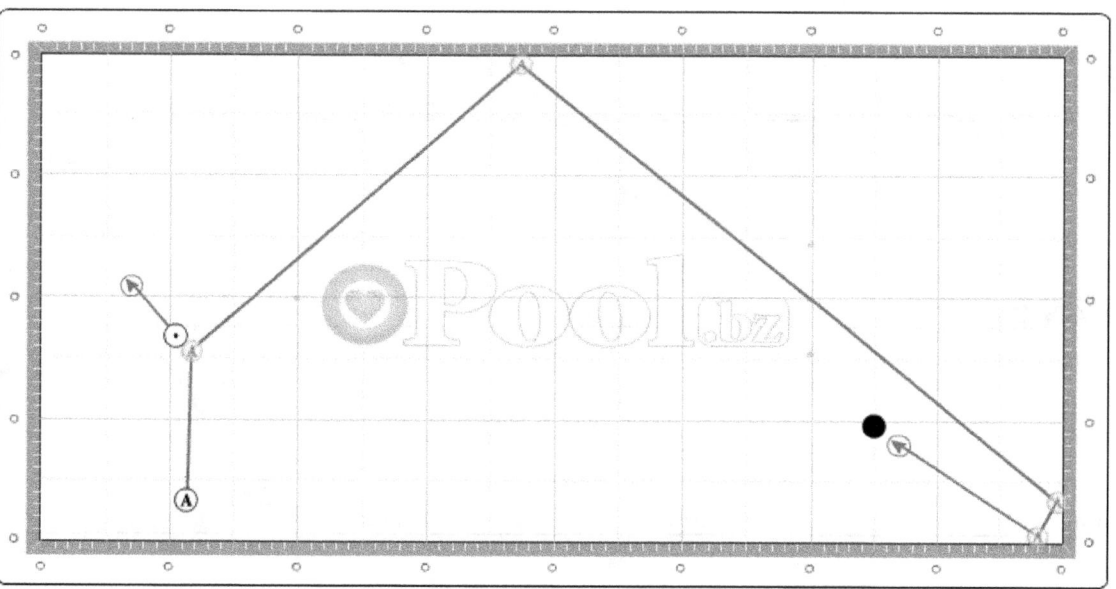

# A: Group 4

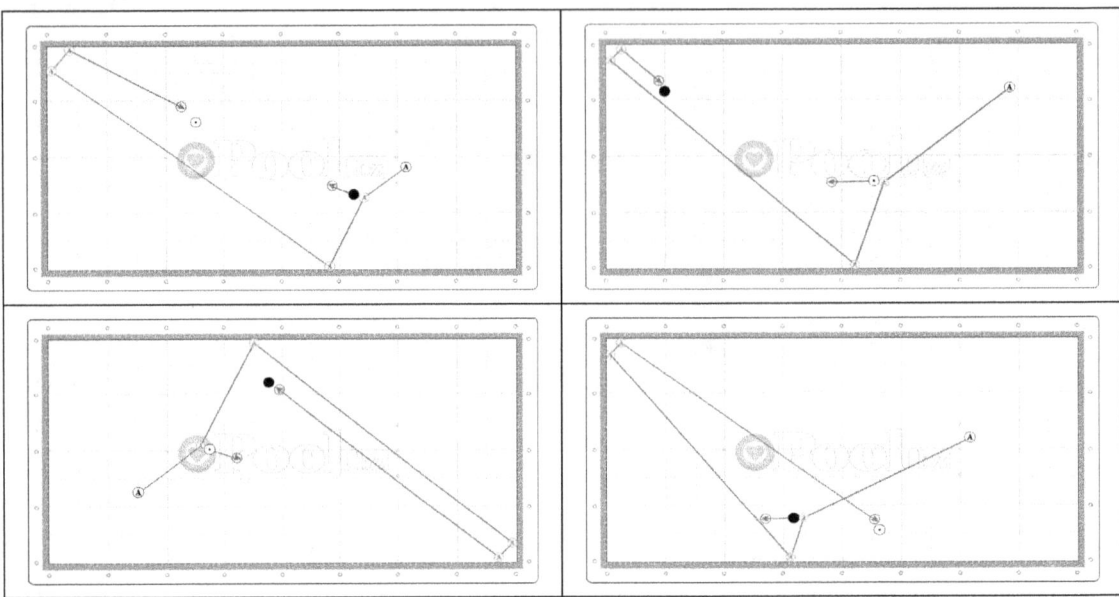

**Analysis**:

A:4a. _____


A:4b. _____


A:4c. _____


A:4d. _____

## A:4a – Setup

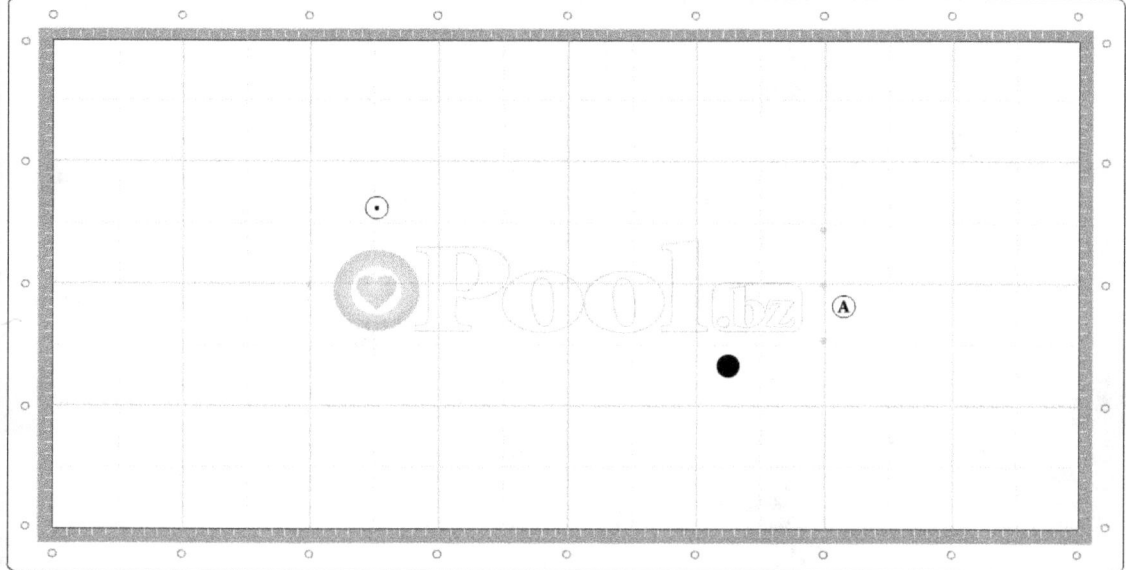

## Shot Pattern

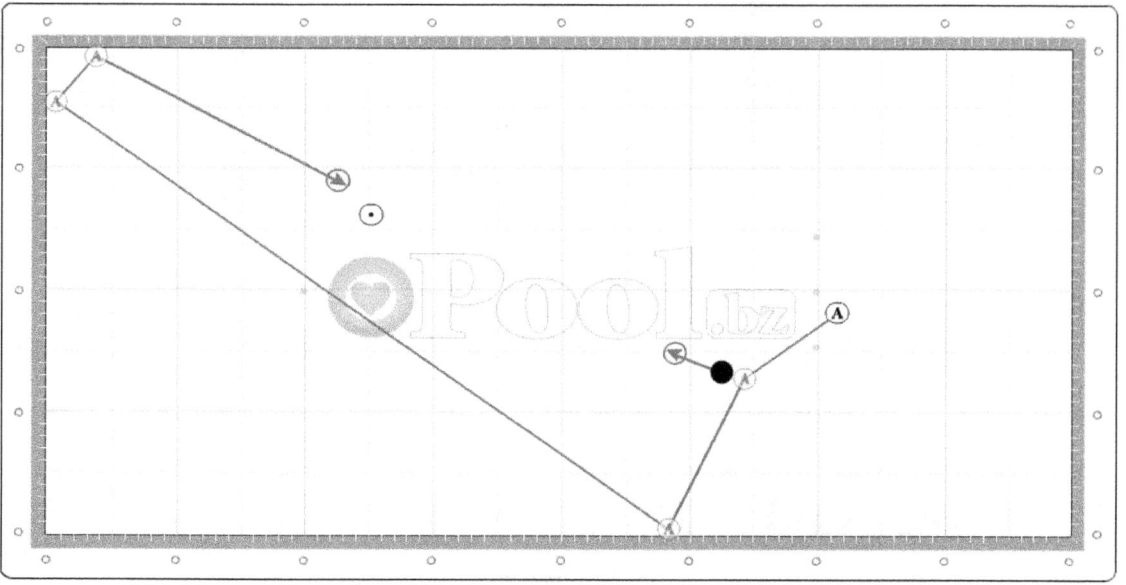

## A:4b – Setup

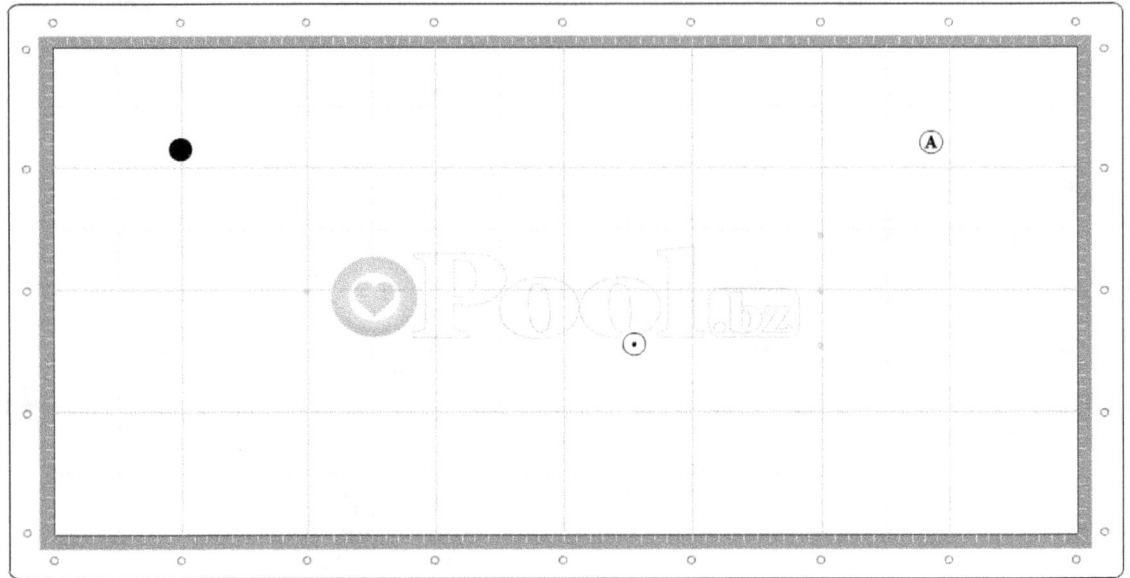

## Shot Pattern

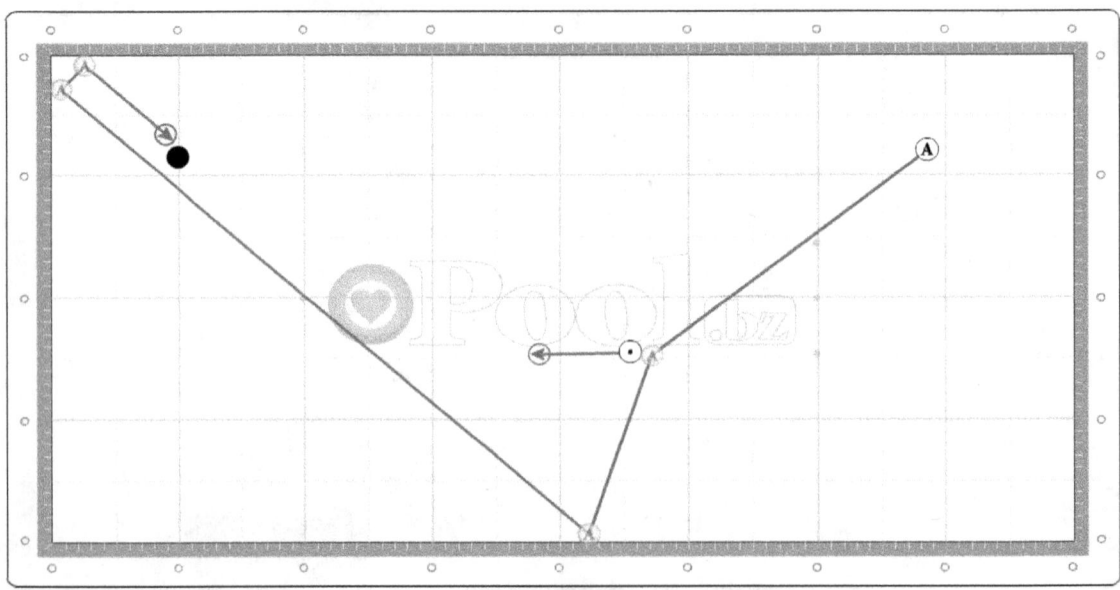

**A:4c – Setup**

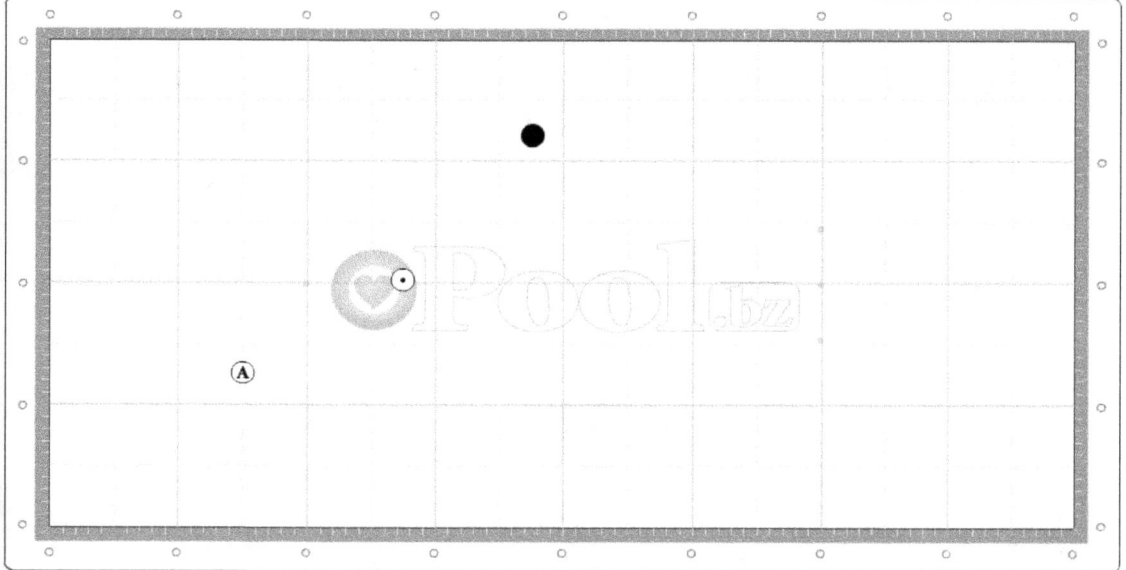

**Shot Pattern**

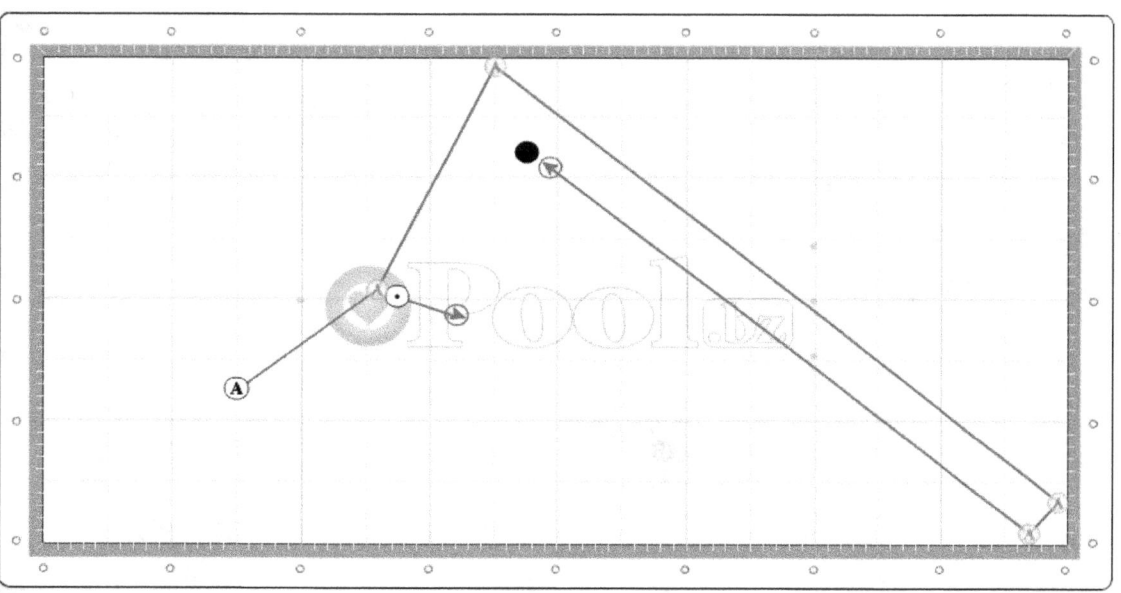

## A:4d – Setup

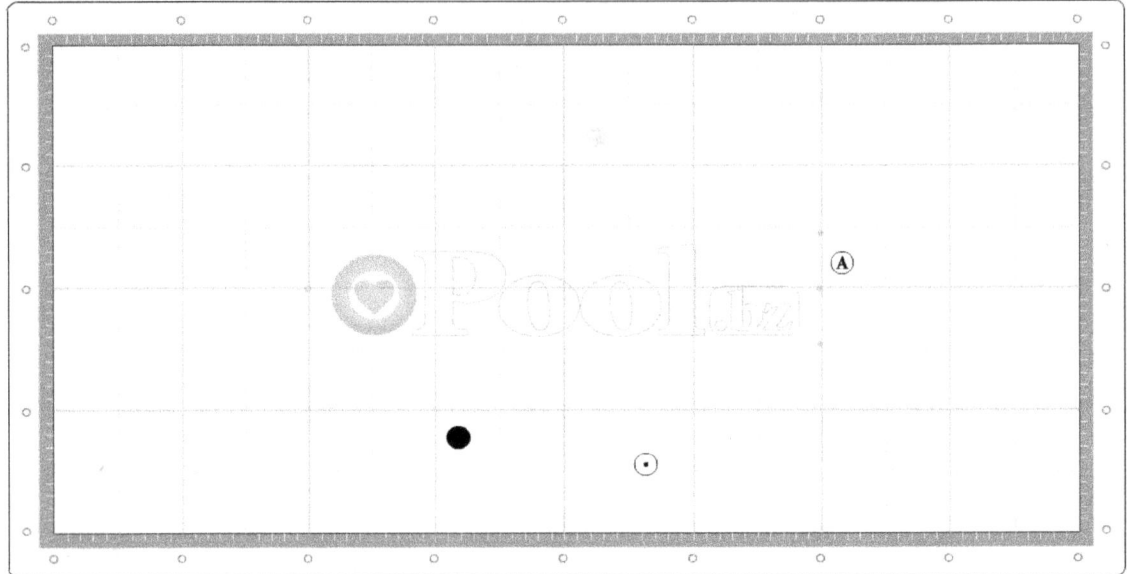

## Shot Pattern

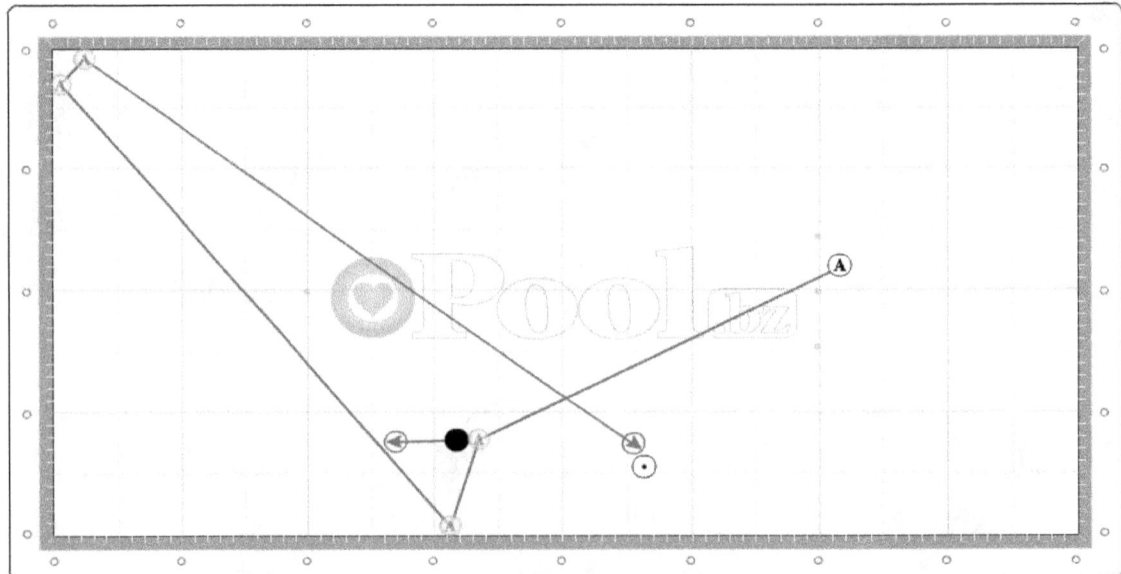

# B: Downhill Expanded Corner Hooks

The CB comes off the first OB and goes to the center area of the long rail. From there it travels to the cross-table corner. It goes into the short rail and then the long rail. The CB then connects with the second OB for the score.

## B: Group 1

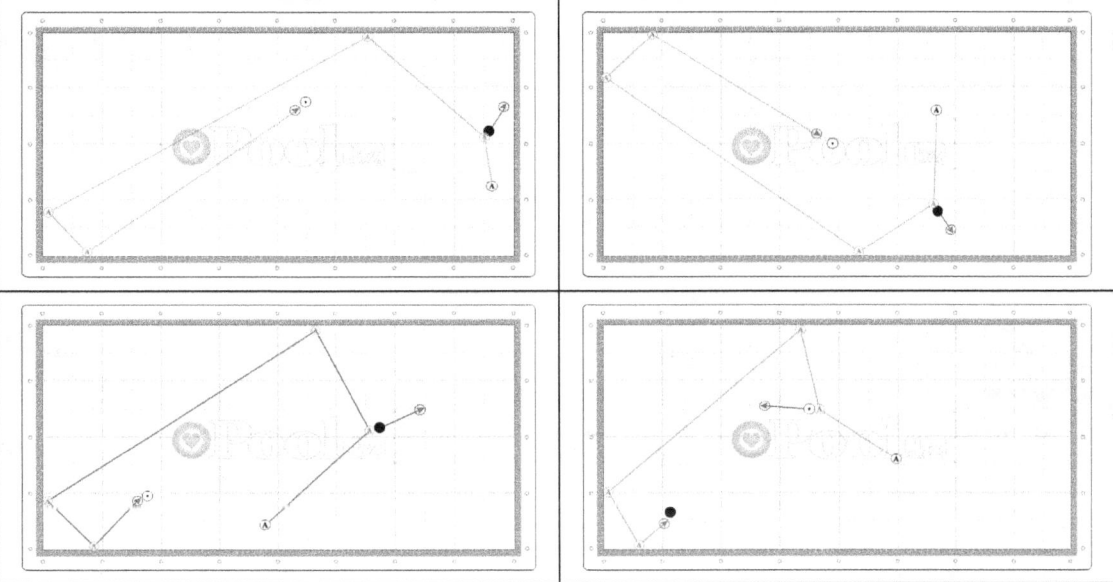

**Analysis**:

B:1a. _____

B:1b. _____

B:1c. _____

B:1d. _____

## B:1a – Setup

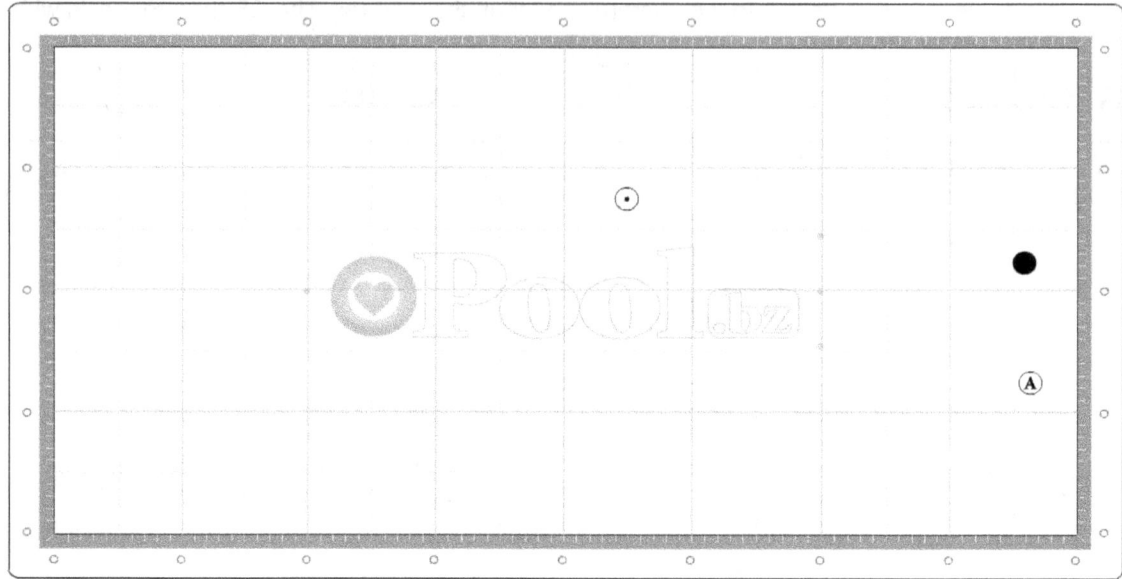

## Shot Pattern

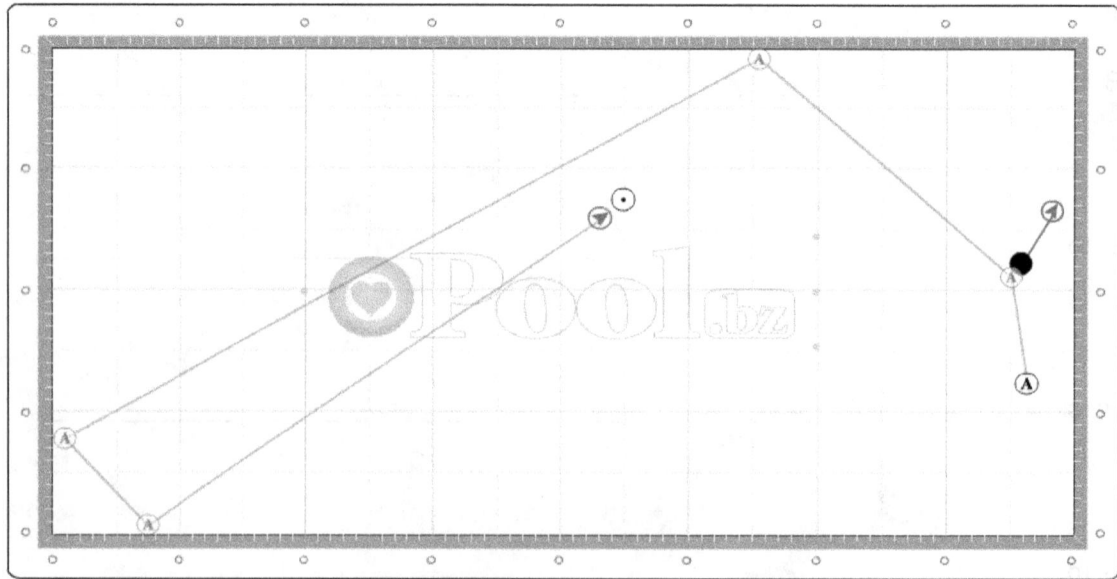

## B:1b – Setup

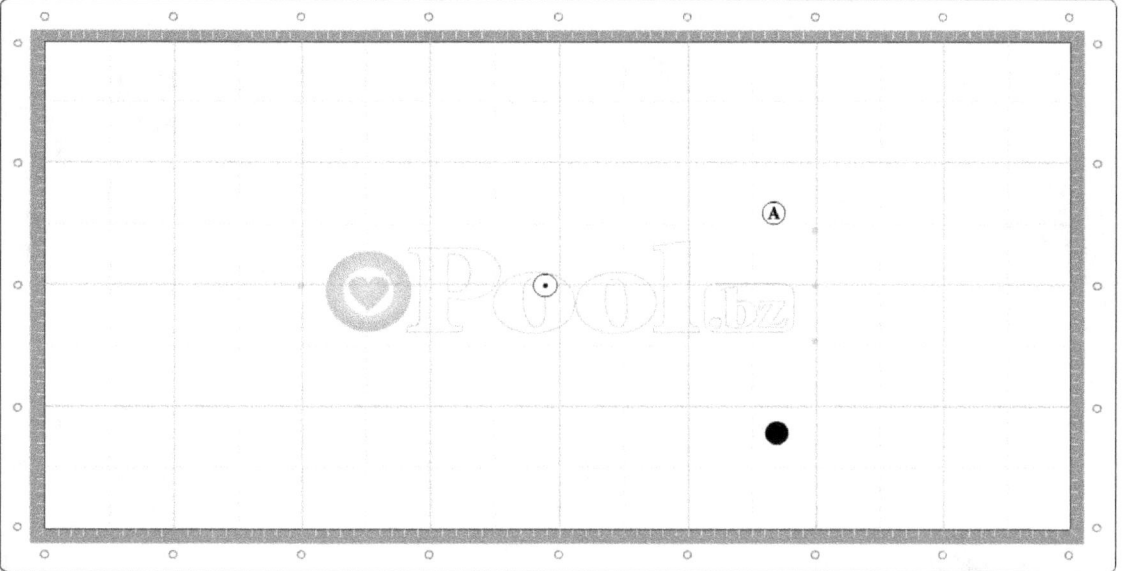

## Shot Pattern

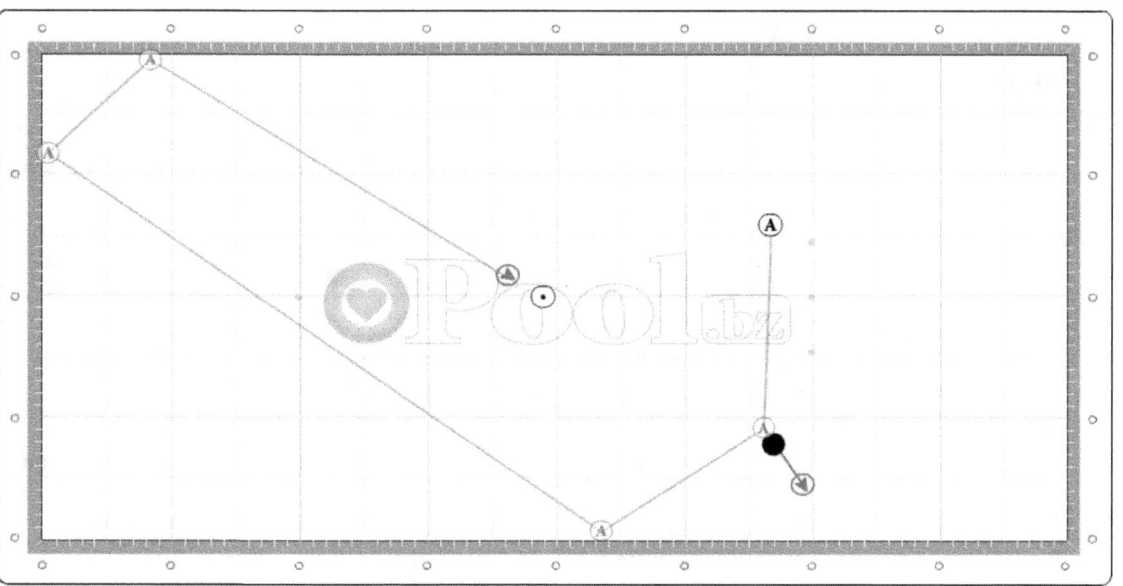

## B:1c – Setup

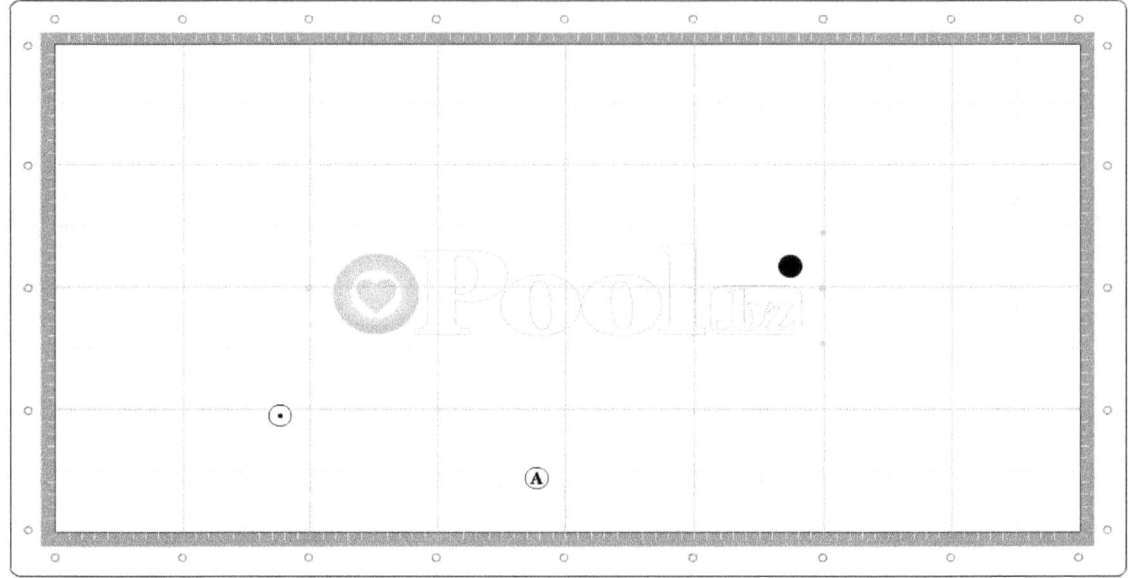

## Shot Pattern

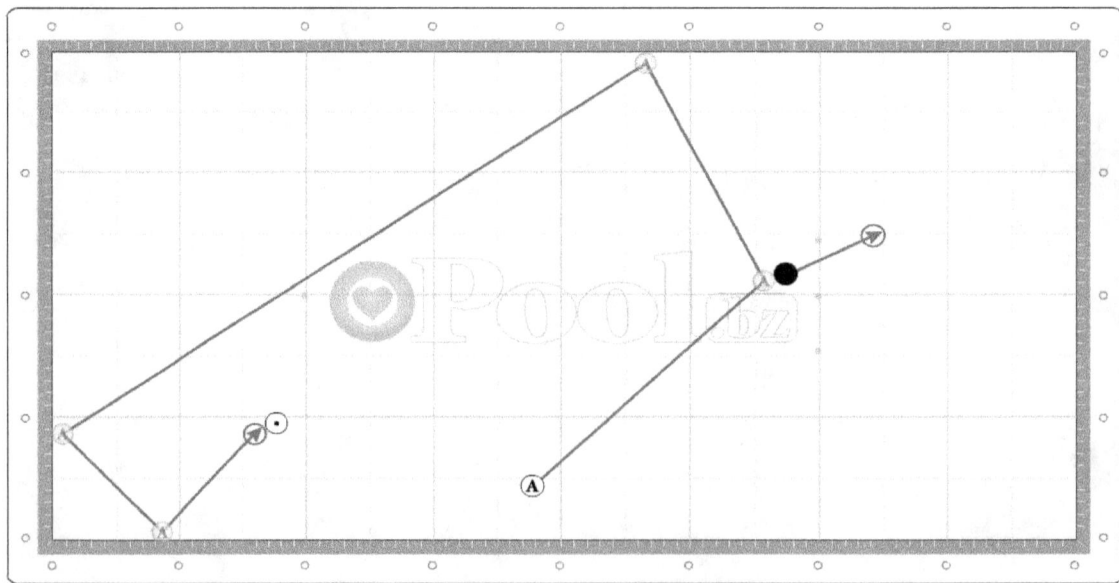

## B:1d – Setup

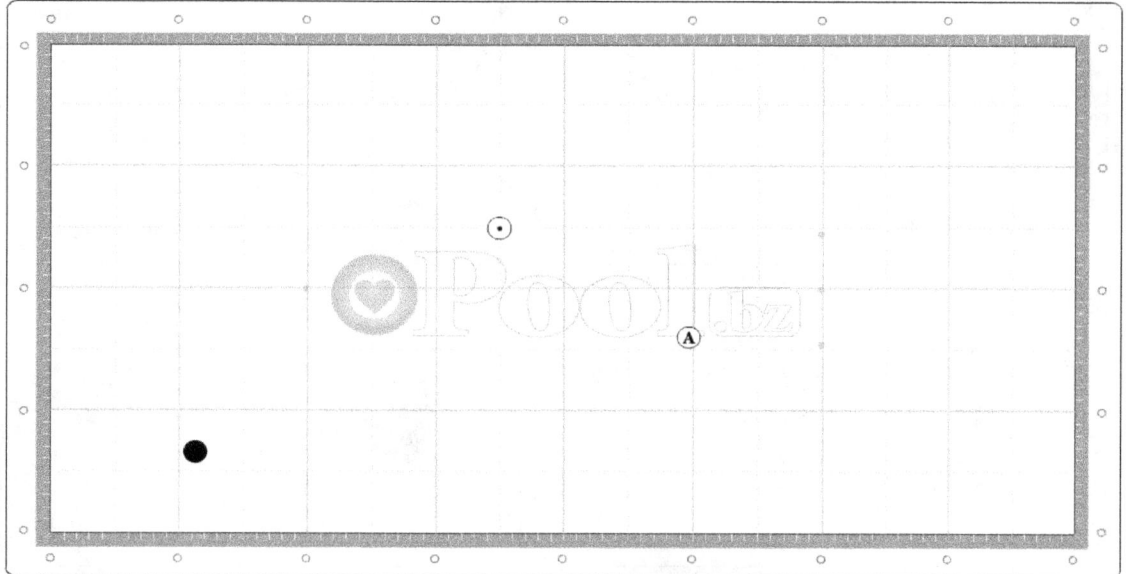

## Shot Pattern

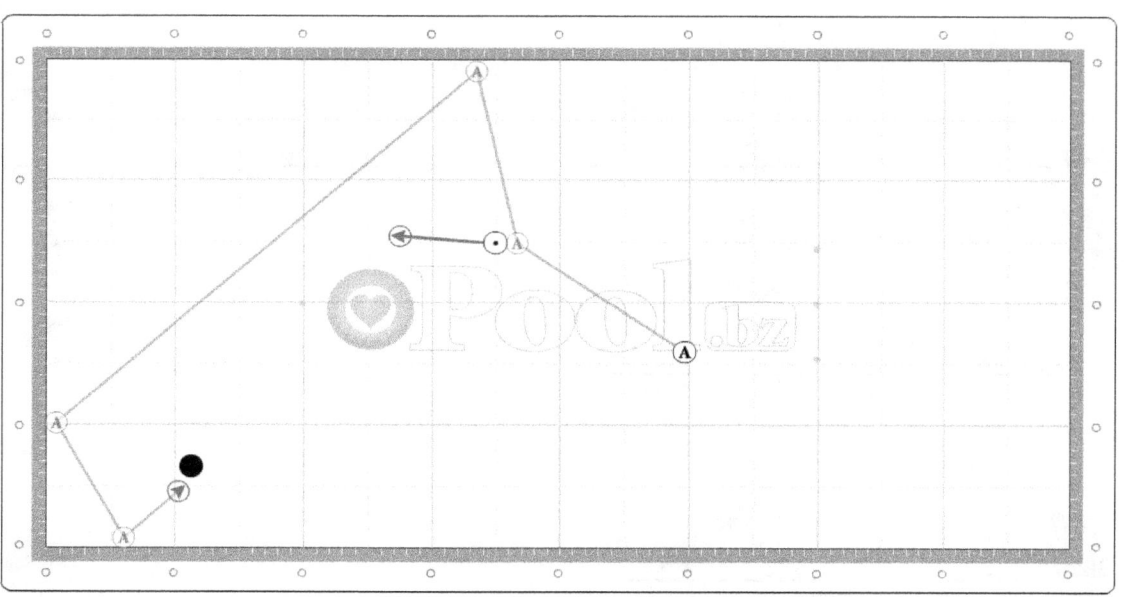

# B: Group 2

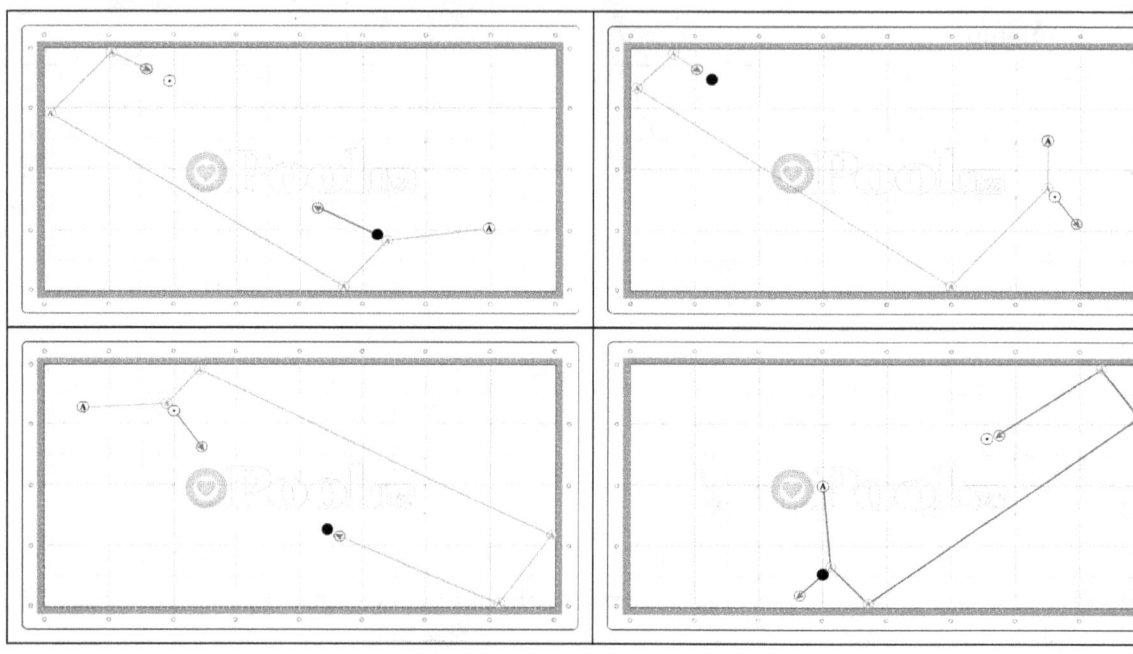

**Analysis**:

B:2a. _____


B:2b. _____


B:2c. _____


B:2d. _____

## B:2a – Setup

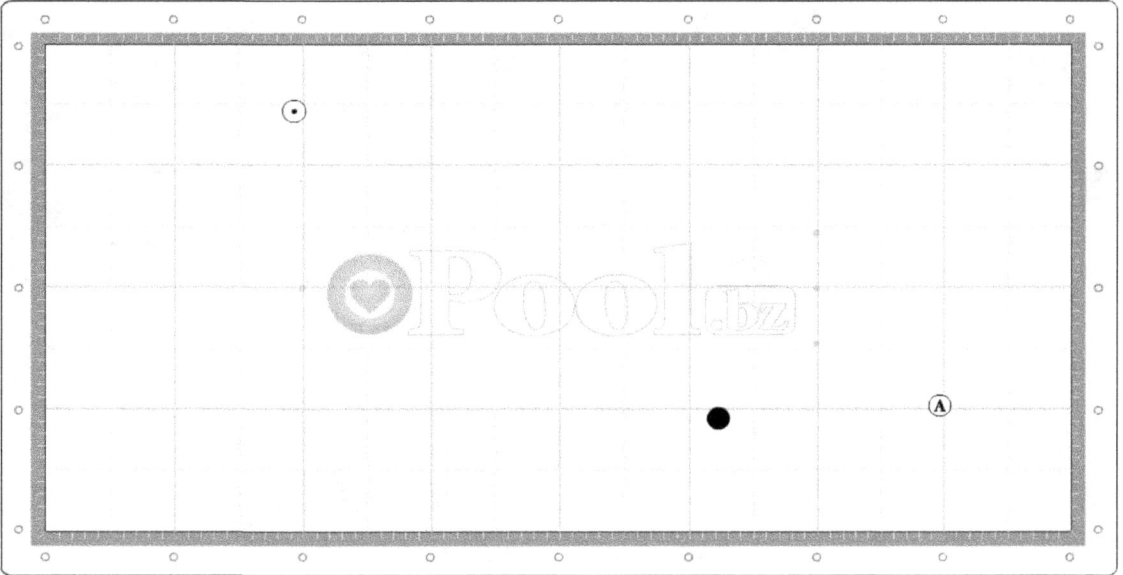

## Shot Pattern

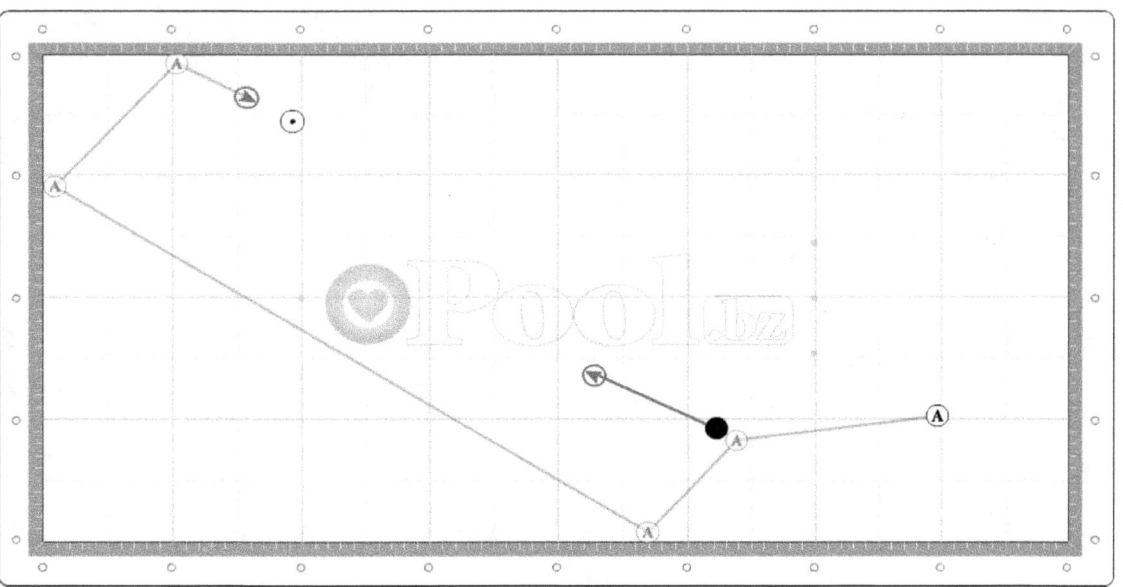

## B:2b – Setup

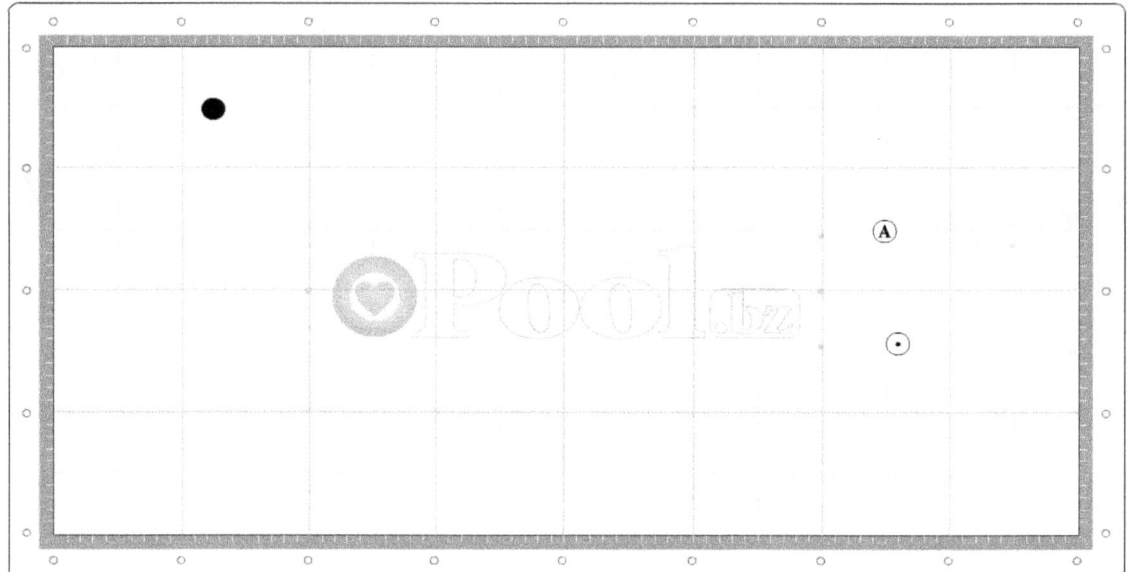

## Shot Pattern

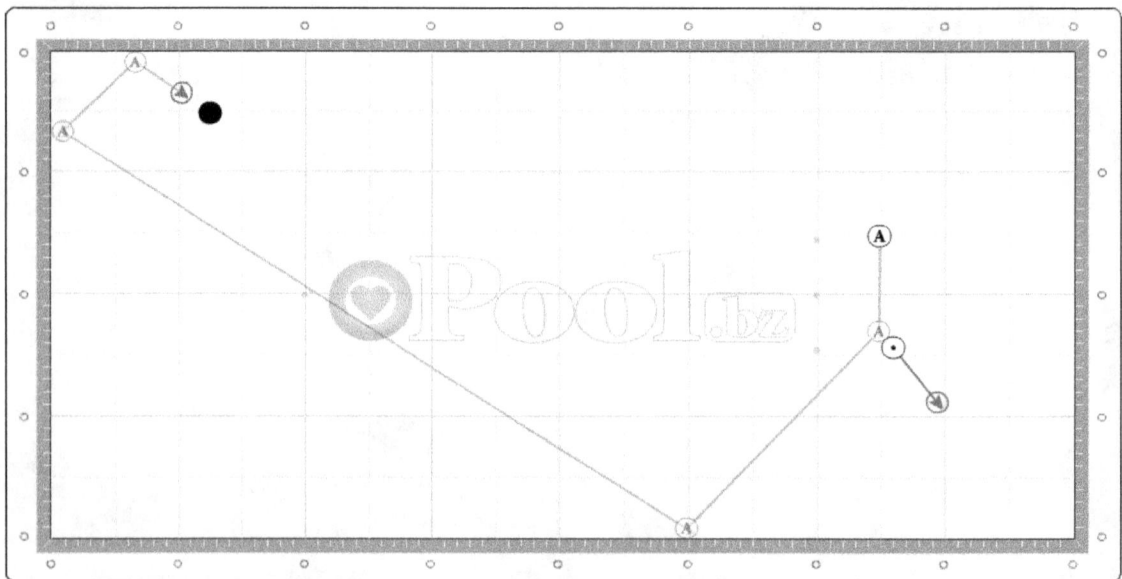

## B:2c – Setup

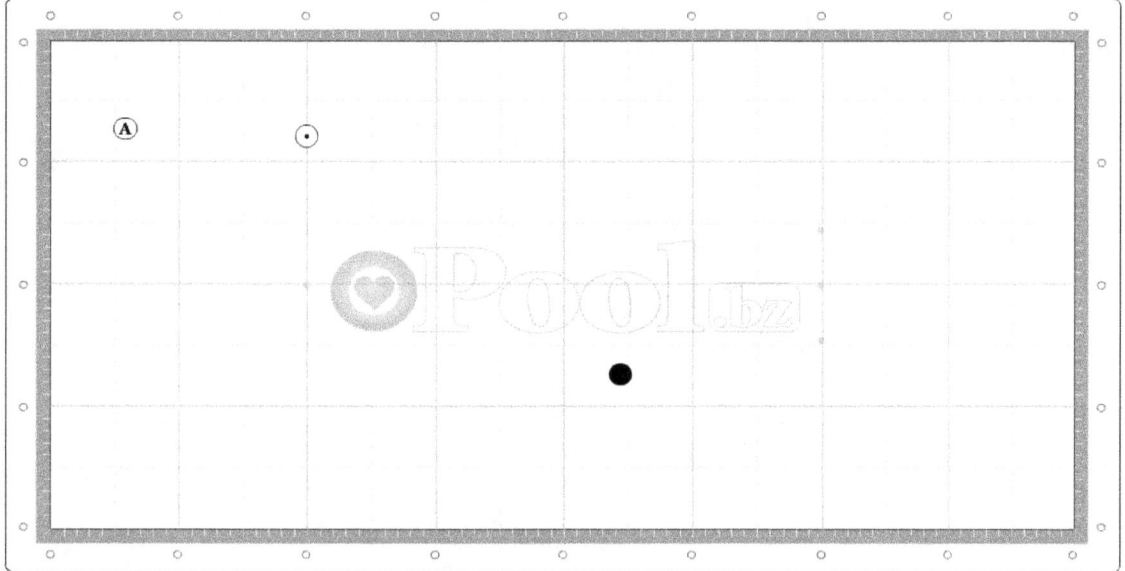

## Shot Pattern

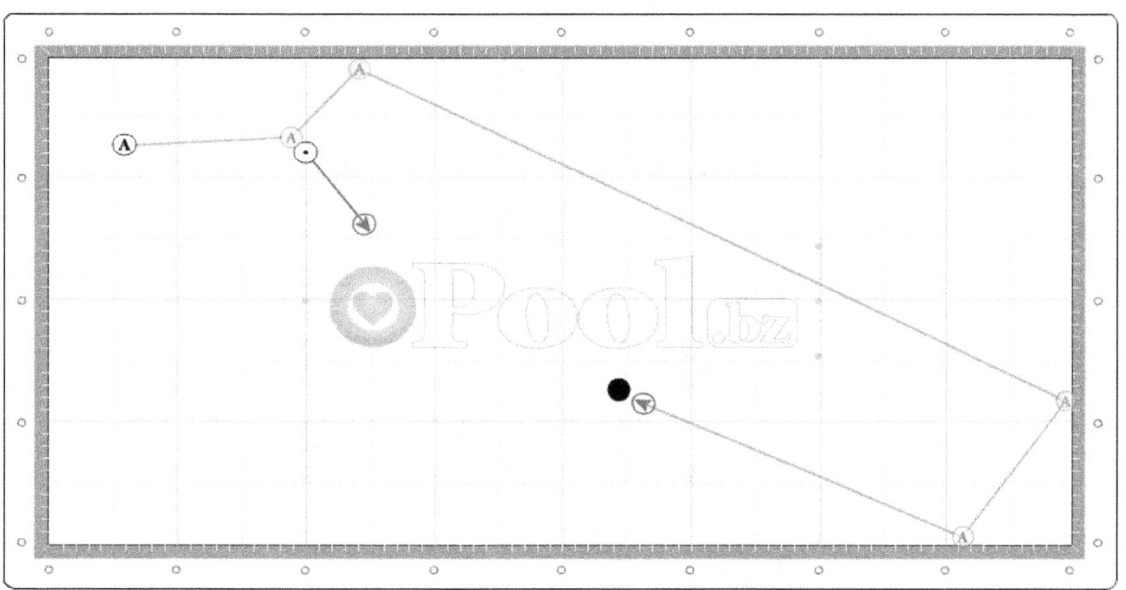

## B:2d – Setup

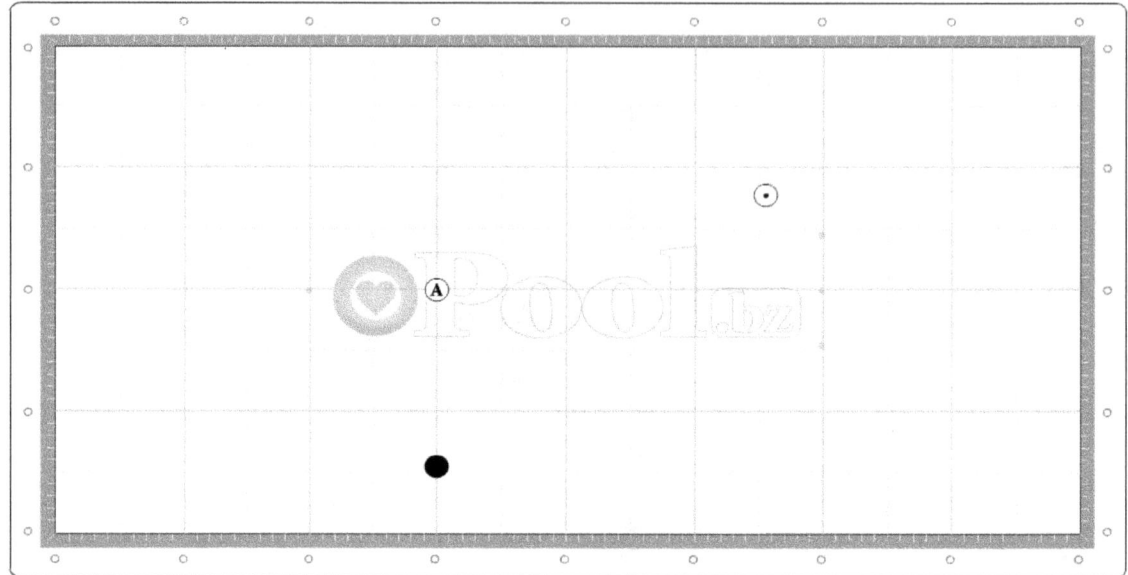

## Shot Pattern

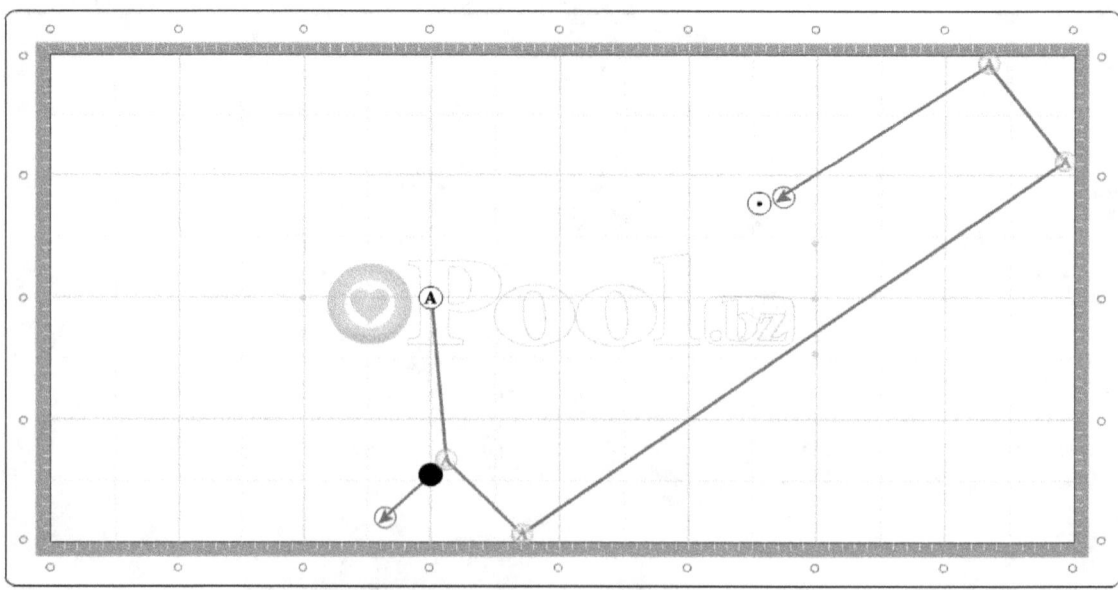

# B: Group 3

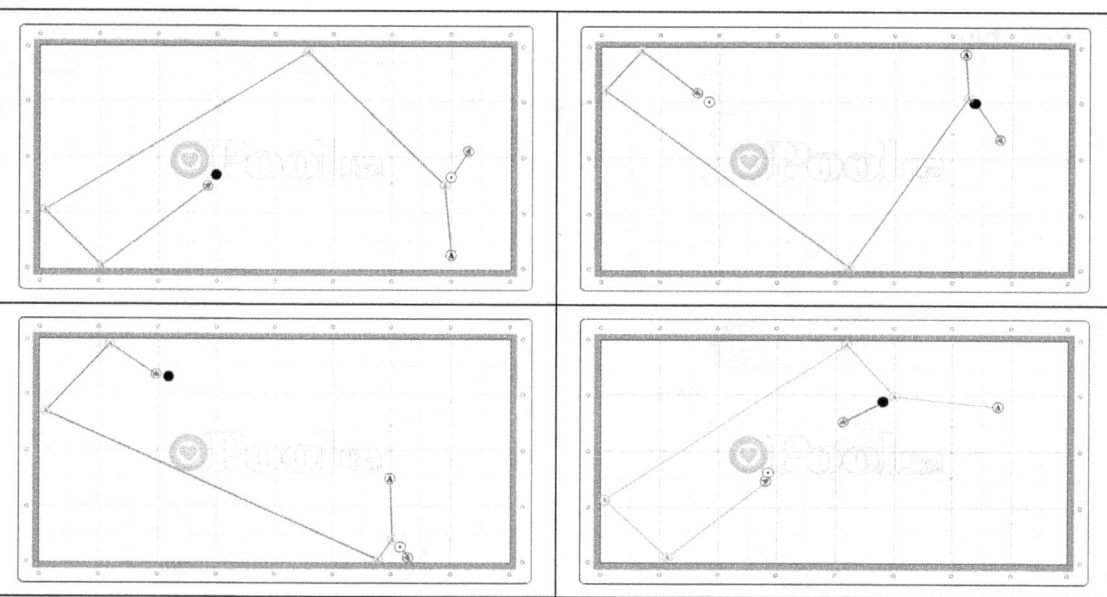

**Analysis:**

B:3a. _____

B:3b. _____

B:3c. _____

B:3d. _____

## B:3a – Setup

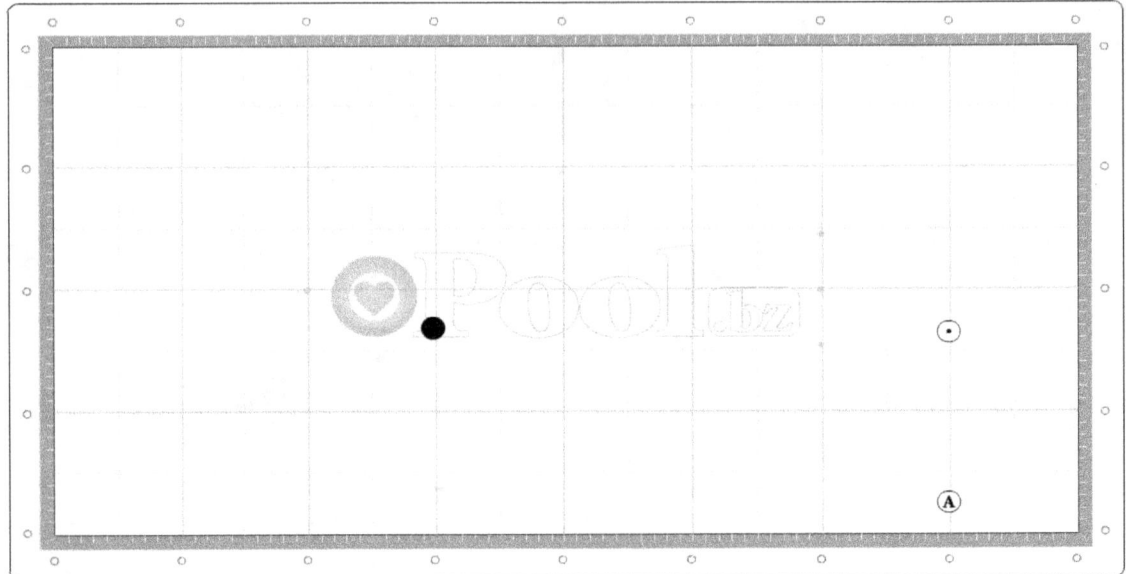

## Shot Pattern

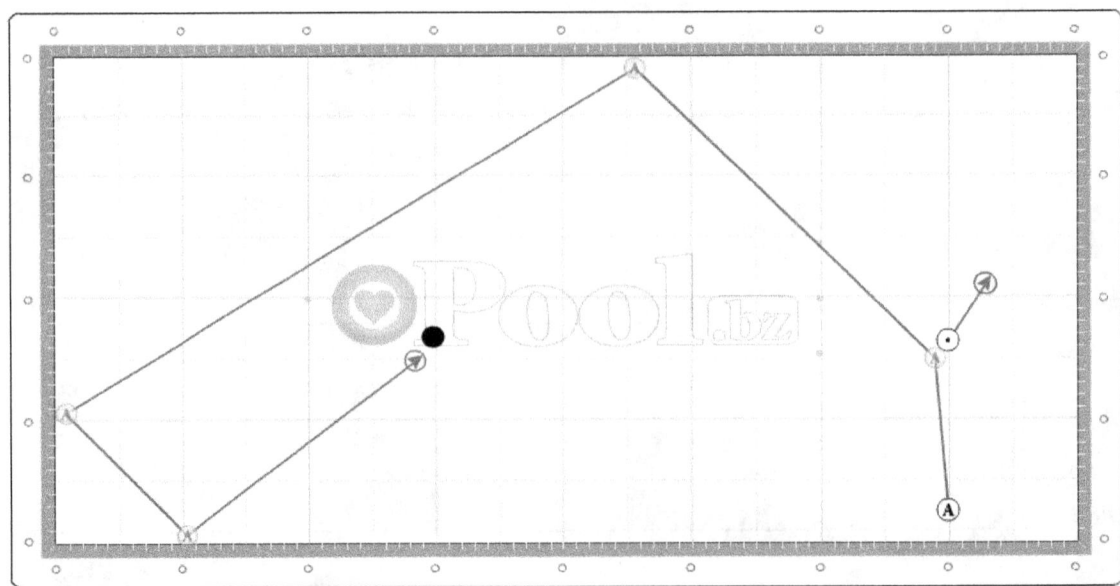

## B:3b – Setup

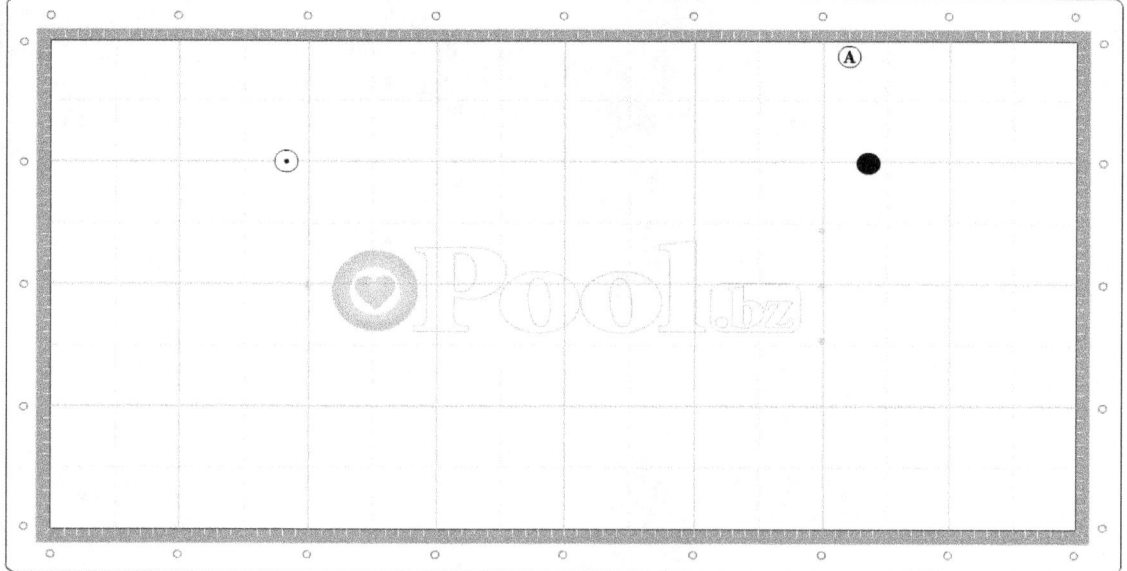

## Shot Pattern

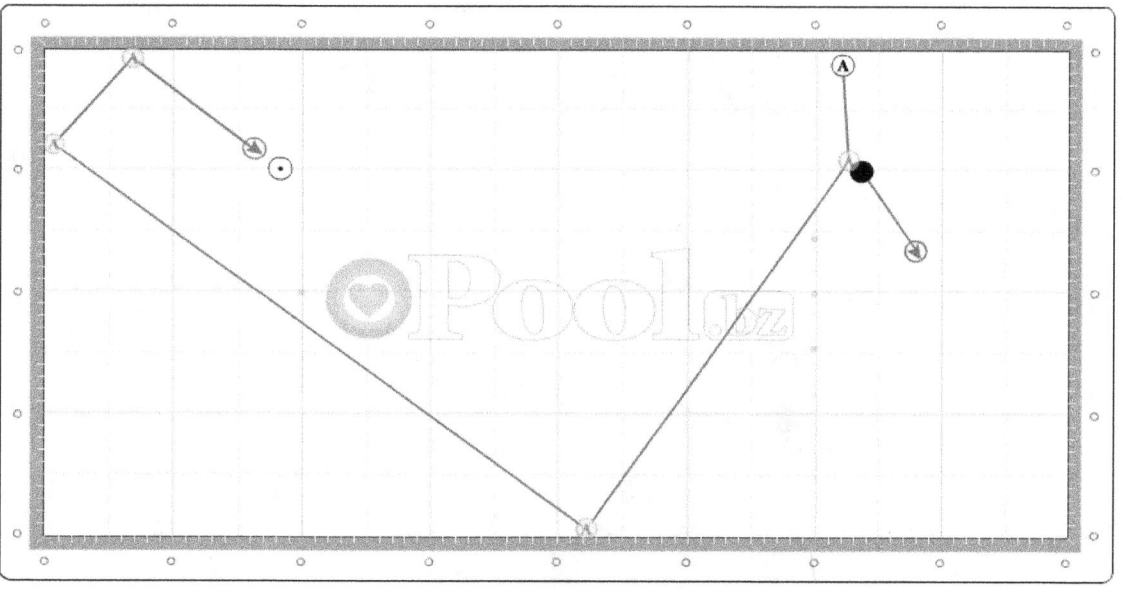

**B:3c – Setup**

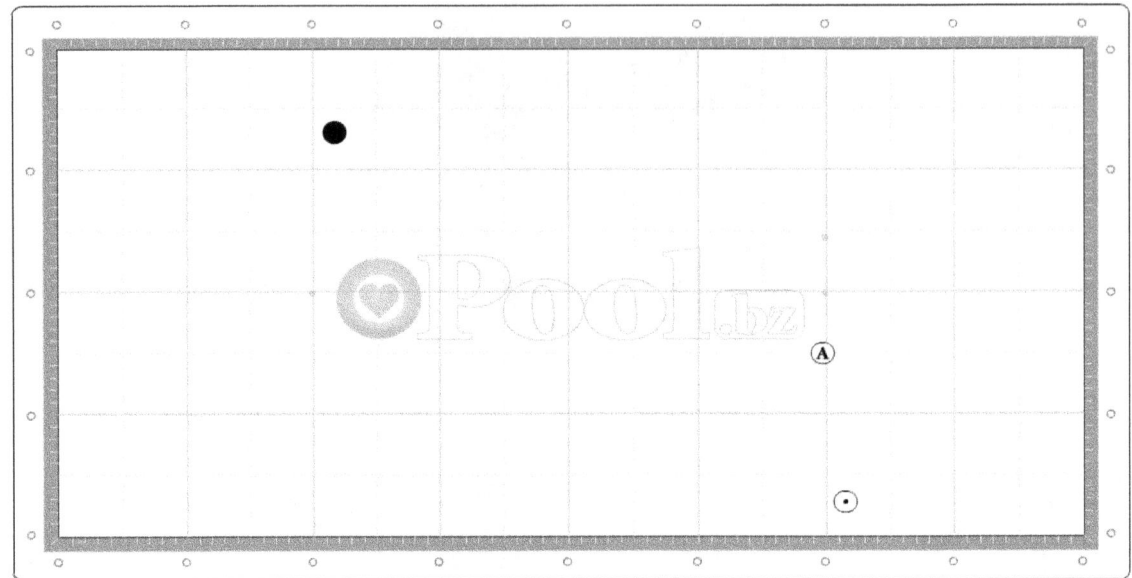

**Shot Pattern**

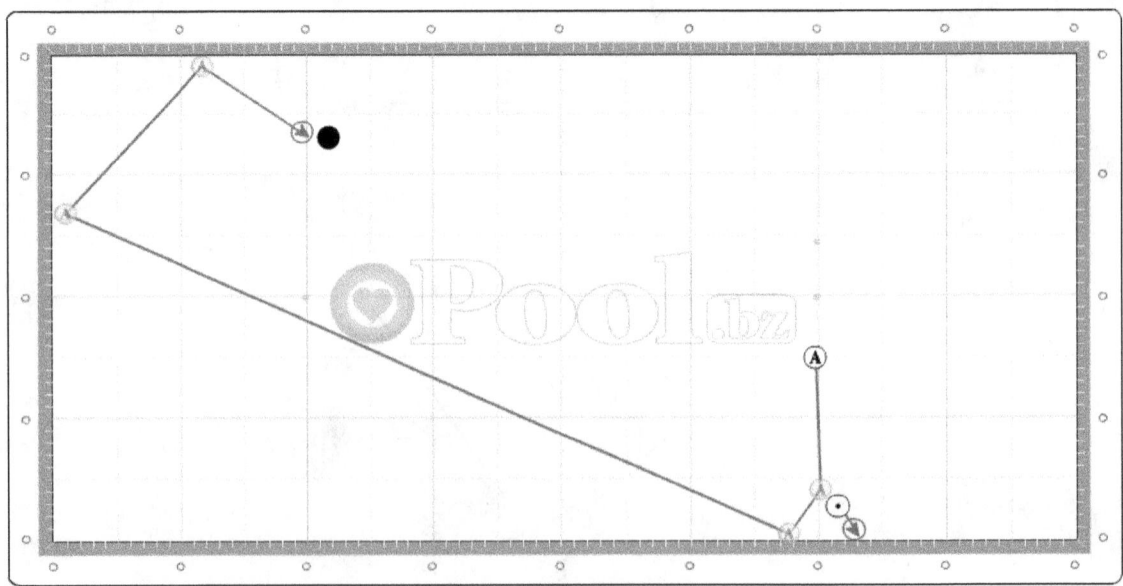

**B:3d – Setup**

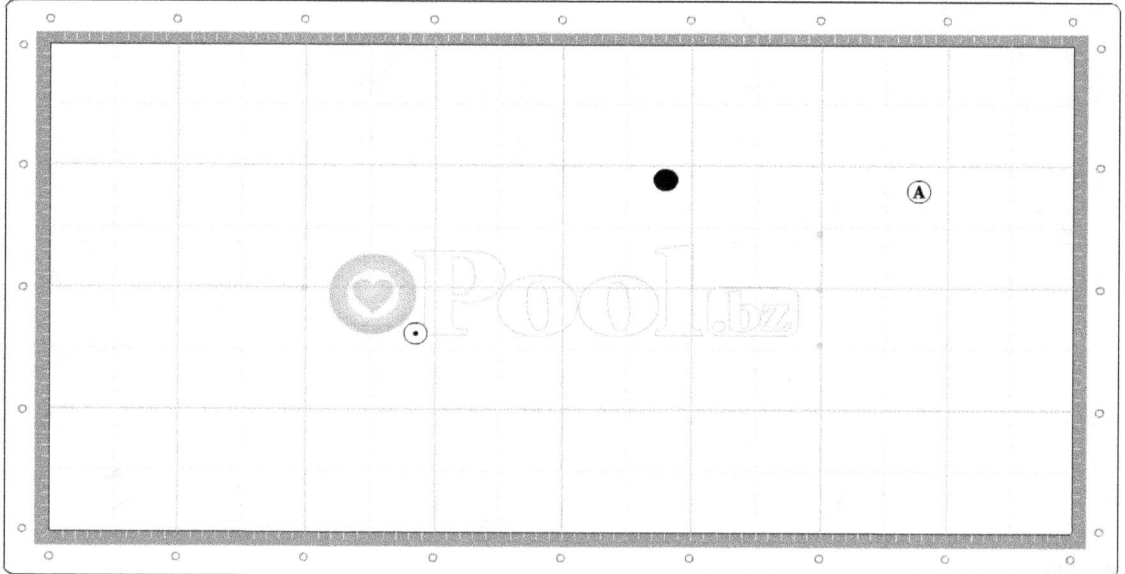

**Shot Pattern**

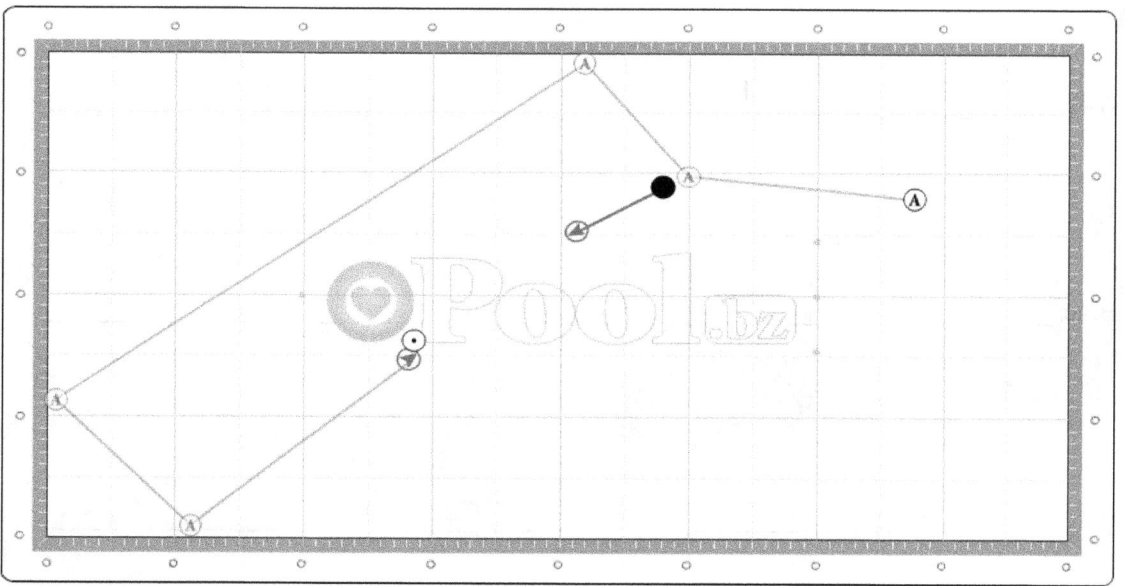

# B: Group 4

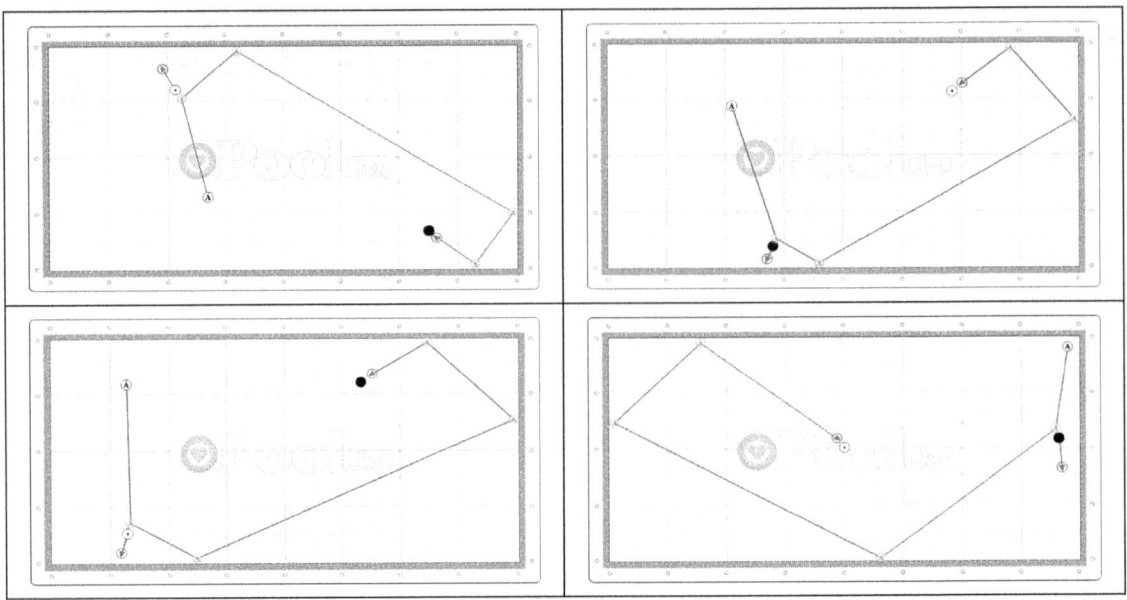

**Analysis**:

B:4a. _____



B:4b. _____



B:4c. _____



B:4d. _____

## B:4a – Setup

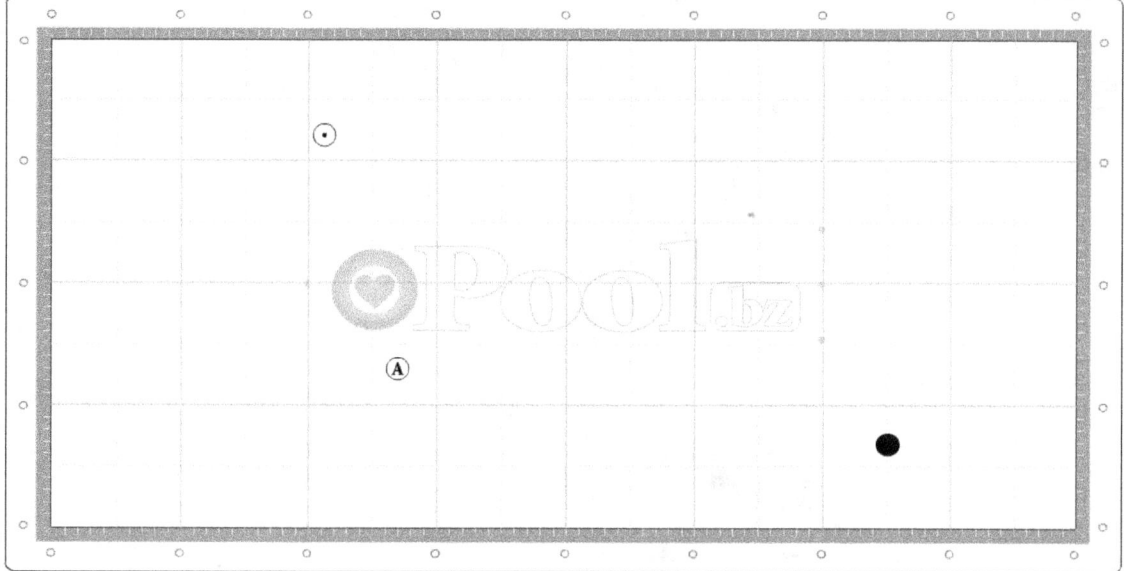

## Shot Pattern

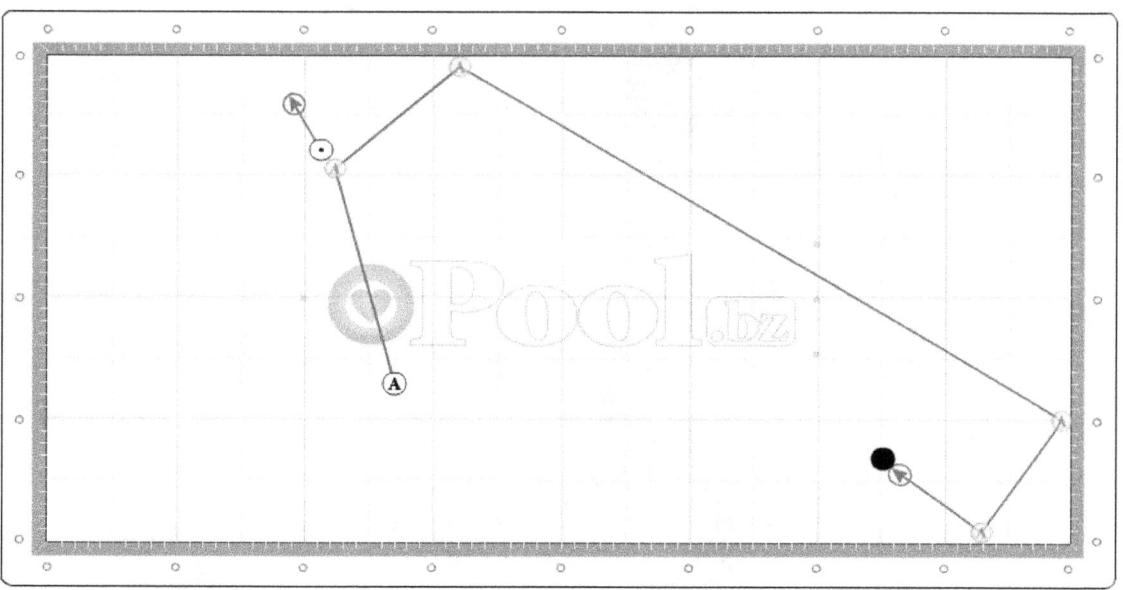

## B:4b – Setup

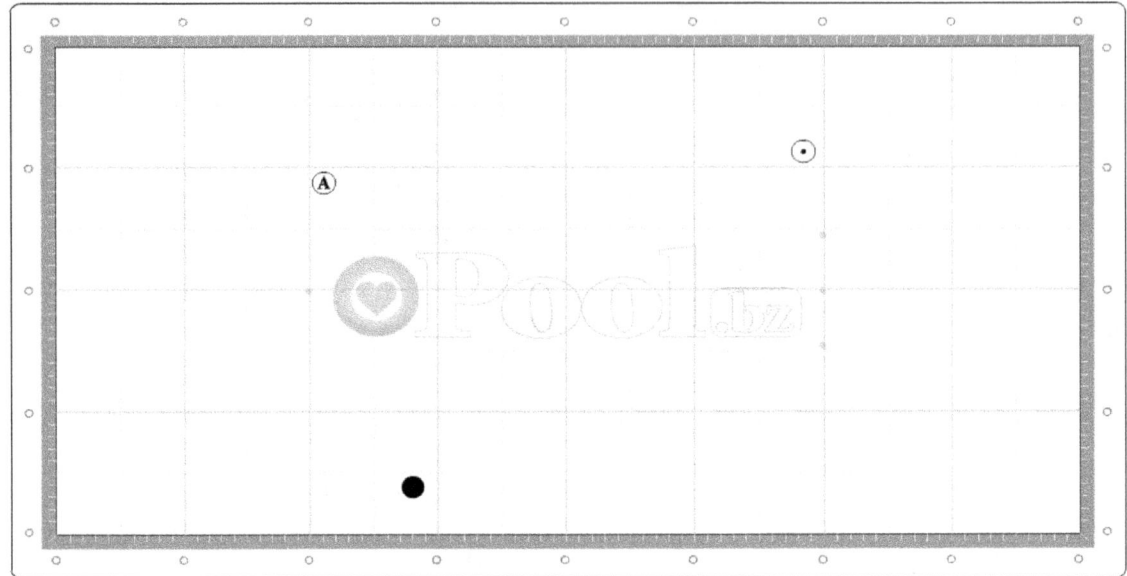

## Shot Pattern

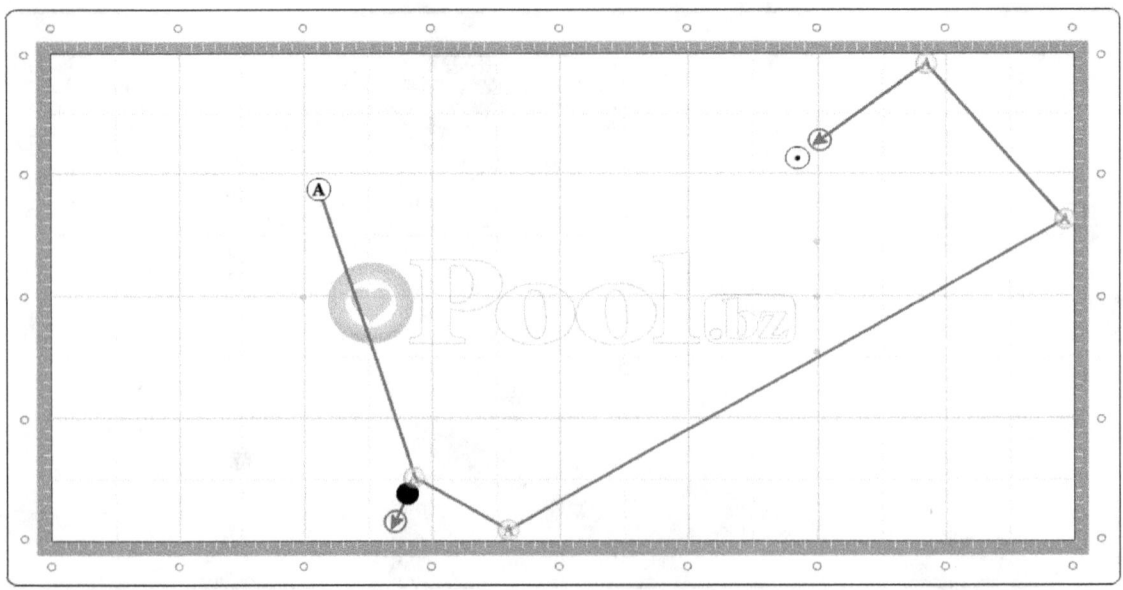

## B:4c – Setup

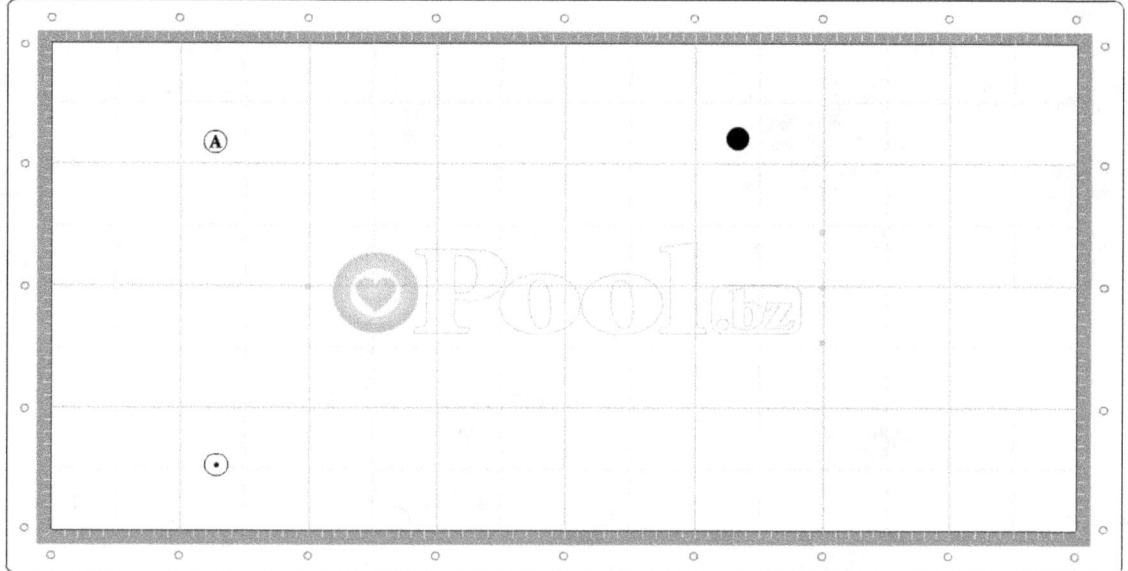

## Shot Pattern

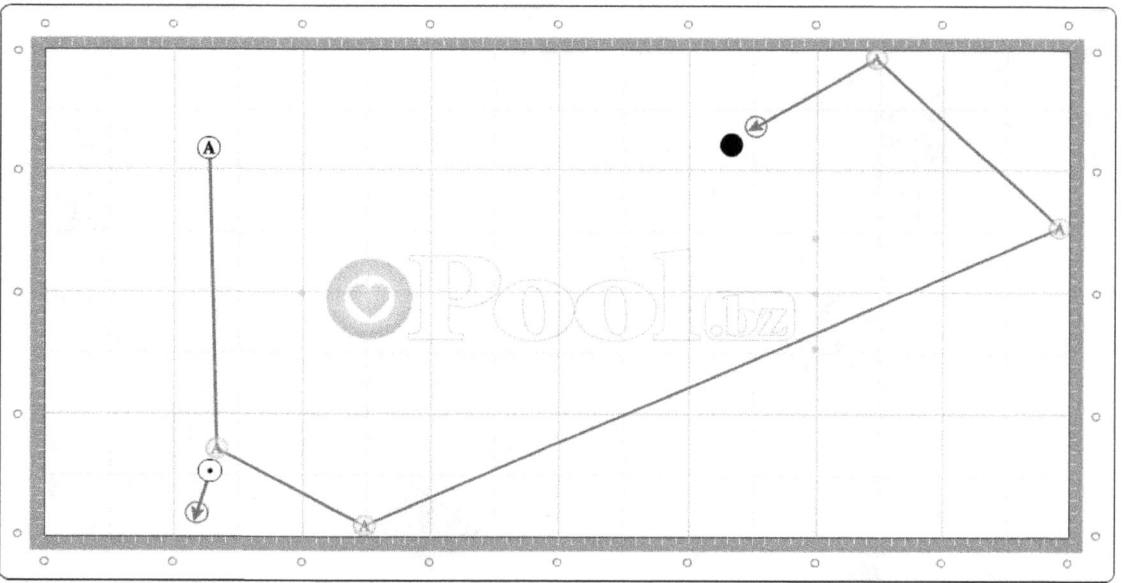

## B:4d – Setup

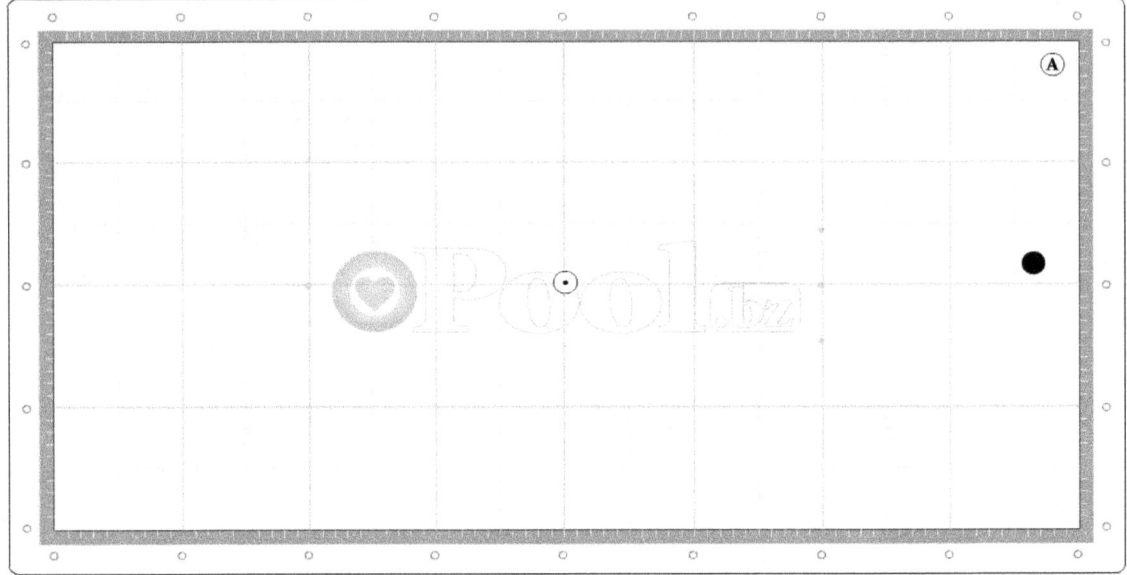

## Shot Pattern

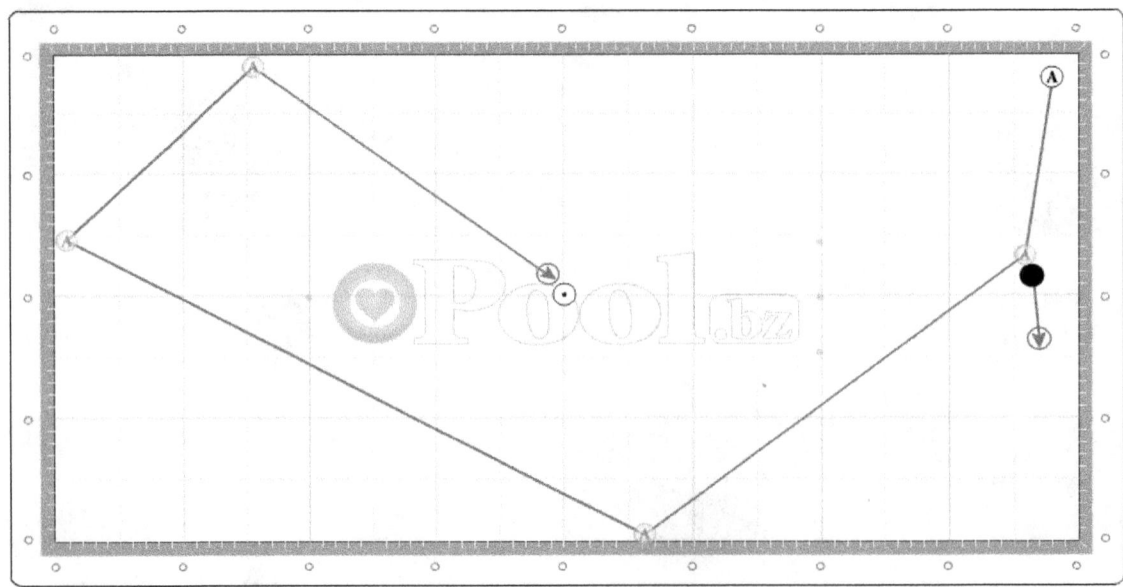

# C: Short Rail-to-Rail Full Table Pattern

The CB comes off first OB and into the shot rail. From there, the CB goes into the middle area of the long rail. The CB travels into the opposite corner, short rail first, then long rail. On the way out from the corner, the CB connects with the second OB.

## C: Group 1

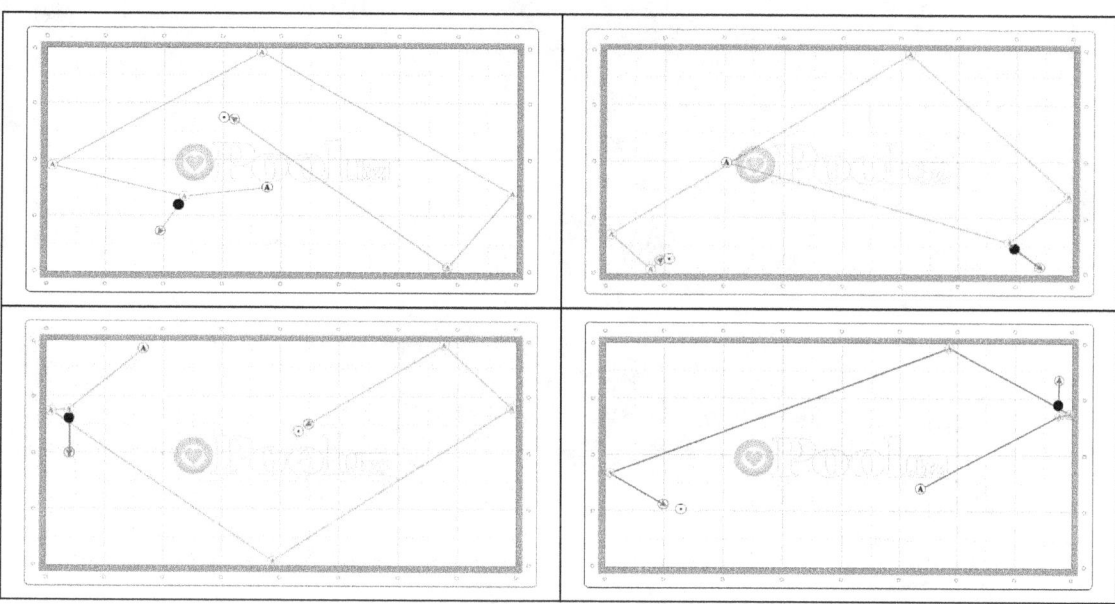

**Analysis**:

C:1a. _____

C:1b. _____

C:1c. _____

C:1d. _____

## C:1a – Setup

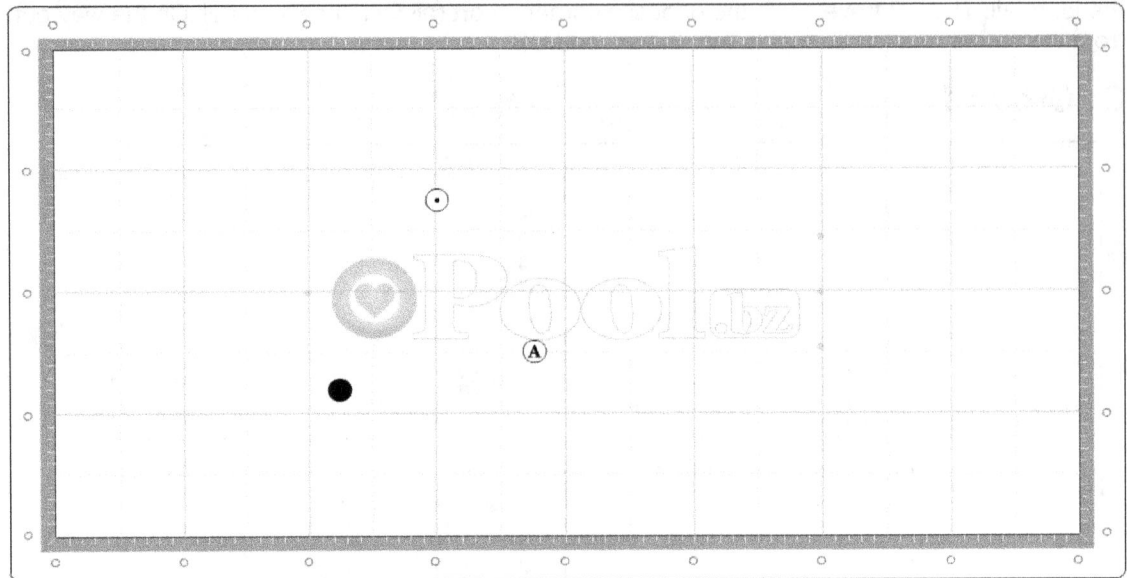

## Shot Pattern

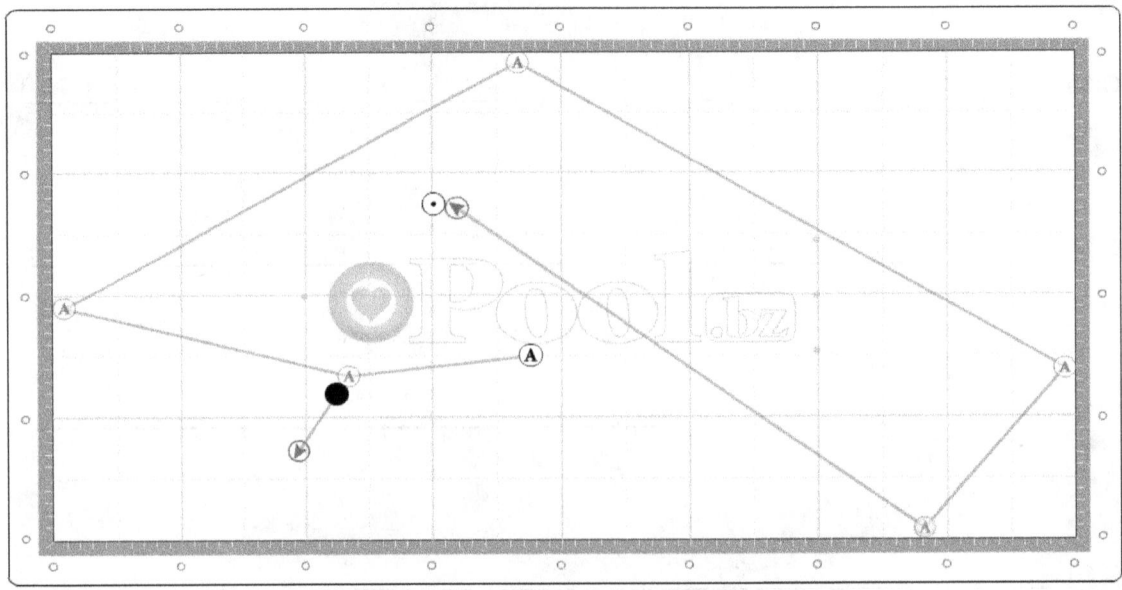

## C:1b – Setup

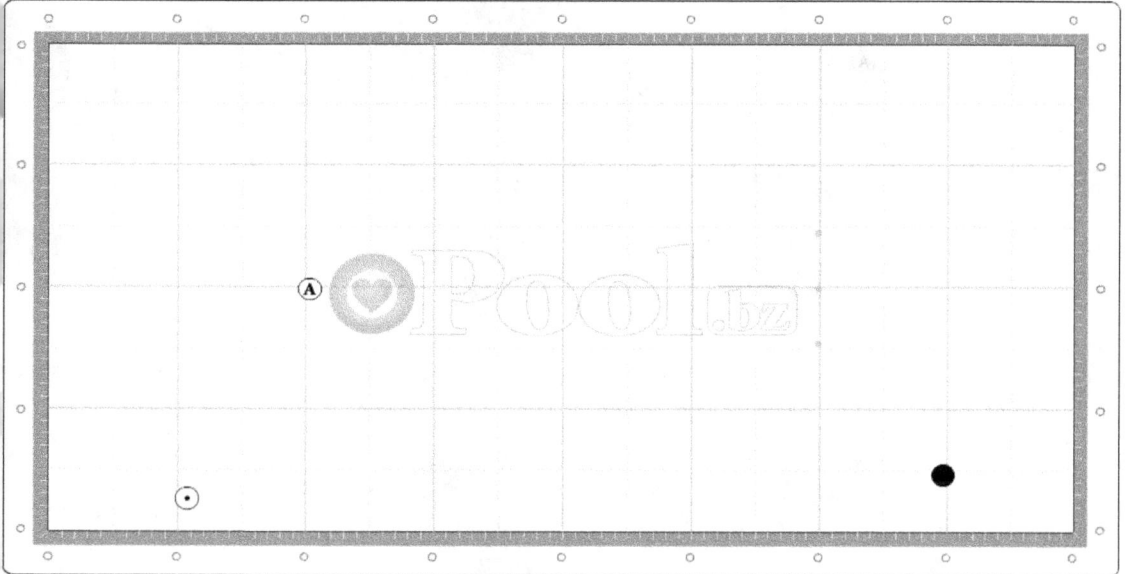

## Shot Pattern

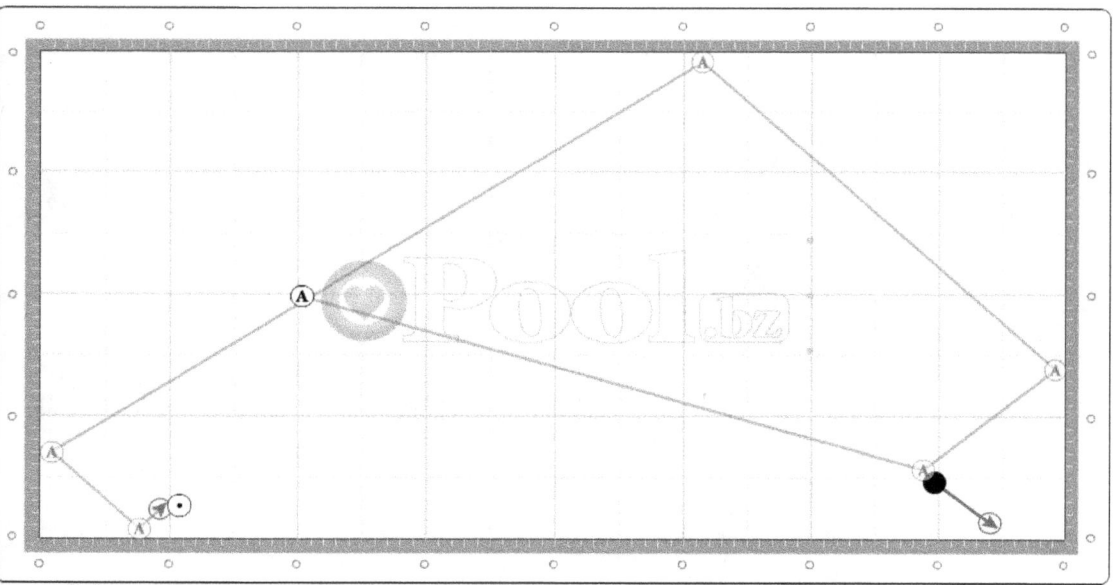

## C:1c – Setup

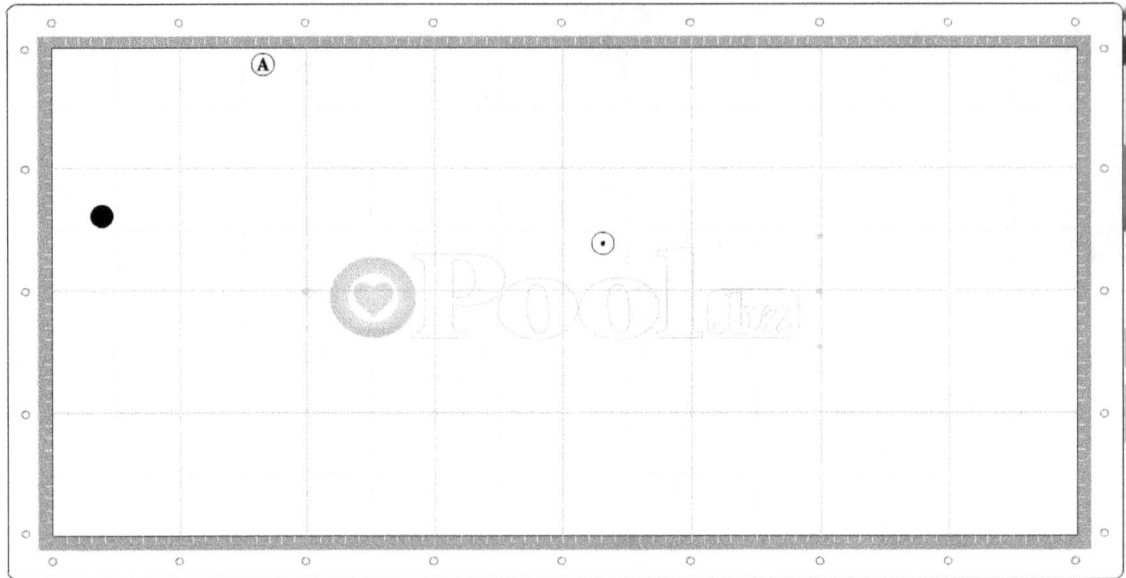

## Shot Pattern

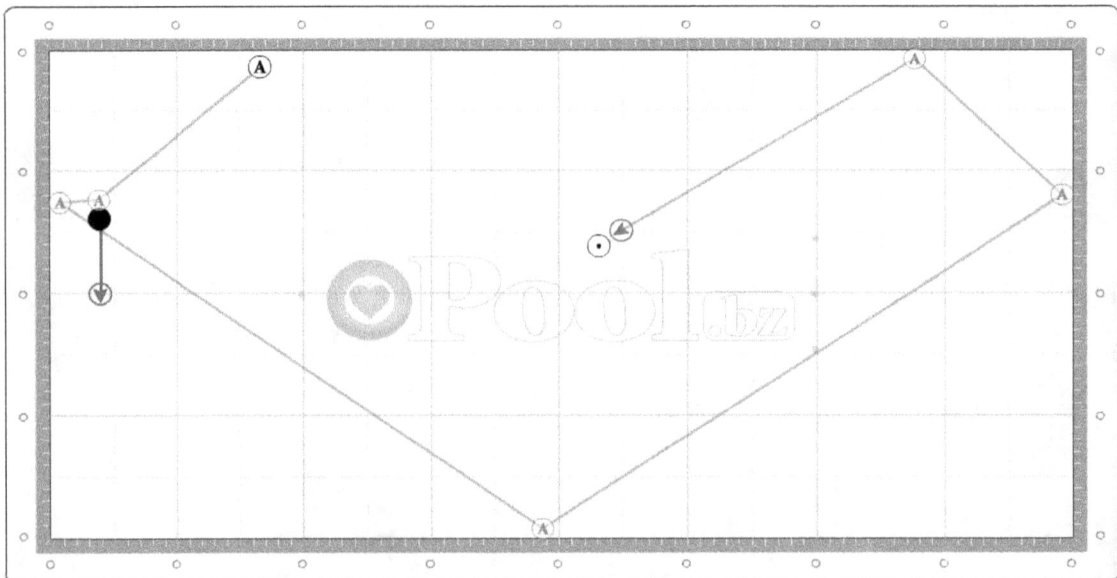

## C:1d – Setup

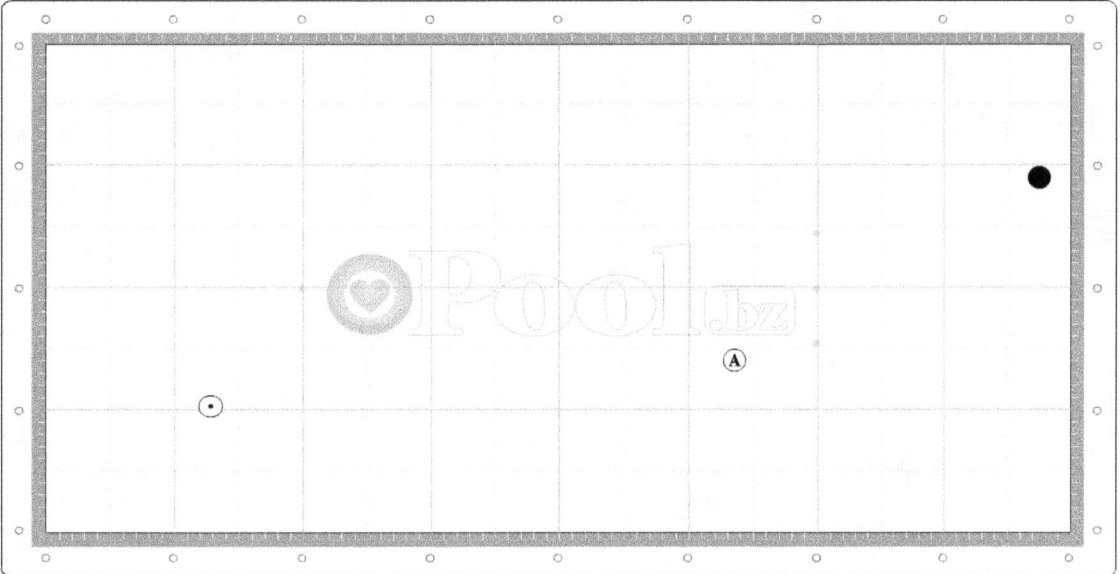

## Shot Pattern

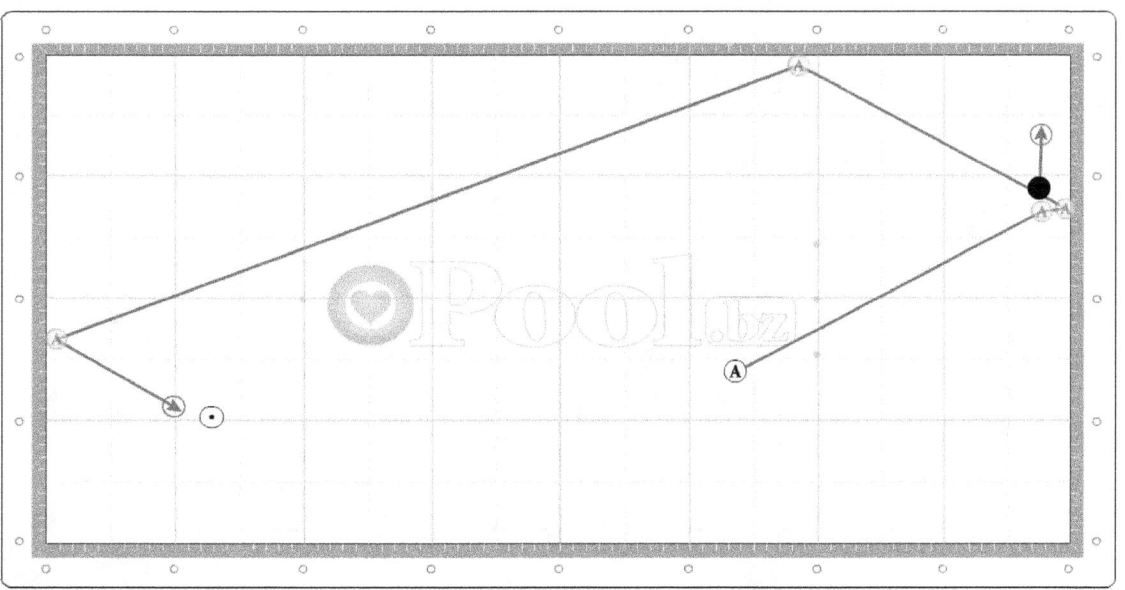

# C: Group 2

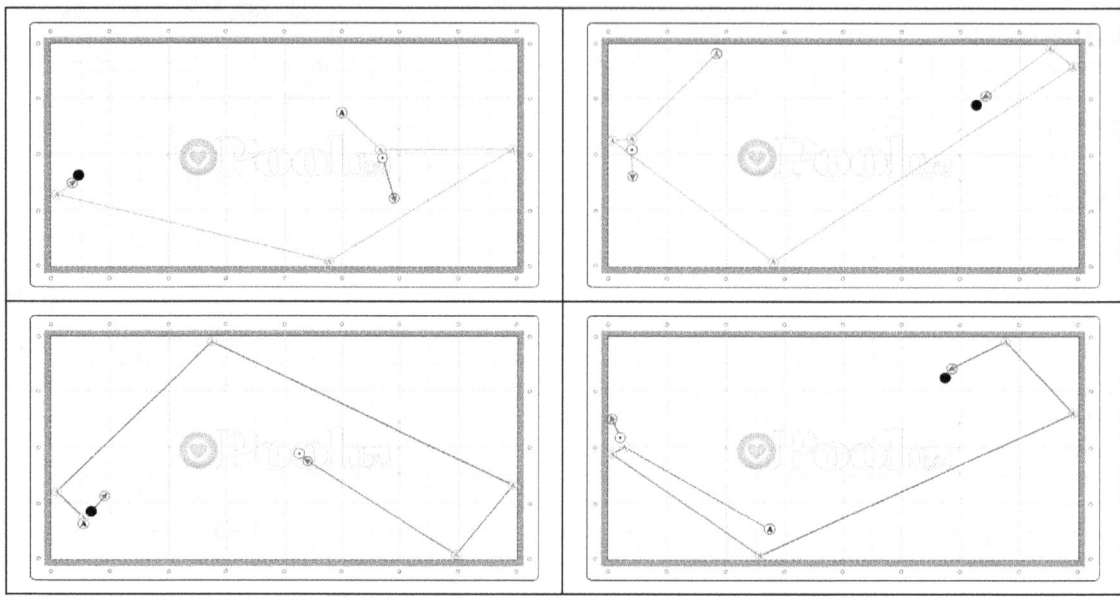

**Analysis**:


C:2a. _____


C:2b. _____


C:2c. _____


C:2d. _____

## C:2a – Setup

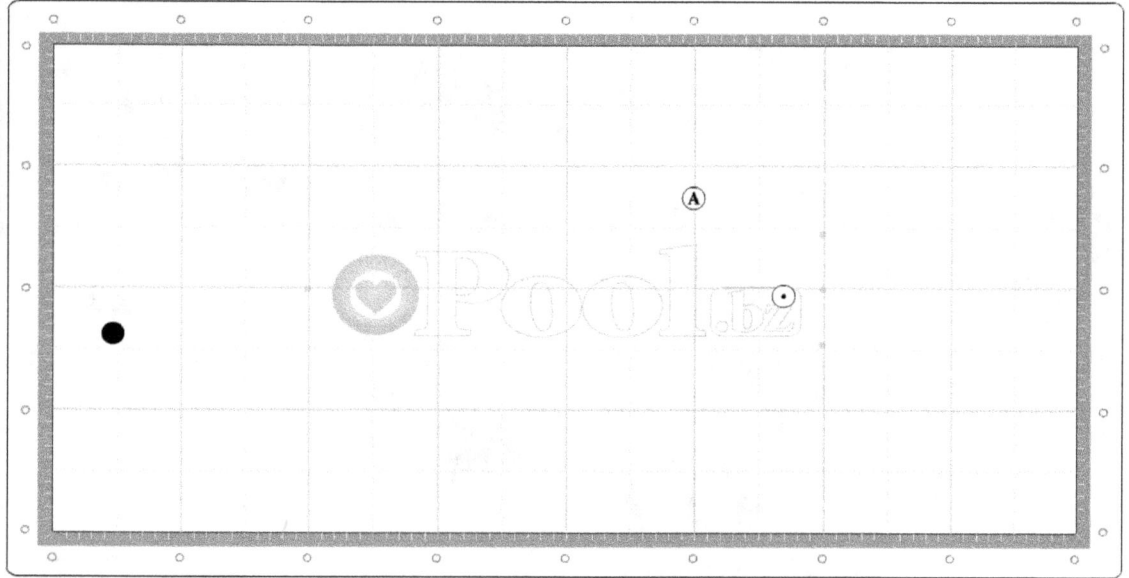

## Shot Pattern

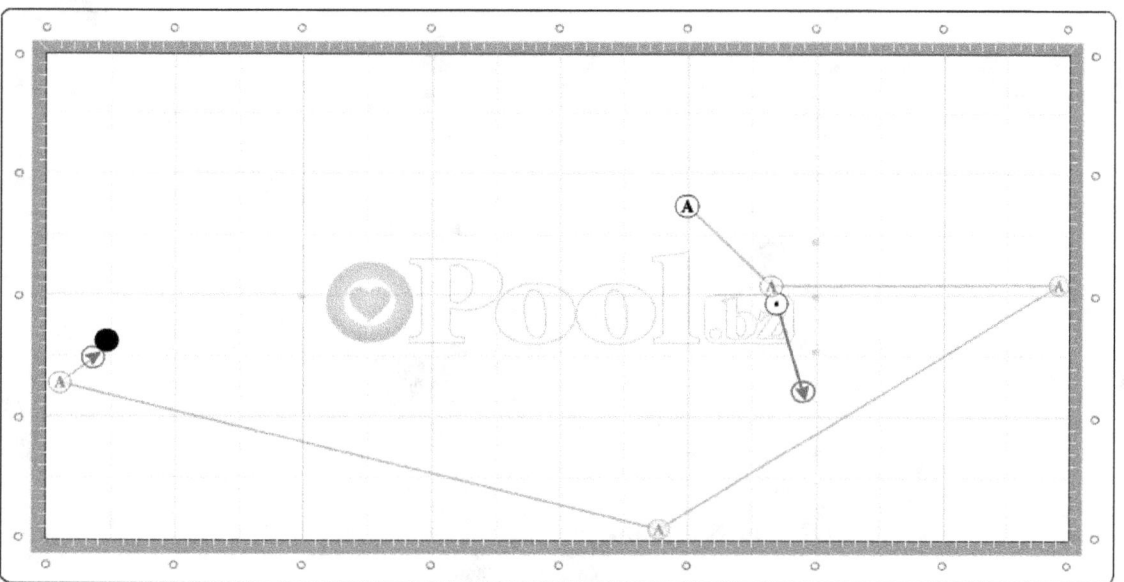

## C:2b – Setup

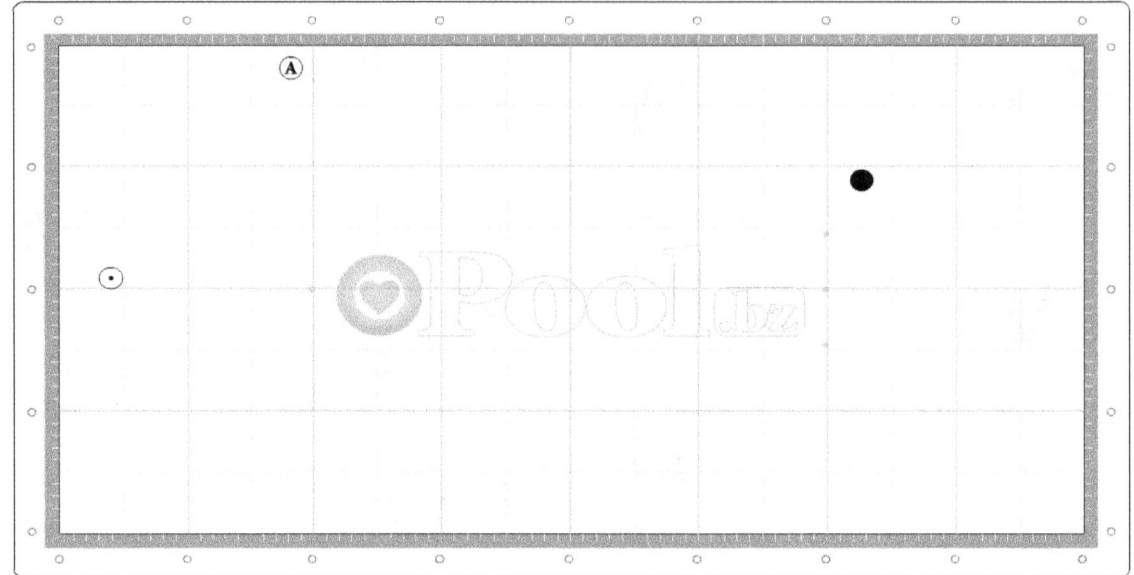

## Shot Pattern

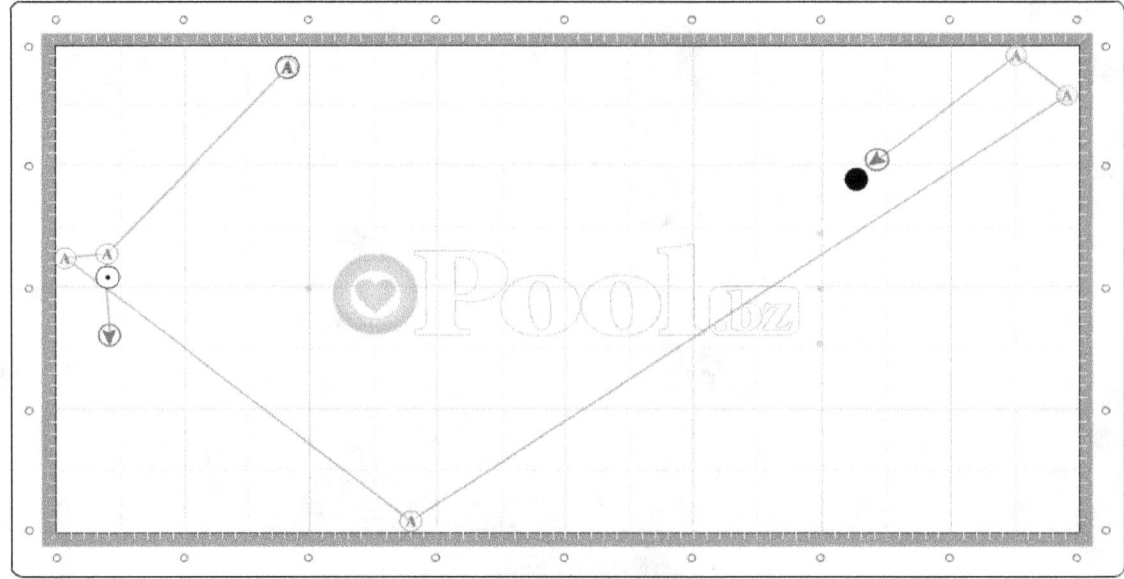

## C:2c – Setup

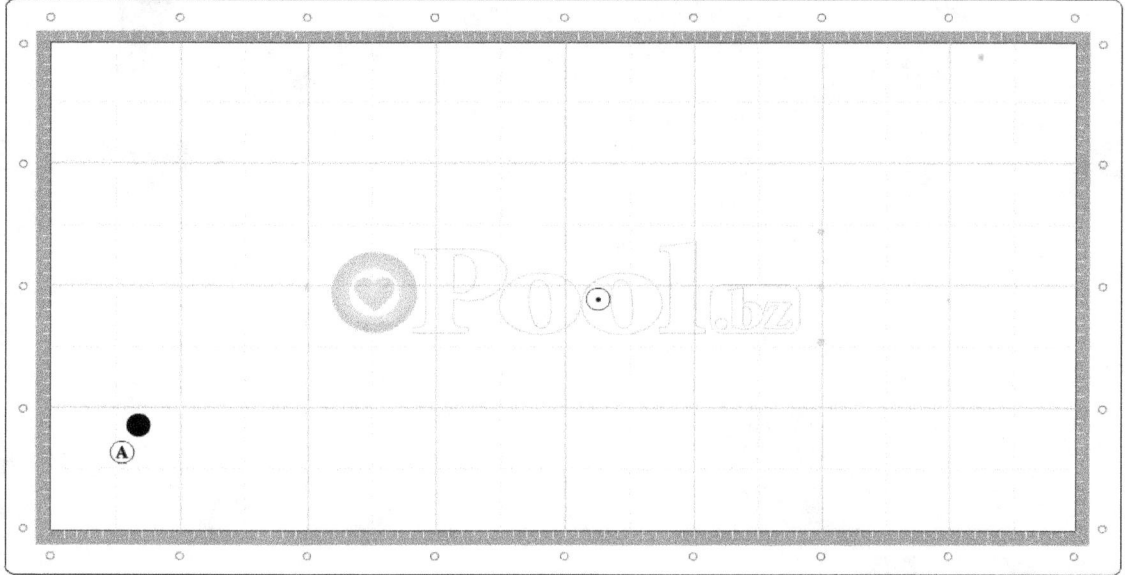

## Shot Pattern

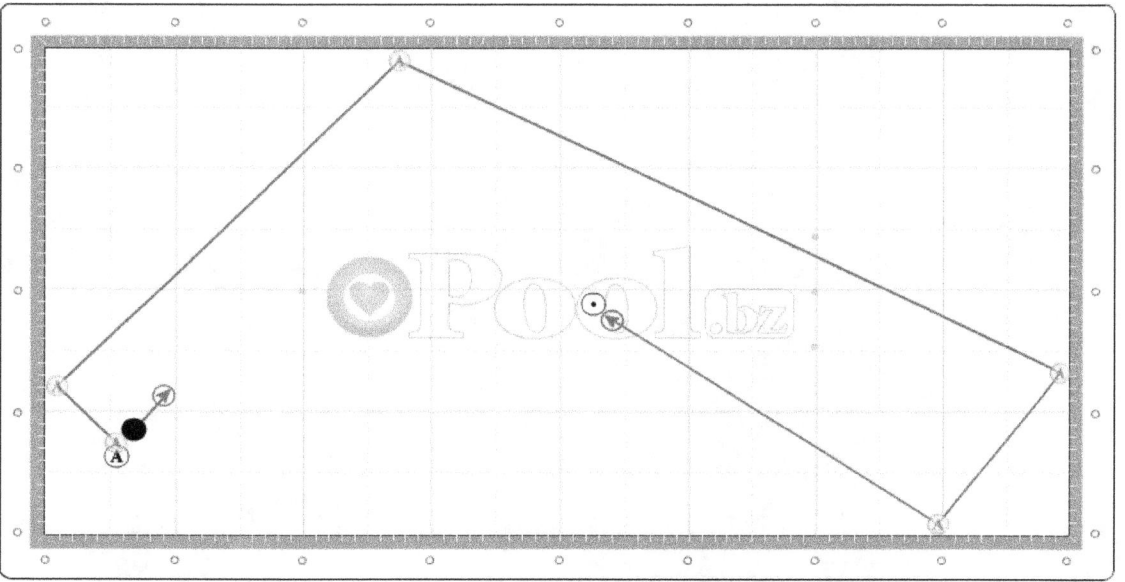

## C:2d – Setup

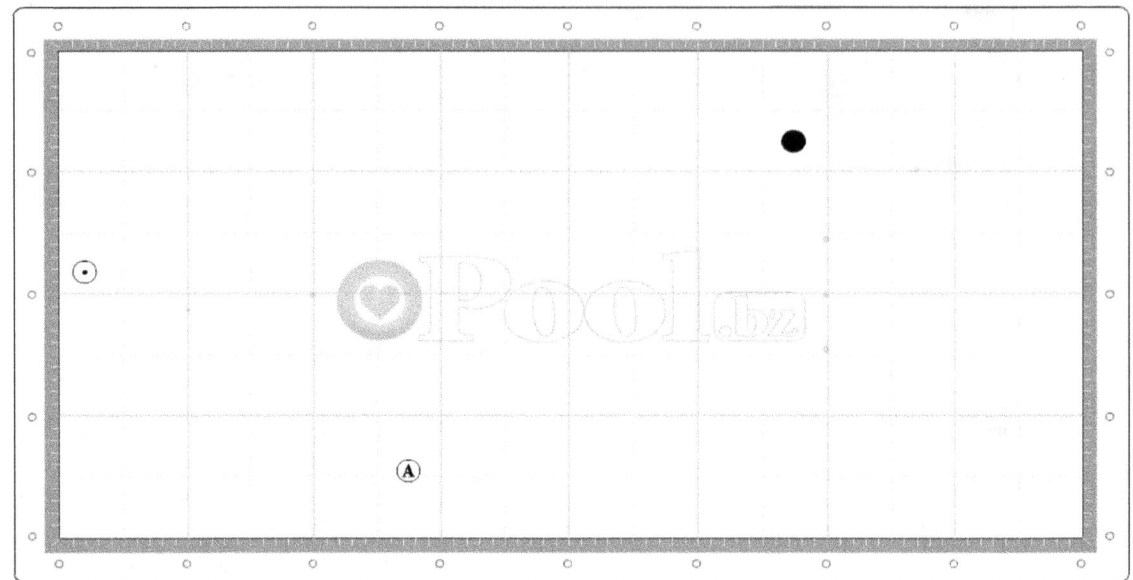

## Shot Pattern

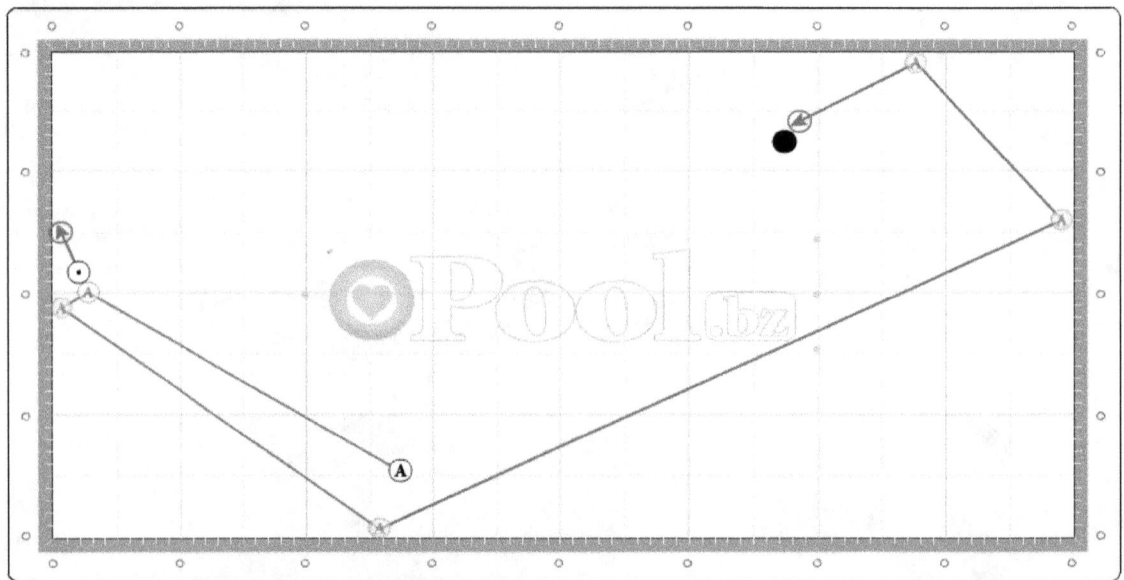

# C: Group 3

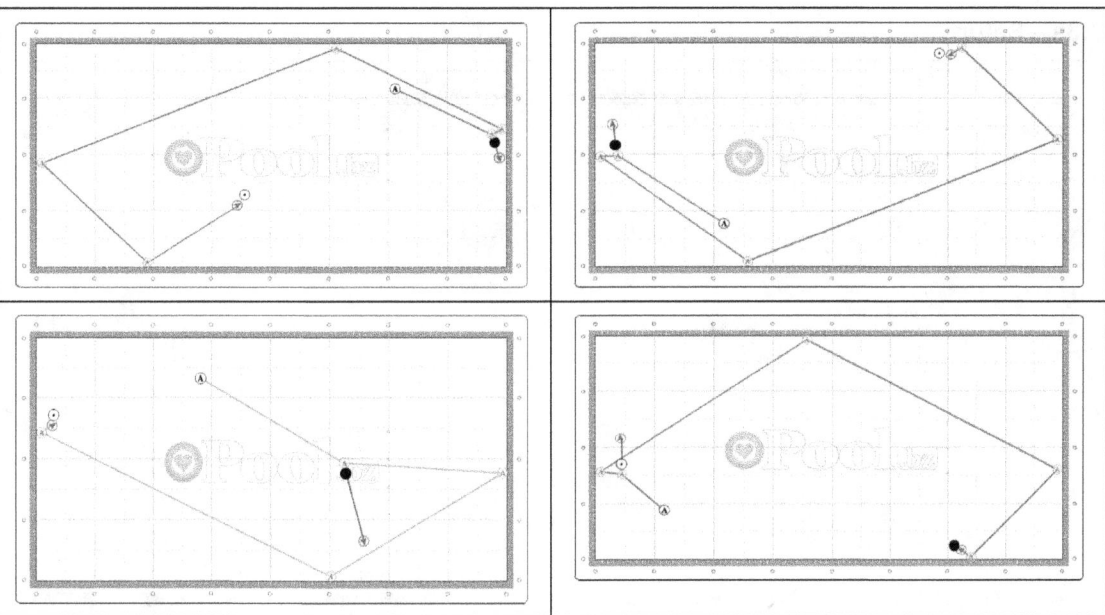

**Analysis:**

C:3a. _____

C:3b. _____

C:3c. _____

C:3d. _____

## C:3a – Setup

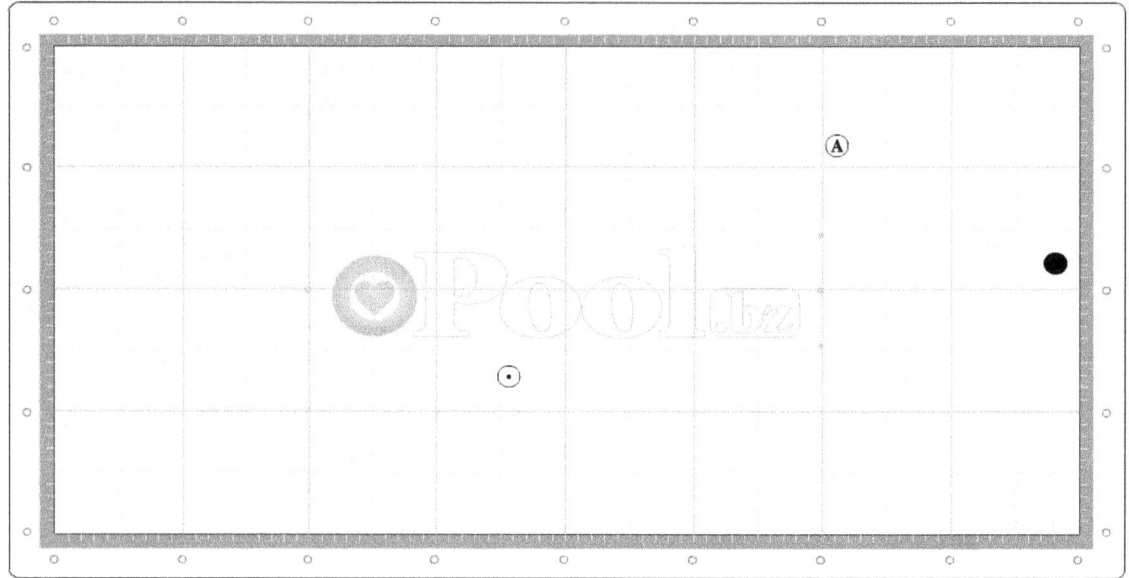

## Shot Pattern

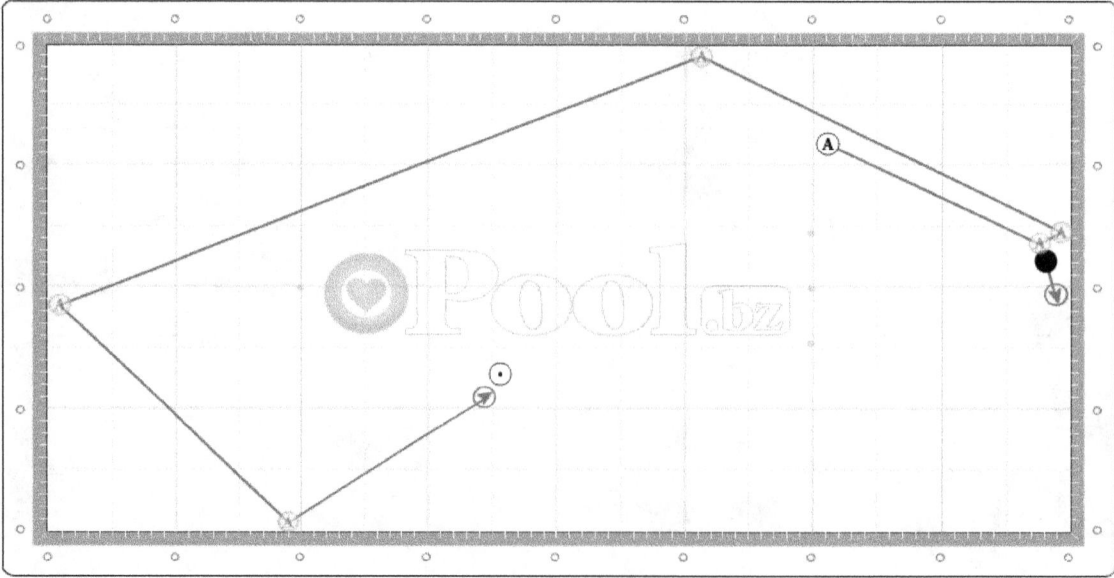

## C:3b – Setup

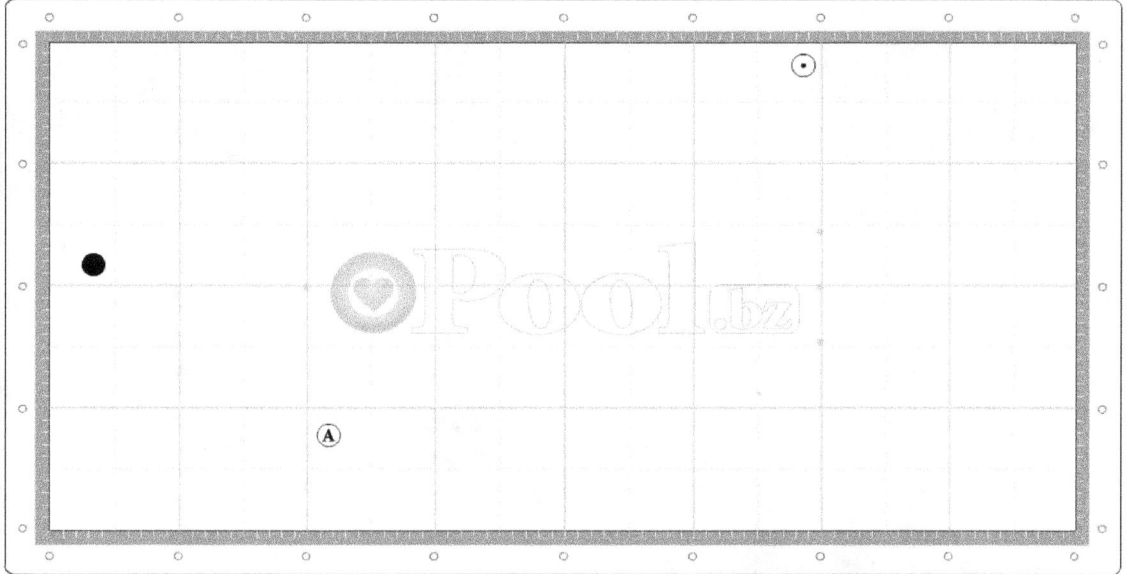

## Shot Pattern

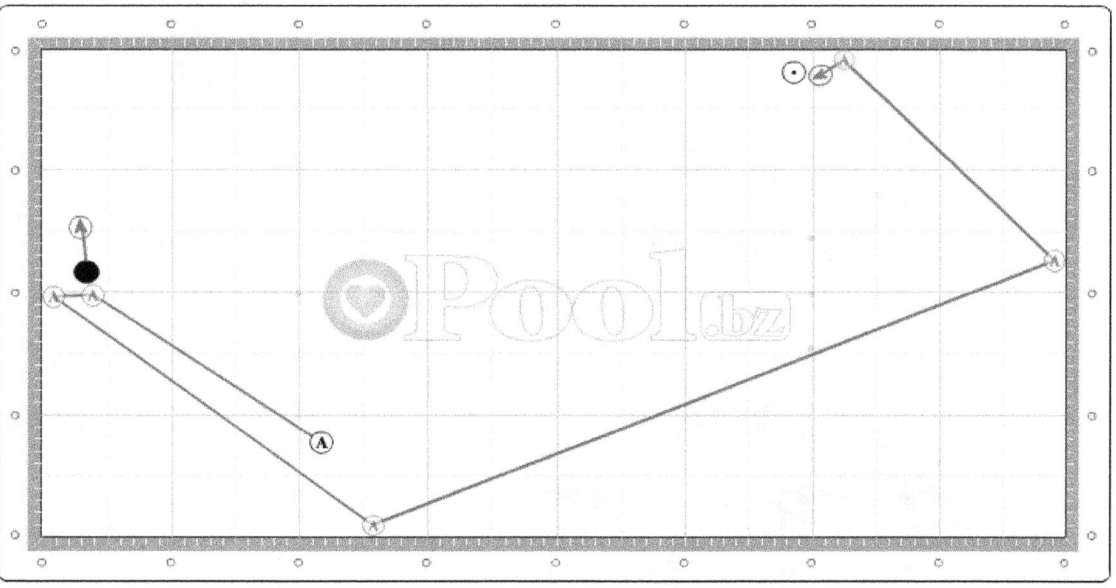

## C:3c – Setup

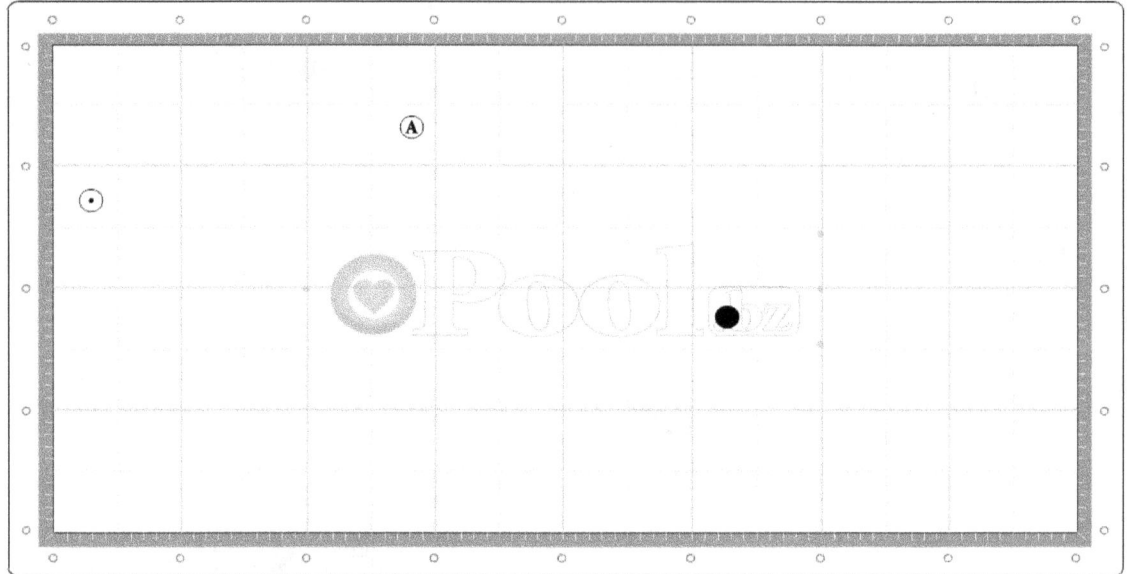

## Shot Pattern

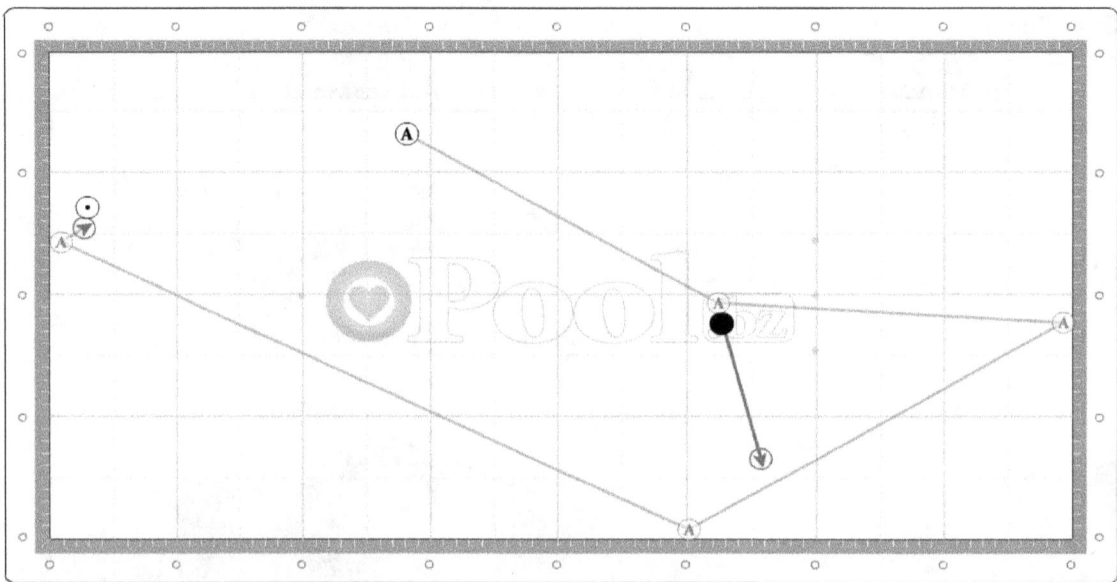

## C:3d – Setup

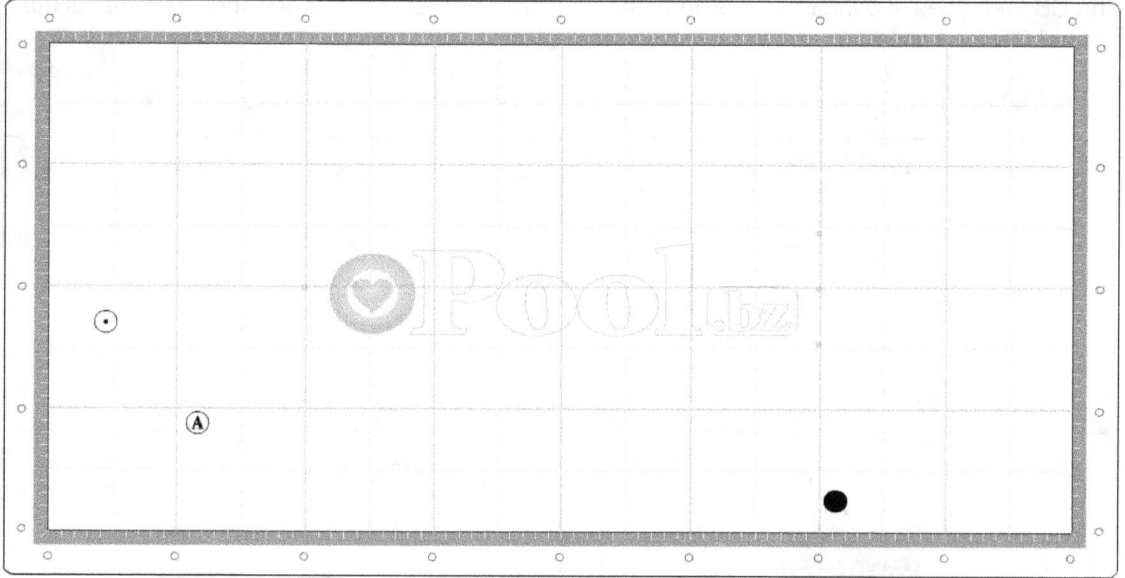

## Shot Pattern

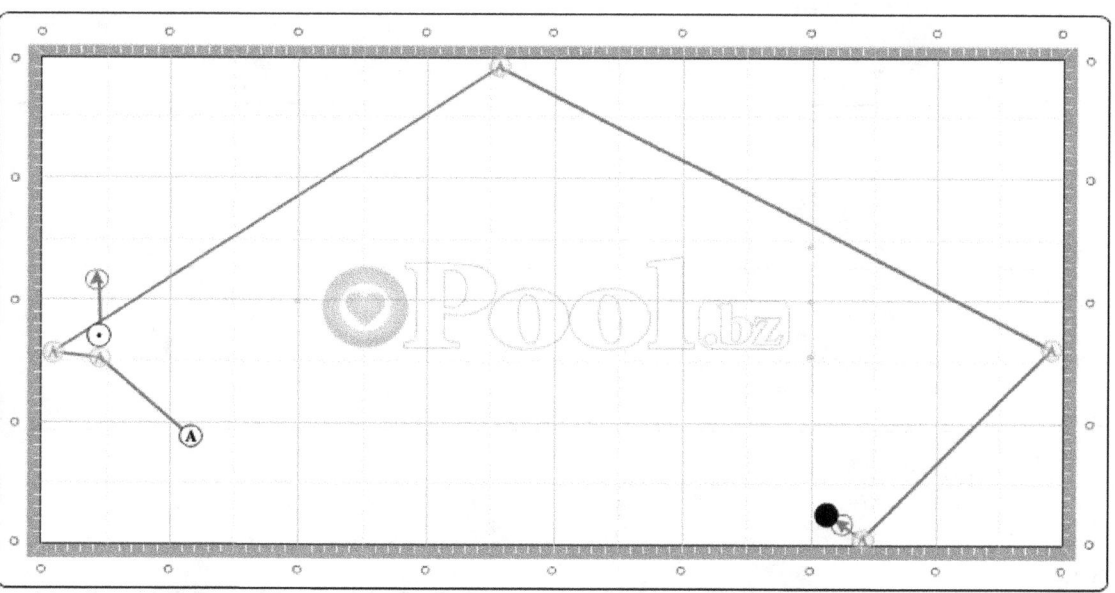

# D: Corner Return (long rail) Basic

The CB comes off the first OB and goes into the corner, long rail first and then off the short rail. The CB then goes into the middle area of the opposite long rail. From there, the CB contacts the second OB for a score.

## D: Group 1

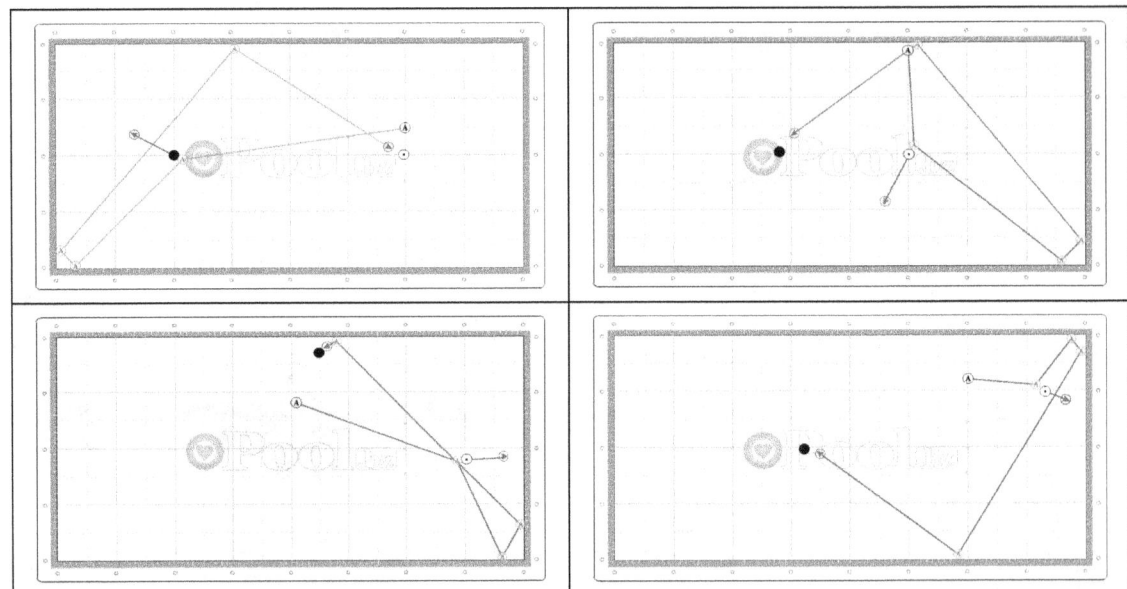

**Analysis**:

D:1a. _____

D:1b. _____

D:1c. _____

D:1d. _____

## D:1a – Setup

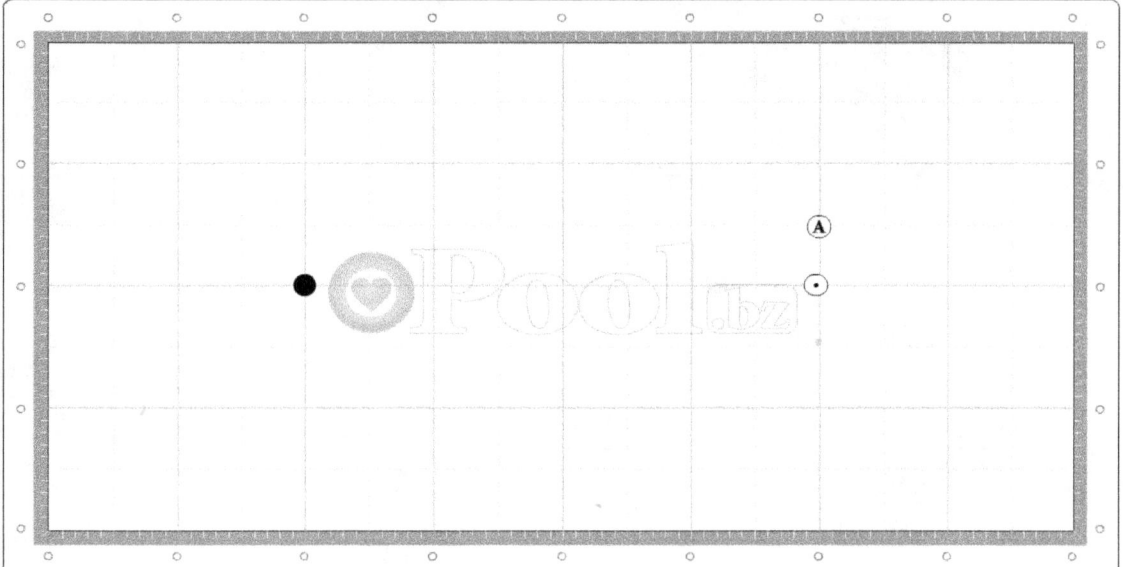

## Shot Pattern

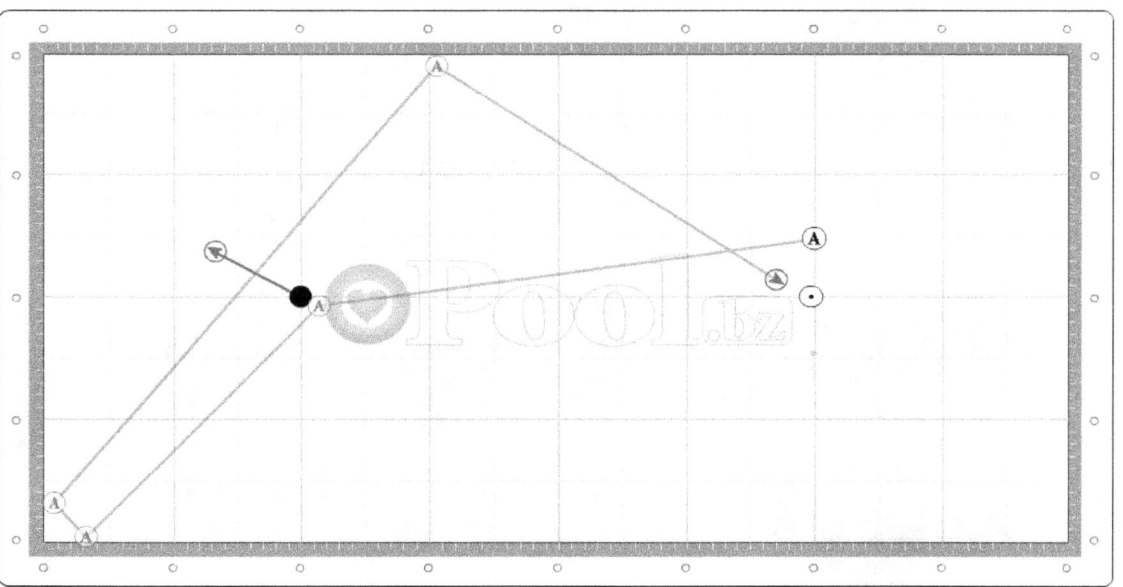

## D:1b – Setup

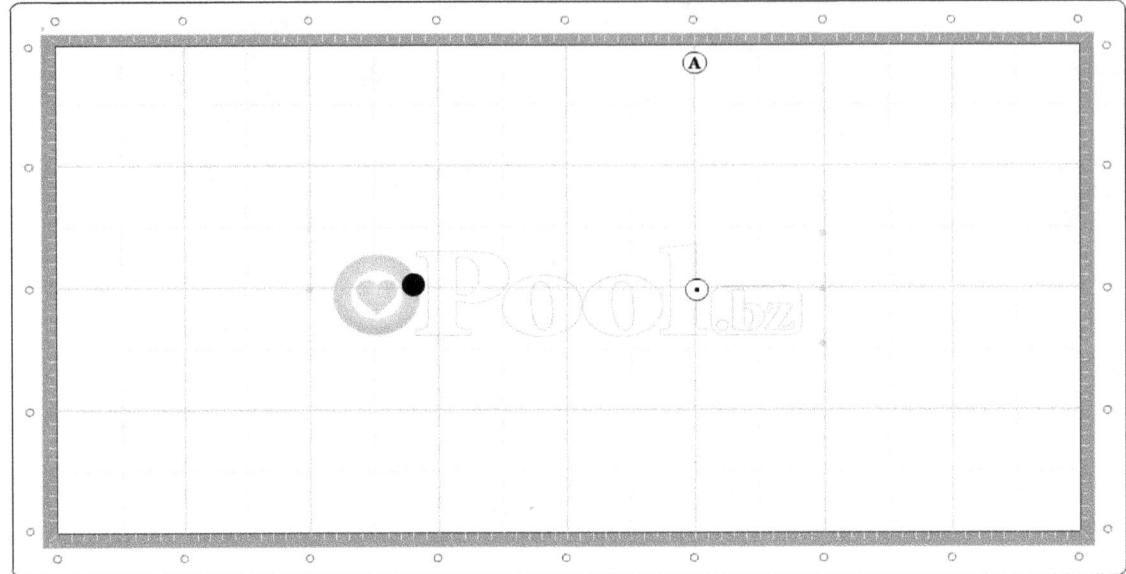

## Shot Pattern

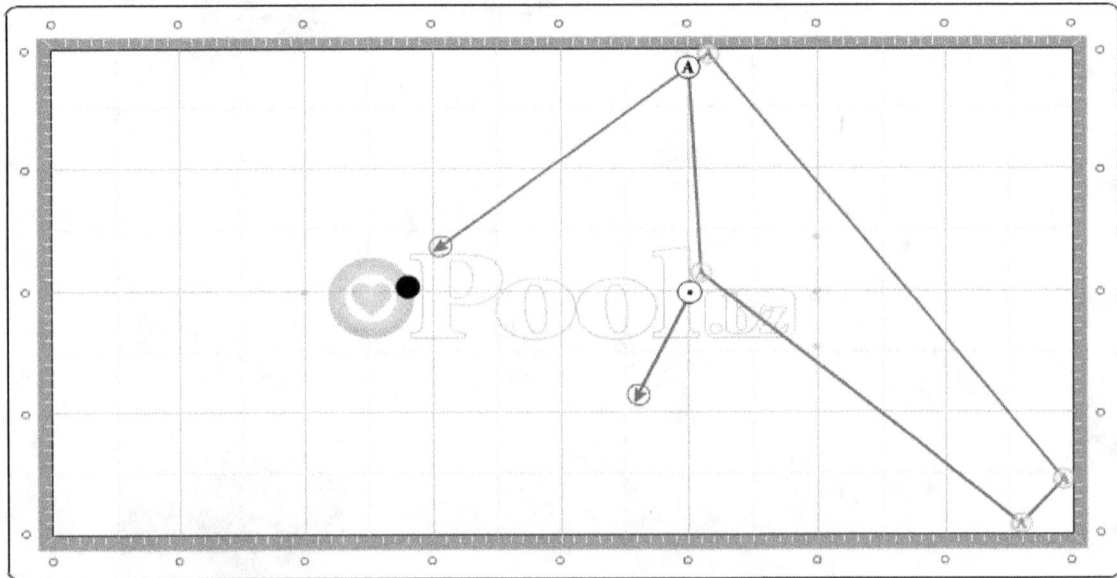

## D:1c – Setup

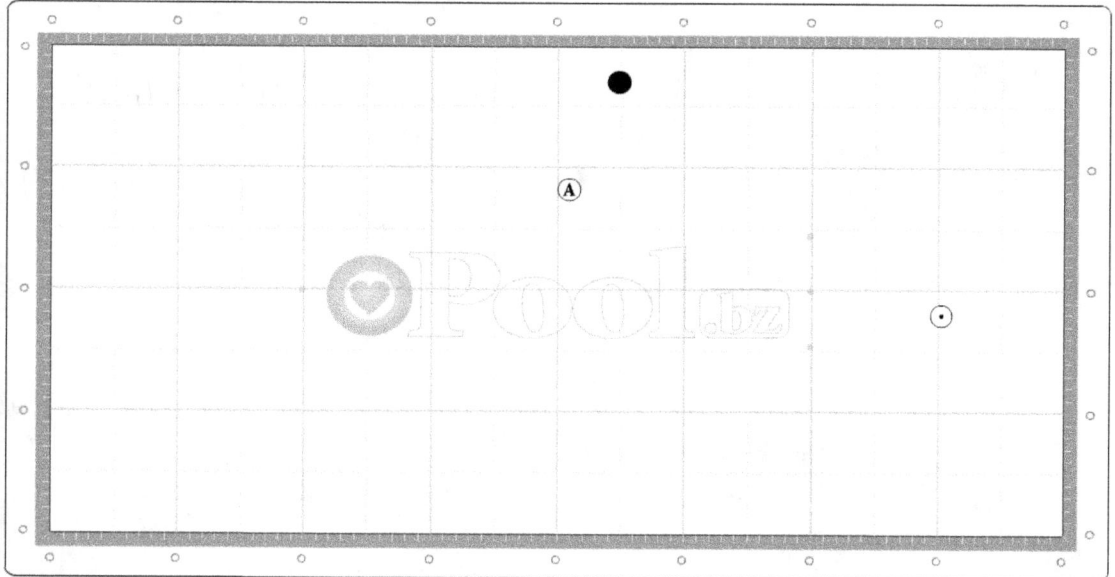

## Shot Pattern

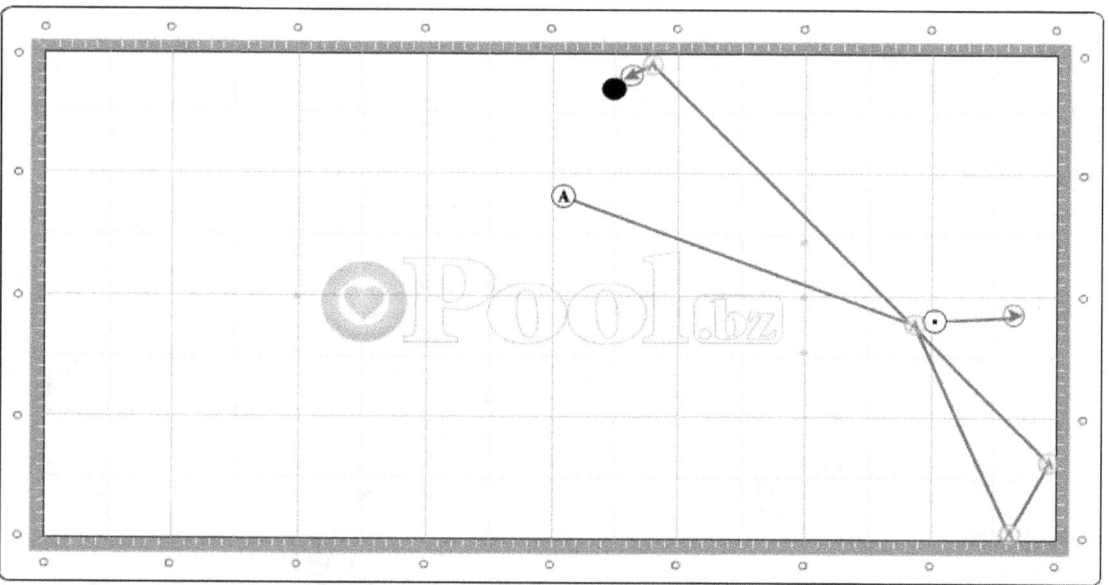

## D:1d – Setup

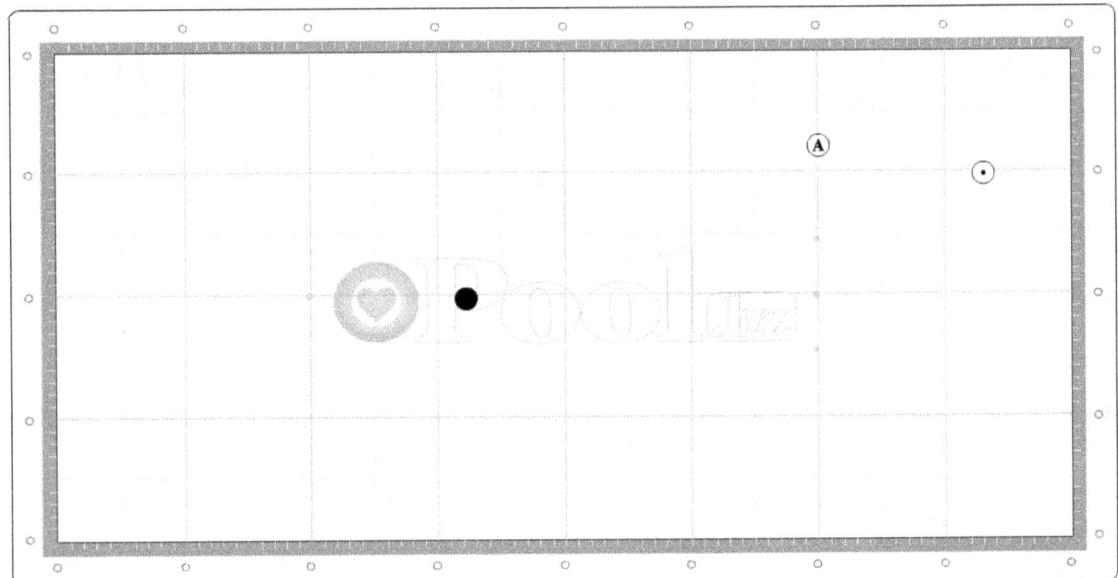

## Shot Pattern

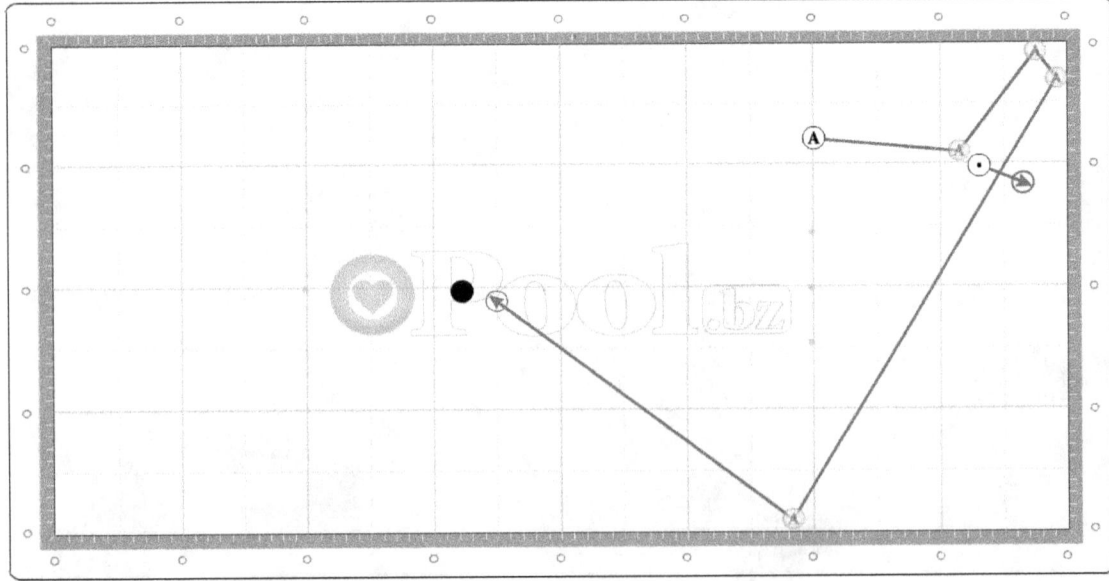

# D: Group 2

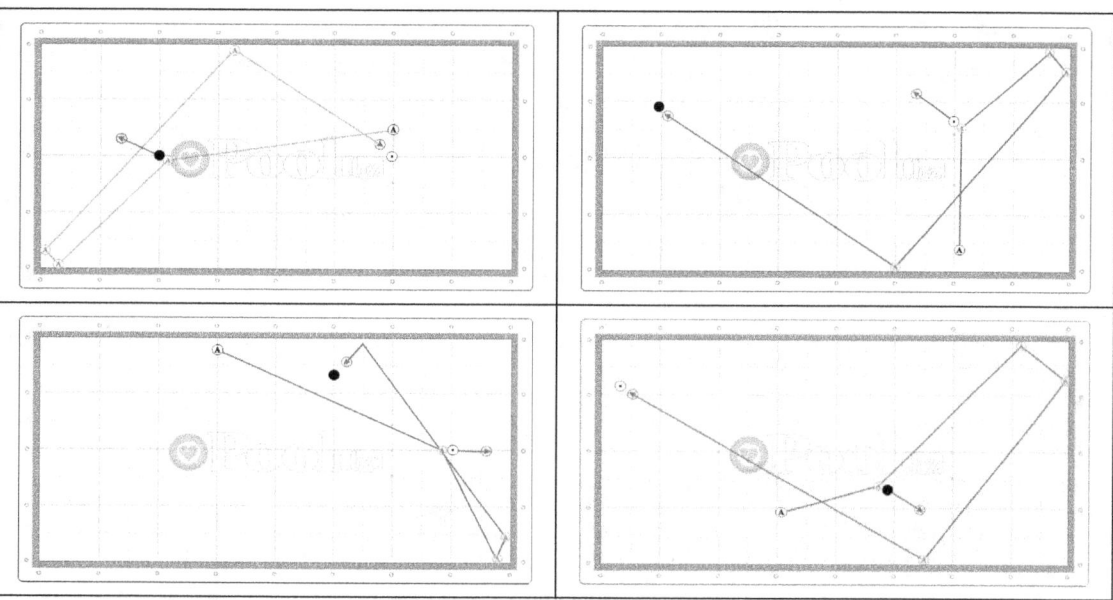

**Analysis**:

D:2a. _____

D:2b. _____

D:2c. _____

D:2d. _____

## D:2a – Setup

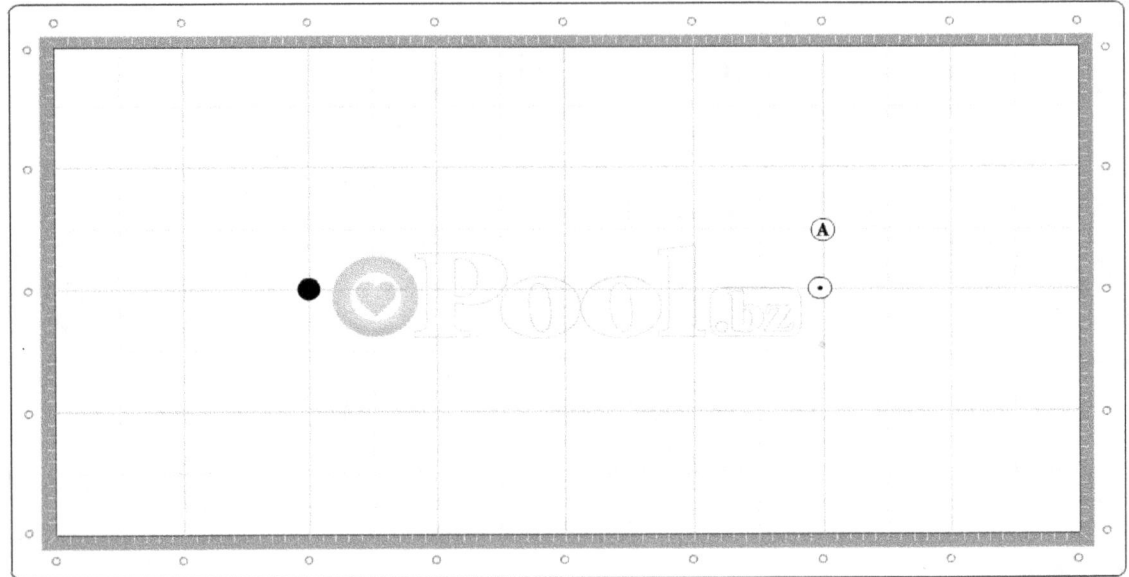

## Shot Pattern

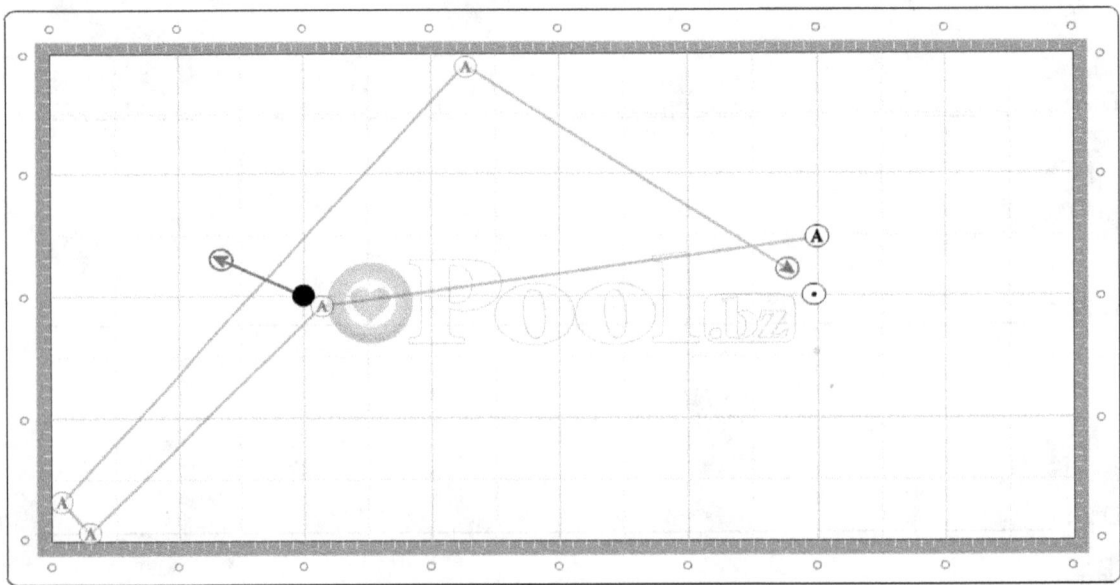

**D:2b – Setup**

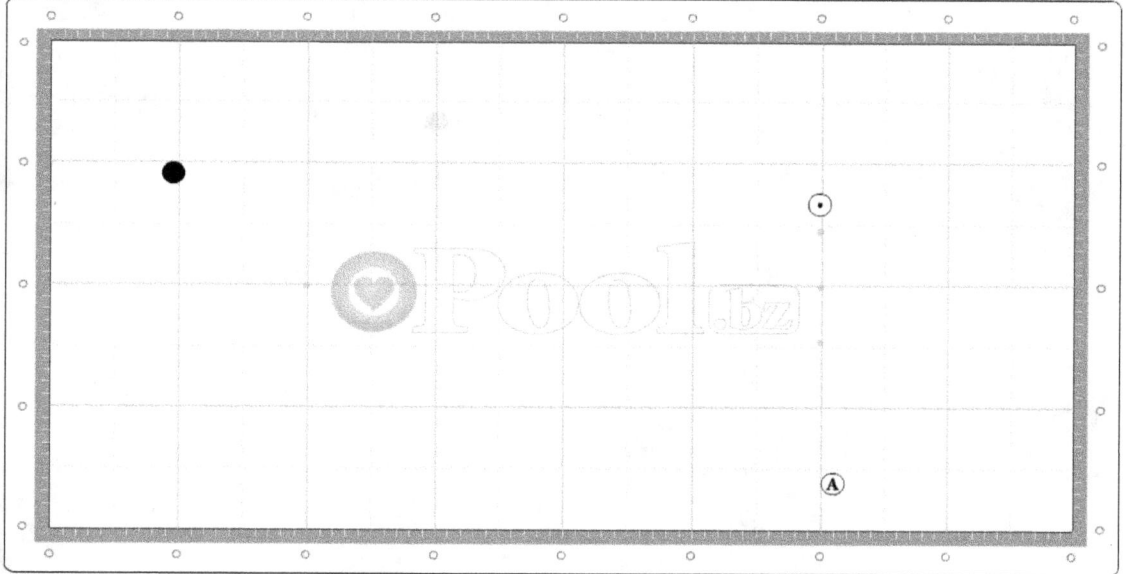

**Shot Pattern**

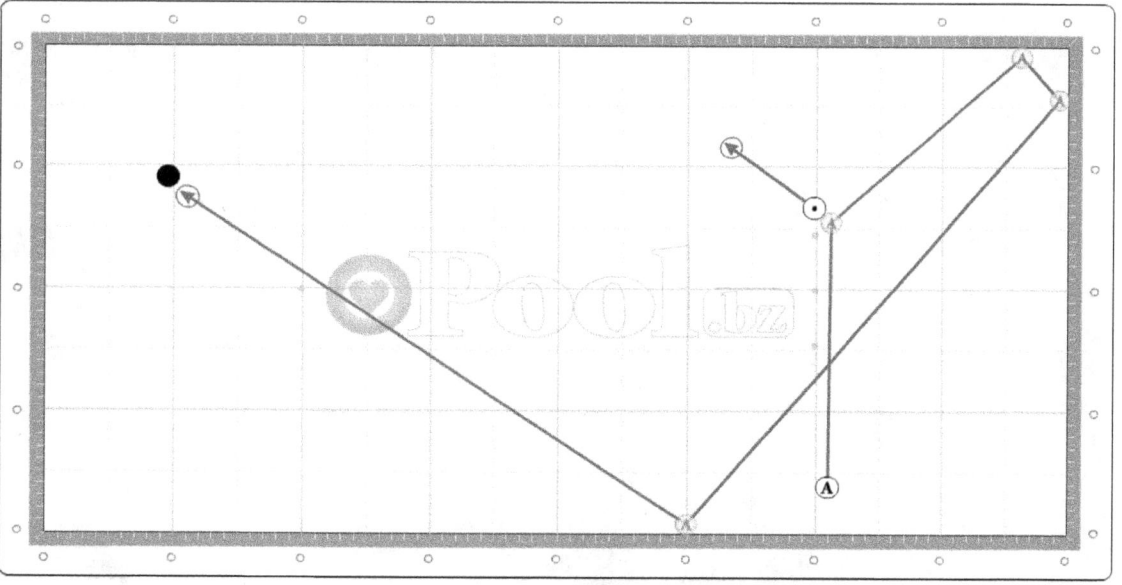

## D:2c – Setup

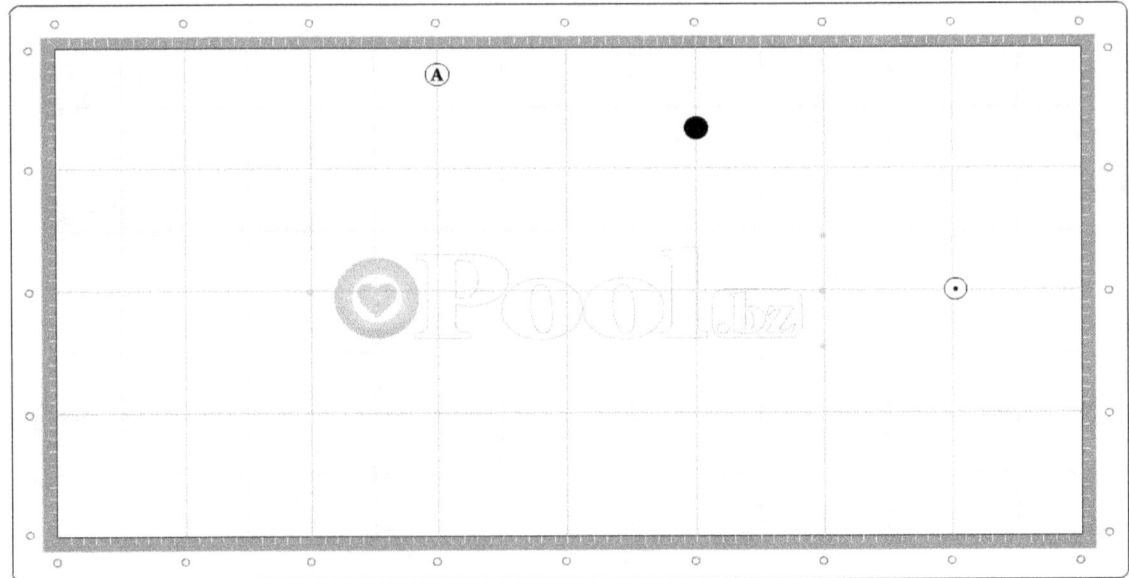

## Shot Pattern

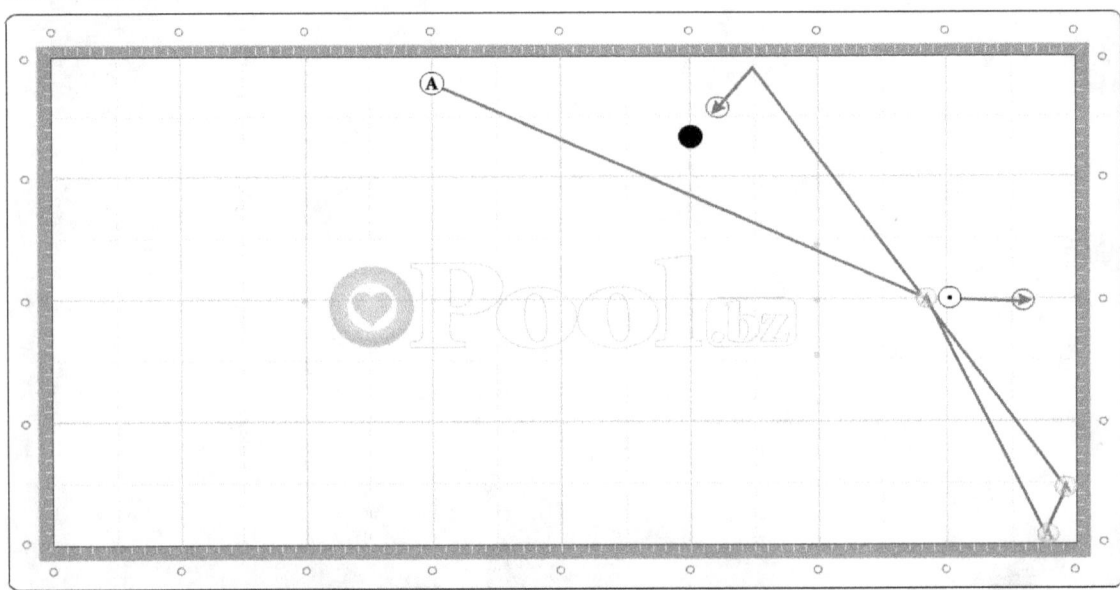

## D:2d – Setup

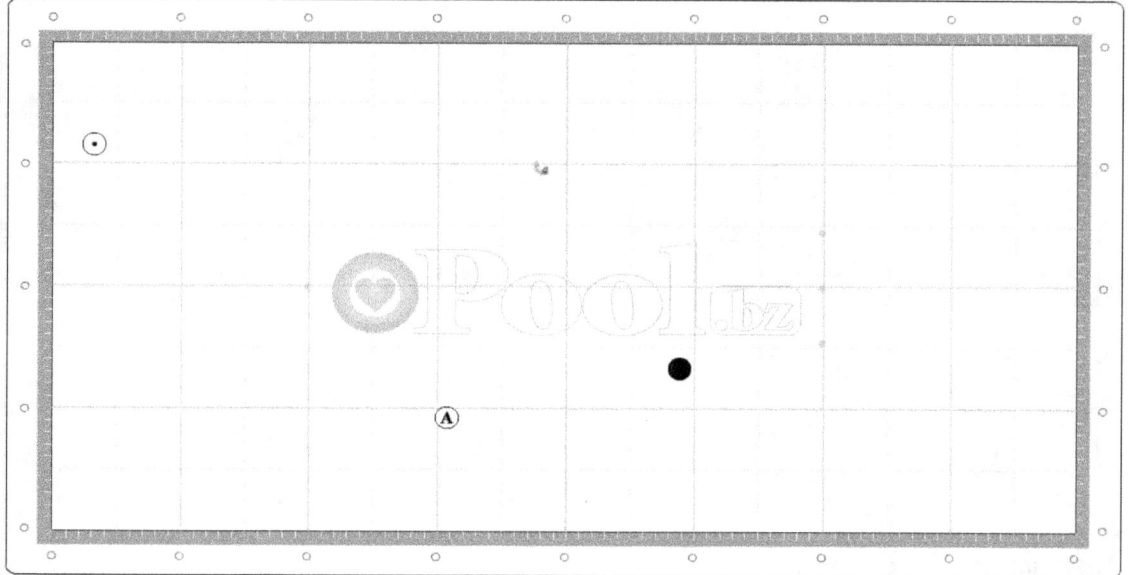

## Shot Pattern

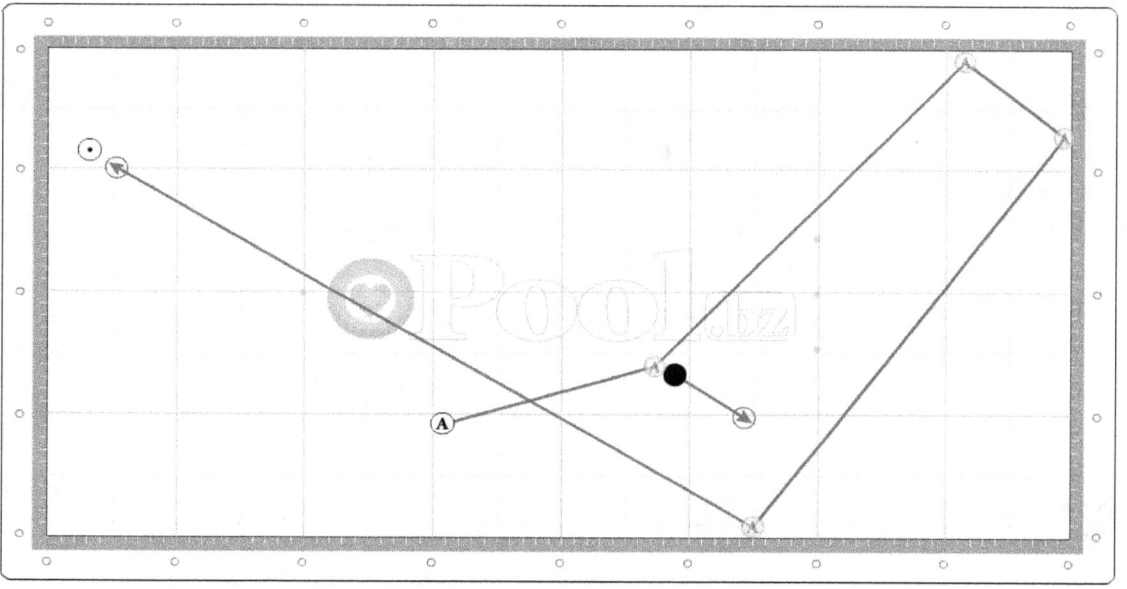

# D: Group 3

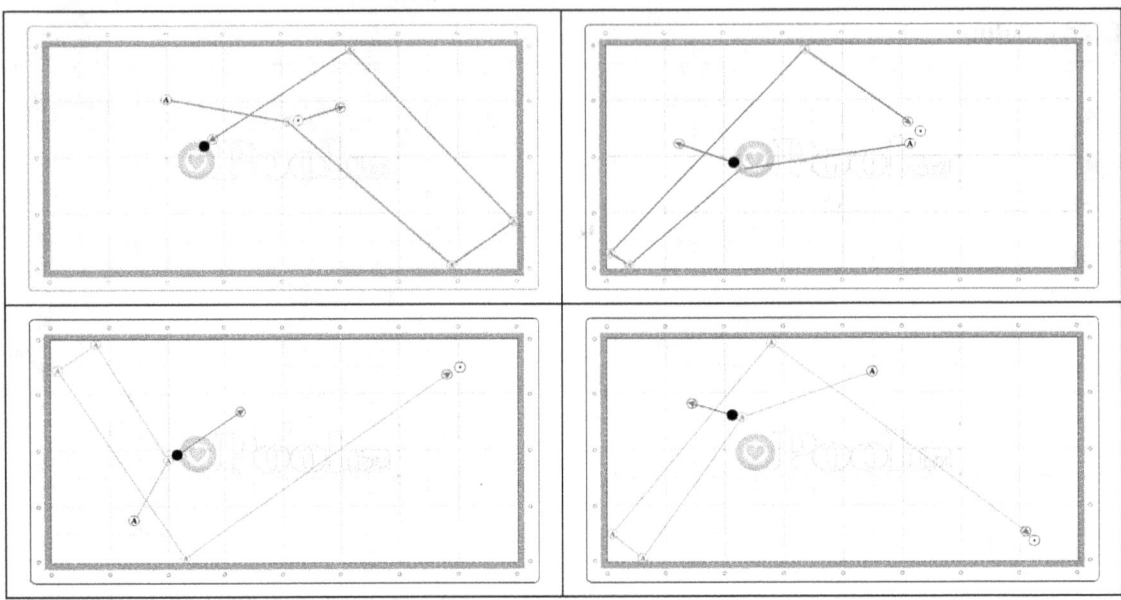

**Analysis:**

D:3a. _____



D:3b. _____



D:3c. _____



D:3d. _____

## D:3a – Setup

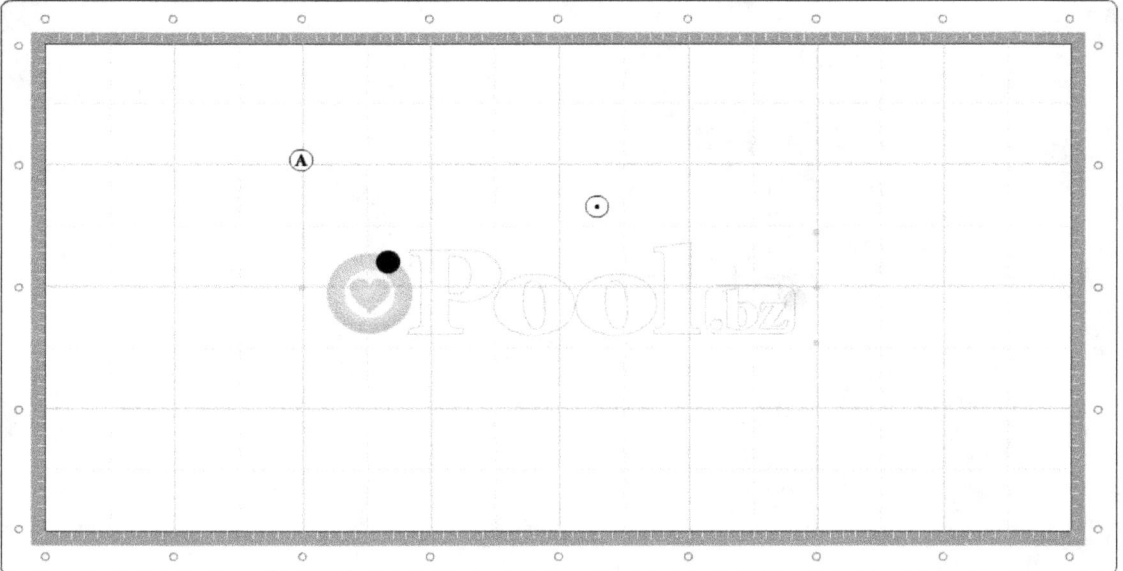

## Shot Pattern

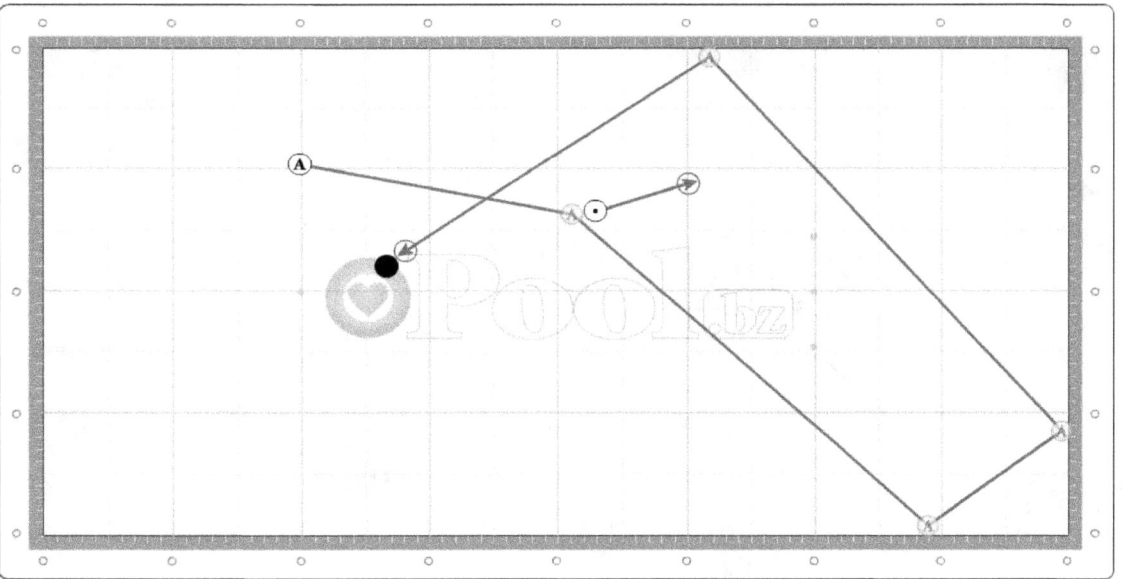

## D:3b – Setup

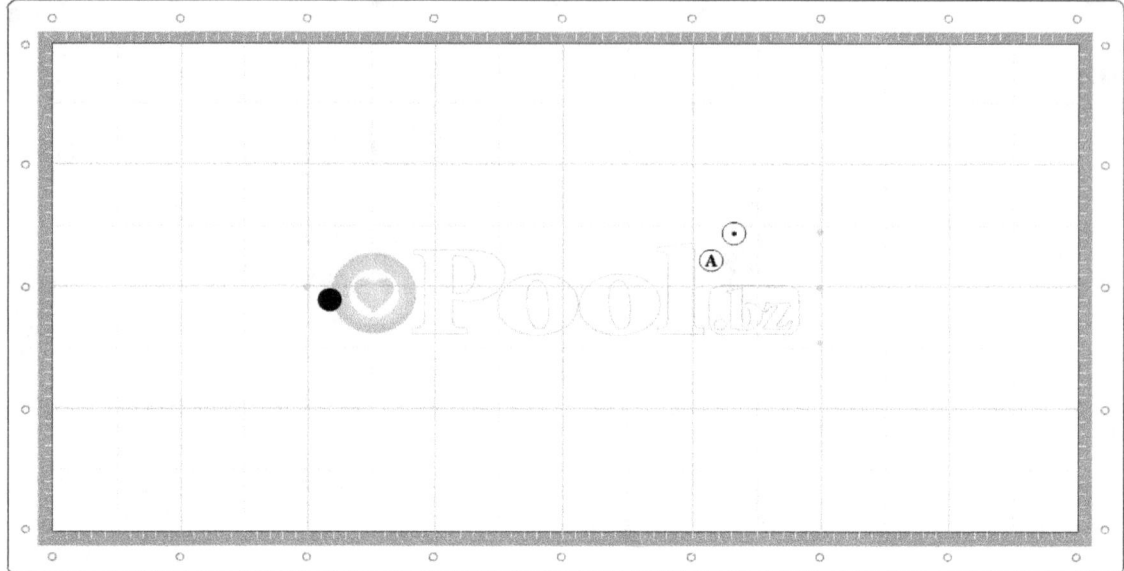

## Shot Pattern

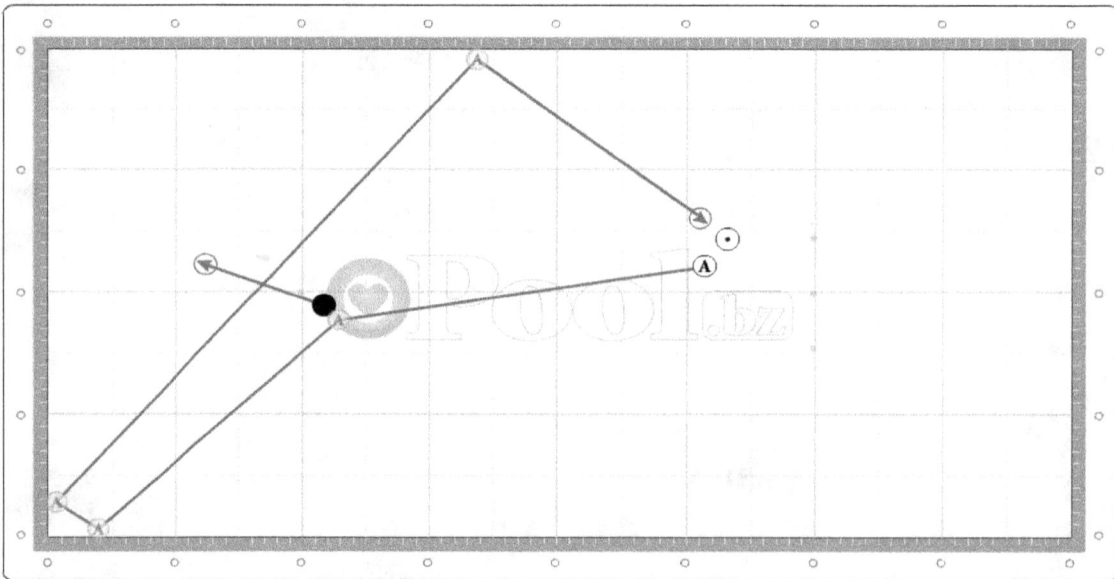

## D:3c – Setup

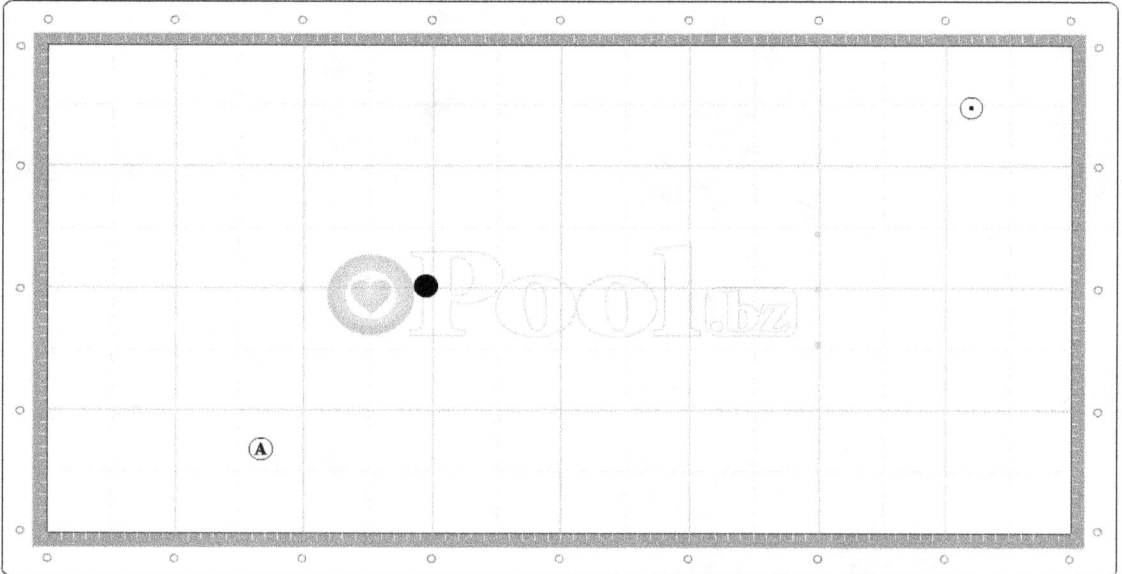

## Shot Pattern

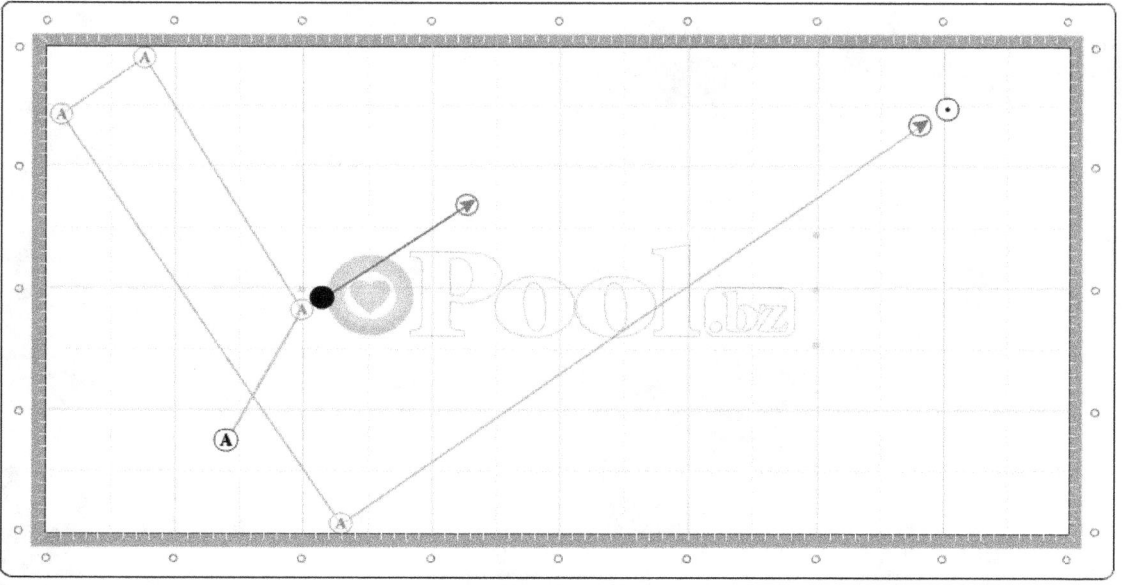

## D:3d – Setup

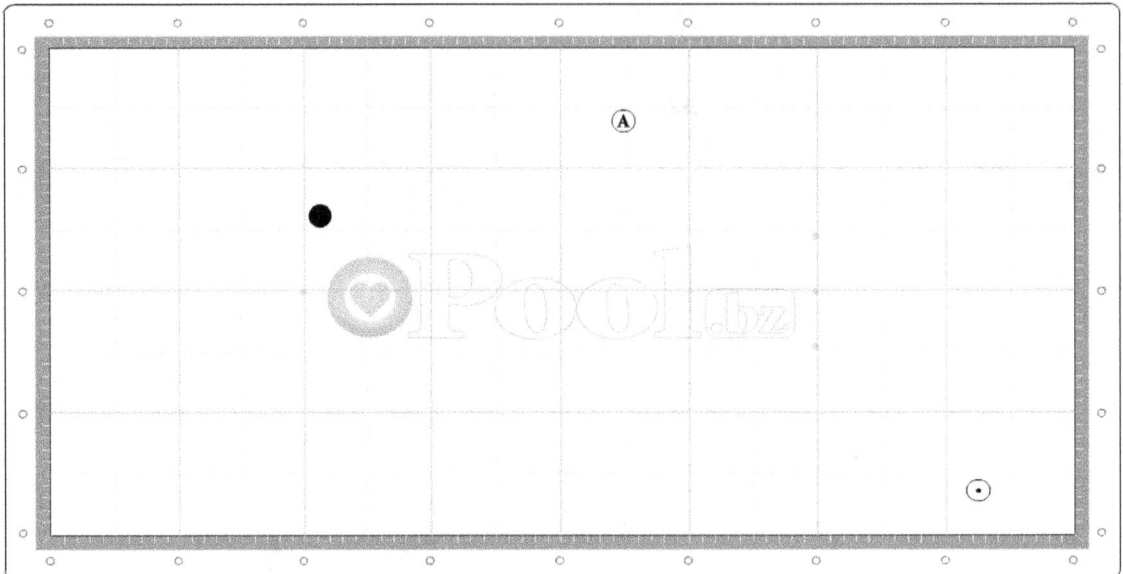

## Shot Pattern

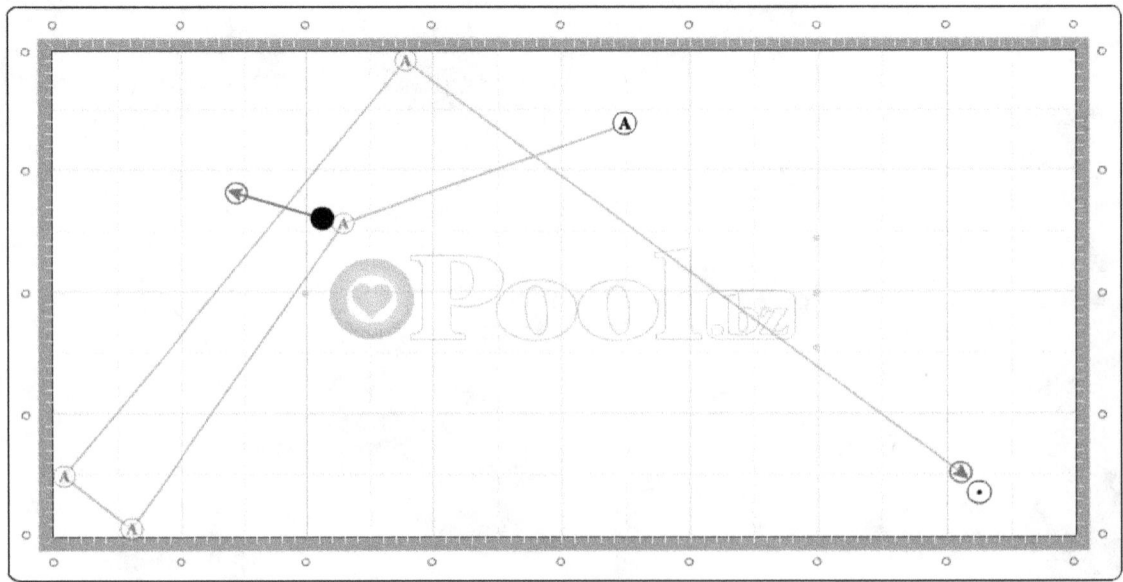

# D: Group 4

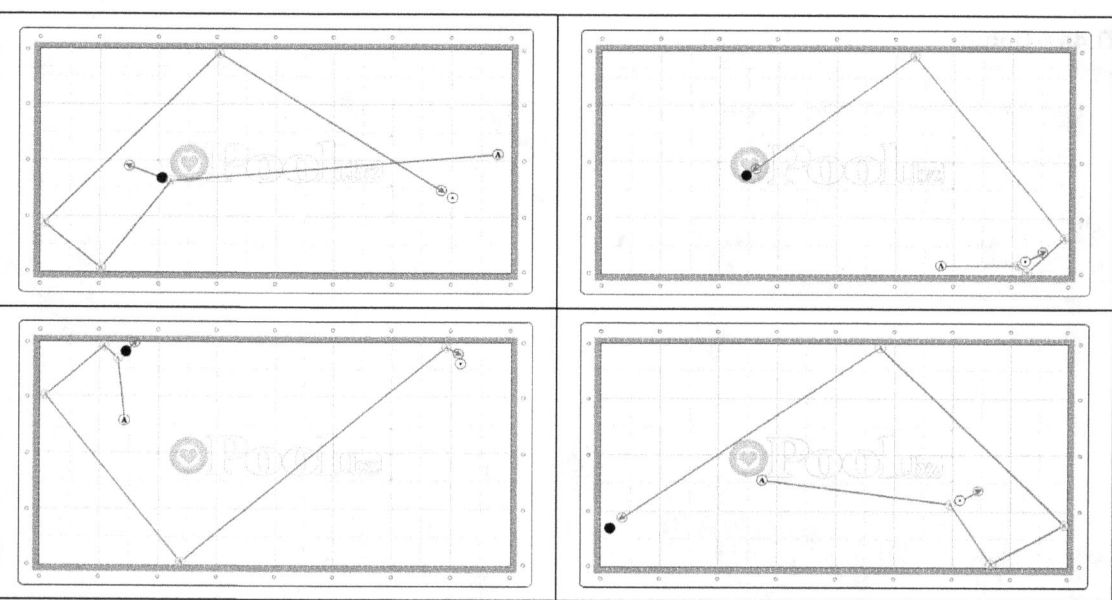

**Analysis:**

D:4a. _____


D:4b. _____


D:4c. _____


D:4d. _____

## D:4a – Setup

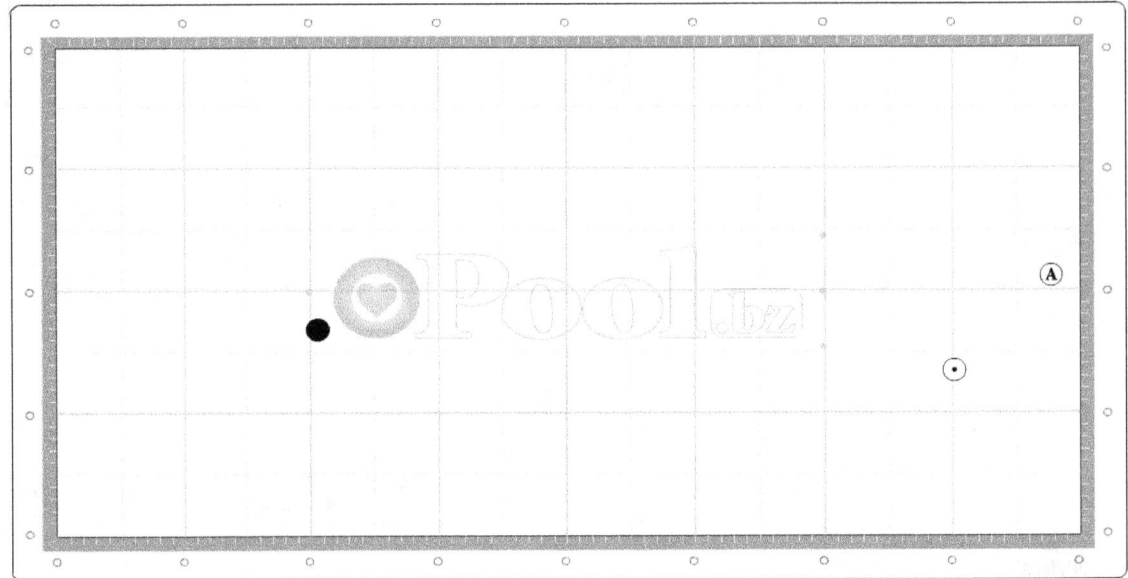

## Shot Pattern

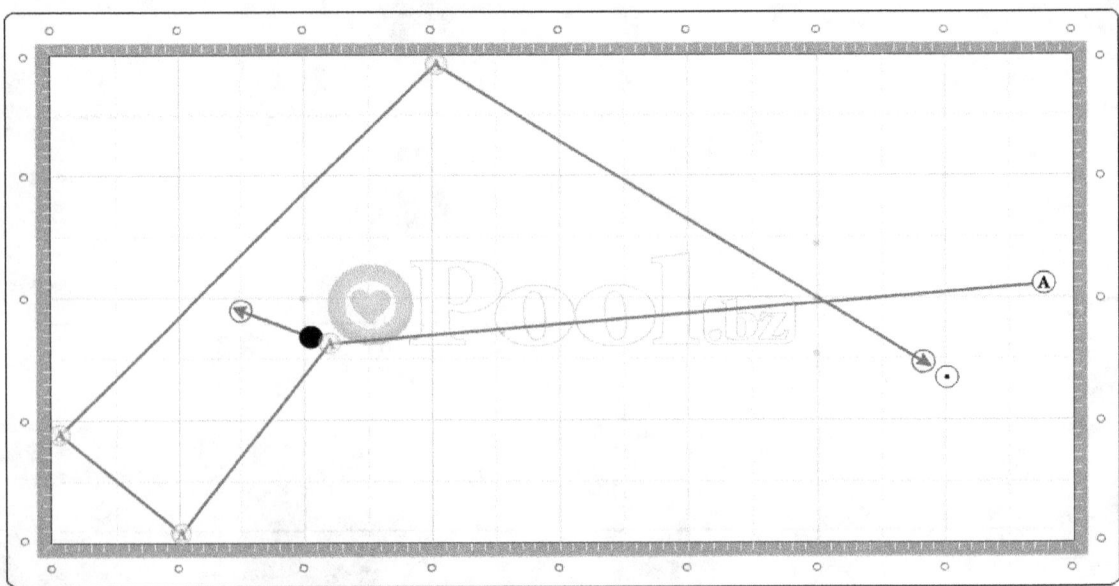

## D:4b – Setup

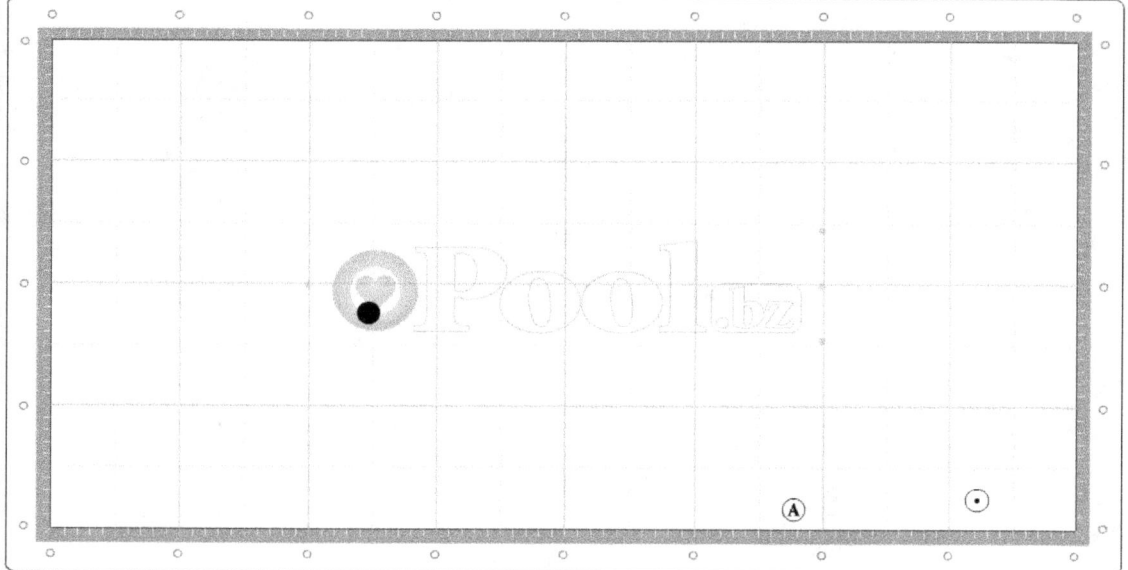

## Shot Pattern

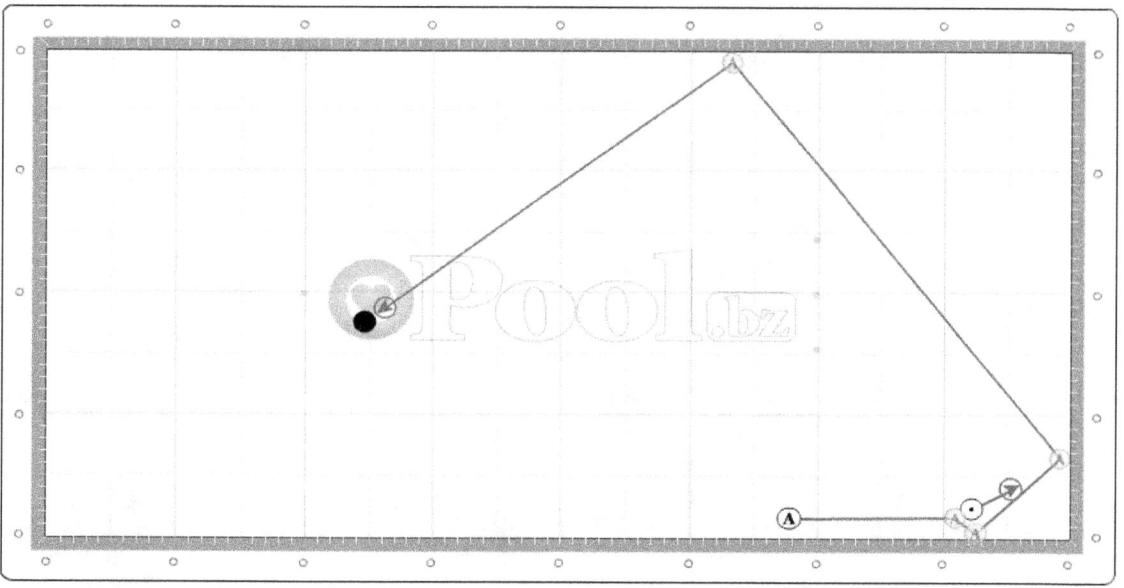

## D:4c – Setup

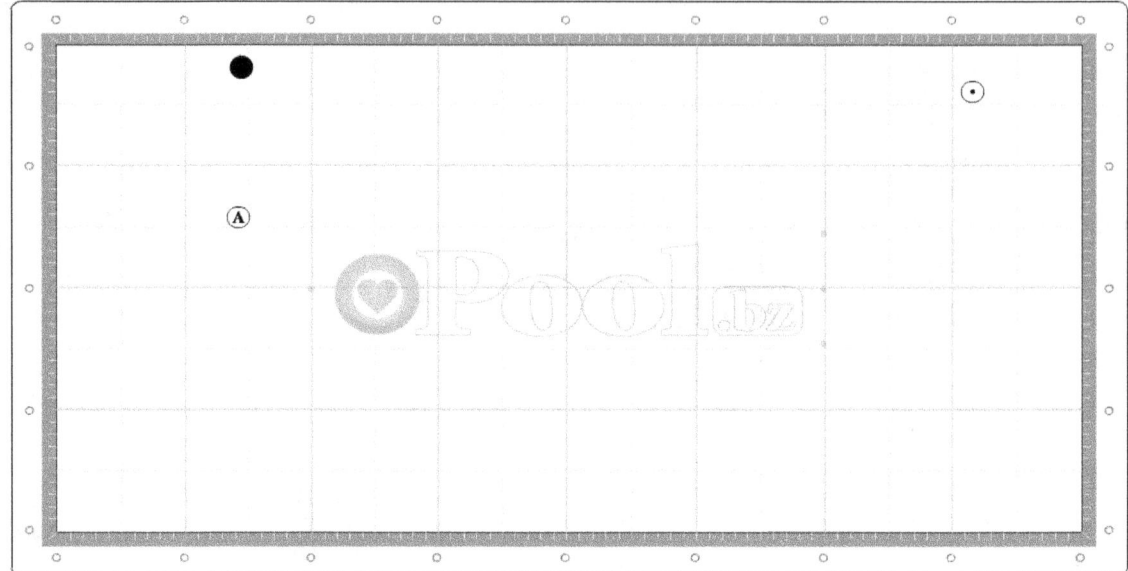

## Shot Pattern

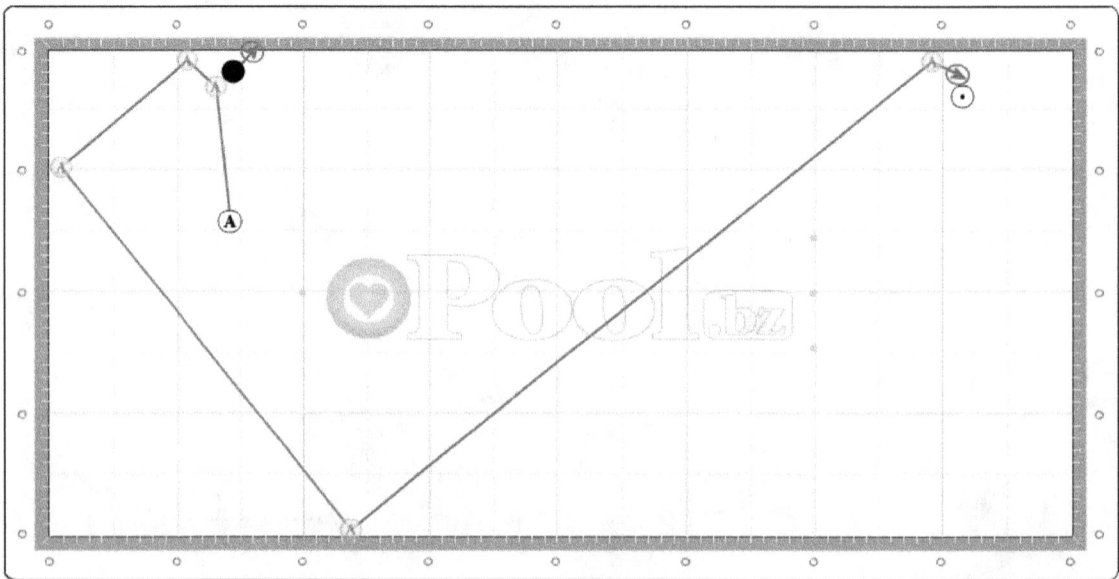

## D:4d – Setup

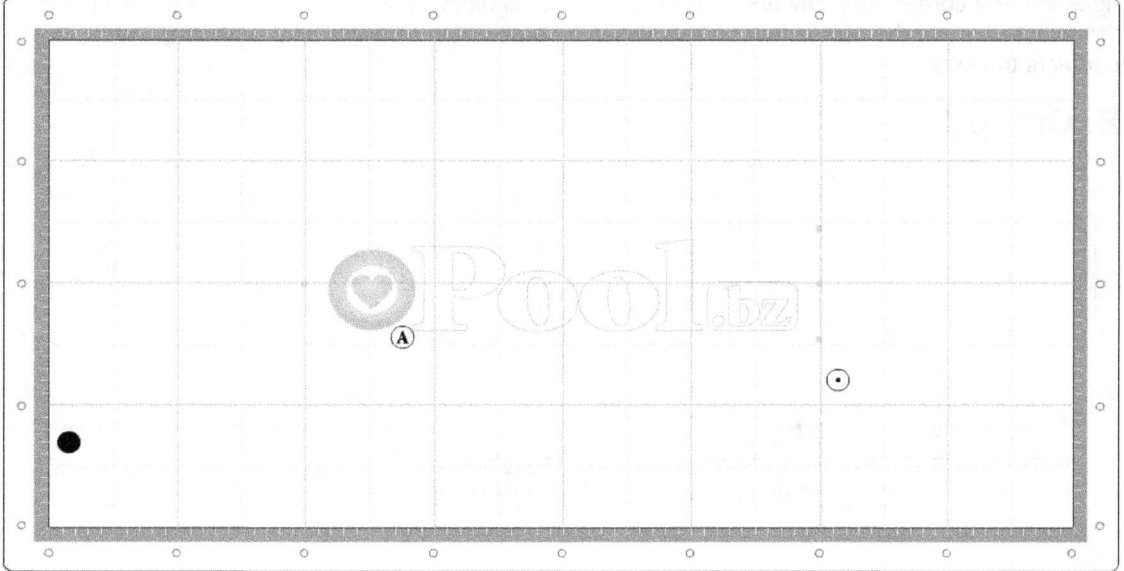

## Shot Pattern

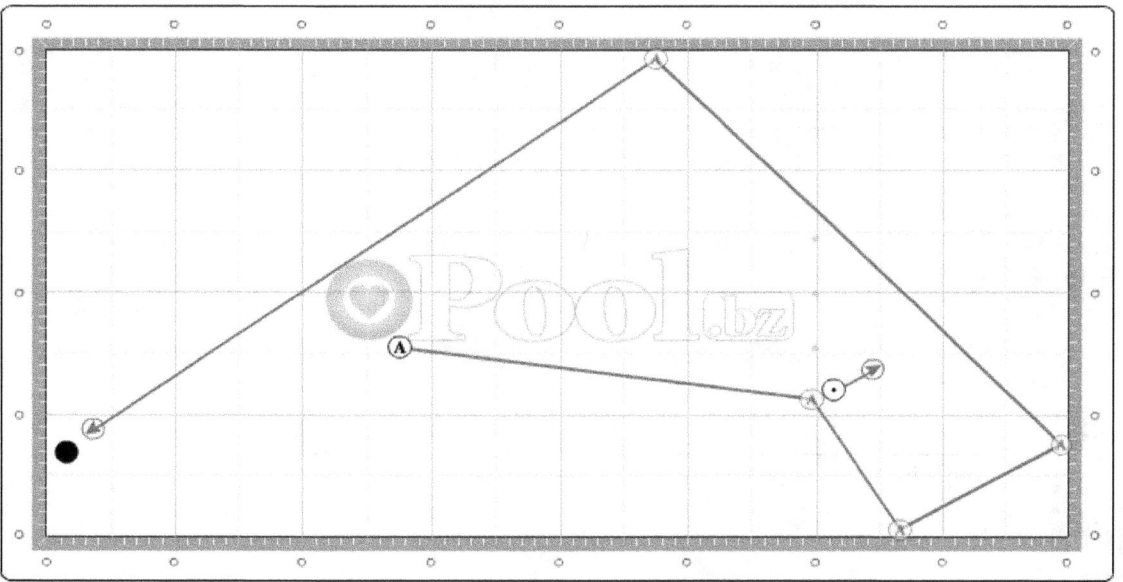

# E: Corner Return (long rail) Extended

On these shots, the CB has to travel a long distance before it contacts the first OB. Then, the CB goes into the corner, long rail first and off the short rail back. The CB goes climbs the hill to hit the middle area of the opposite long rail. When it comes out, it travels on a path that finally contacts the second OB.

## E: Group 1

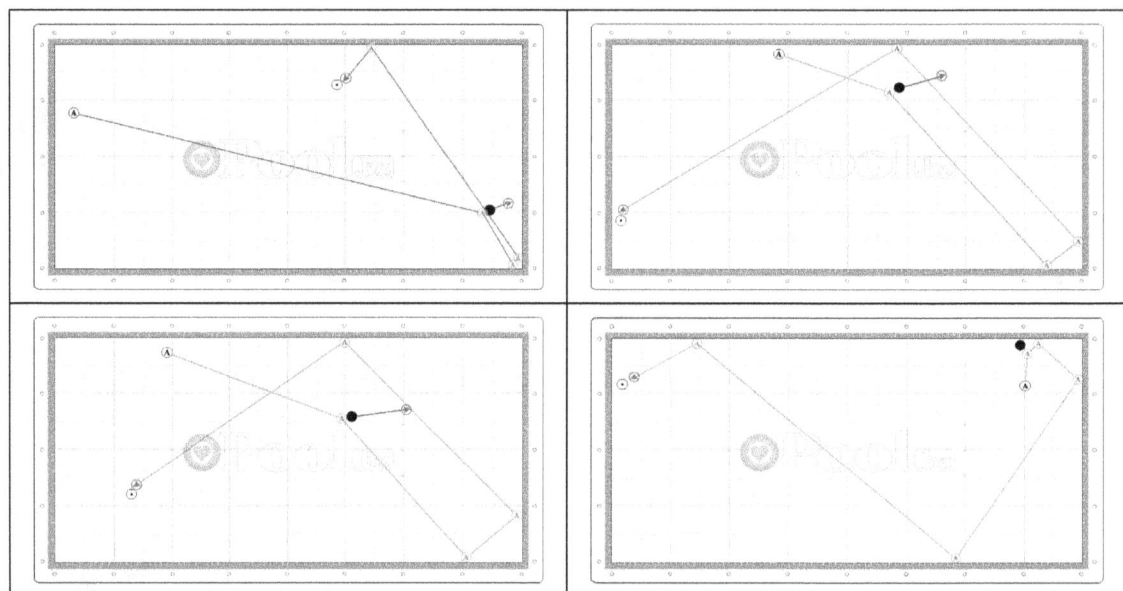

**Analysis**:

E:1a. _____

E:1b. _____

E:1c. _____

E:1d. _____

## E:1a – Setup

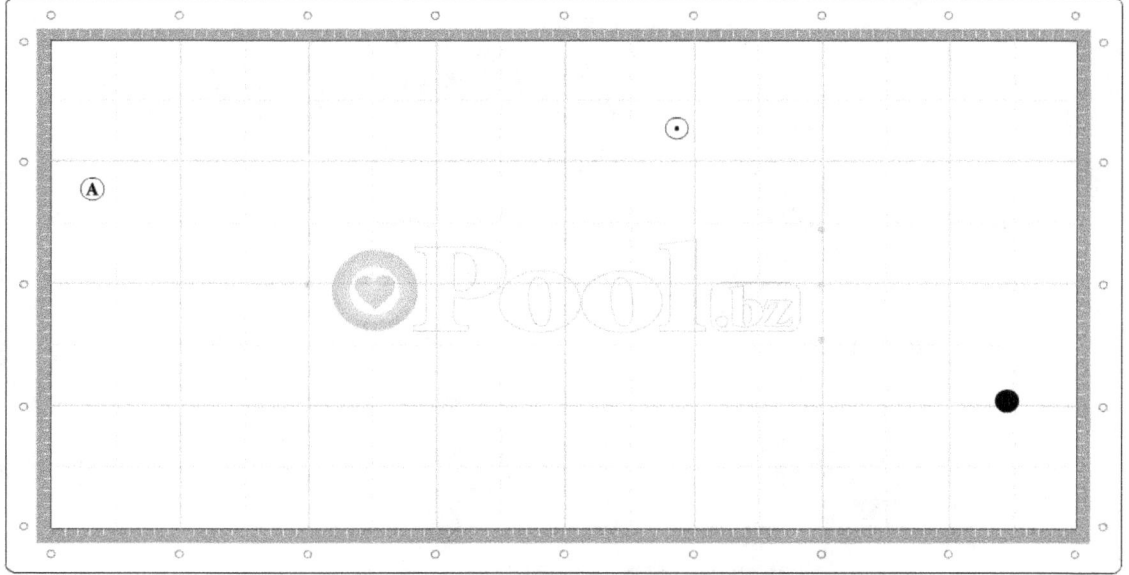

## Shot Pattern

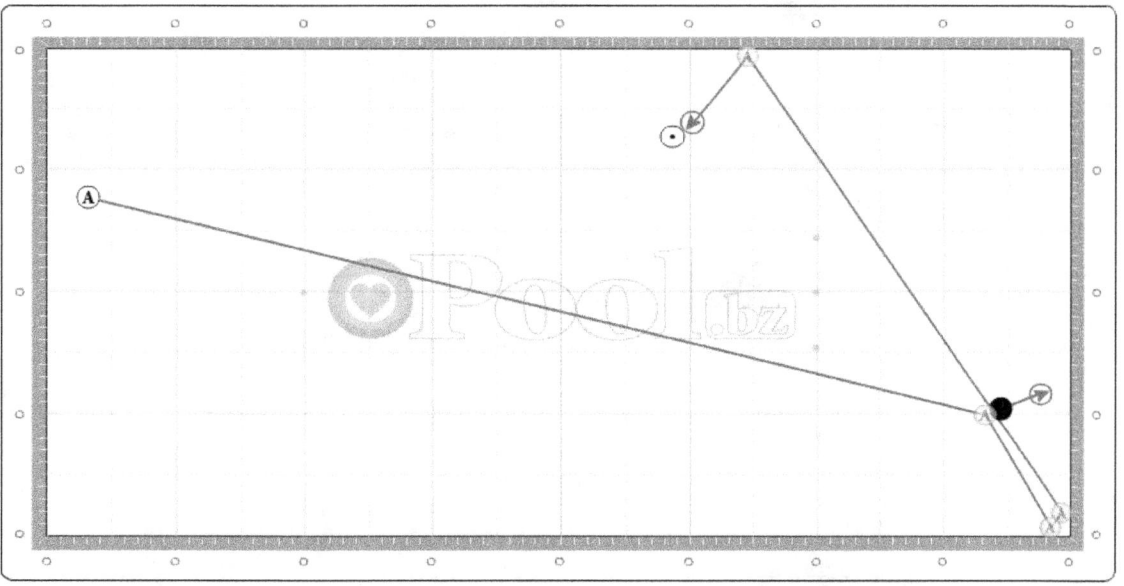

## E:1b – Setup

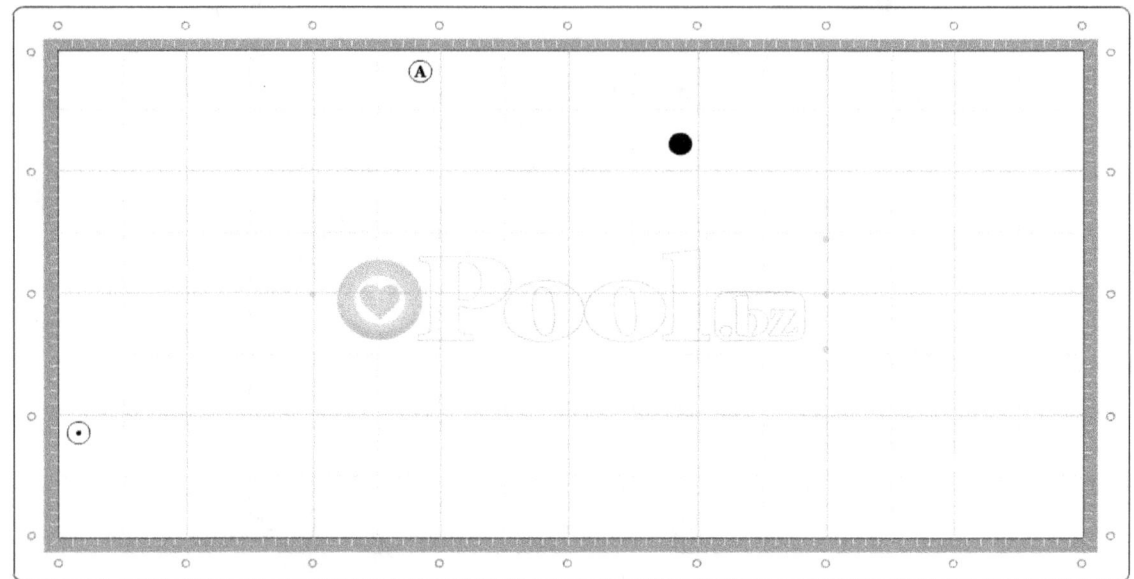

## Shot Pattern

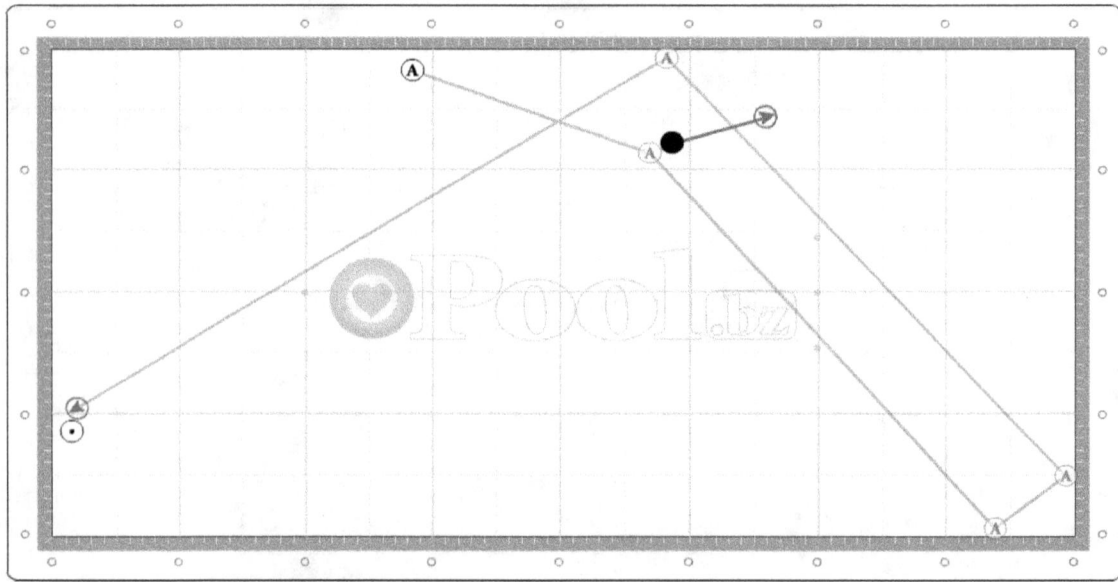

## E:1c – Setup

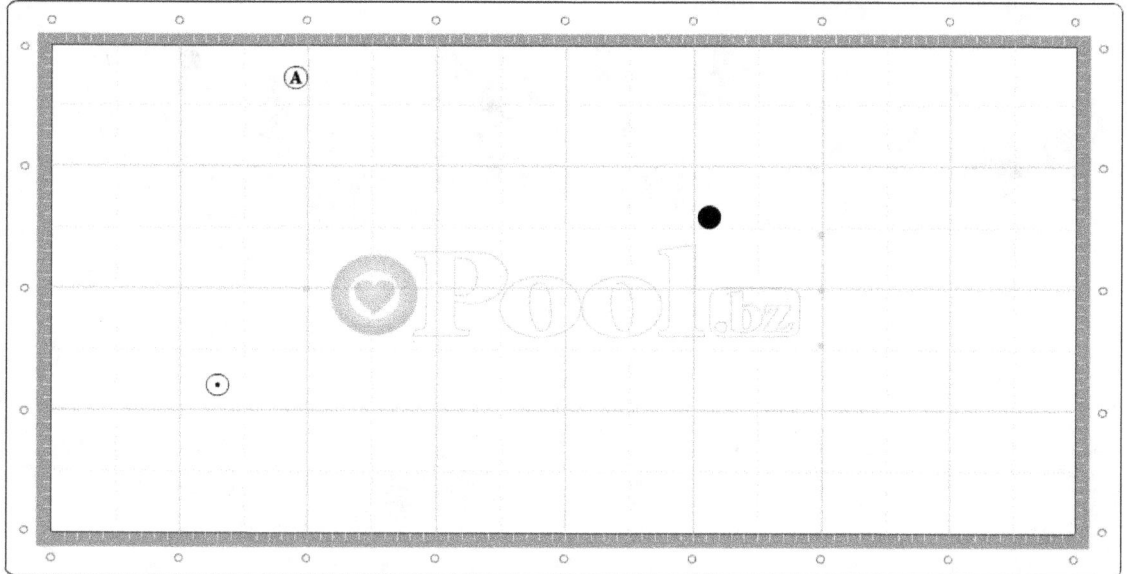

## Shot Pattern

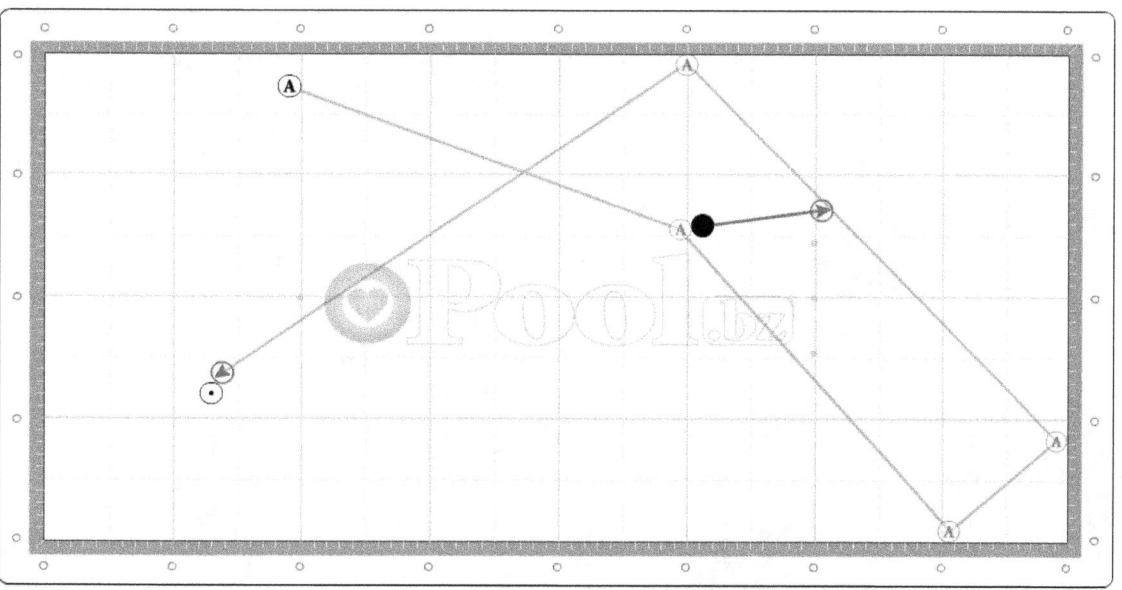

## E:1d – Setup

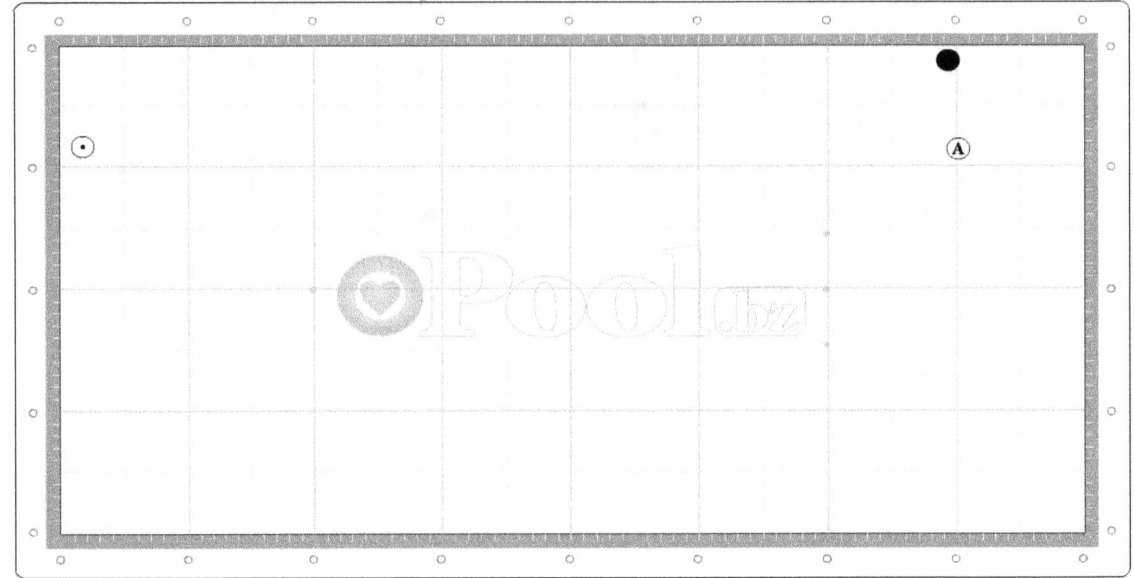

## Shot Pattern

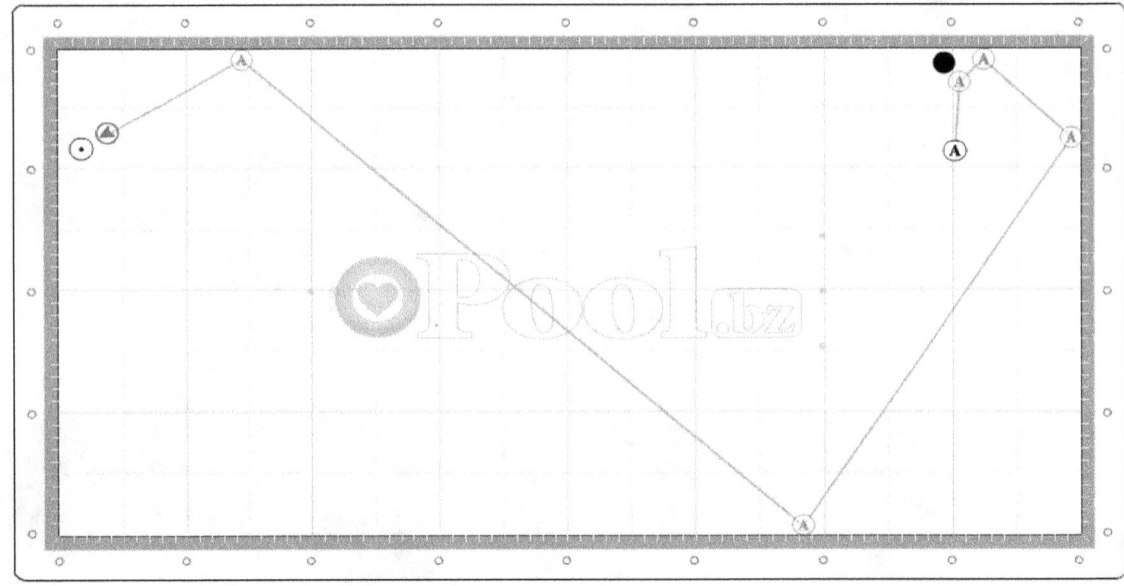

# E: Group 2

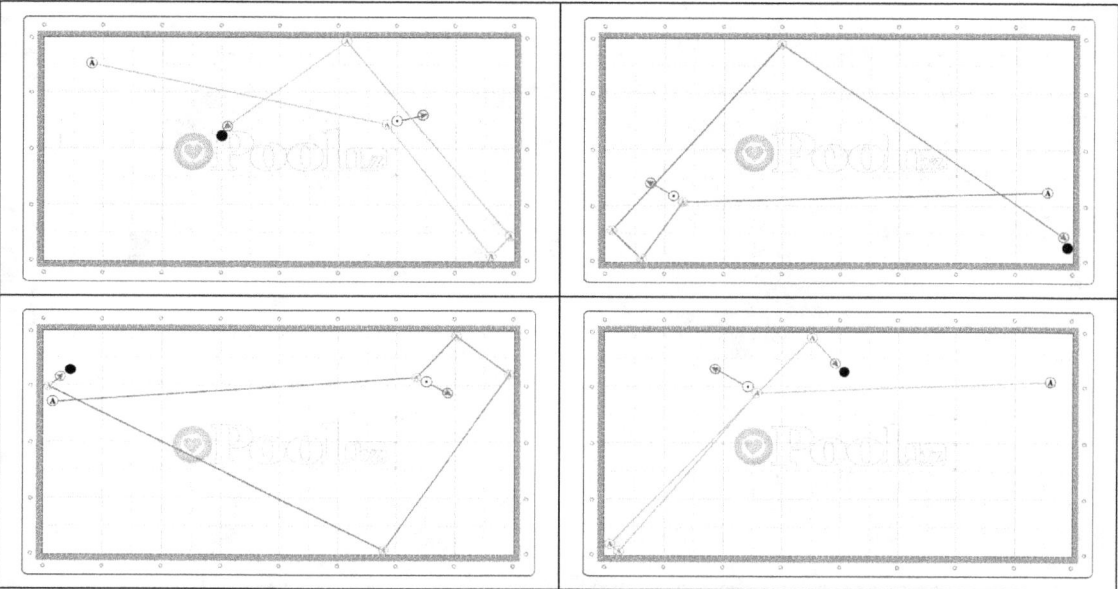

**Analysis:**

E:2a. _____

E:2b. _____

E:2c. _____

E:2d. _____

## E:2a – Setup

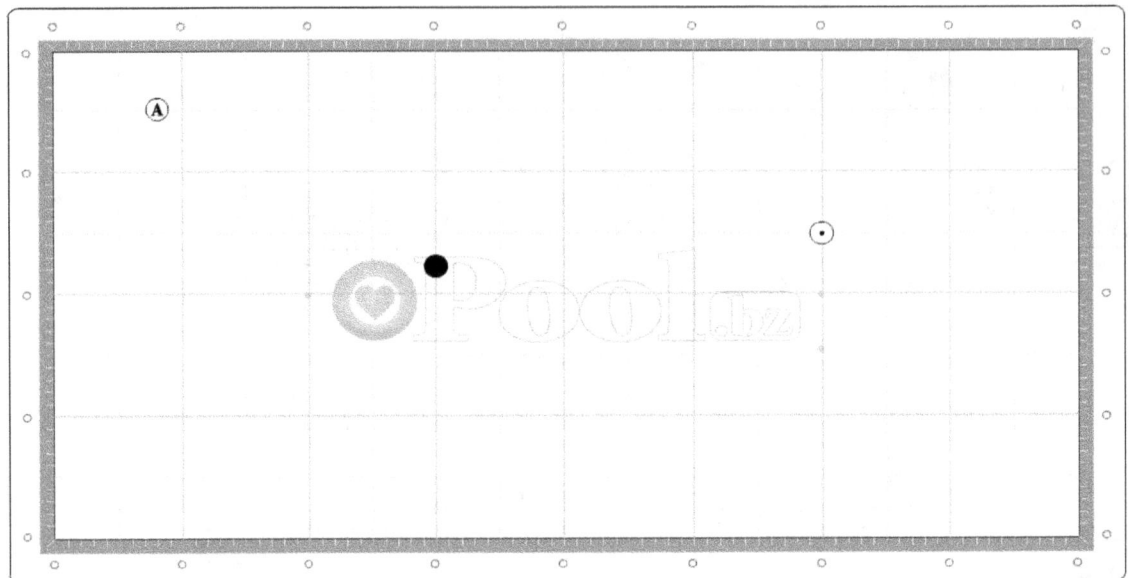

## Shot Pattern

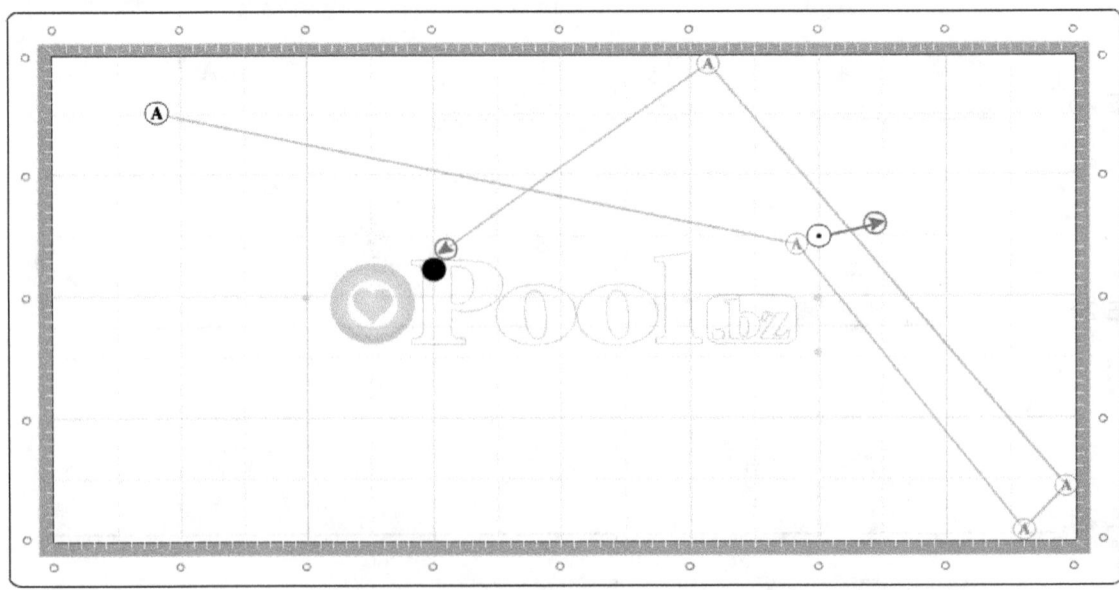

## E:2b – Setup

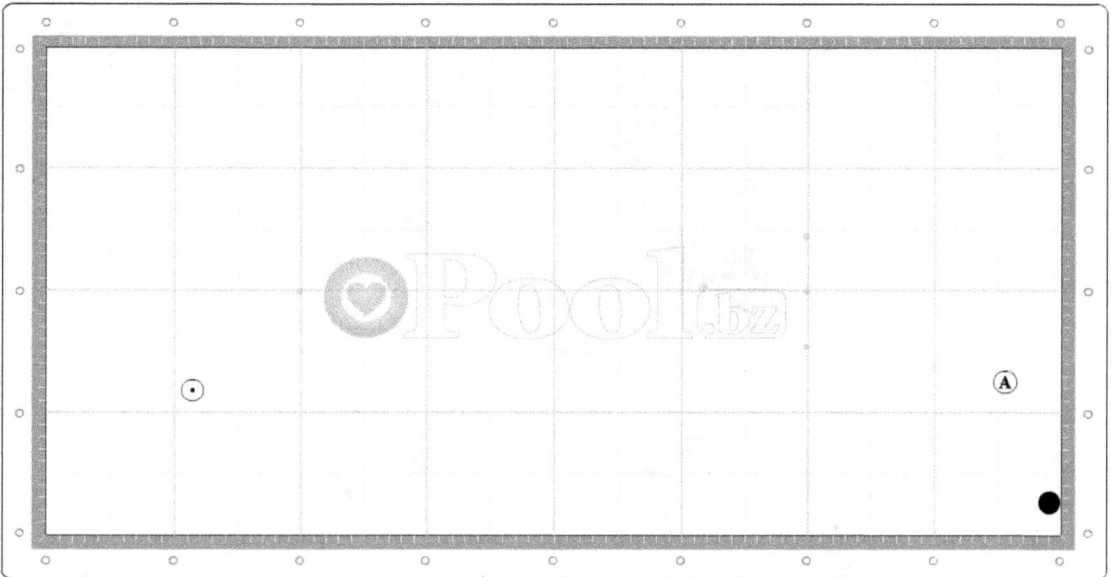

## Shot Pattern

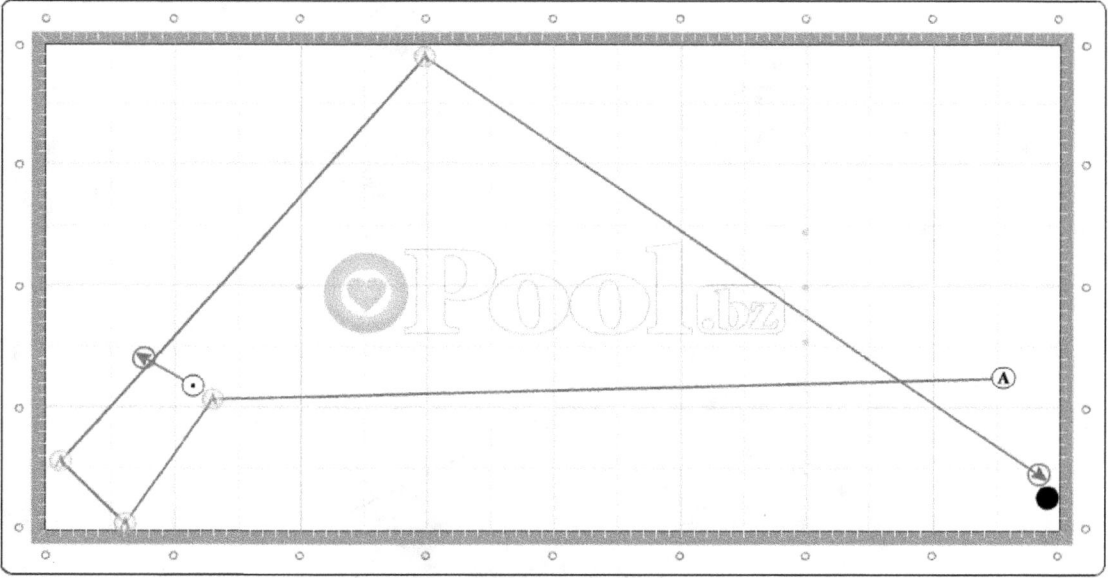

## E:2c – Setup

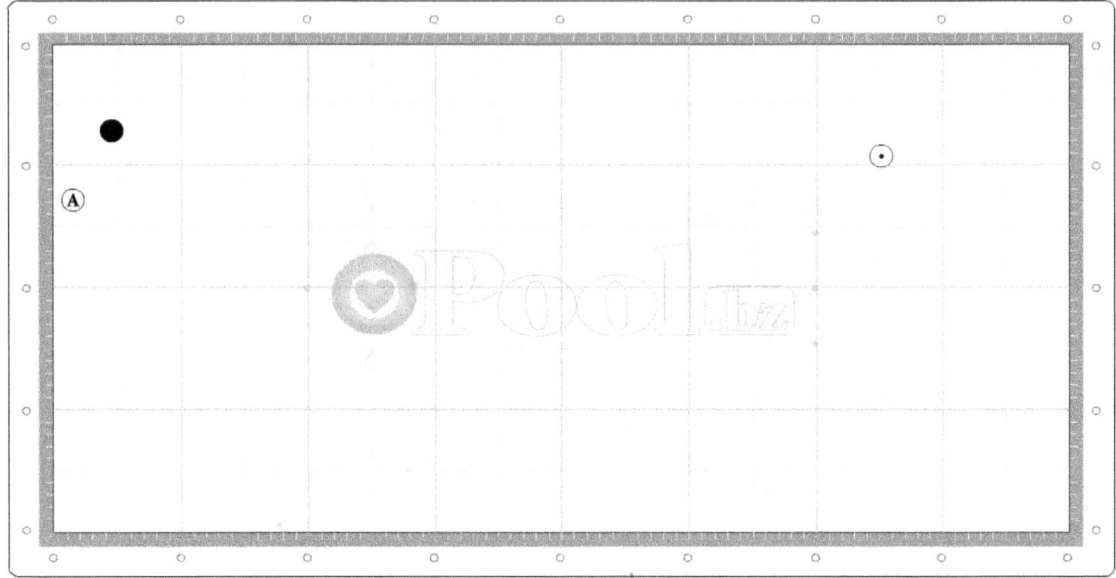

## Shot Pattern

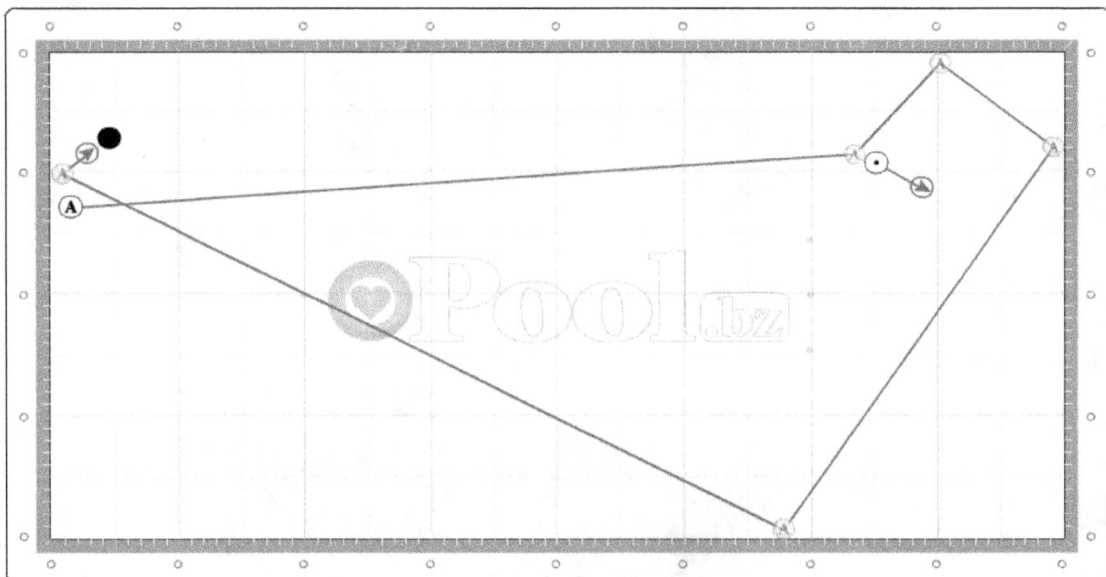

## E:2d – Setup

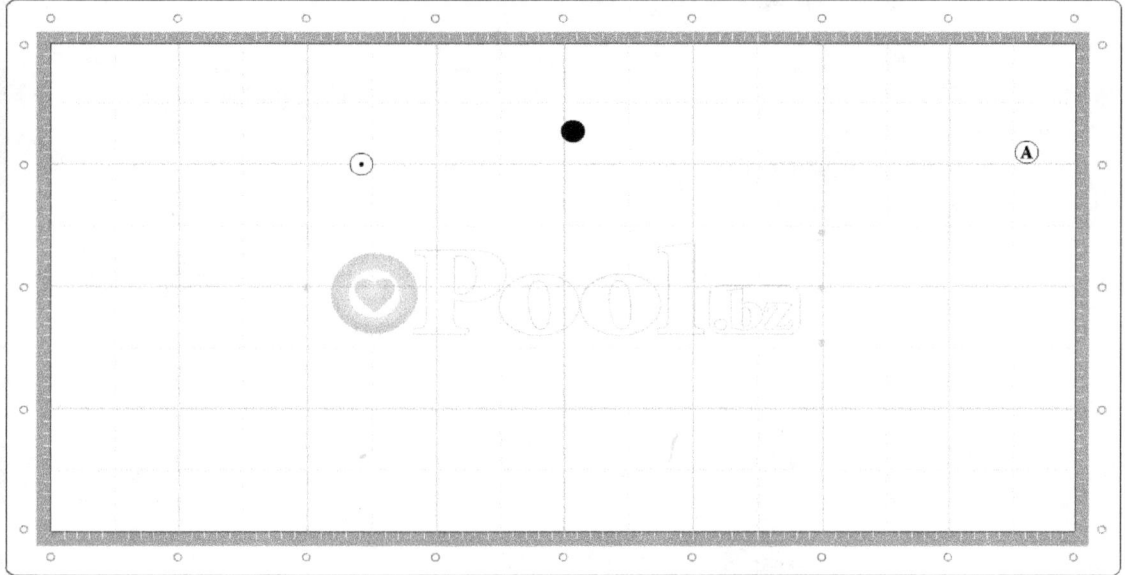

## Shot Pattern

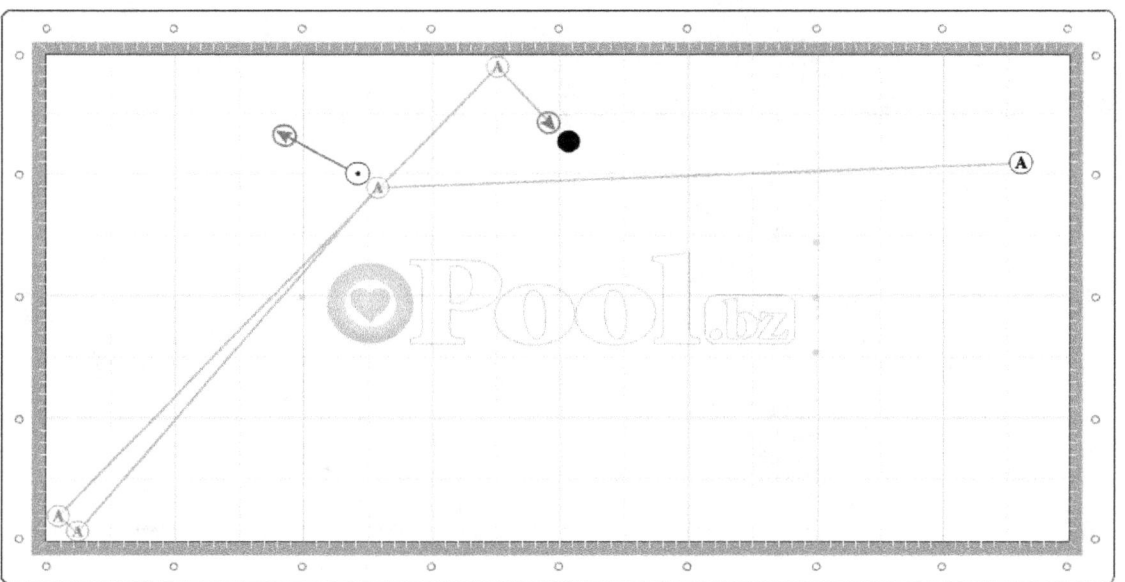

# E: Group 3

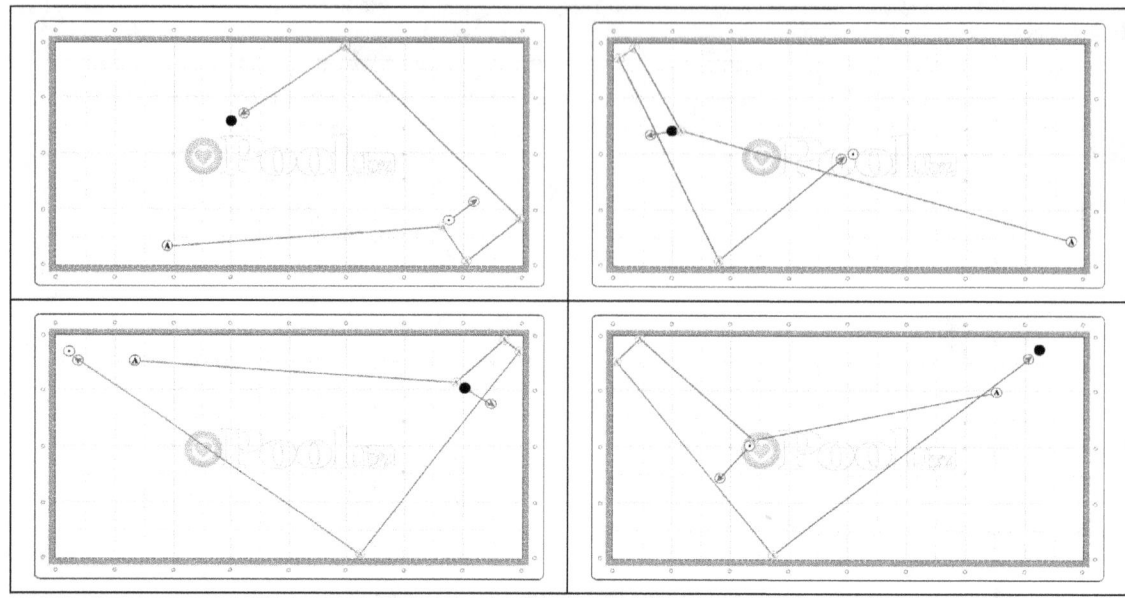

**Analysis**:

E:3a. _____

E:3b. _____

E:3c. _____

E:3d. _____

## E:3a – Setup

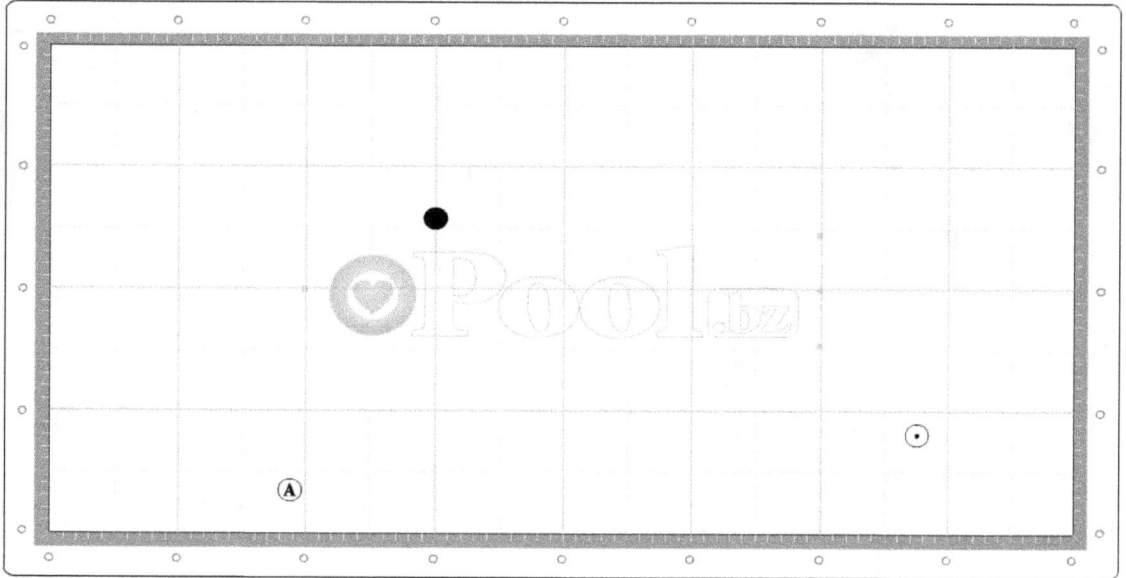

## Shot Pattern

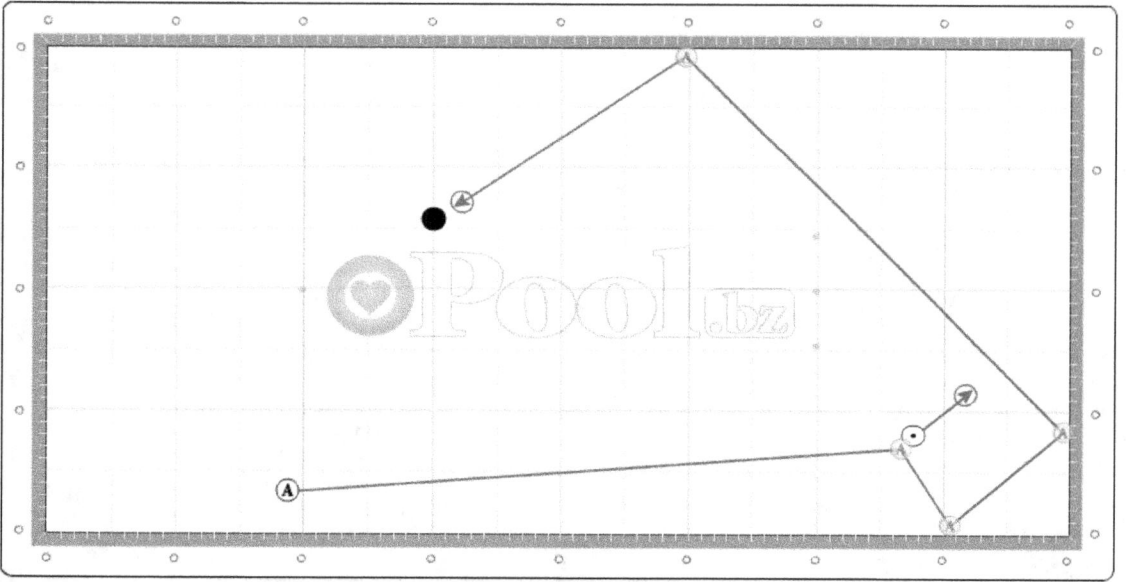

## E:3b – Setup

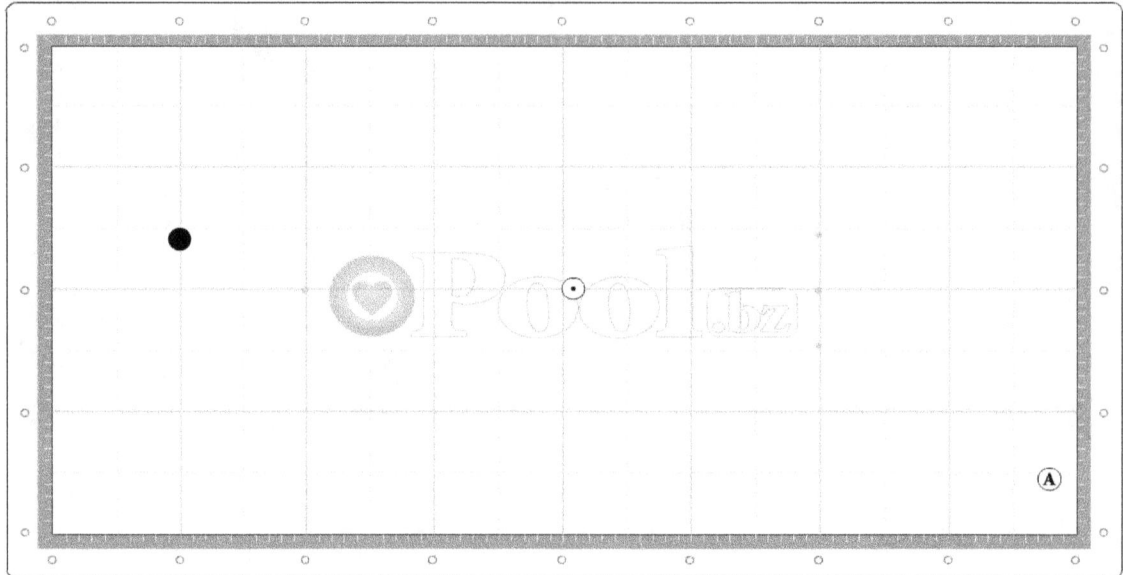

## Shot Pattern

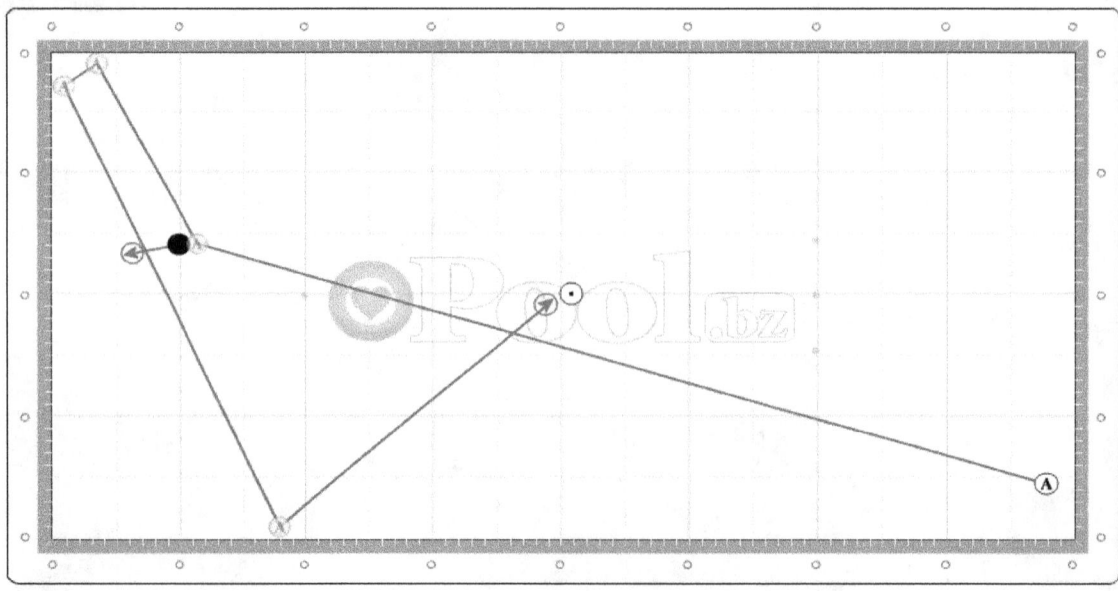

# E:3c – Setup

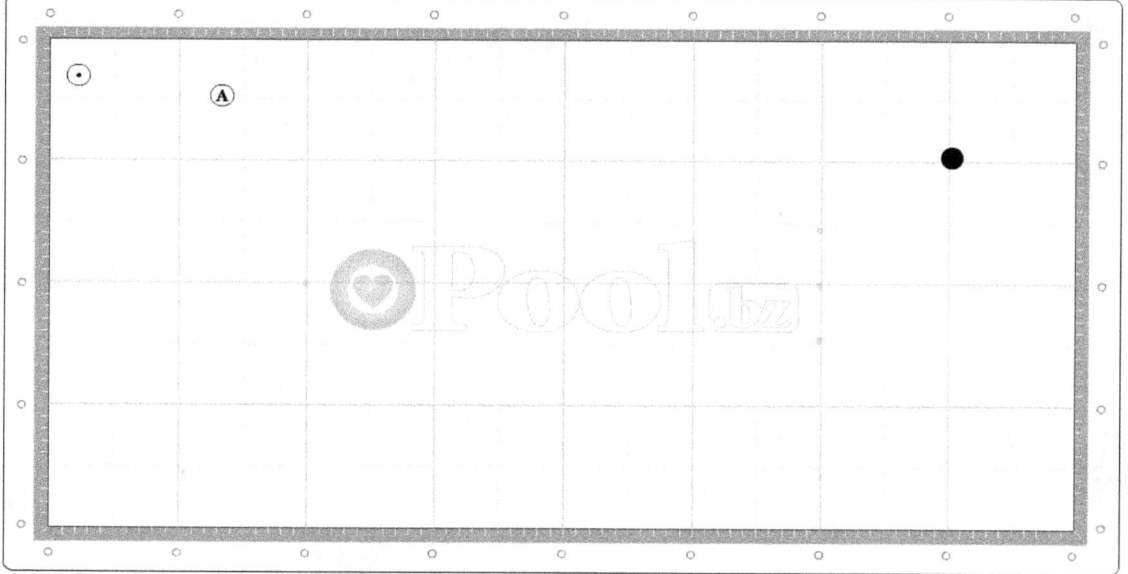

## Shot Pattern

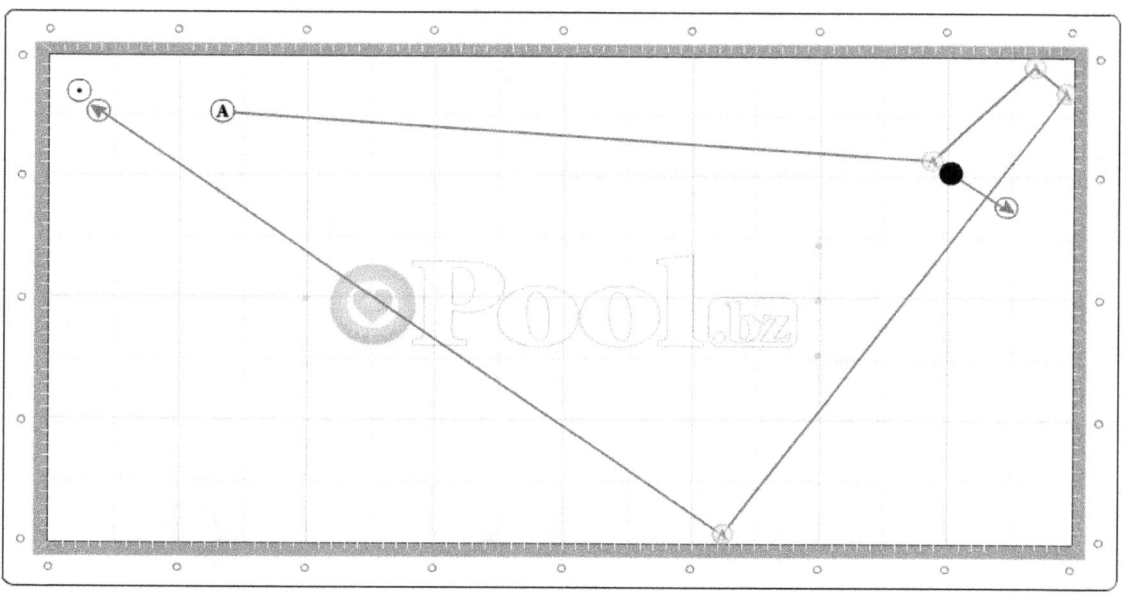

## E:3d – Setup

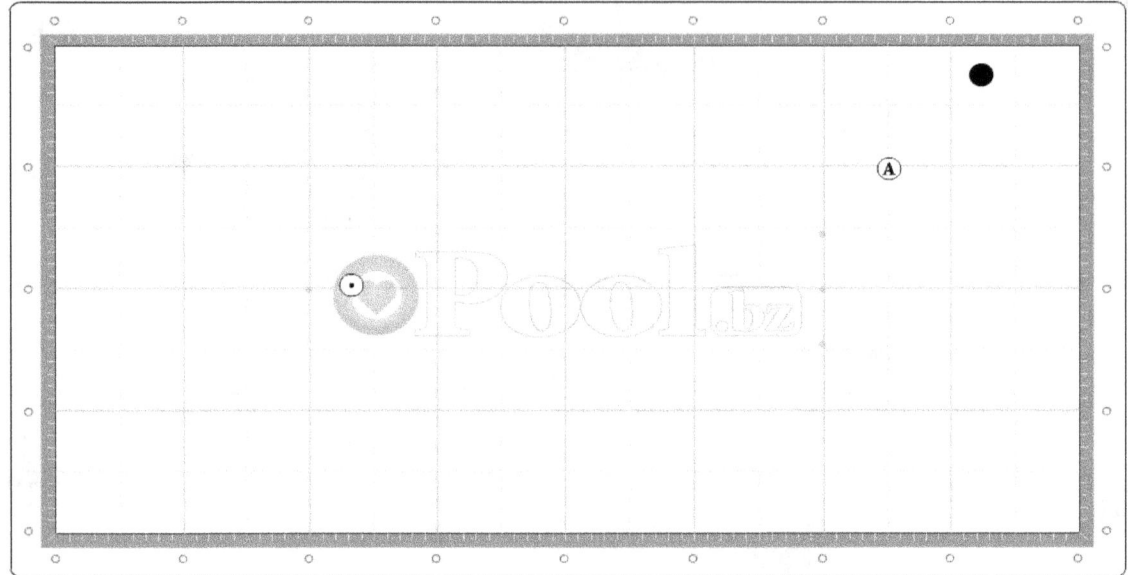

## Shot Pattern

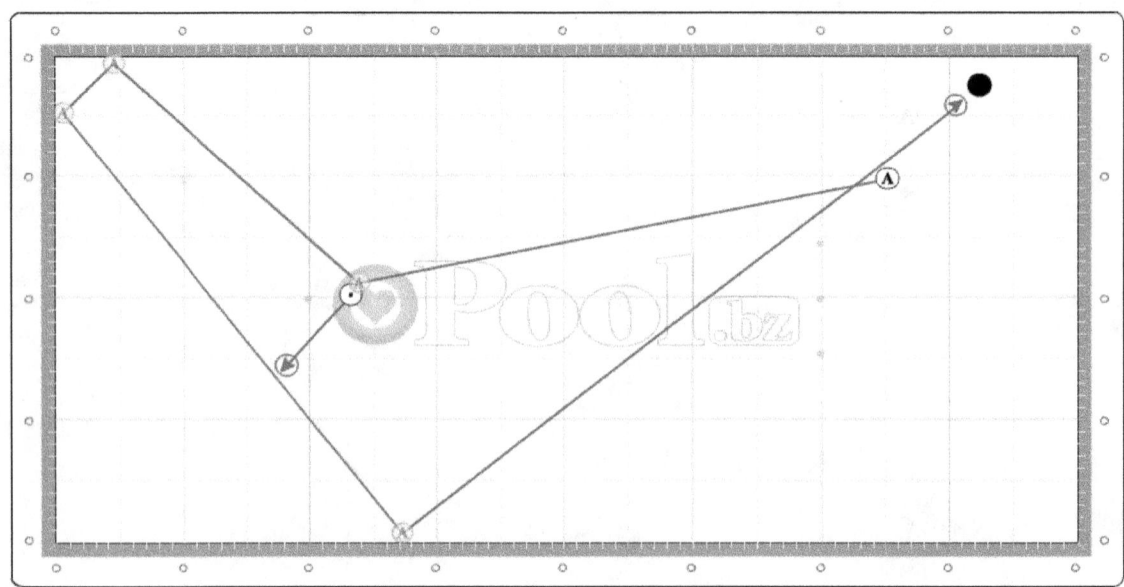

# F:Shallow Down Hill Leg

On these shots, the CB contacts the first OB, and then into the corner, long rail first and out off the short rail. The CB comes into and out of the middle area of the opposite long rail. When the CB comes out of the long rail, the path is more shallow, going into the middle of the opposite short rail to connect with the second OB.

## F: Group 1

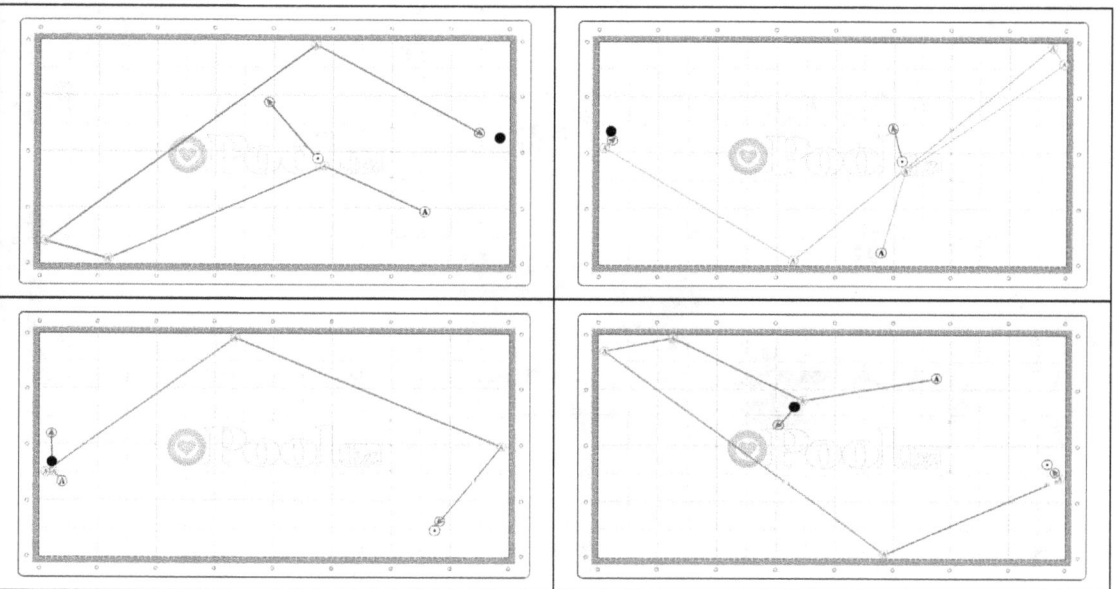

**Analysis:**

F:1a. _____

F:1b. _____

F:1c. _____

F:1d. _____

## F:1a – Setup

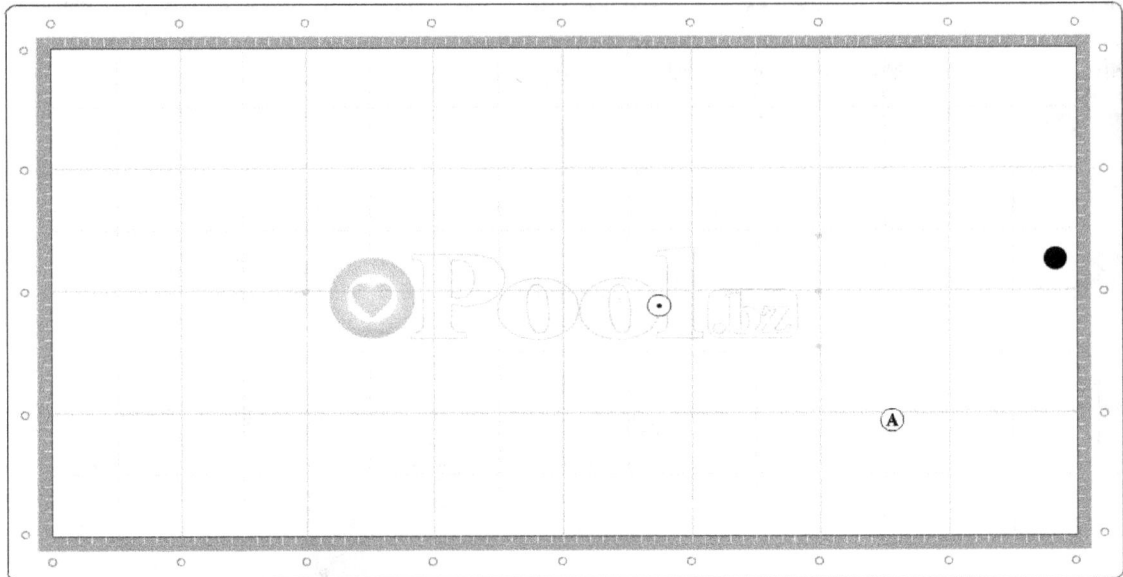

## Shot Pattern

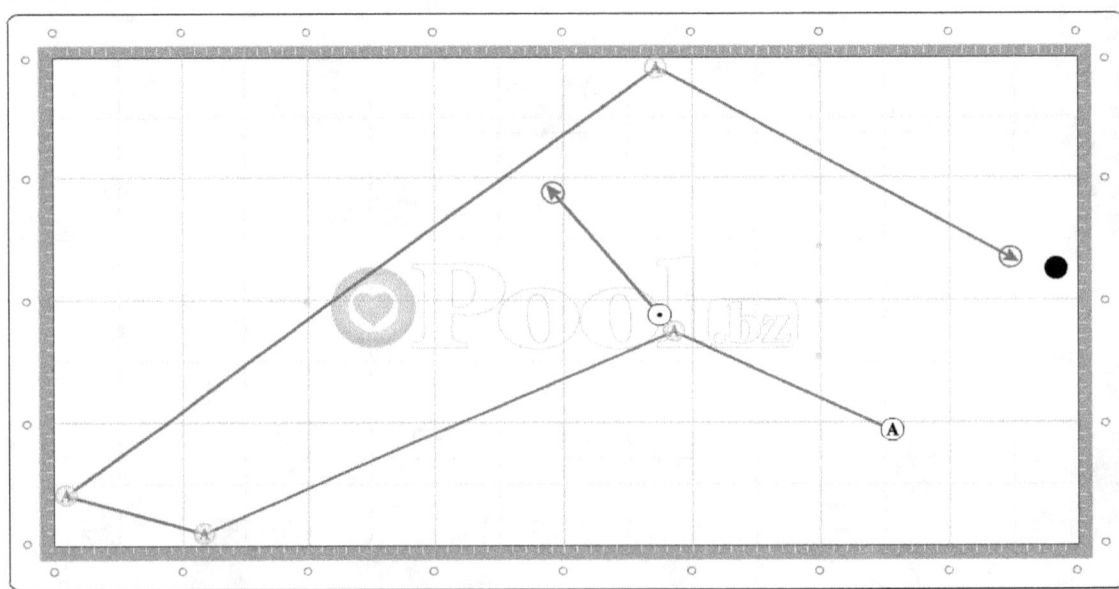

## F:1b – Setup

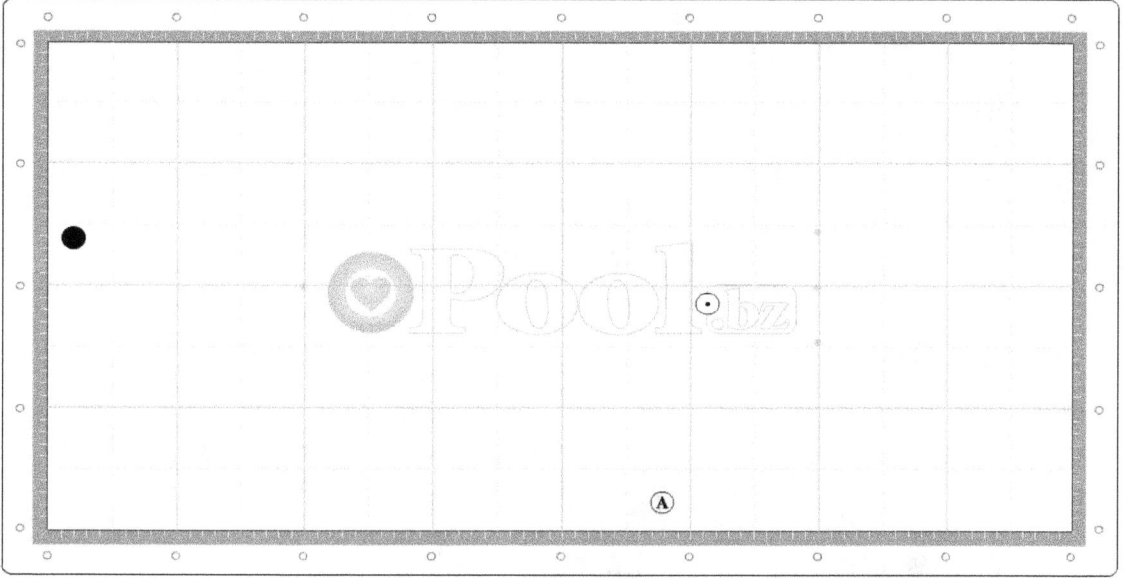

## Shot Pattern

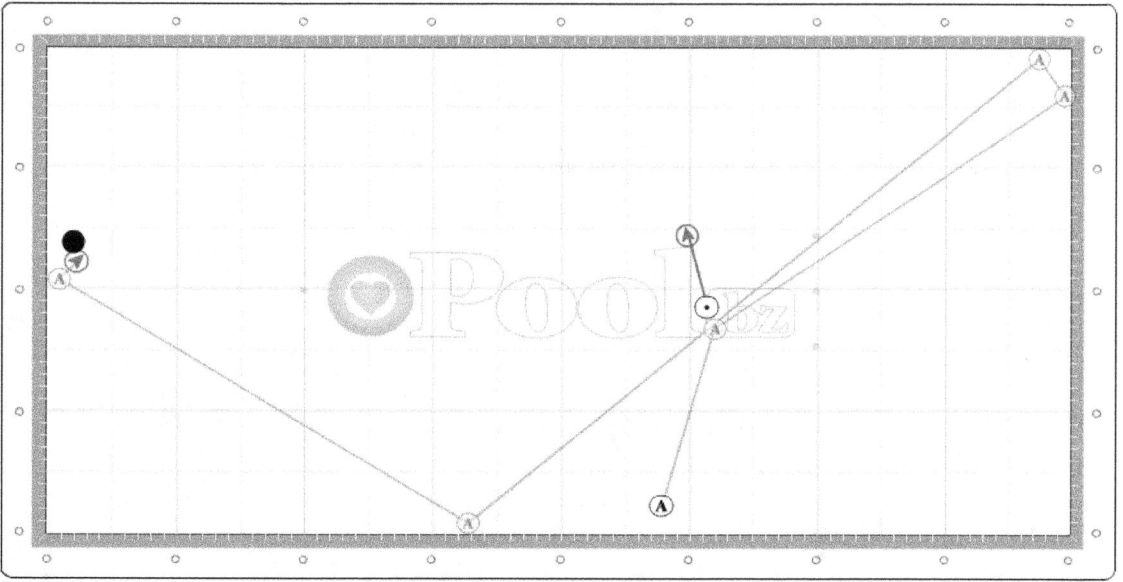

## F:1c – Setup

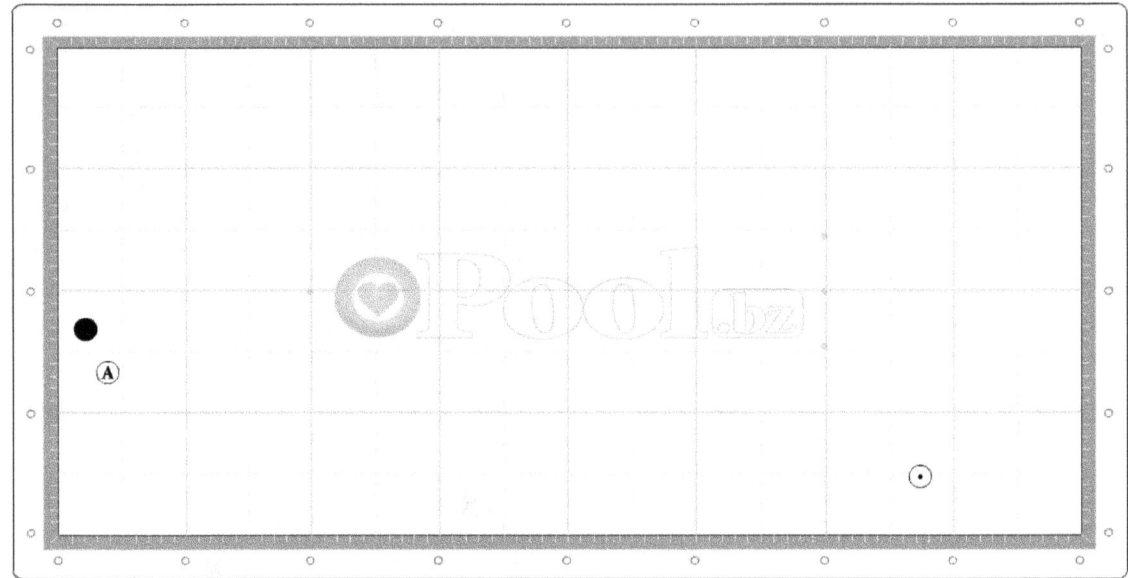

## Shot Pattern

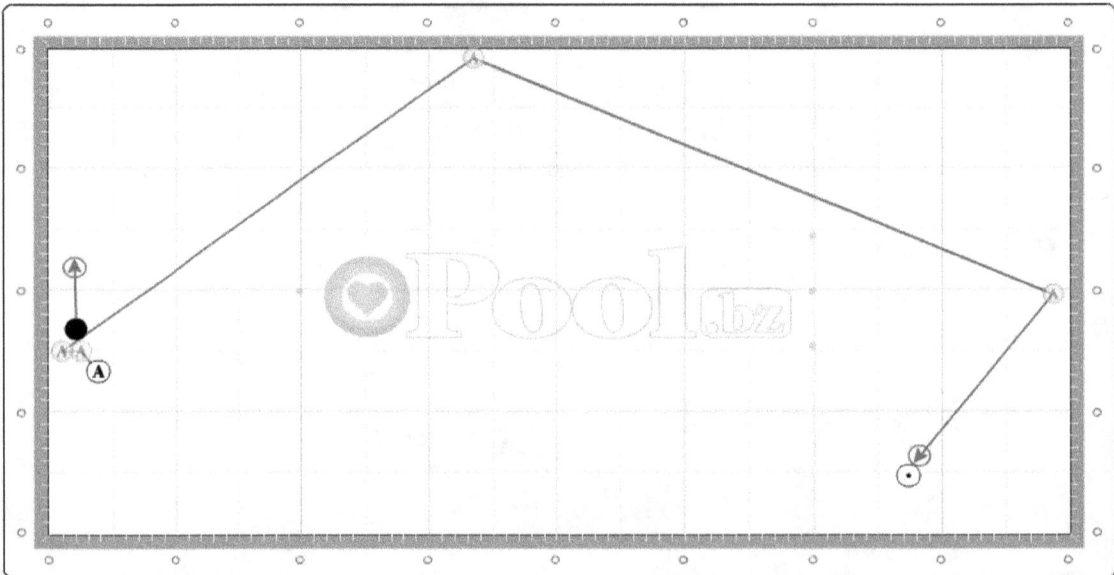

## F:1d – Setup

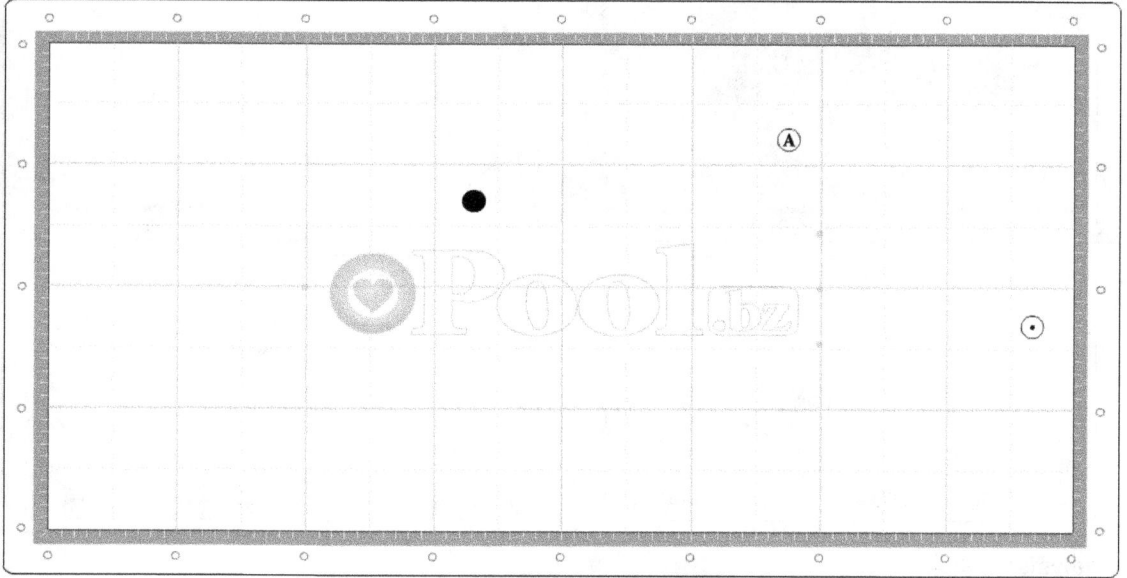

## Shot Pattern

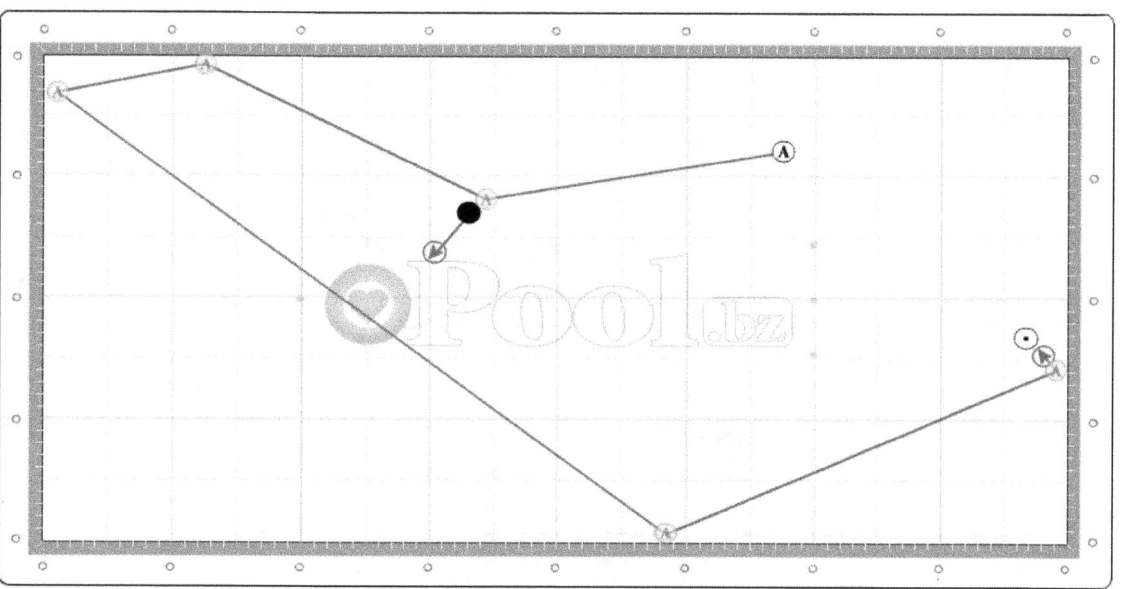

# F: Group 2

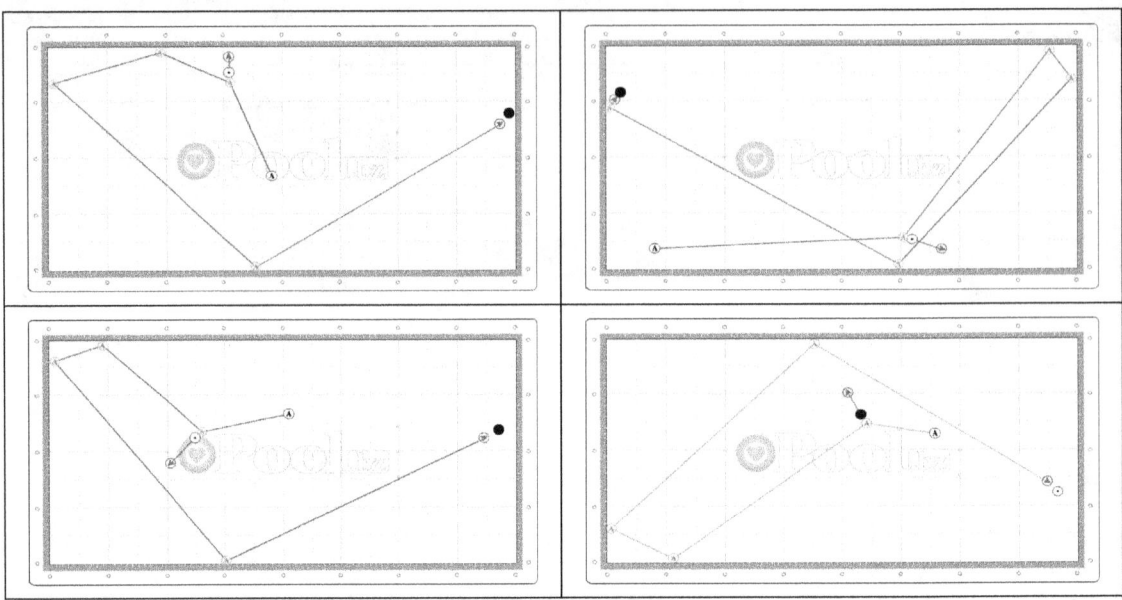

**Analysis**:

F:2a. _____

F:2b. _____

F:2c. _____

F:2d. _____

## F:2a – Setup

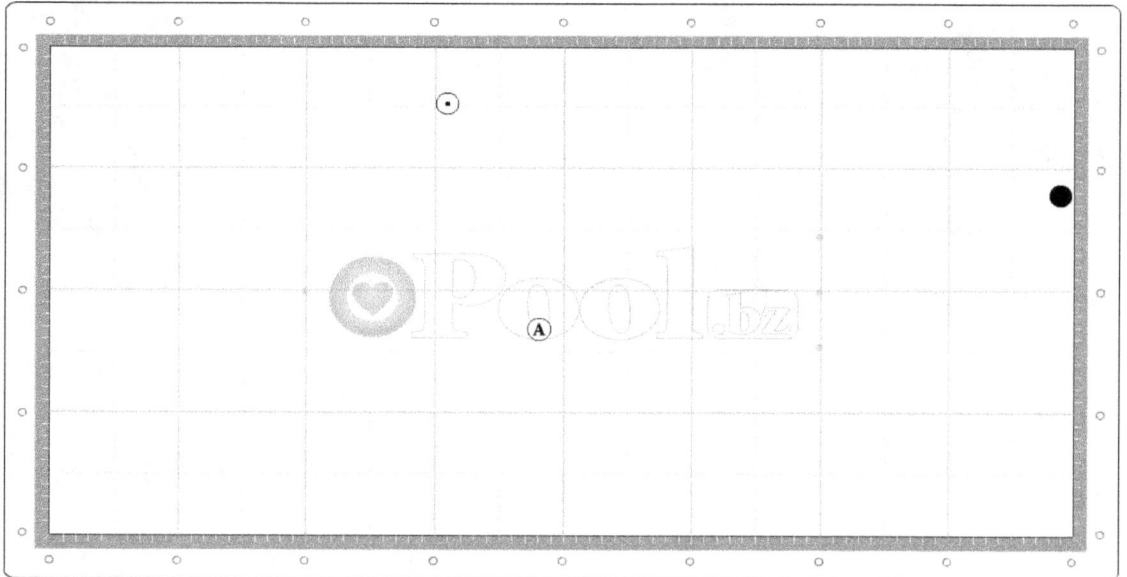

## Shot Pattern

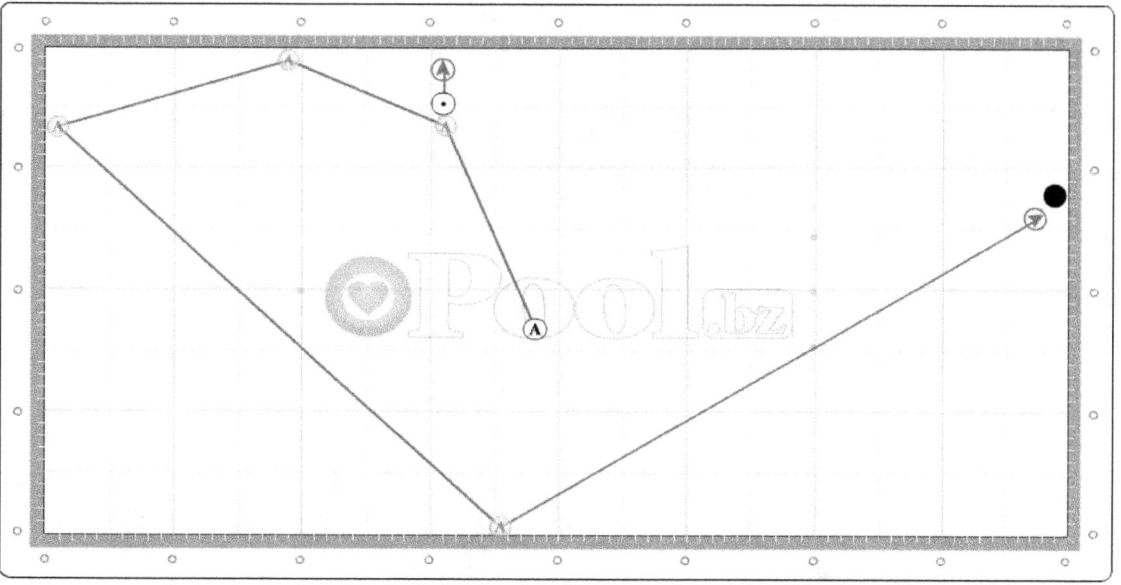

## F:2b – Setup

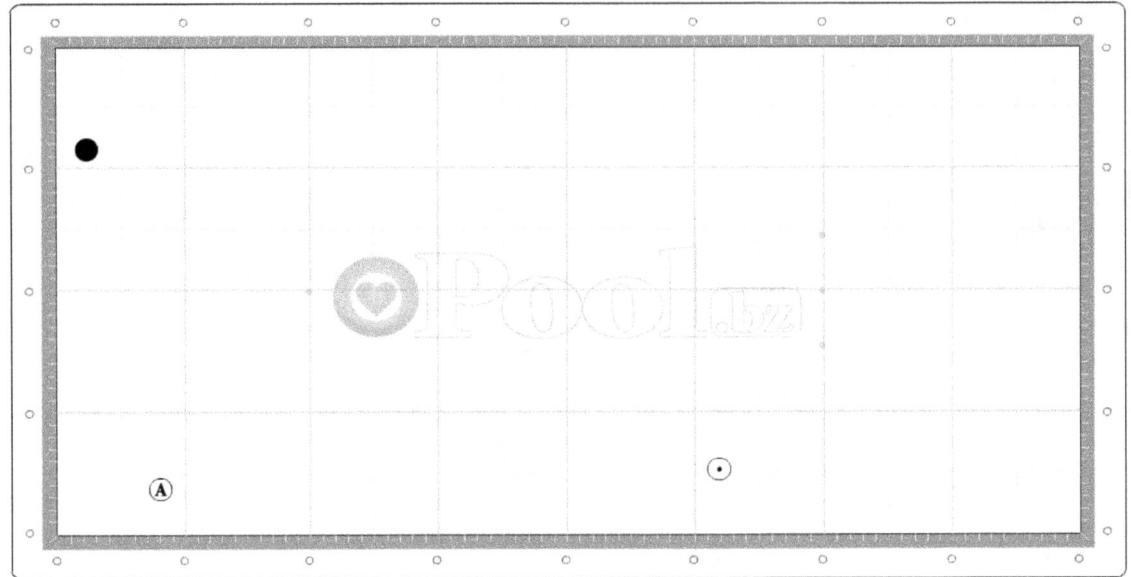

## Shot Pattern

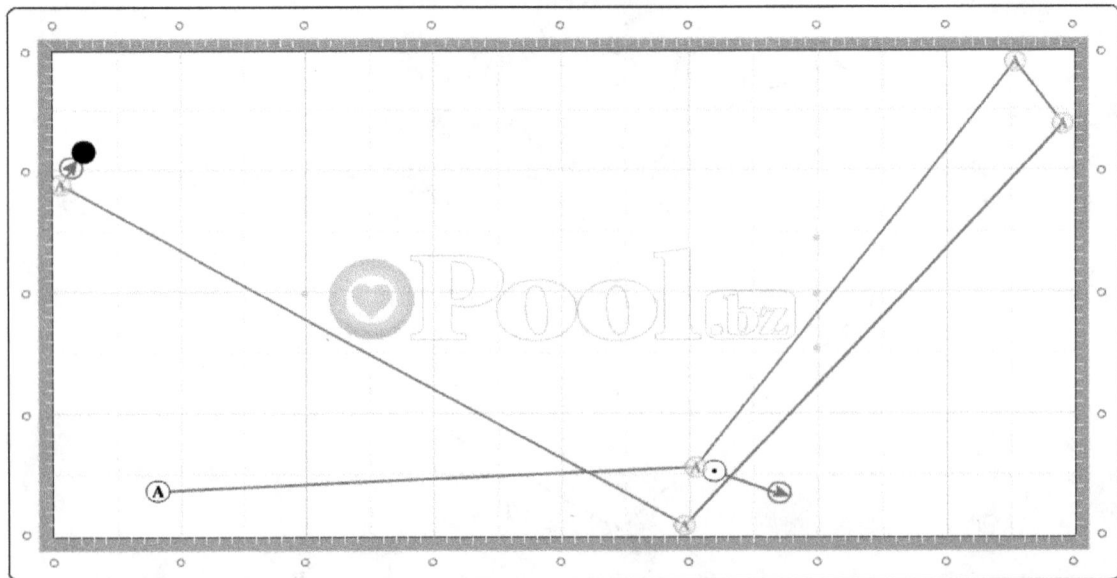

## F:2c – Setup

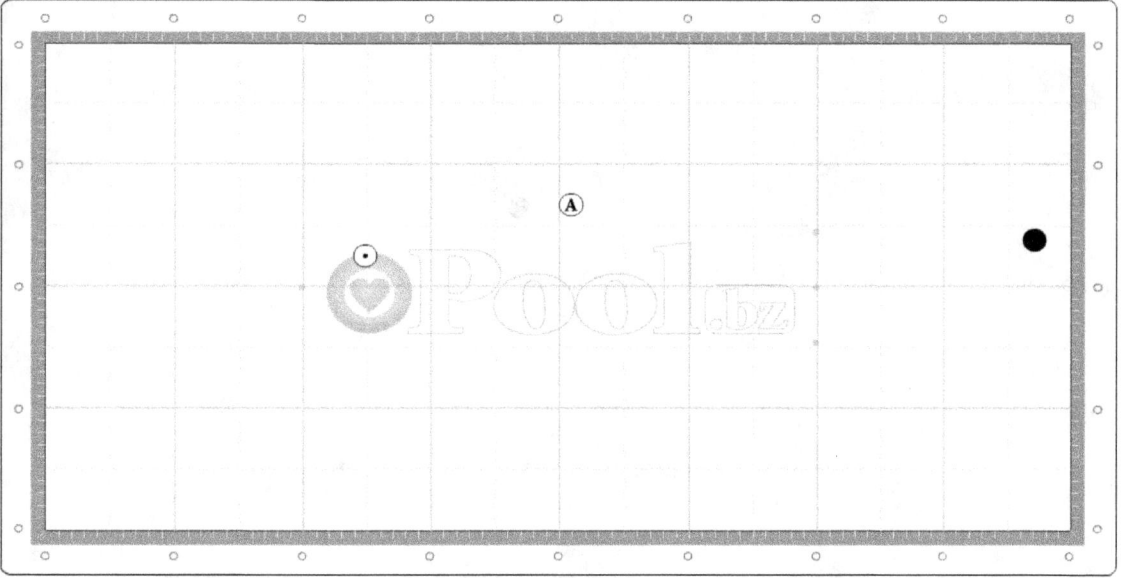

## Shot Pattern

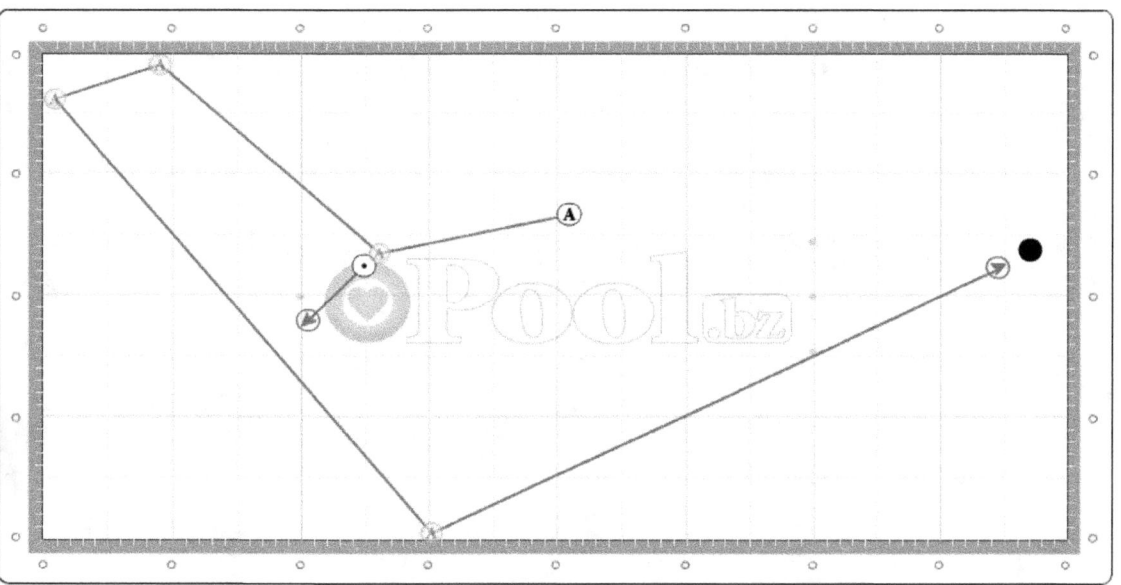

**F:2d – Setup**

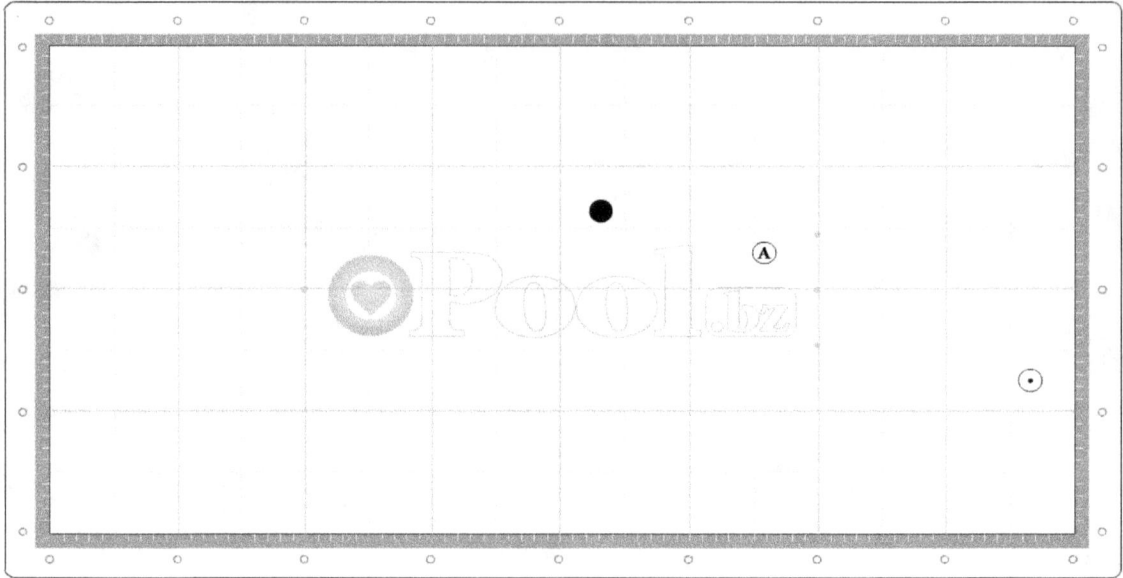

**Shot Pattern**

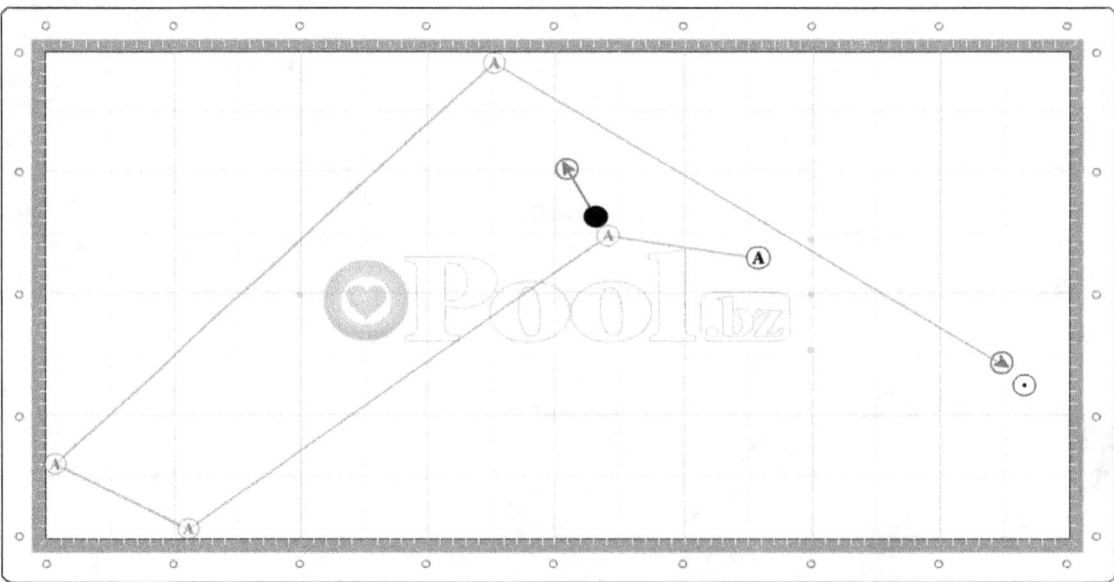

# F: Group 3

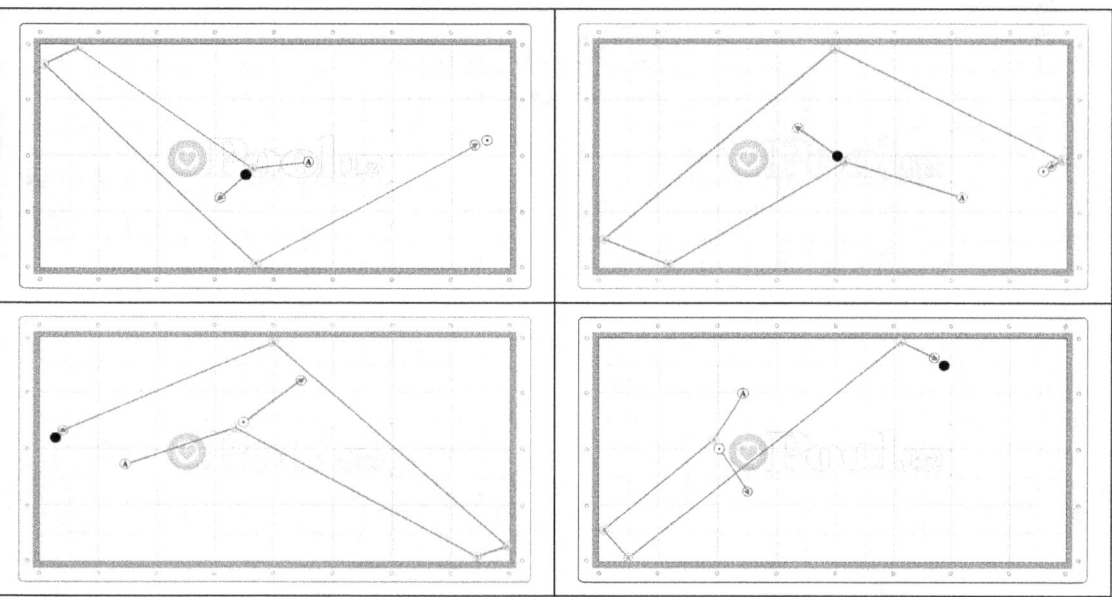

**Analysis:**

F:3a. _____

F:3b. _____

F:3c. _____

F:3d. _____

## F:3a – Setup

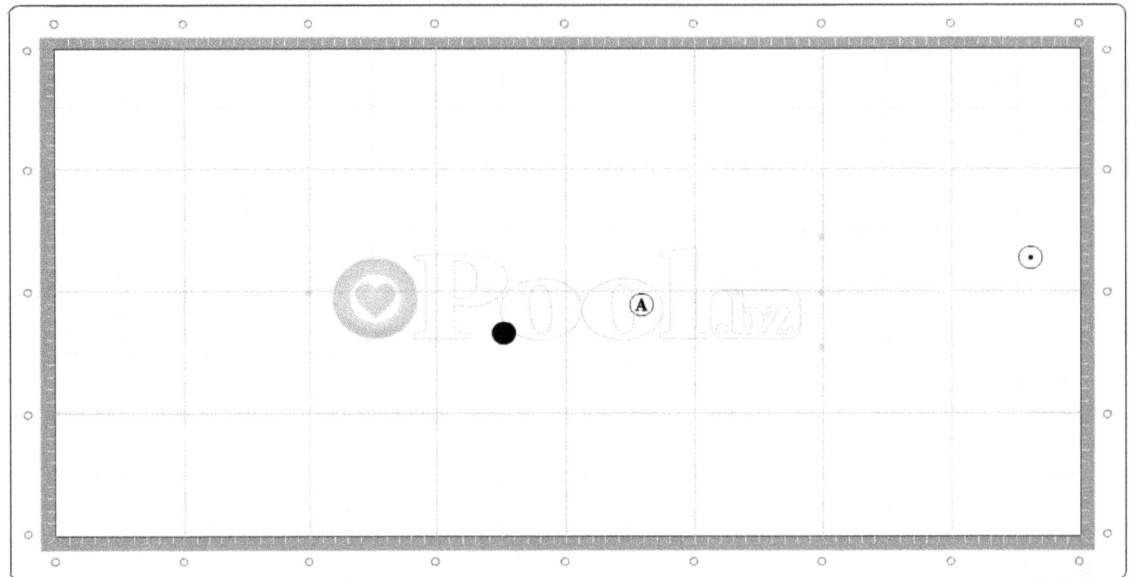

## Shot Pattern

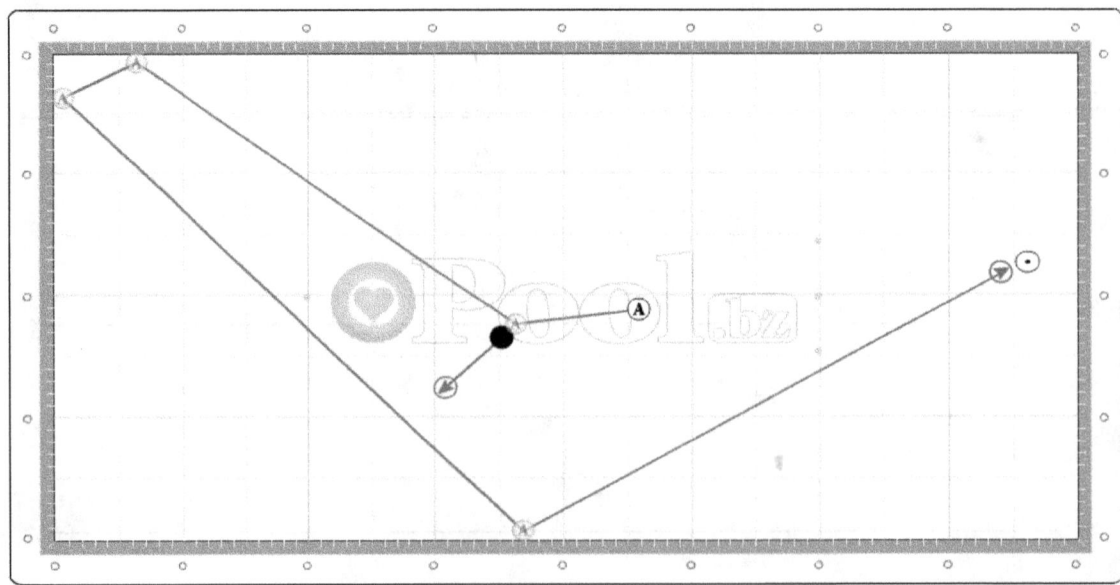

**F:3b – Setup**

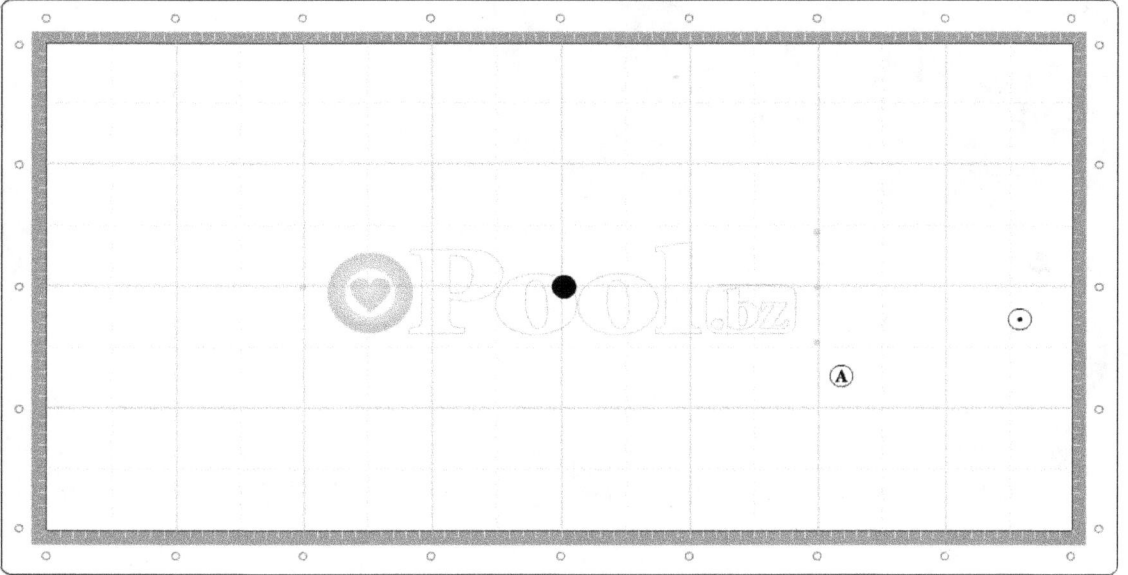

**Shot Pattern**

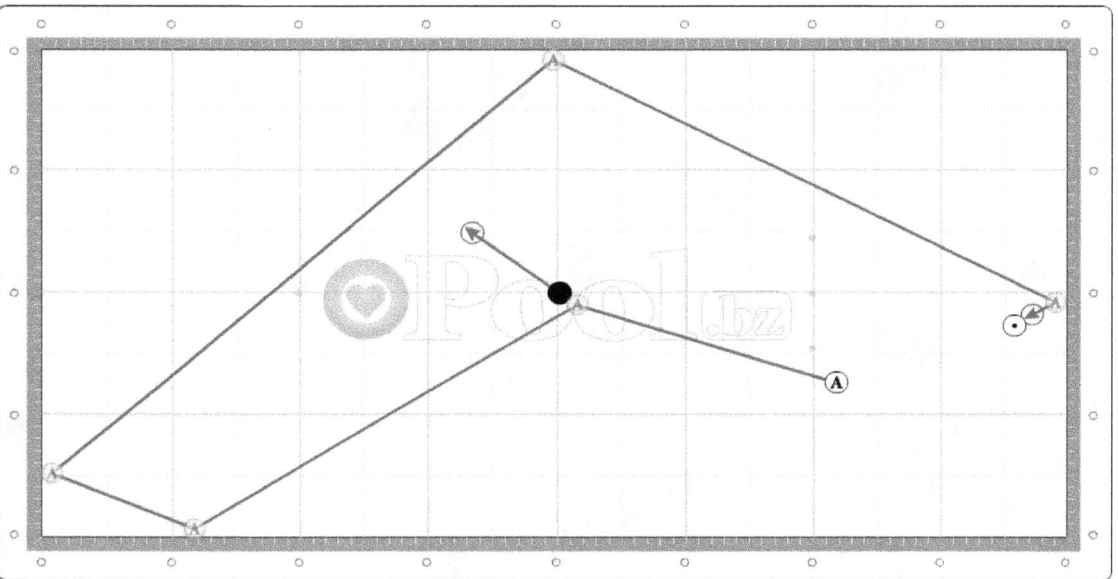

## F:3c – Setup

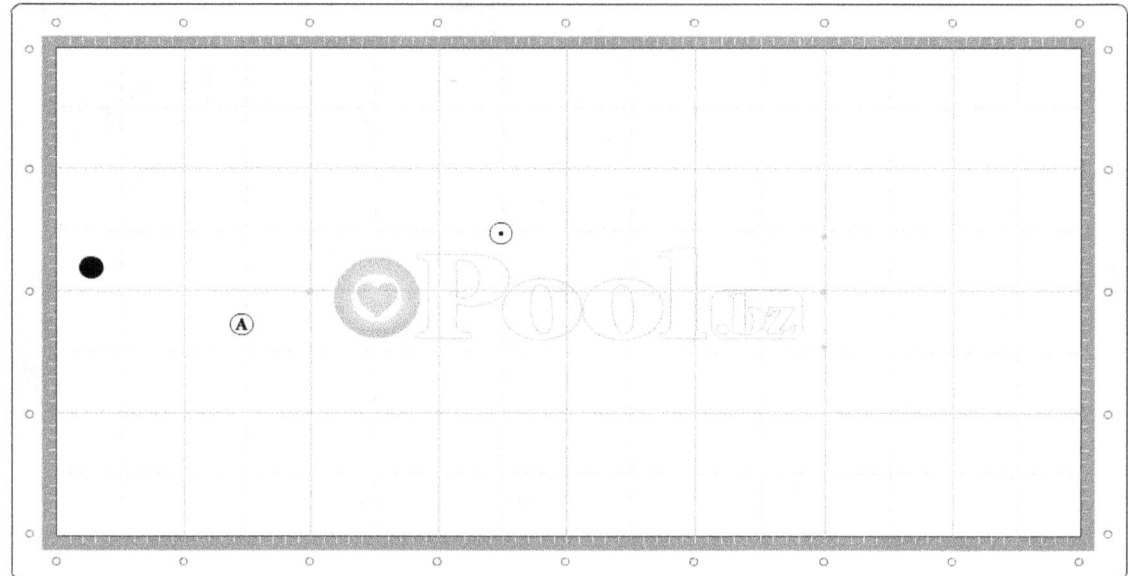

## Shot Pattern

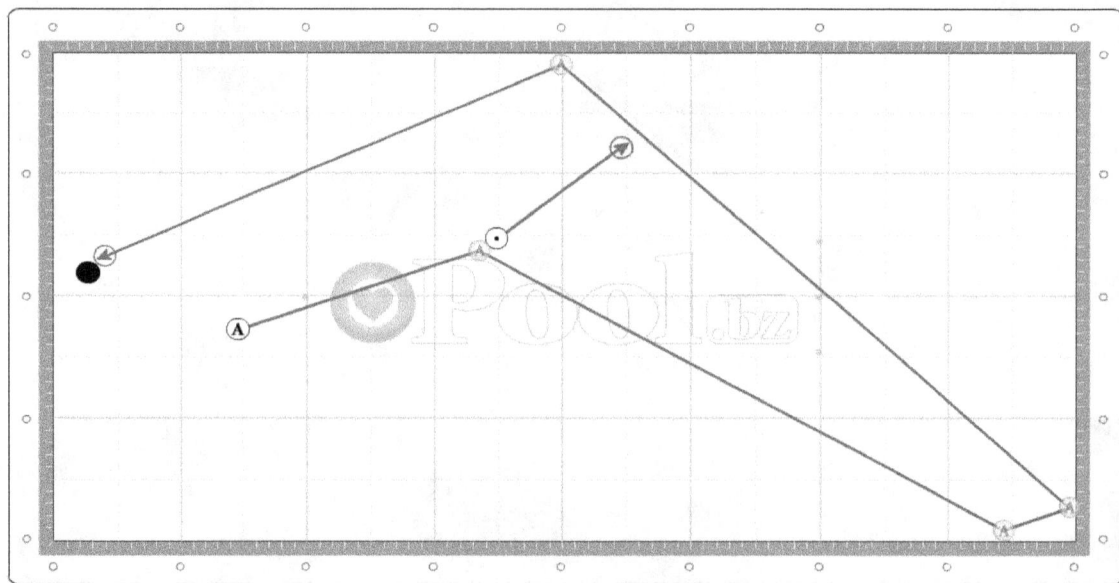

**F:3d – Setup**

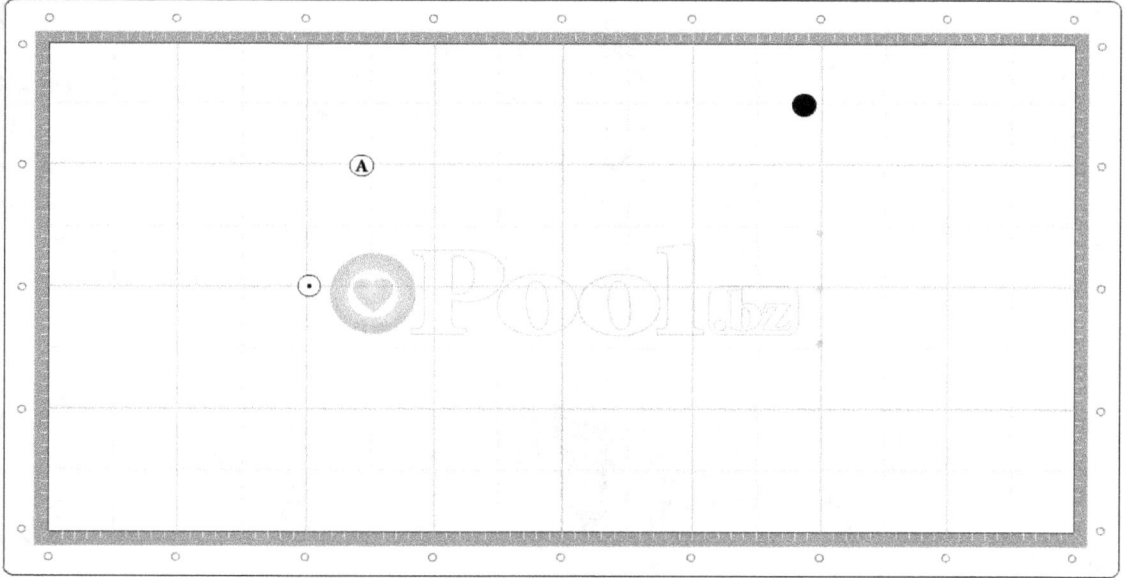

**Shot Pattern**

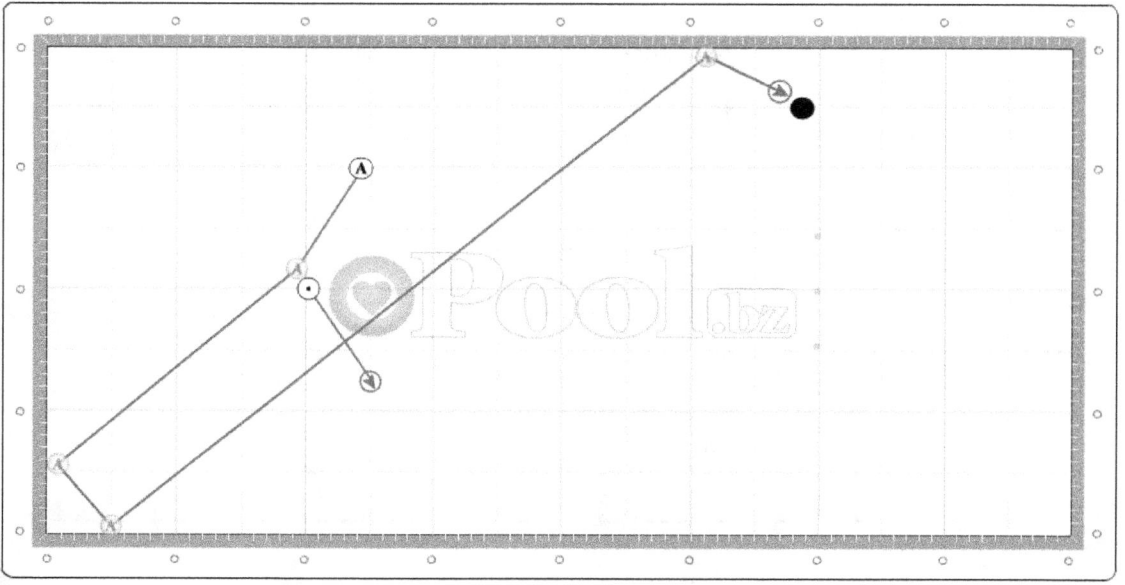

# F: Group 4

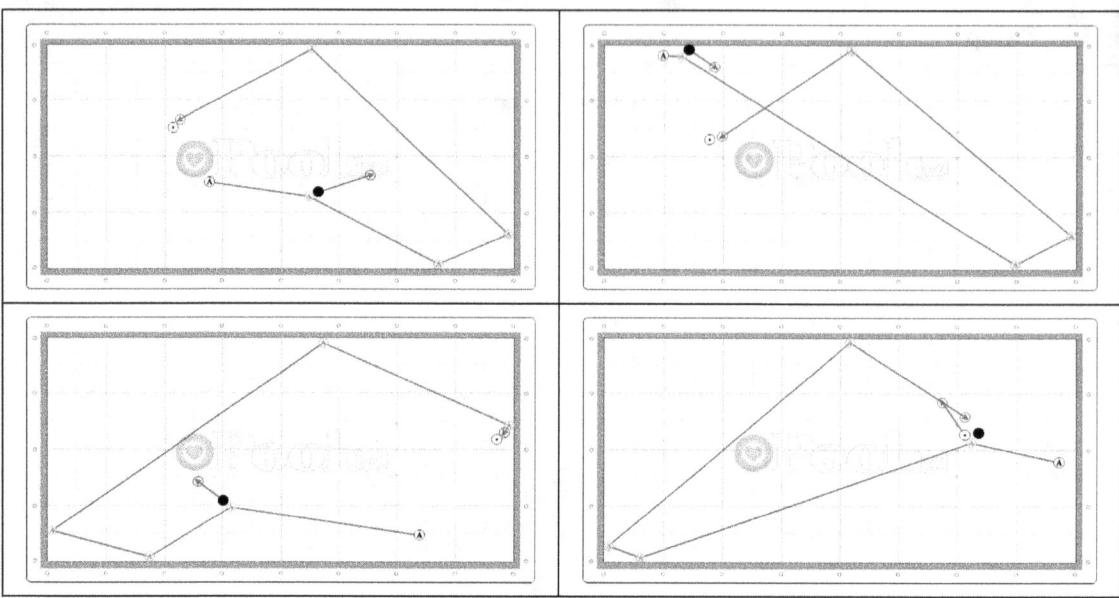

**Analysis**:

F:4a. _____

F:4b. _____

F:4c. _____

F:4d. _____

**F:4a – Setup**

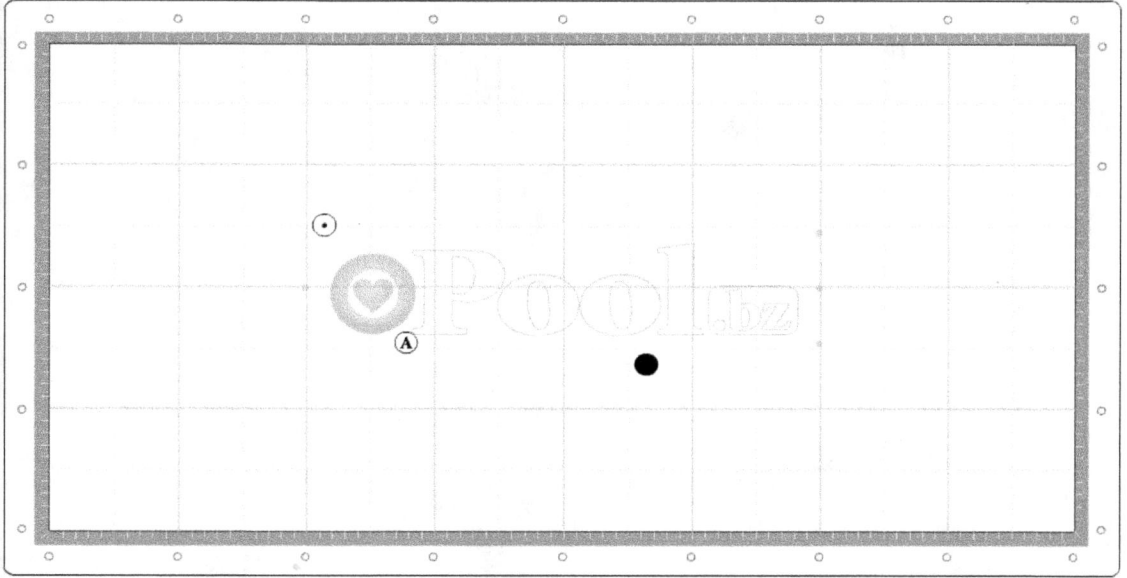

**Shot Pattern**

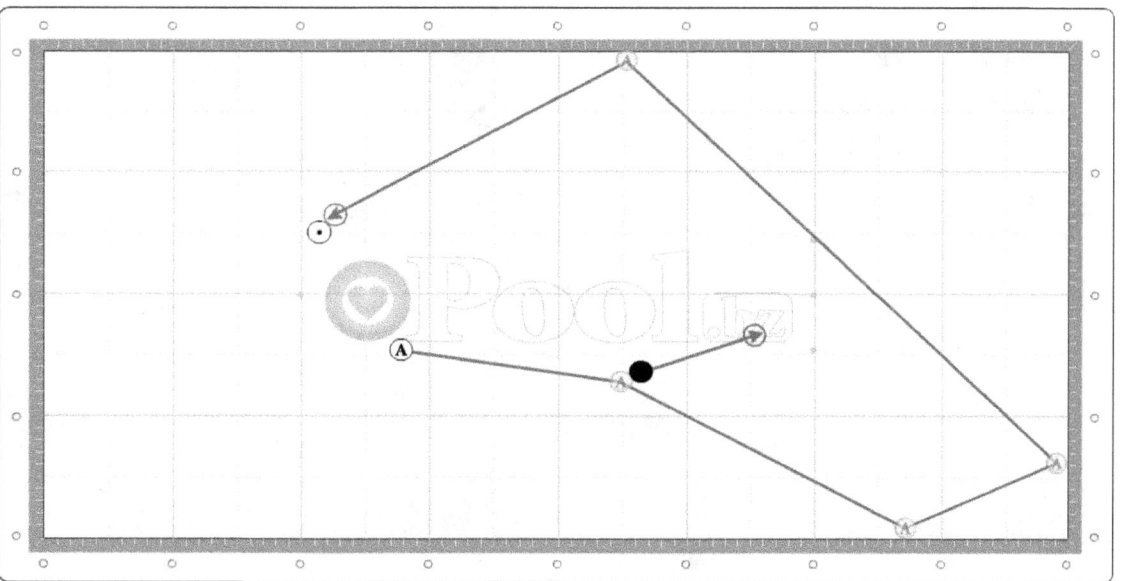

## F:4b – Setup

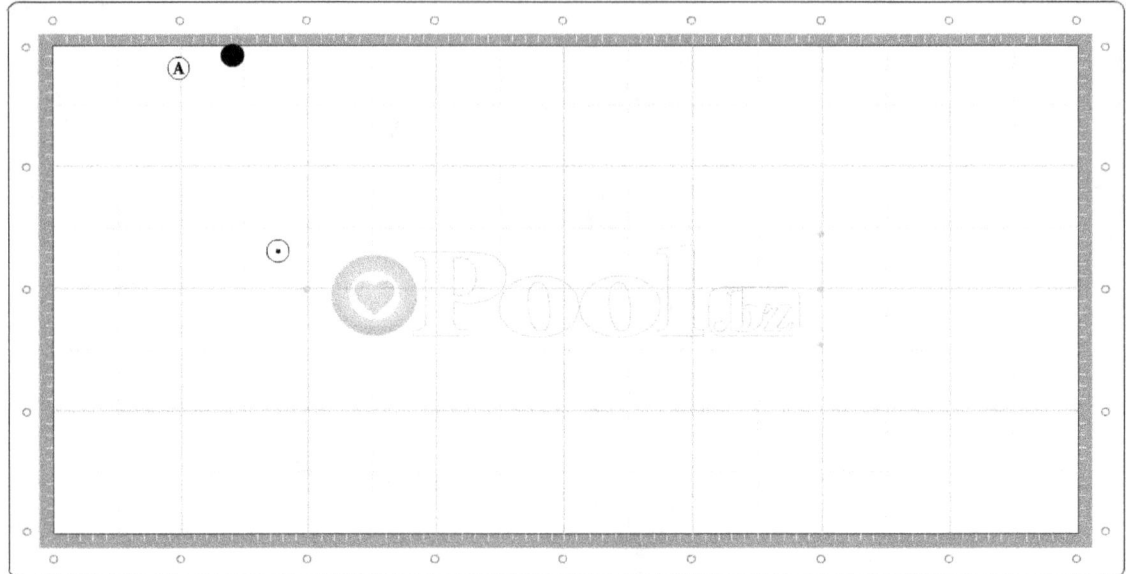

## Shot Pattern

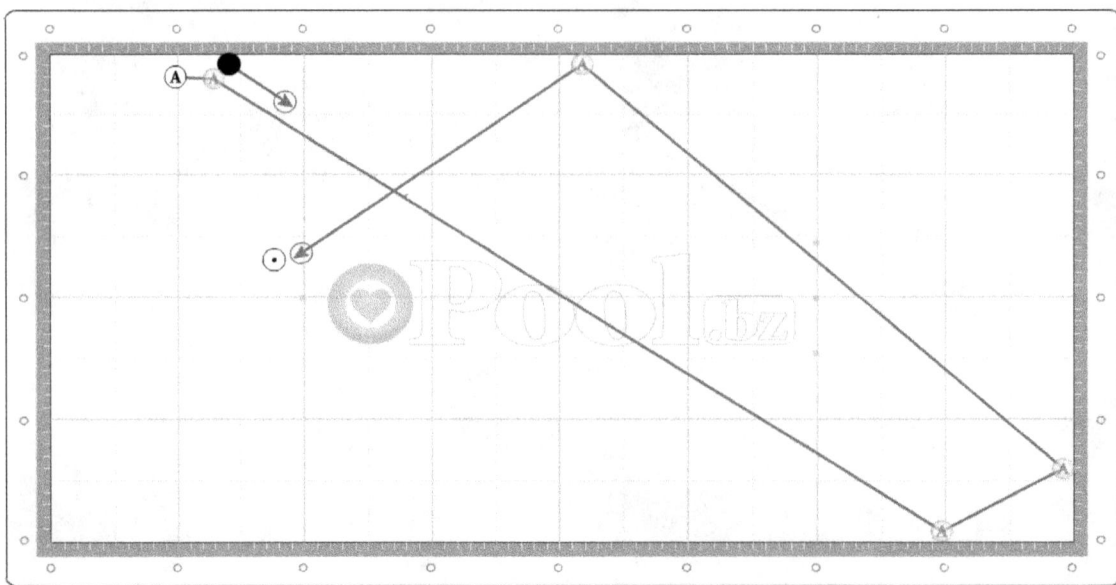

**F:4c – Setup**

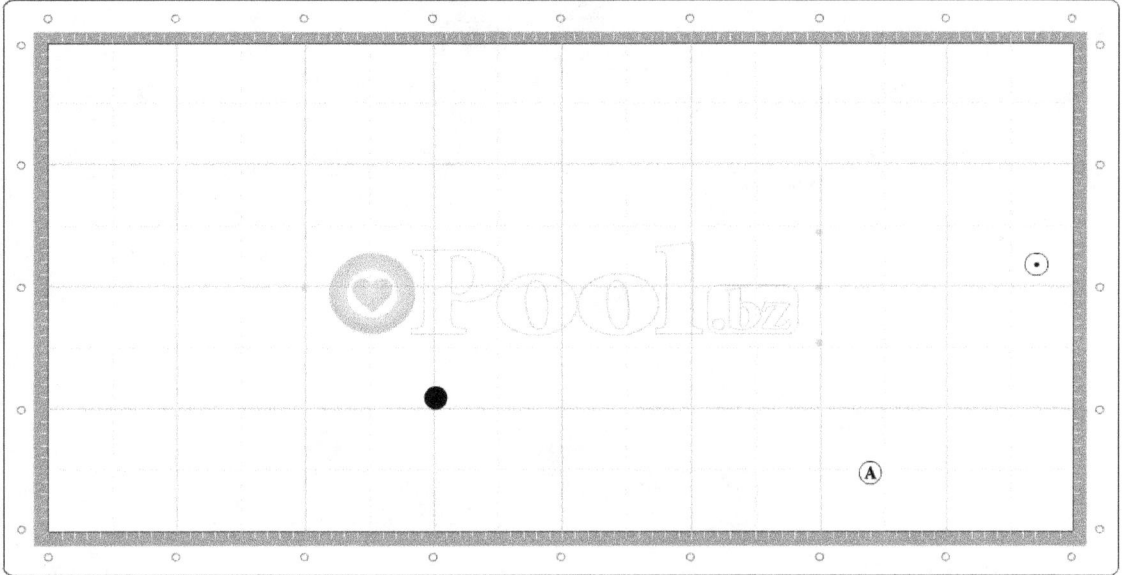

**Shot Pattern**

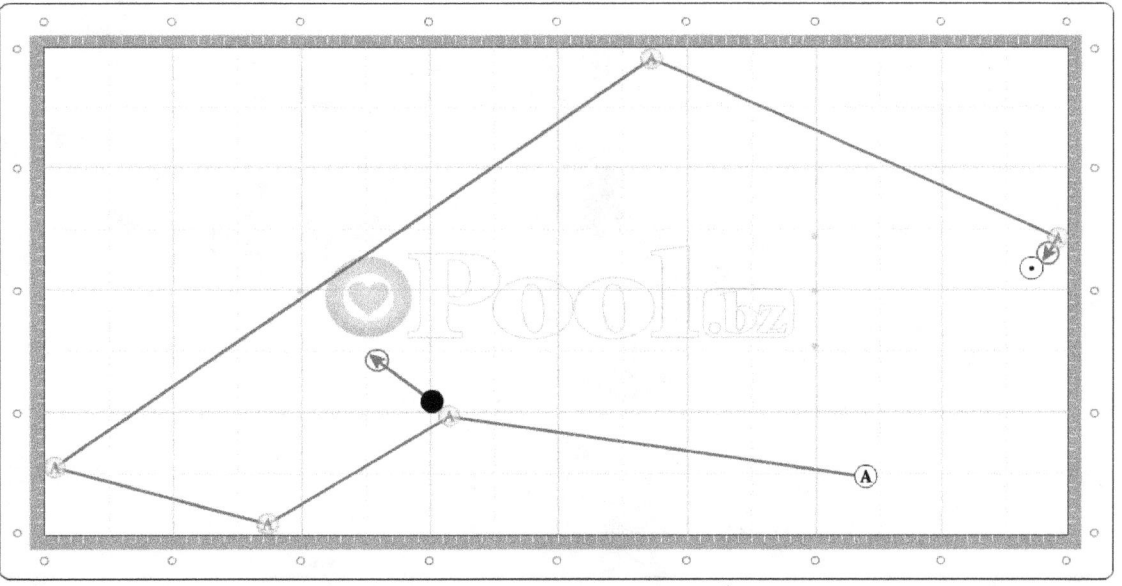

## F:4d – Setup

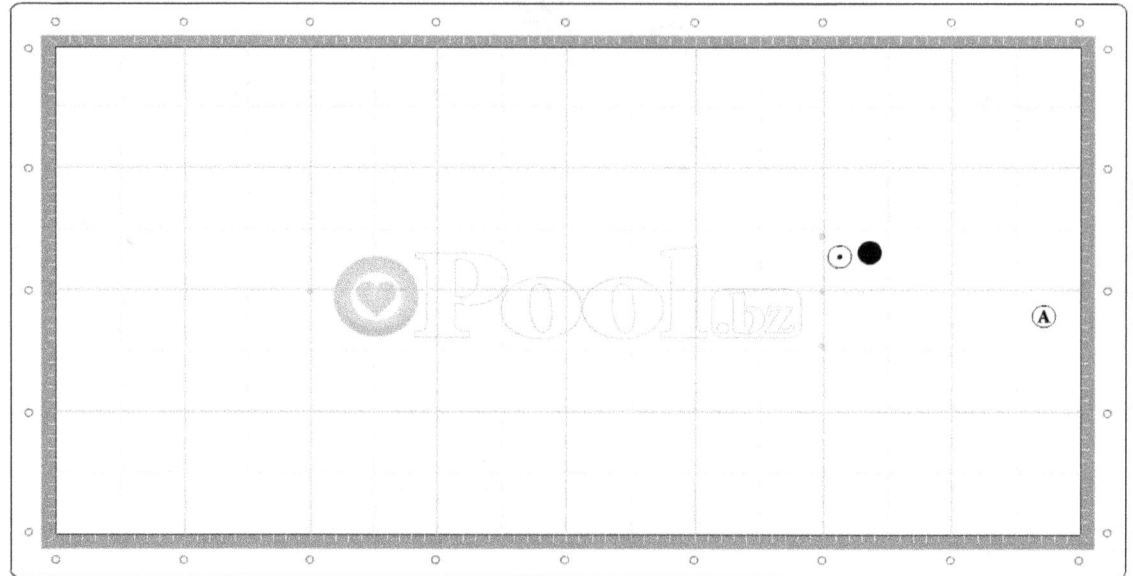

## Shot Pattern

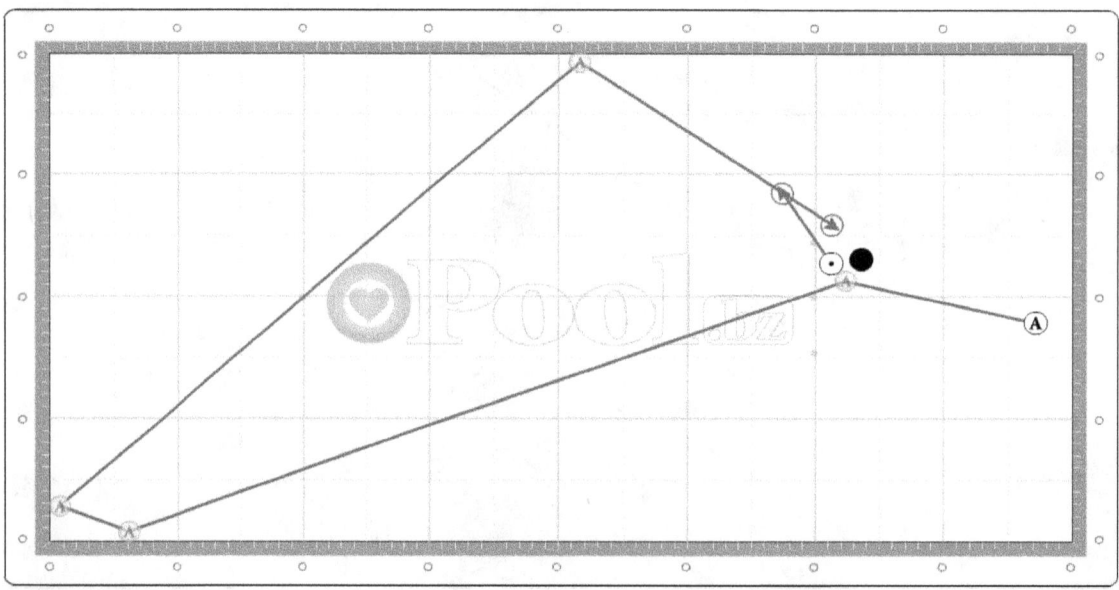

# G: Short Rail into the Corner

The OB connects with the first OB. In this set of shots, the CB corner, short rail first and then in and out of the long rail. Then, then CB into the middle of the opposite long rail and proceeds to connect with the second OB.

## G: Group 1

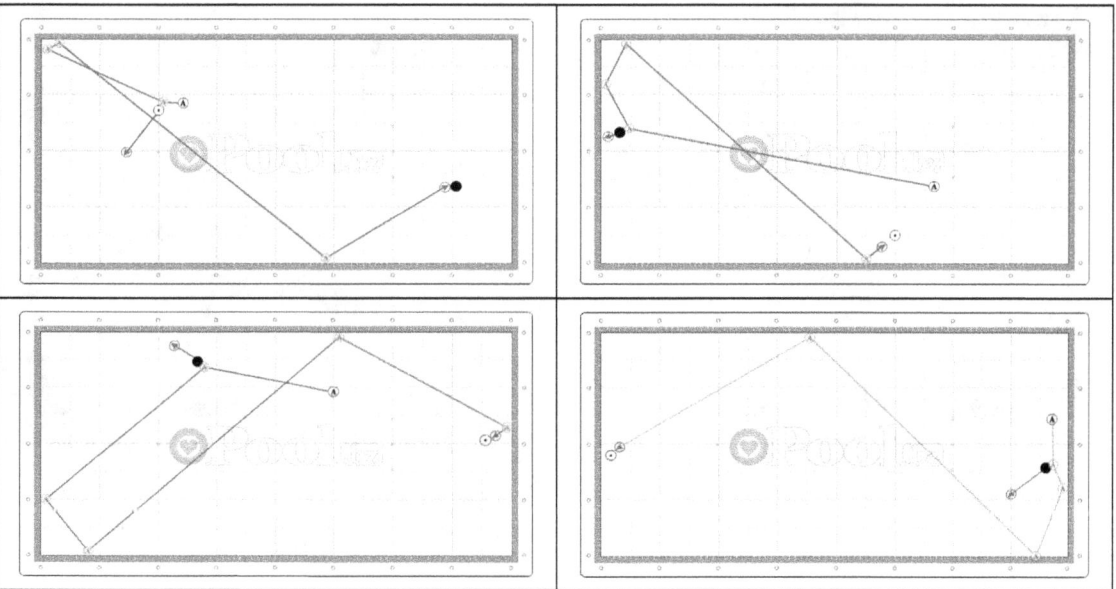

**Analysis:**

G:1a. _____

G:1b. _____

G:1c. _____

G:1d. _____

## G:1a – Setup

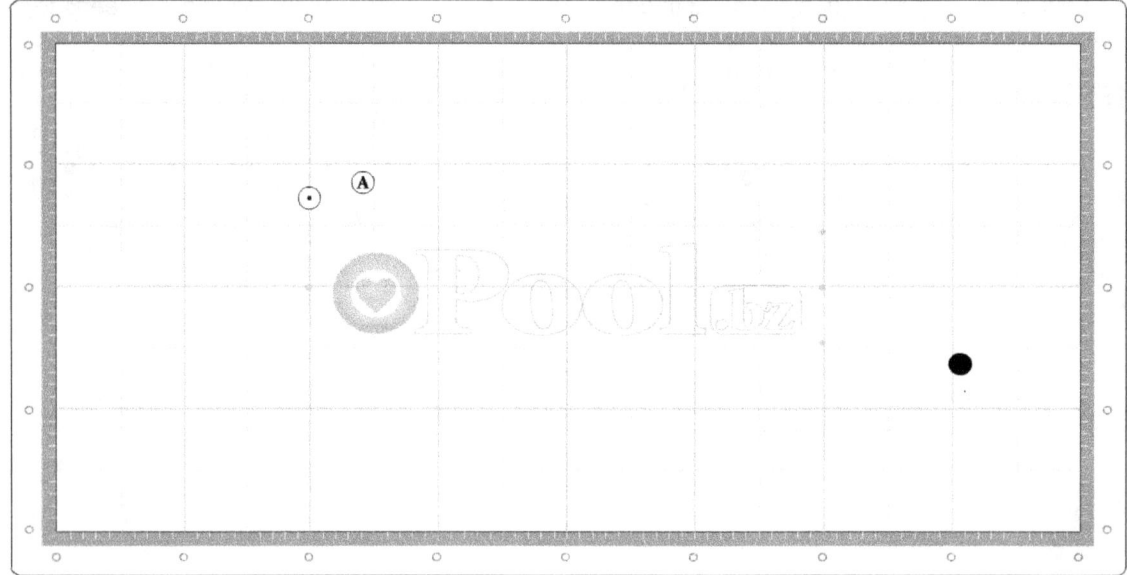

## Shot Pattern

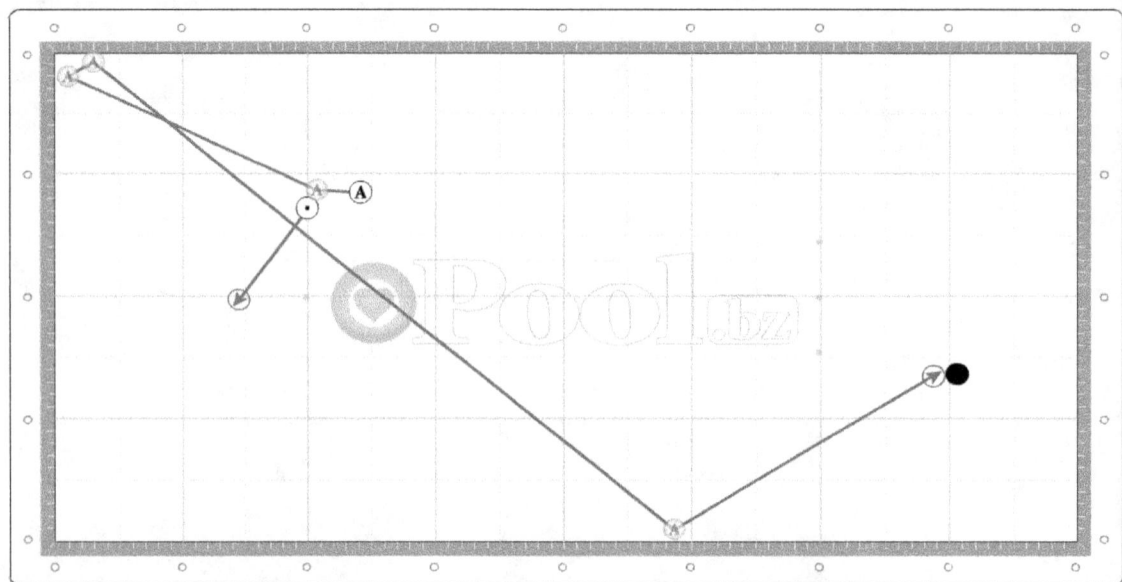

## G:1b – Setup

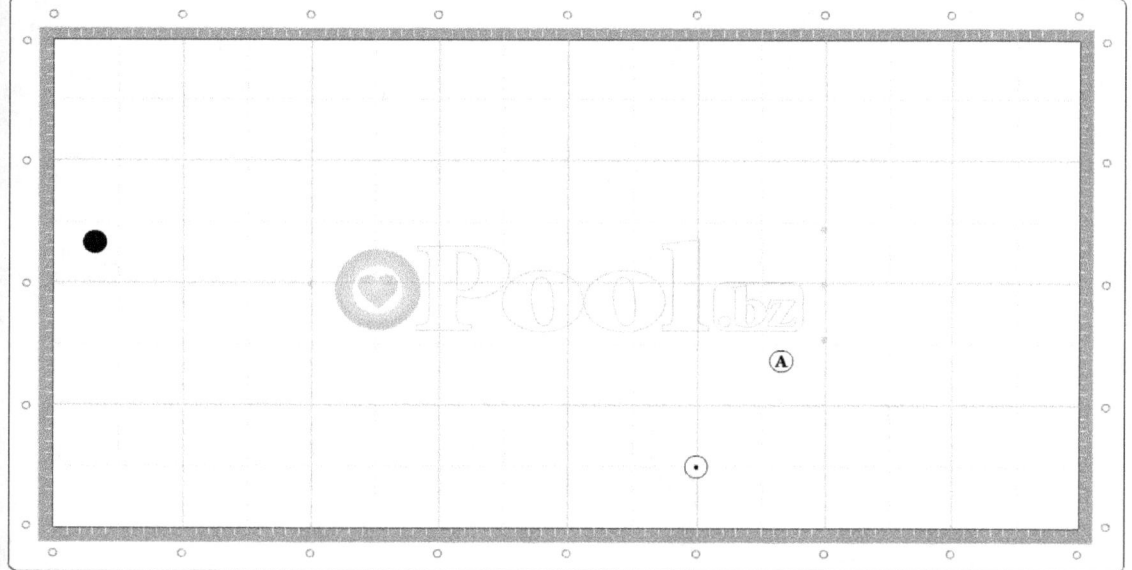

## Shot Pattern

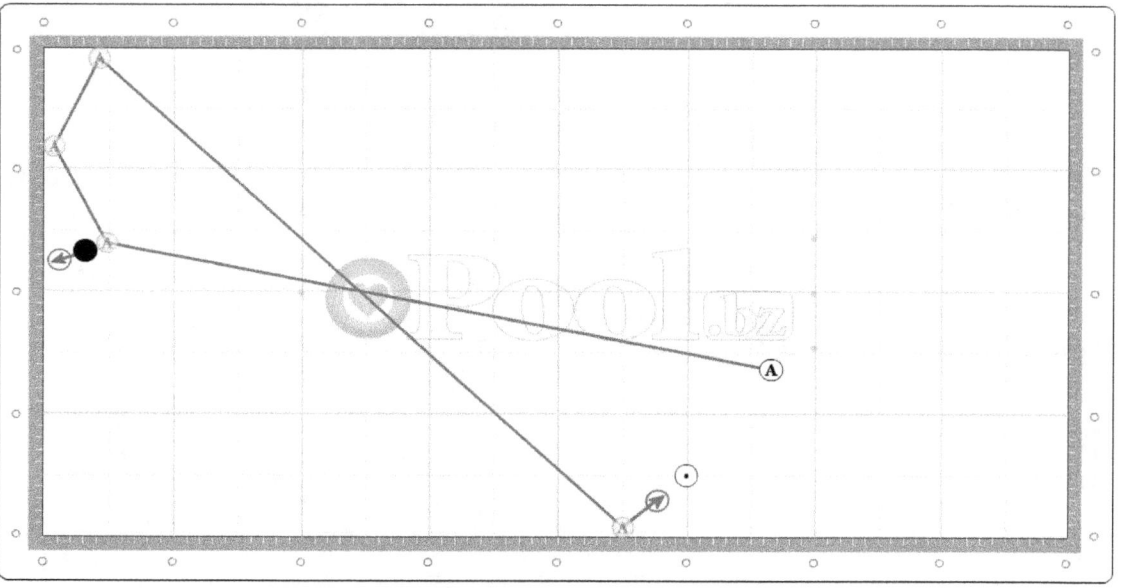

## G:1c – Setup

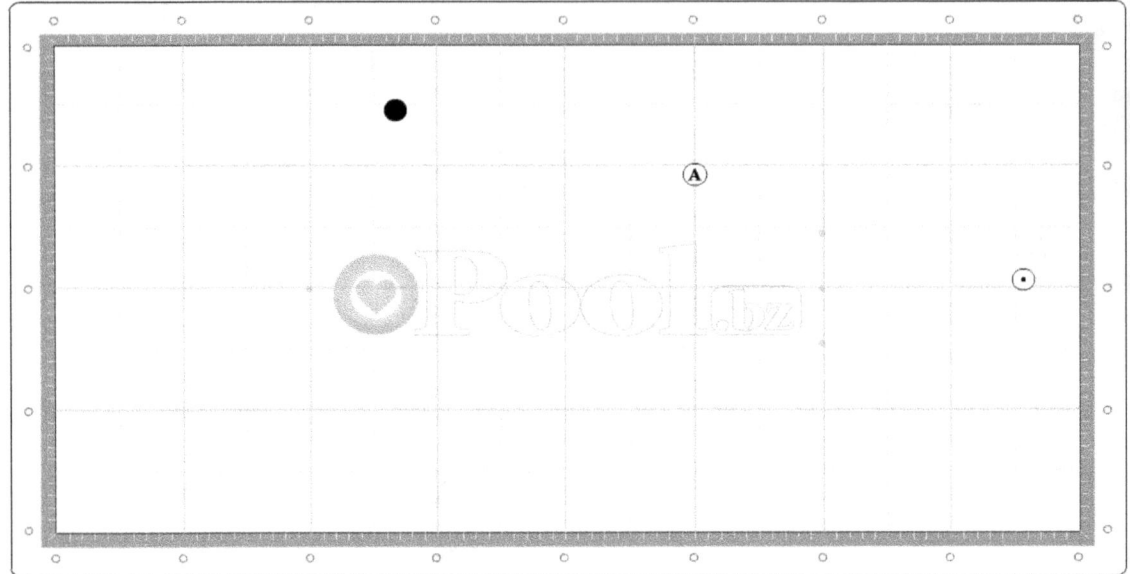

## Shot Pattern

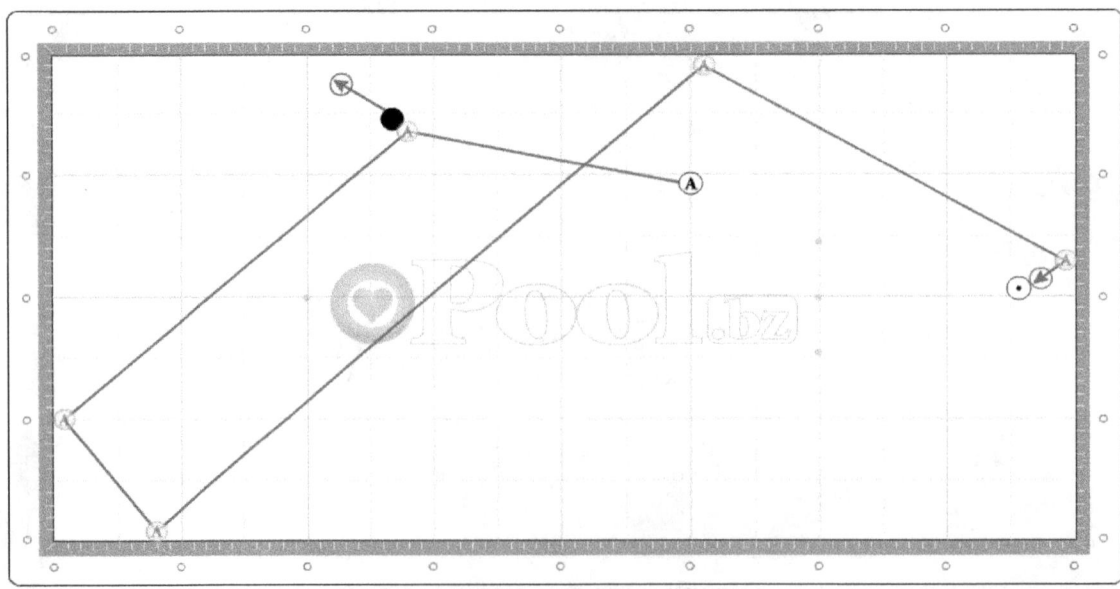

## G:1d – Setup

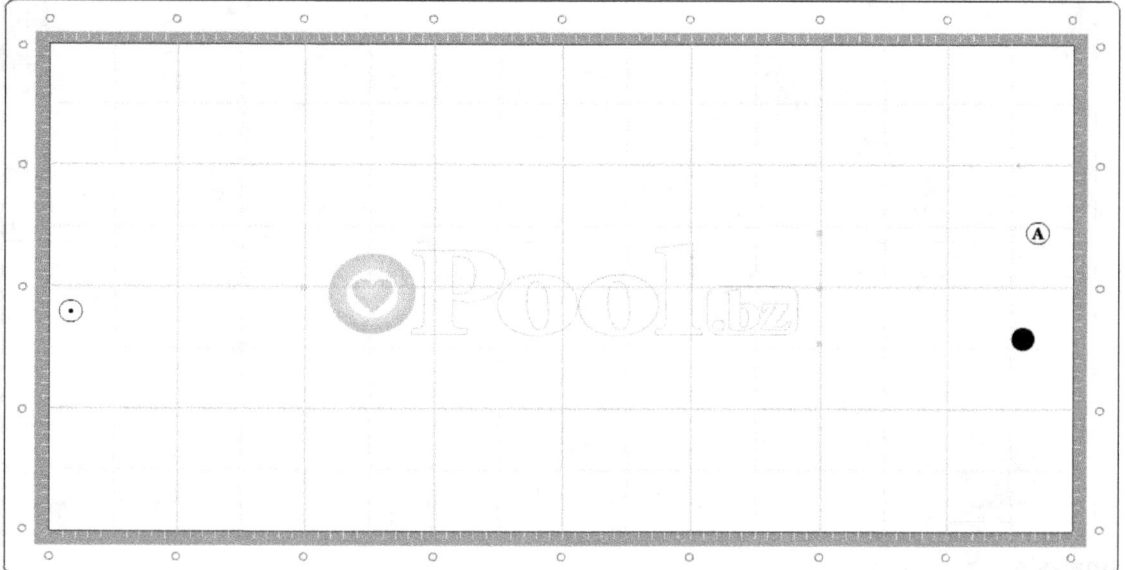

## Shot Pattern

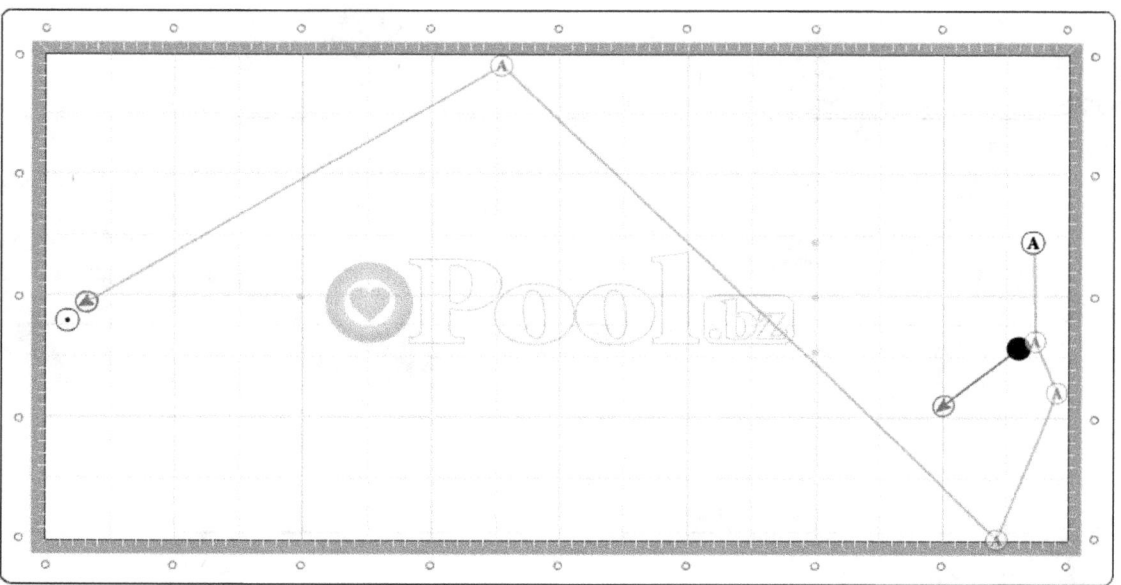

# G: Group 2

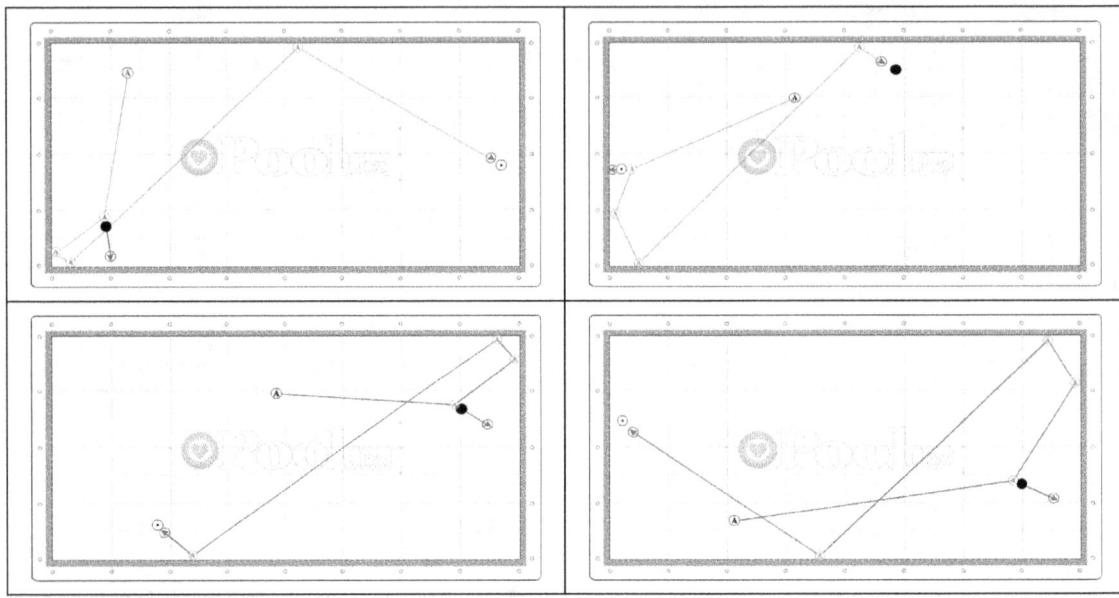

**Analysis**:

G:2a. _____

G:2b. _____

G:2c. _____

G:2d. _____

## G:2a – Setup

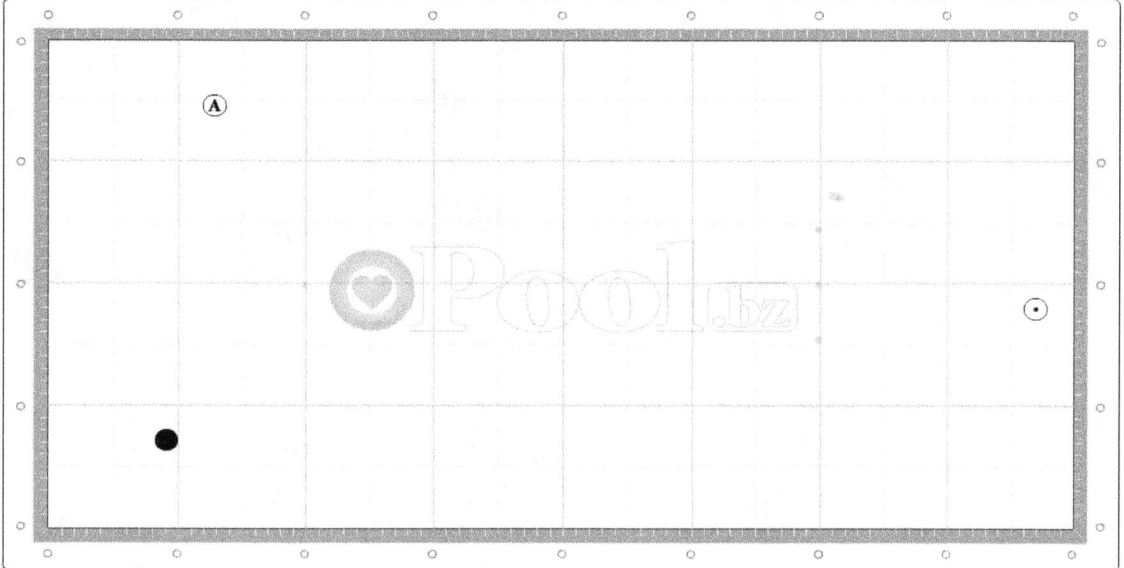

## Shot Pattern

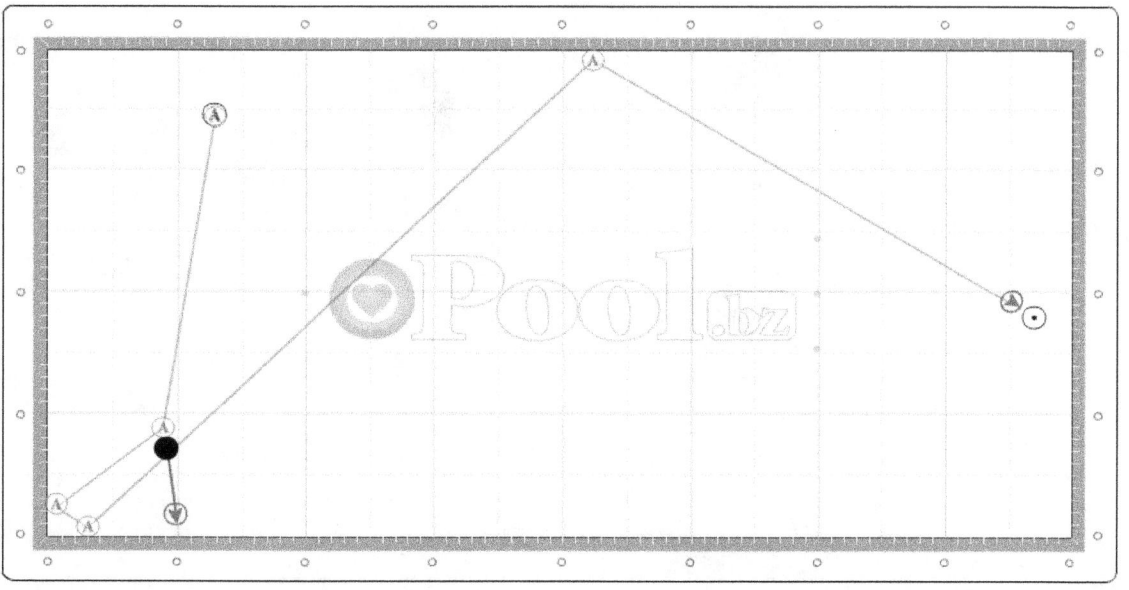

## G:2b – Setup

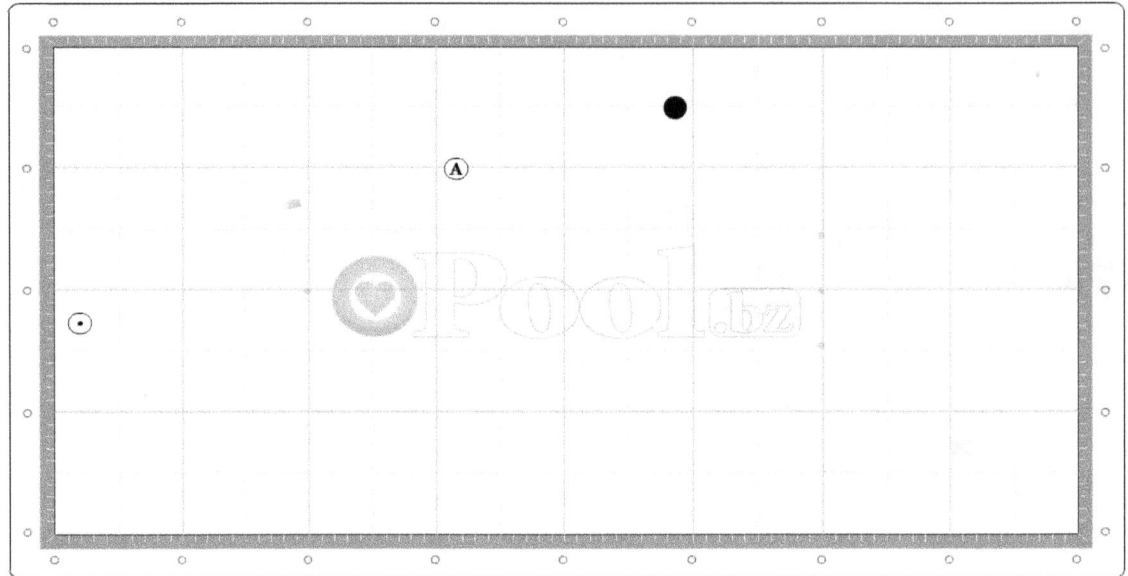

## Shot Pattern

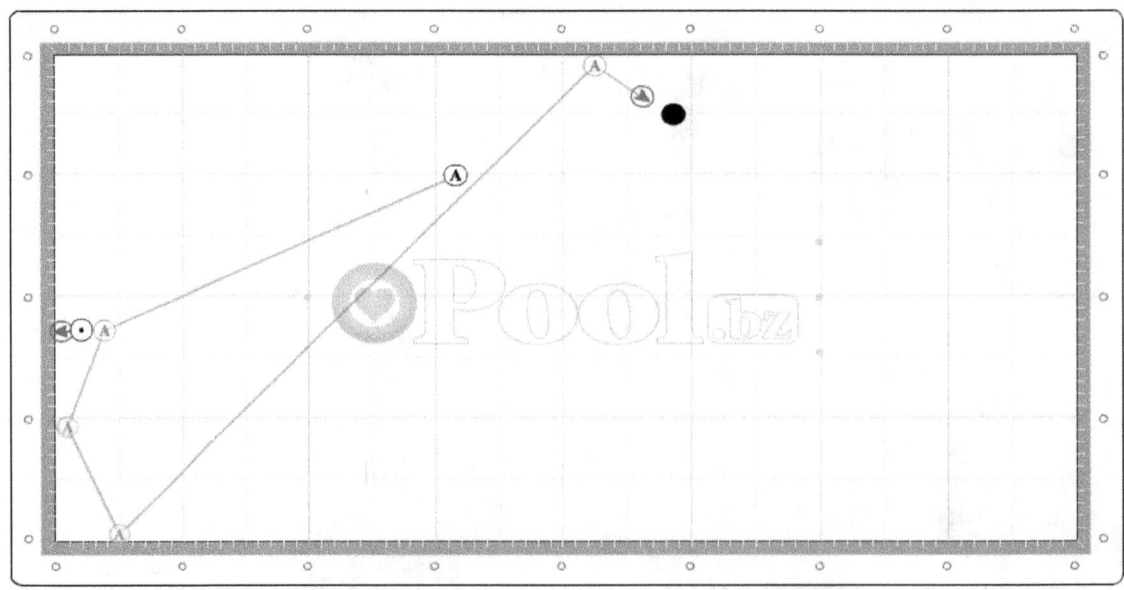

## G:2c – Setup

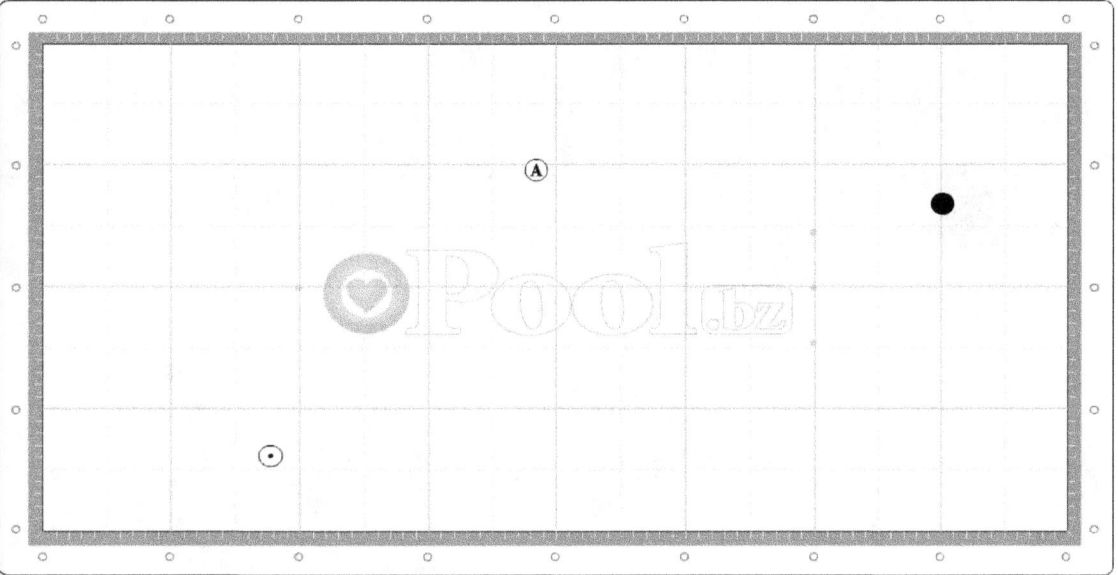

## Shot Pattern

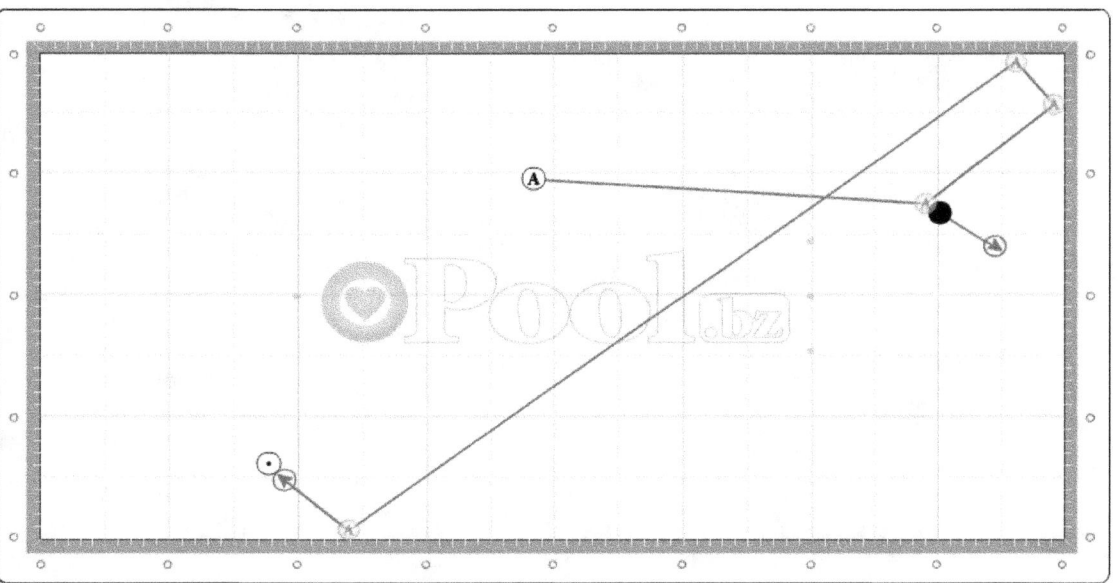

## G:3d – Setup

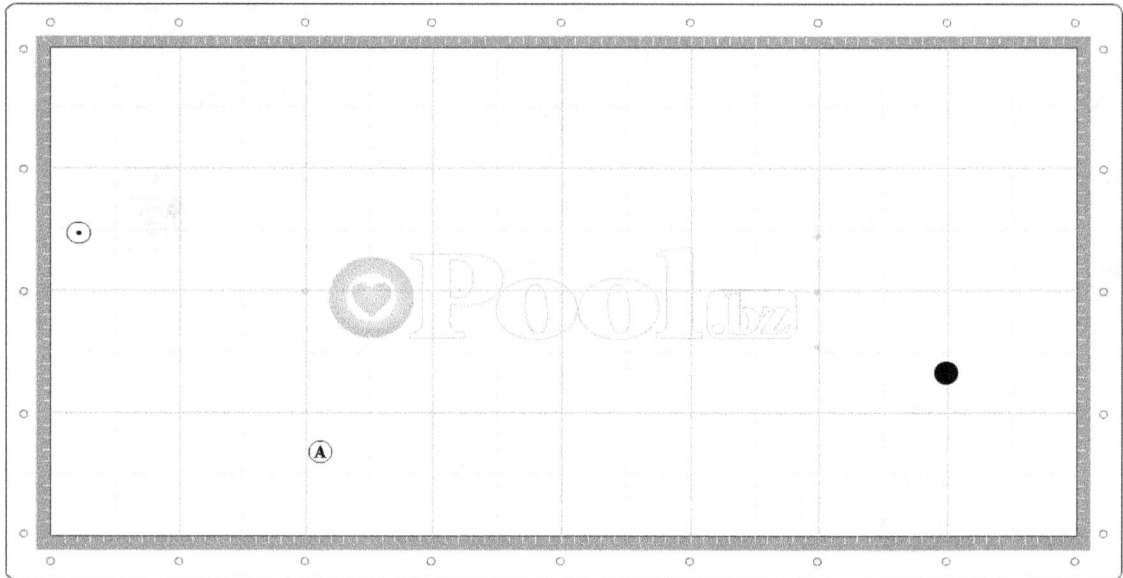

## Shot Pattern

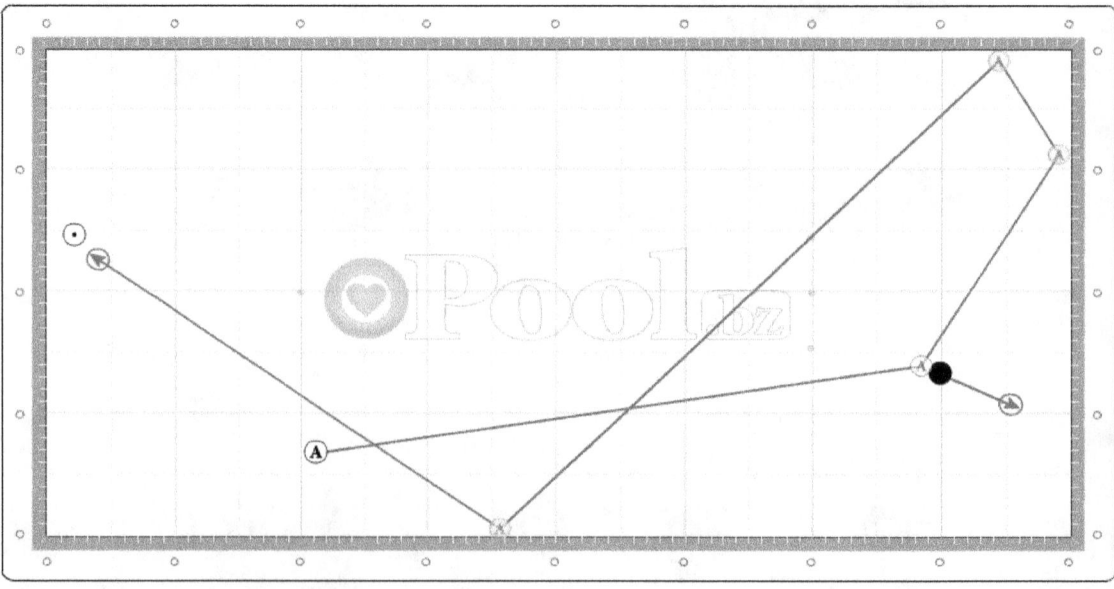

@03BGjY1CJLG4ESHL1WJLG1WMnD4YSHL1YIMs2YPpj2YbRt4Ybdm3YDxJzc@

# G: Group 3

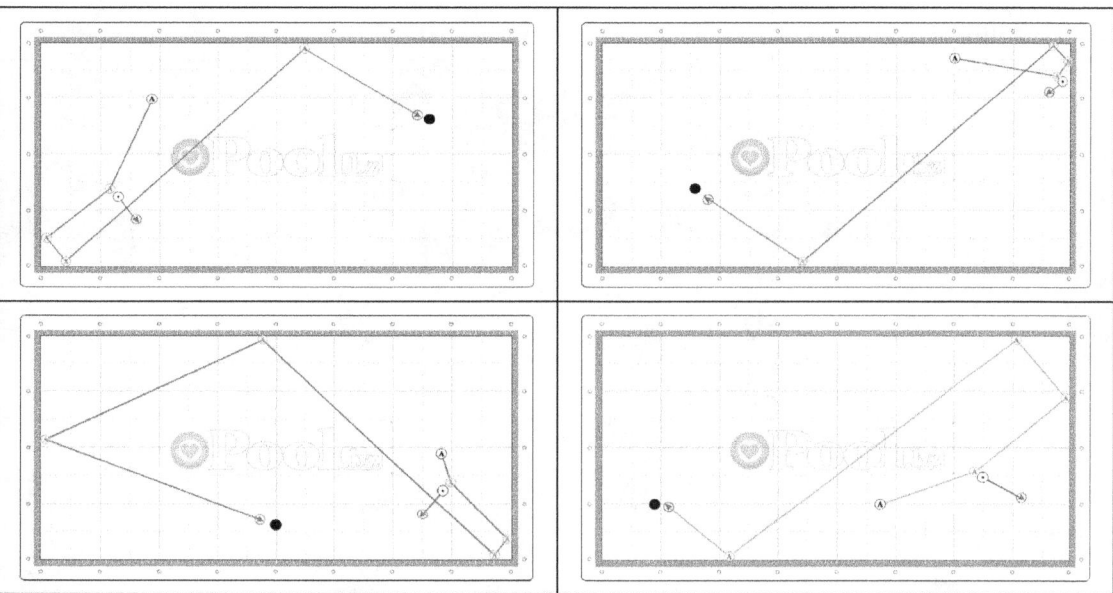

**Analysis**:

G:3a. _____

G:3b. _____

G:3c. _____

G:3d. _____

## G:3a – Setup

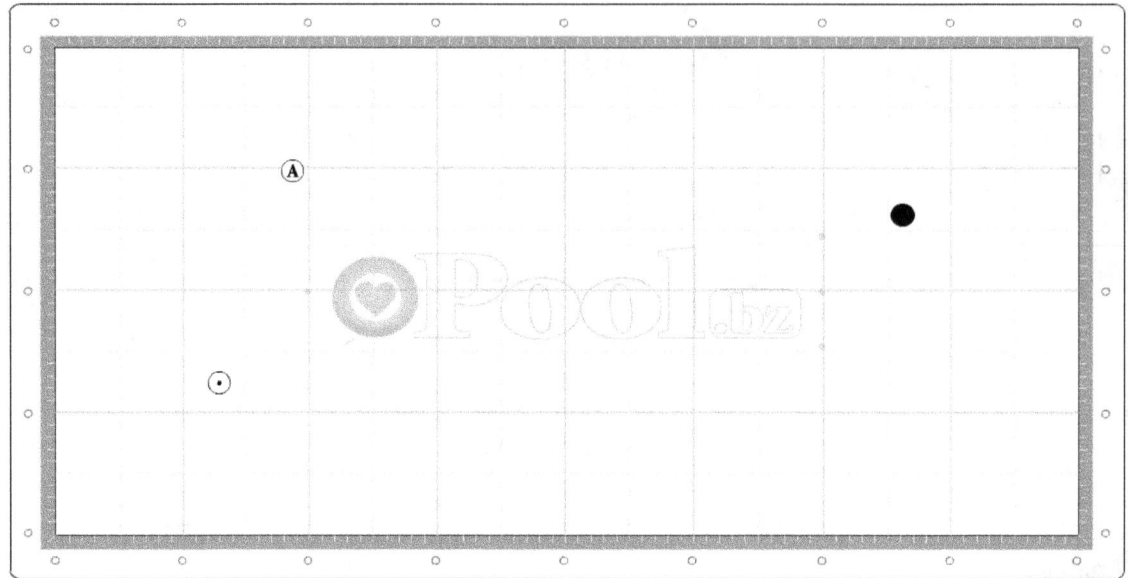

## Shot Pattern

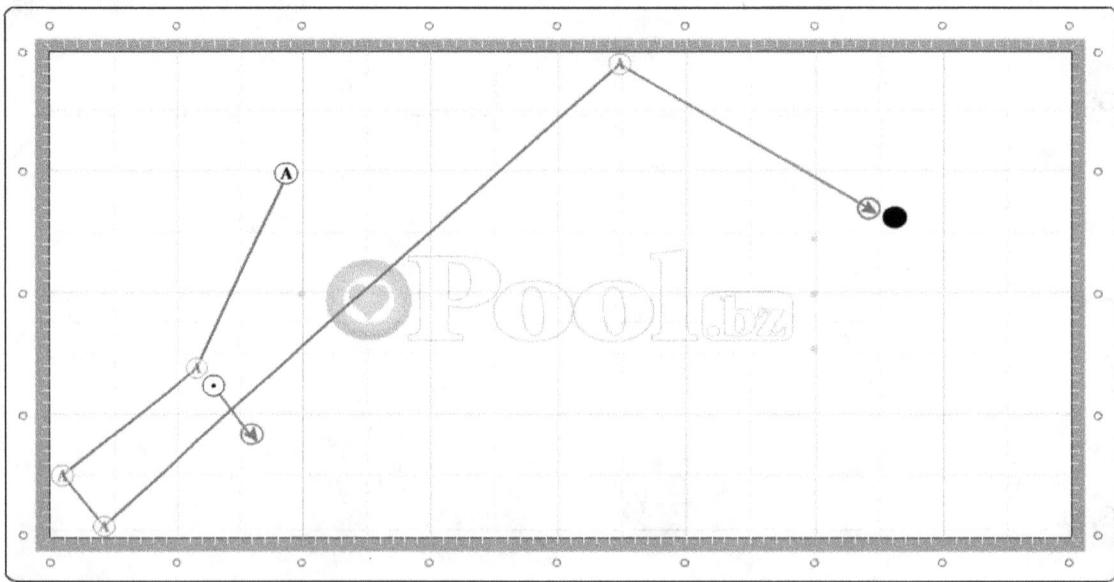

## G:3b – Setup

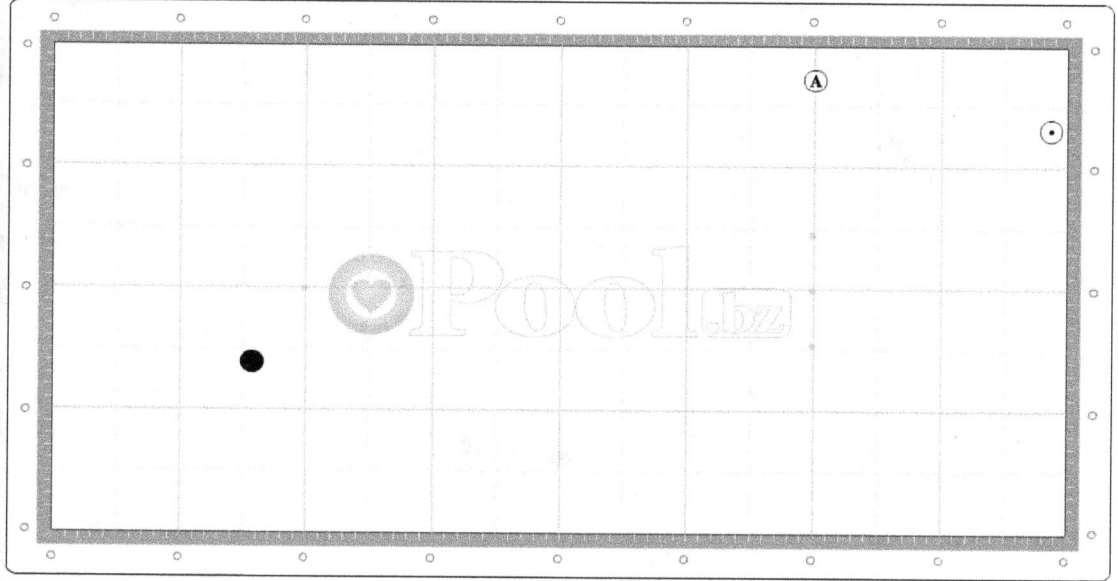

## Shot Pattern

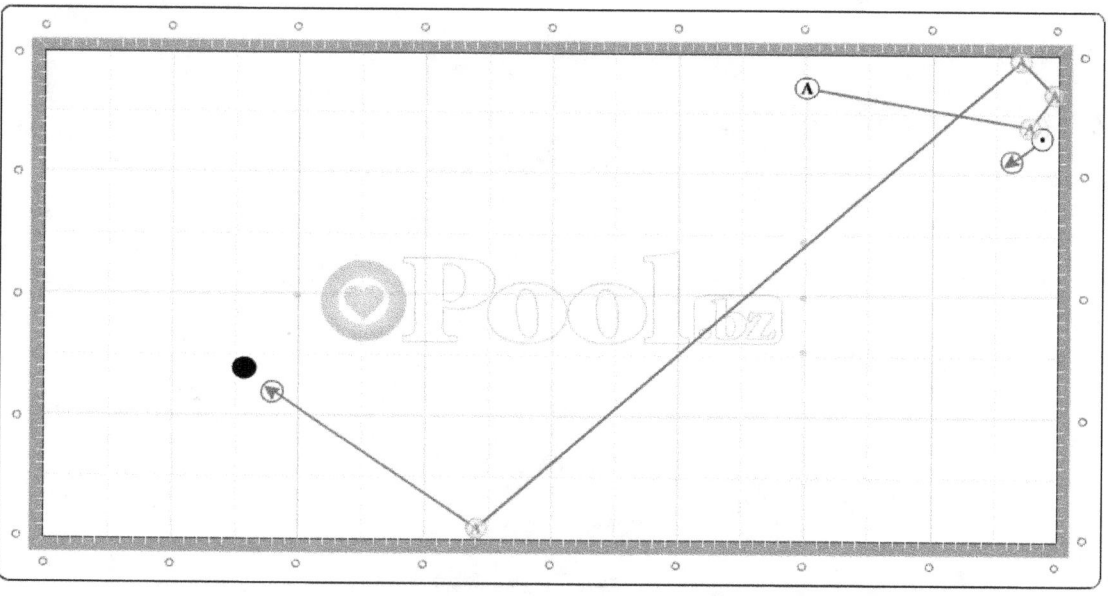

## G:3c – Setup

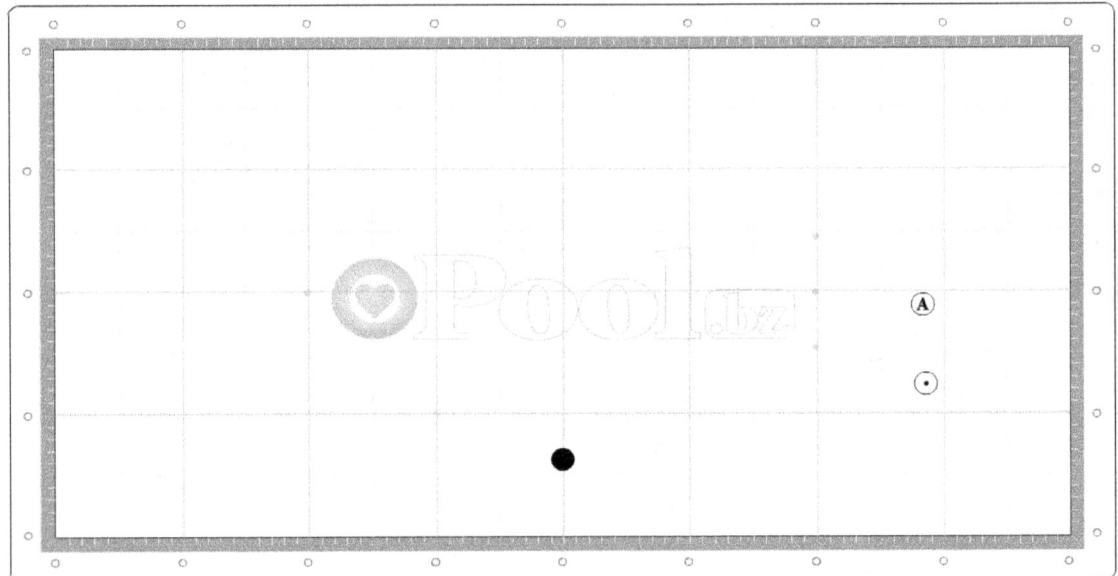

## Shot Pattern

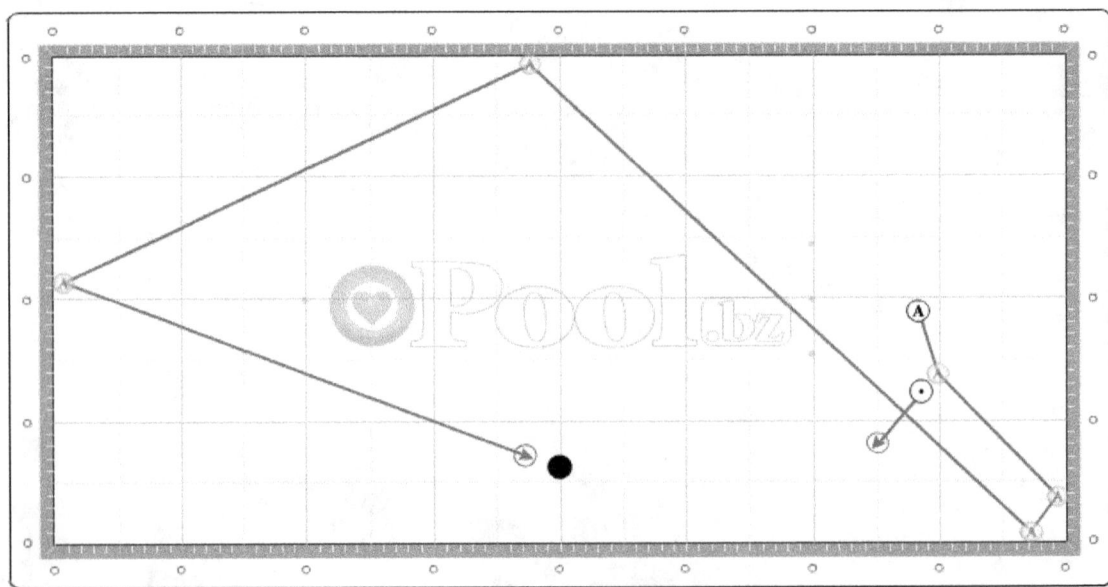

## G:3d – Setup

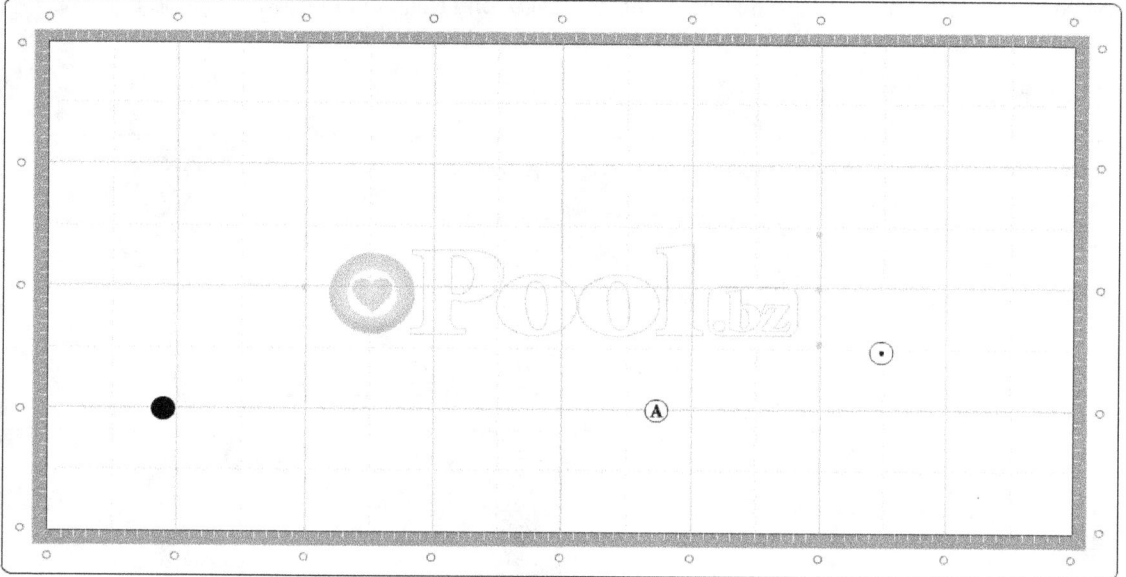

## Shot Pattern

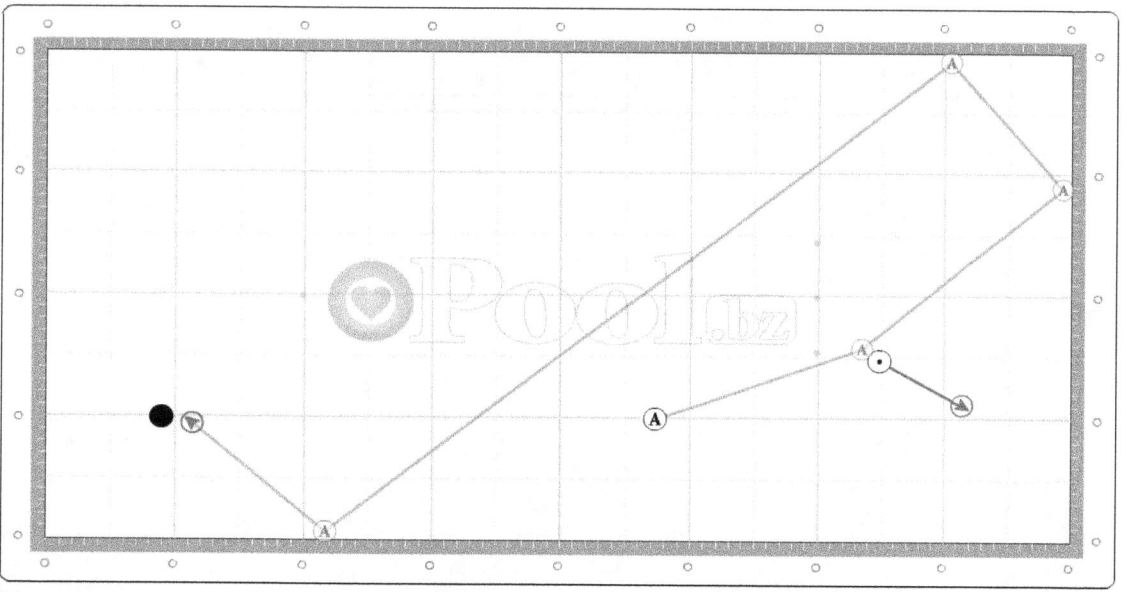

# H: Double-Hooks (basic)

On these over-the-hill patterns, the CB comes off the first OB into the corner. It follows the long rail/short rail path back into the middle of the opposite long rail. On the downhill slope of these shots, the CB goes in and out of the opposite corner – a five-cushion shot.

## H: Group 1

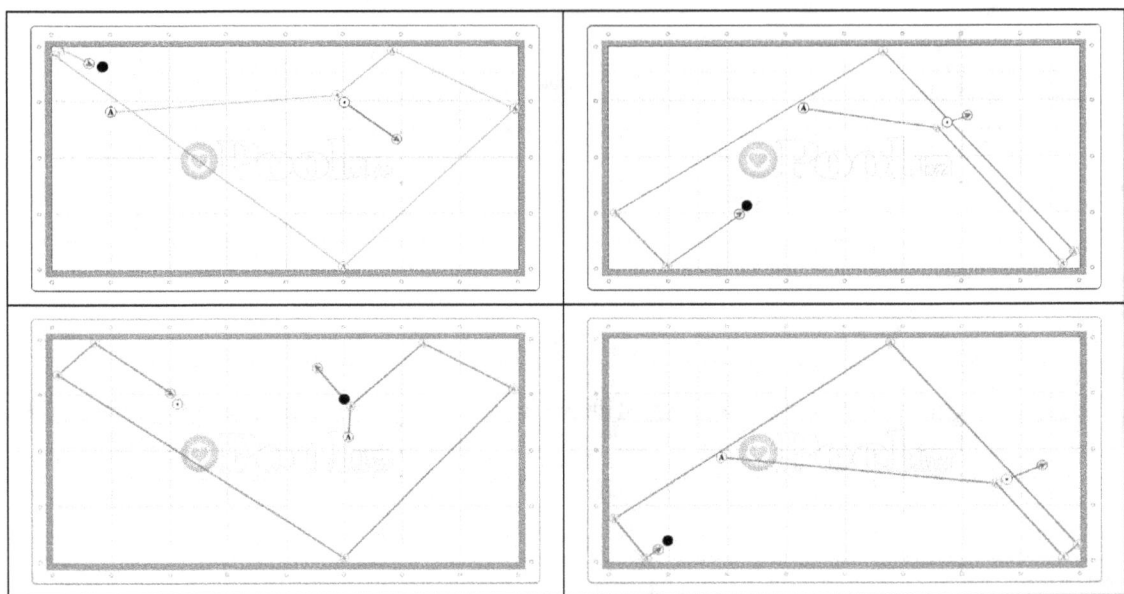

**Analysis:**

H:1a. _____

H:1b. _____

H:1c. _____

H:1d. _____

## H:1a – Setup

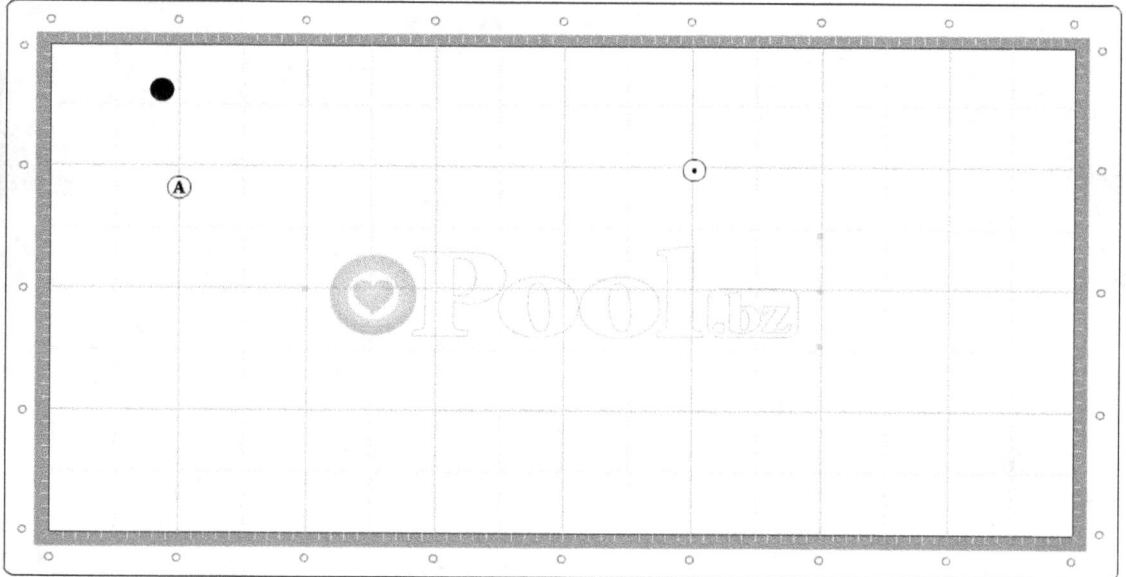

## Shot Pattern

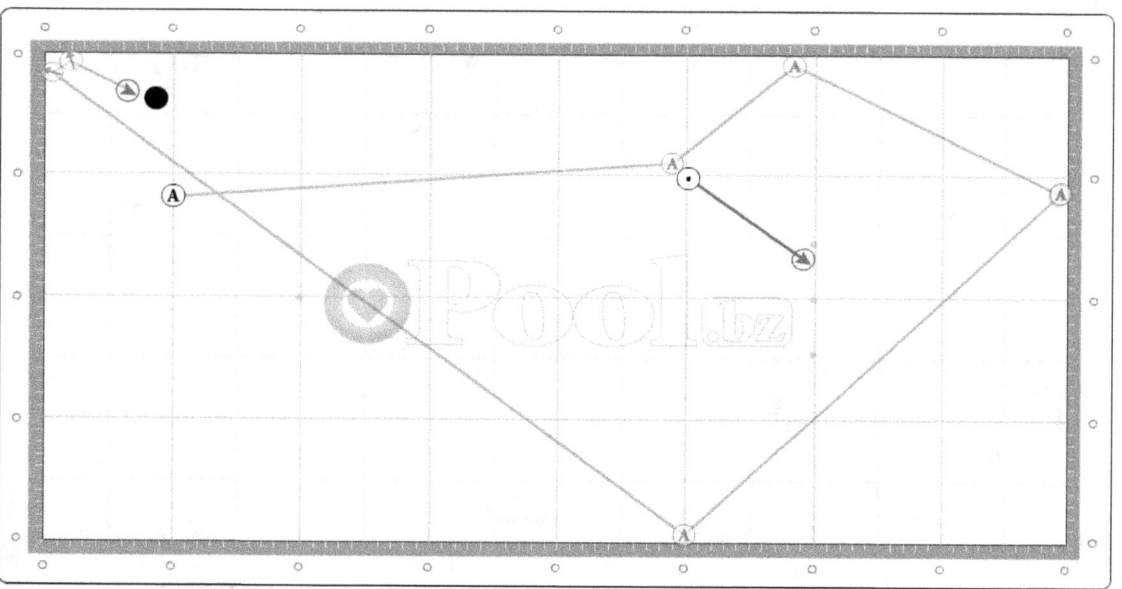

## H:1b – Setup

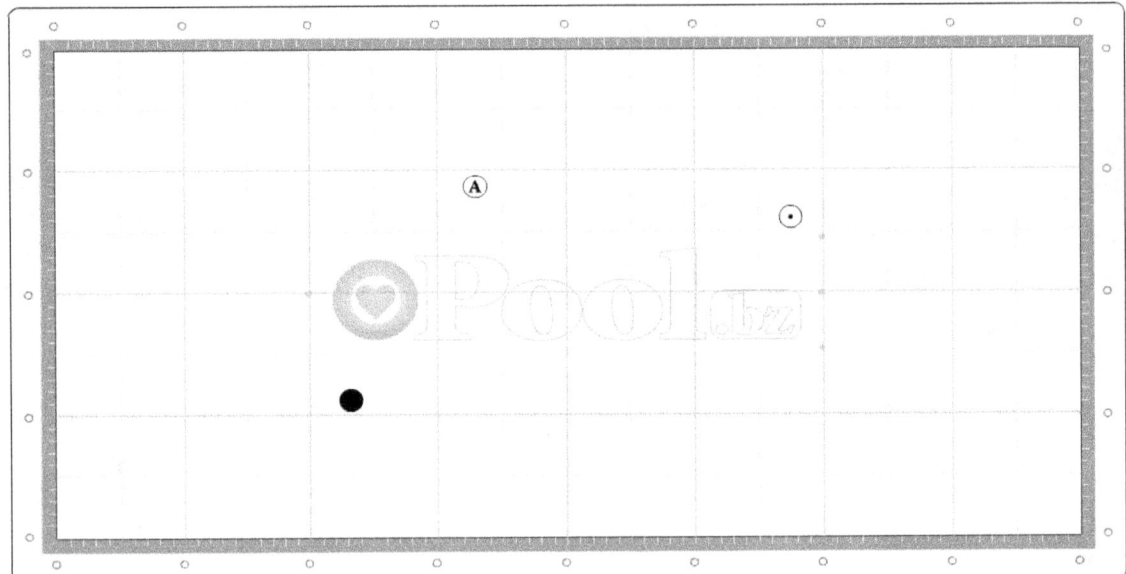

## Shot Pattern

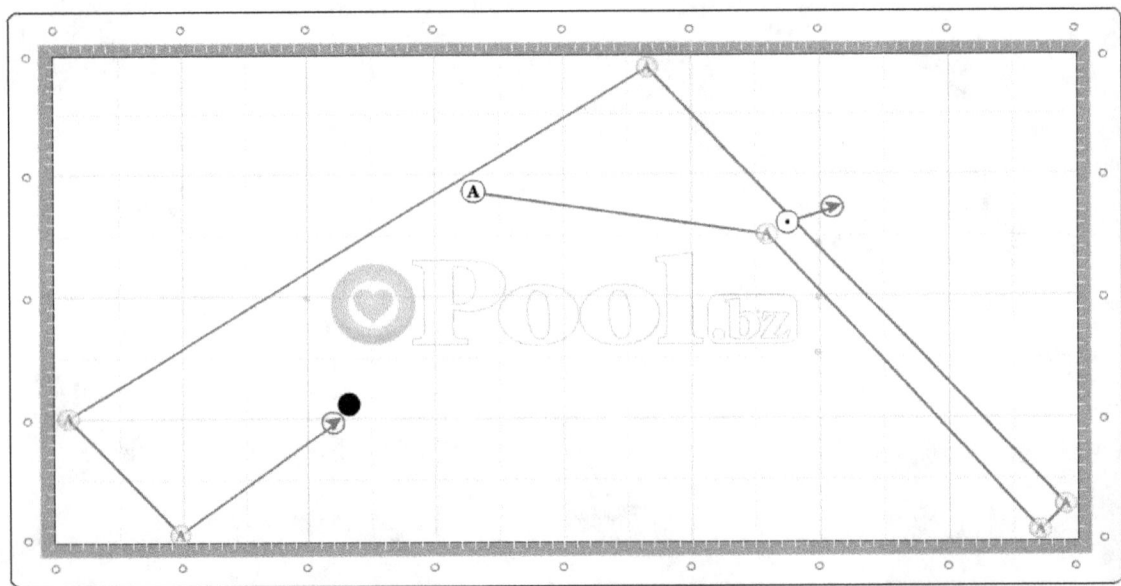

## H:1c – Setup

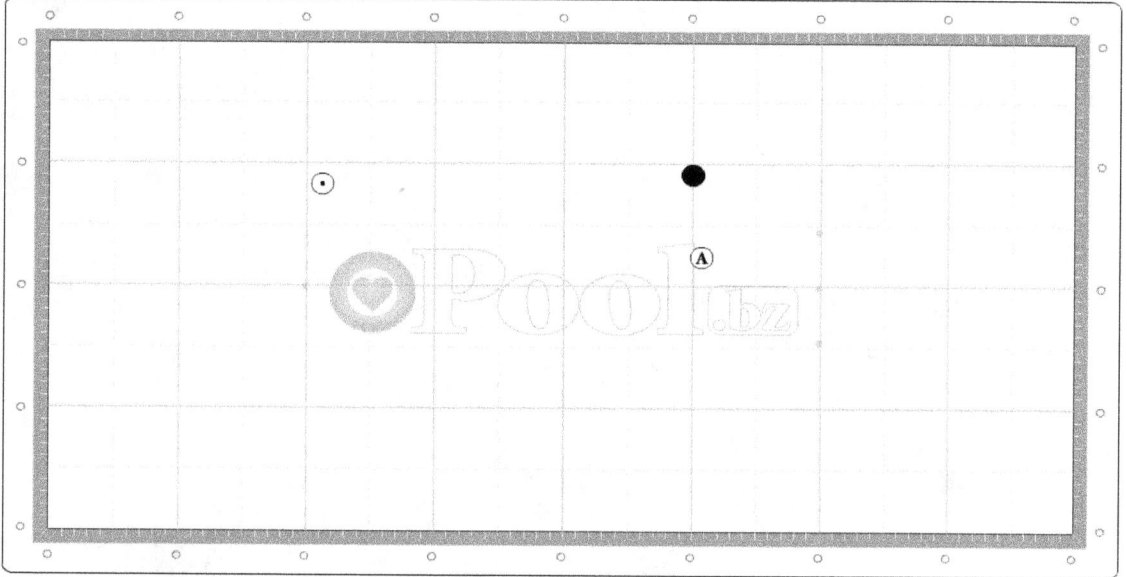

## Shot Pattern

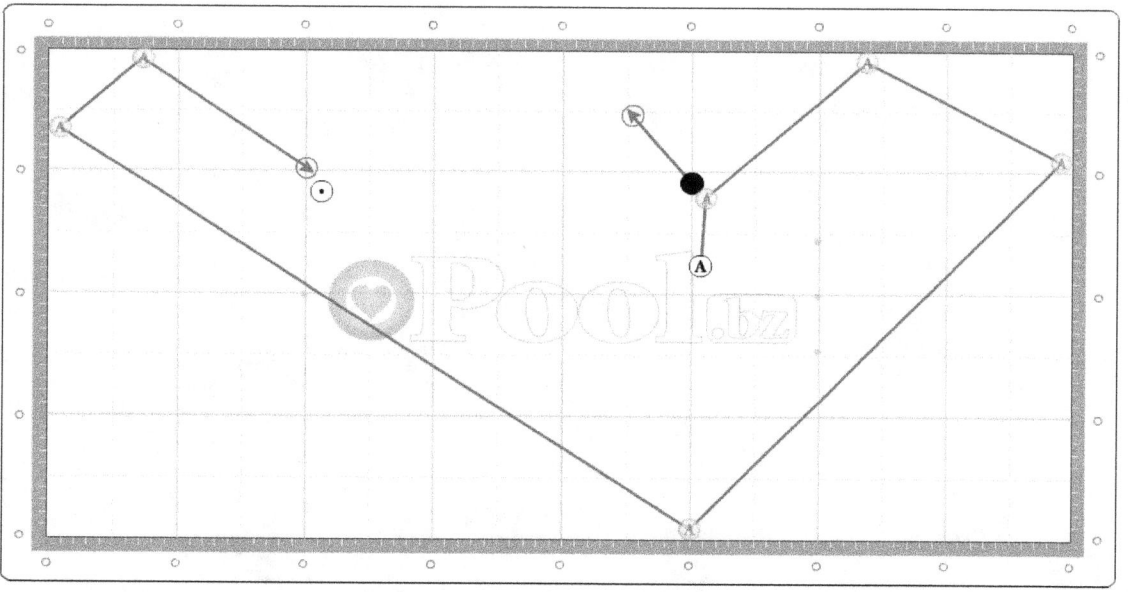

## H:1d – Setup

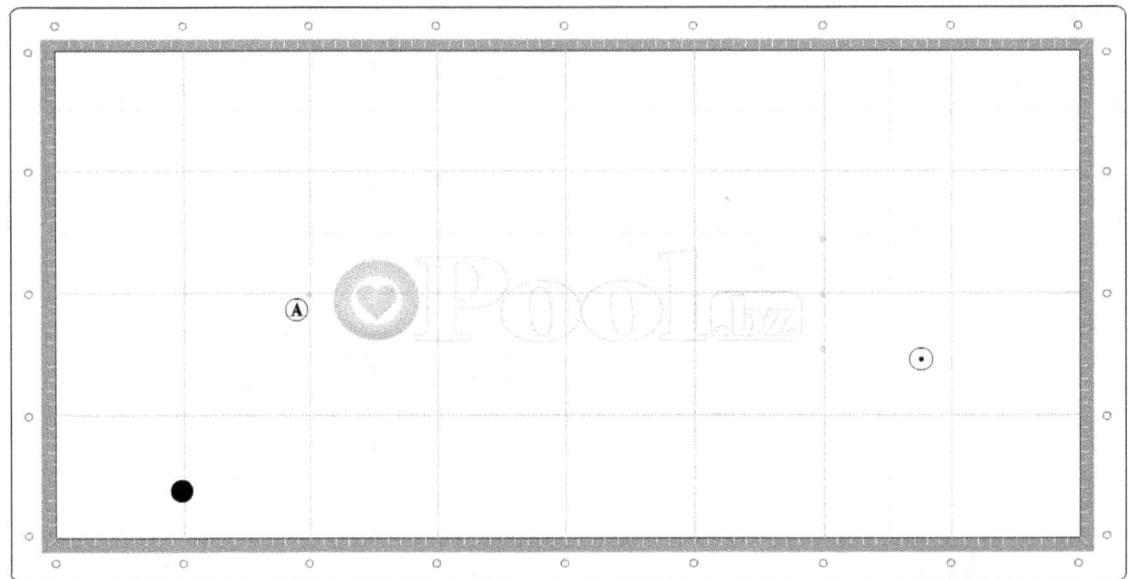

## Shot Pattern

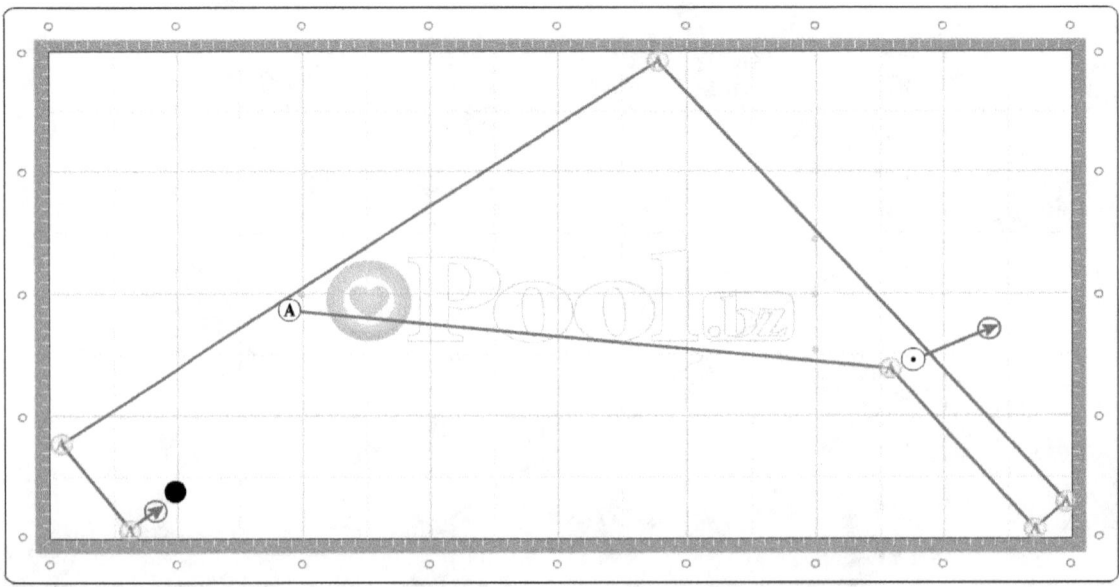

# H: Group 2

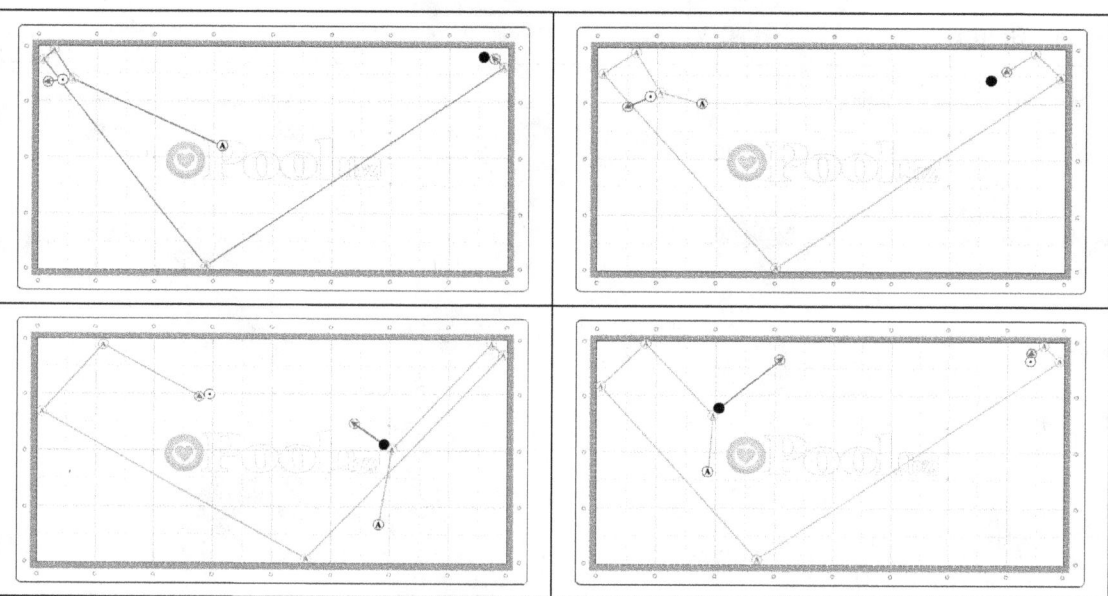

**Analysis:**

H:2a. _____

H:2b. _____

H:2c. _____

H:2d. _____

## H:2a – Setup

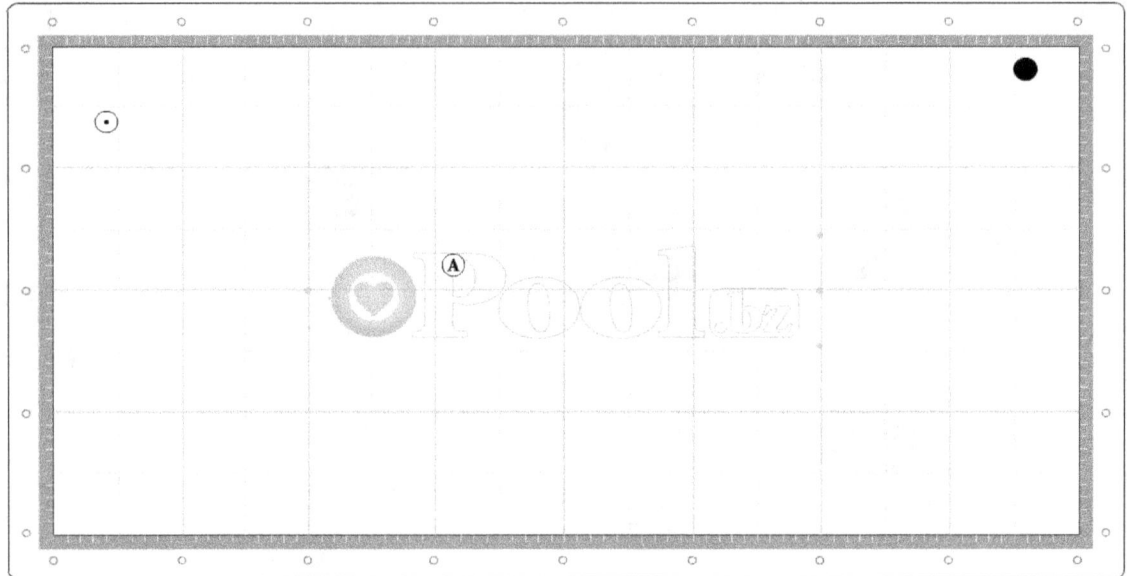

## Shot Pattern

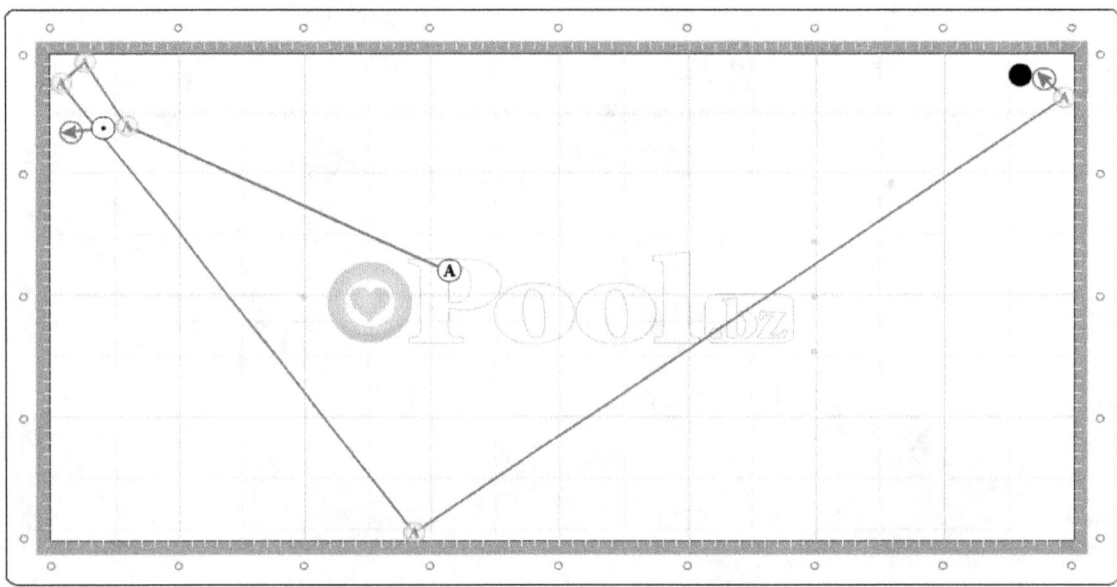

## H:2b – Setup

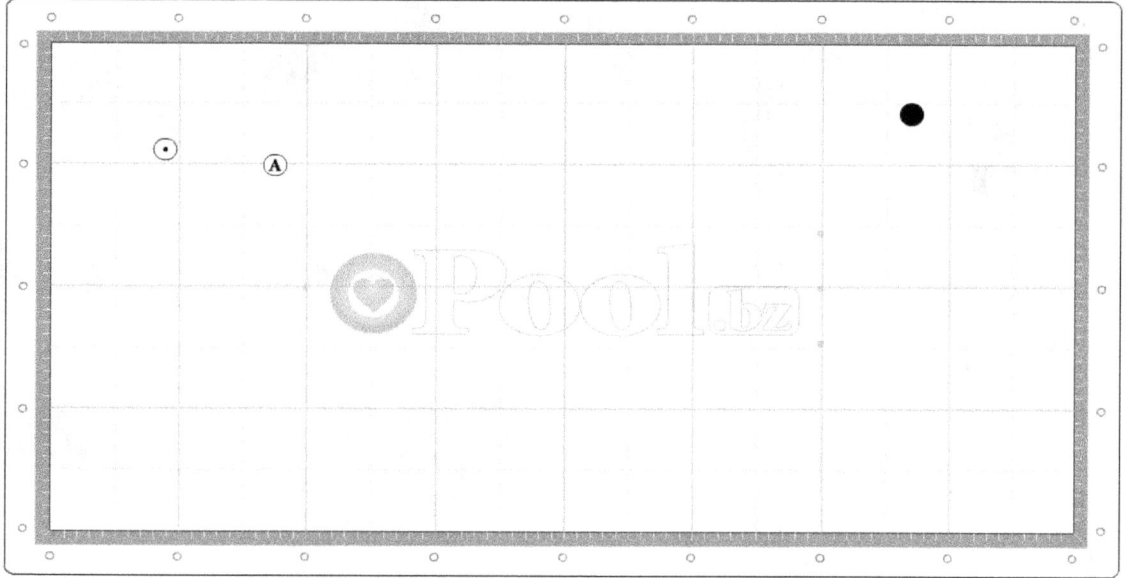

## Shot Pattern

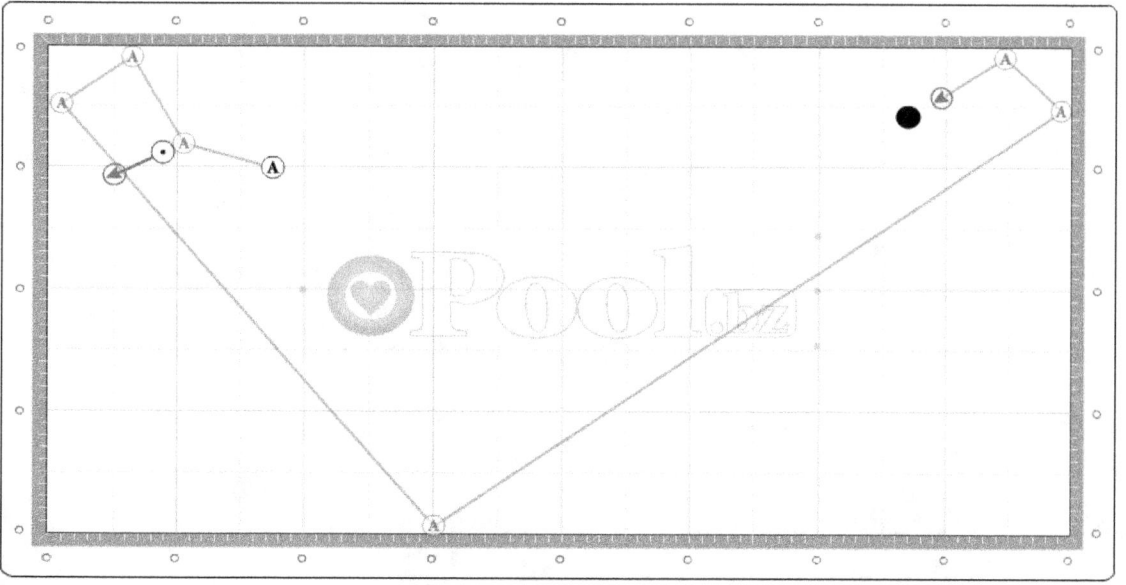

**H:2c – Setup**

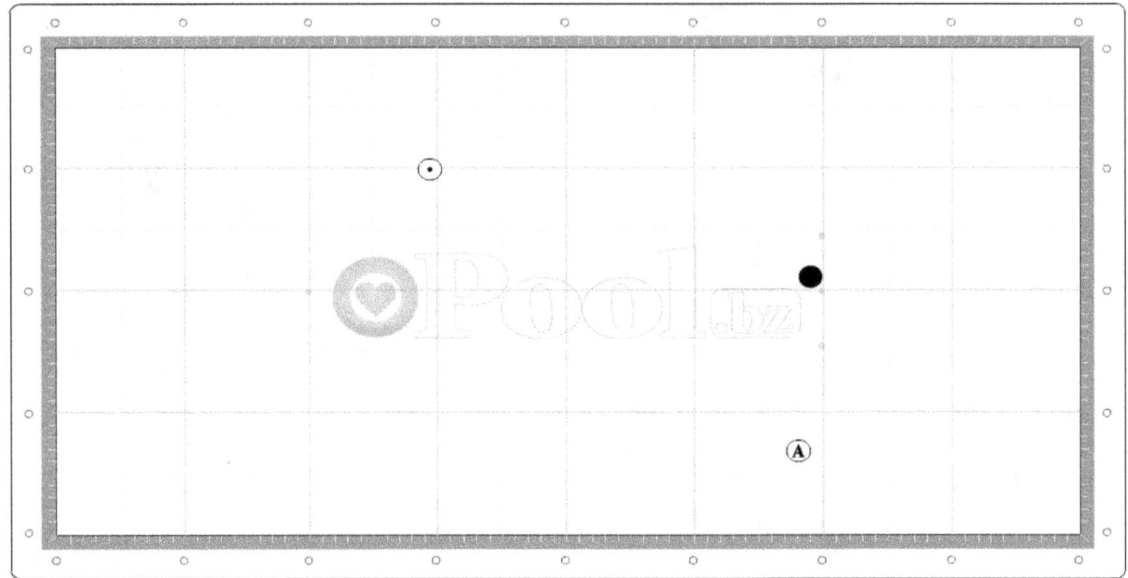

**Shot Pattern**

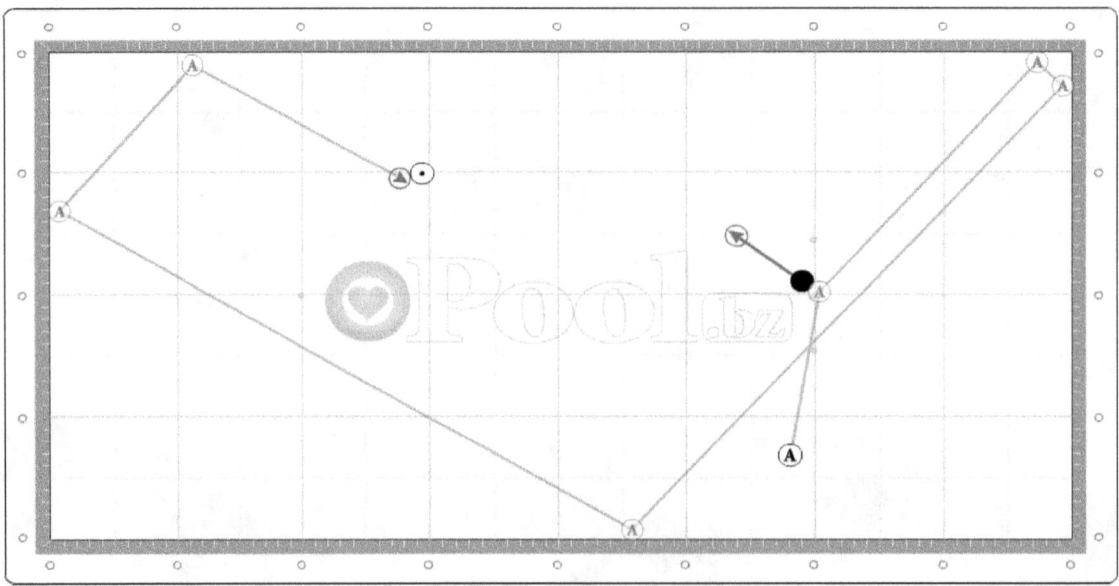

## H:2d – Setup

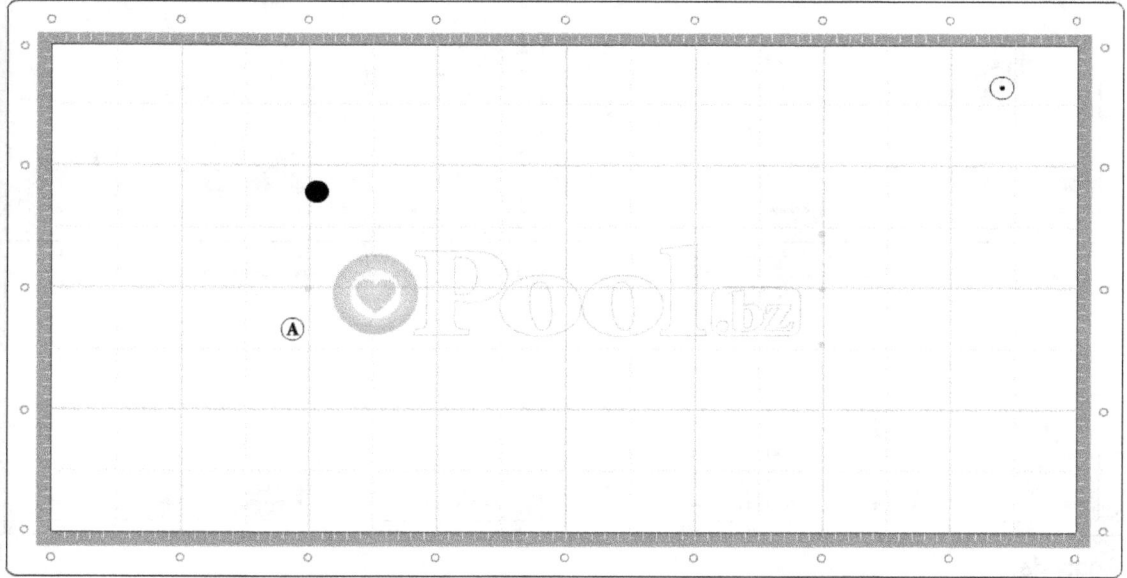

## Shot Pattern

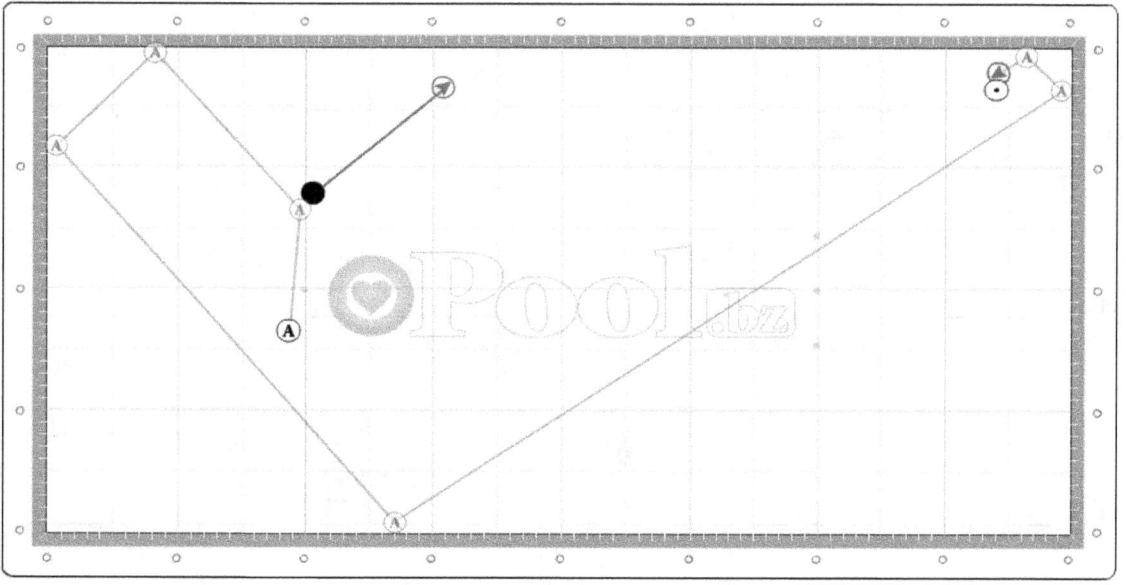

# H: Group 3

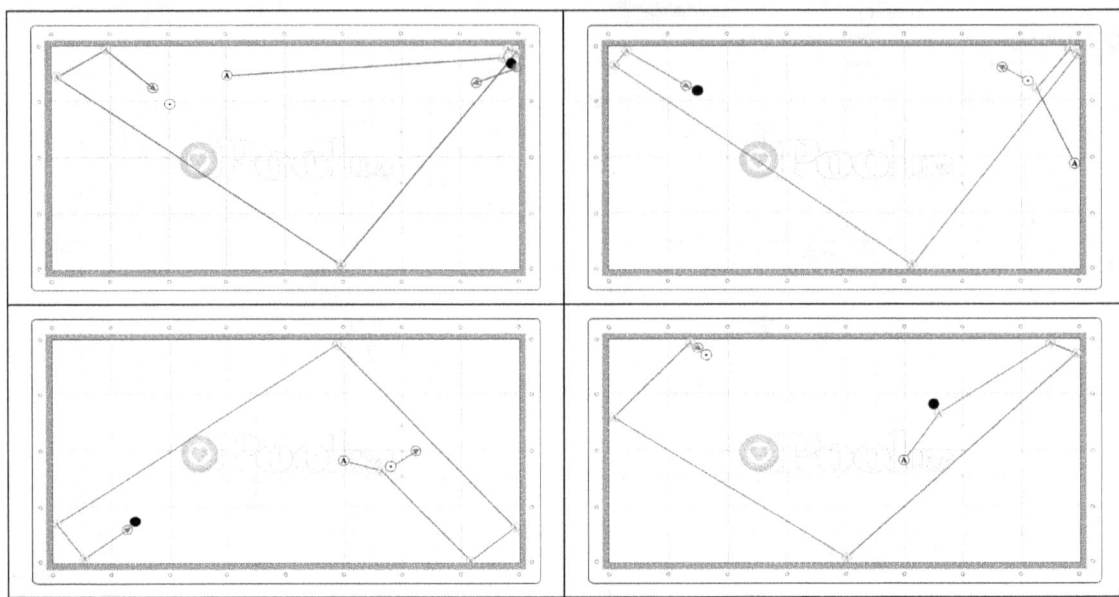

**Analysis**:

H:3a. _____


H:3b. _____


H:3c. _____


H:3d. _____

## H:3a – Setup

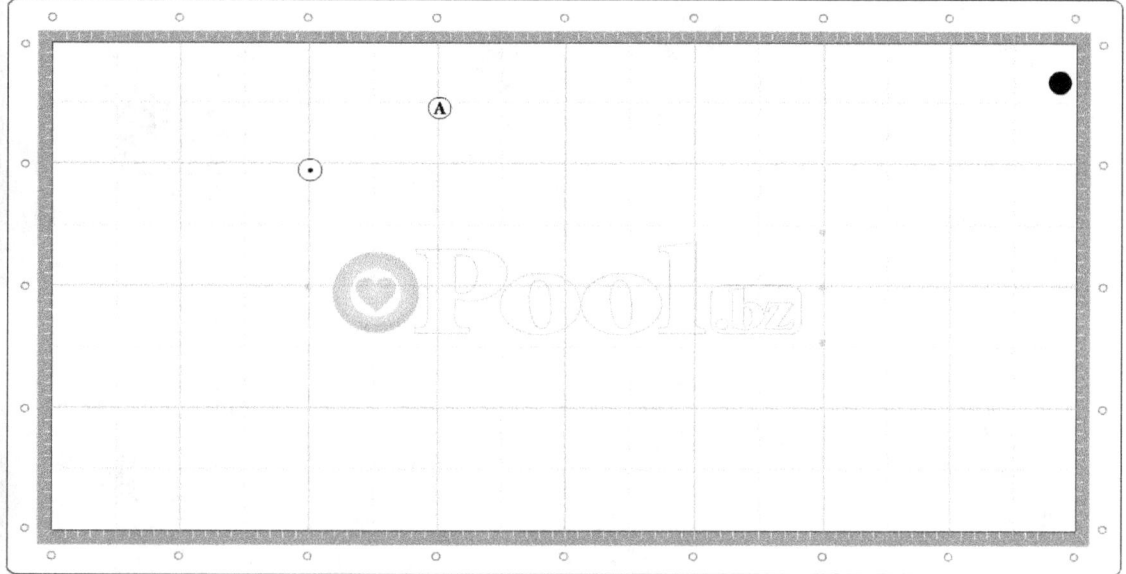

## Shot Pattern

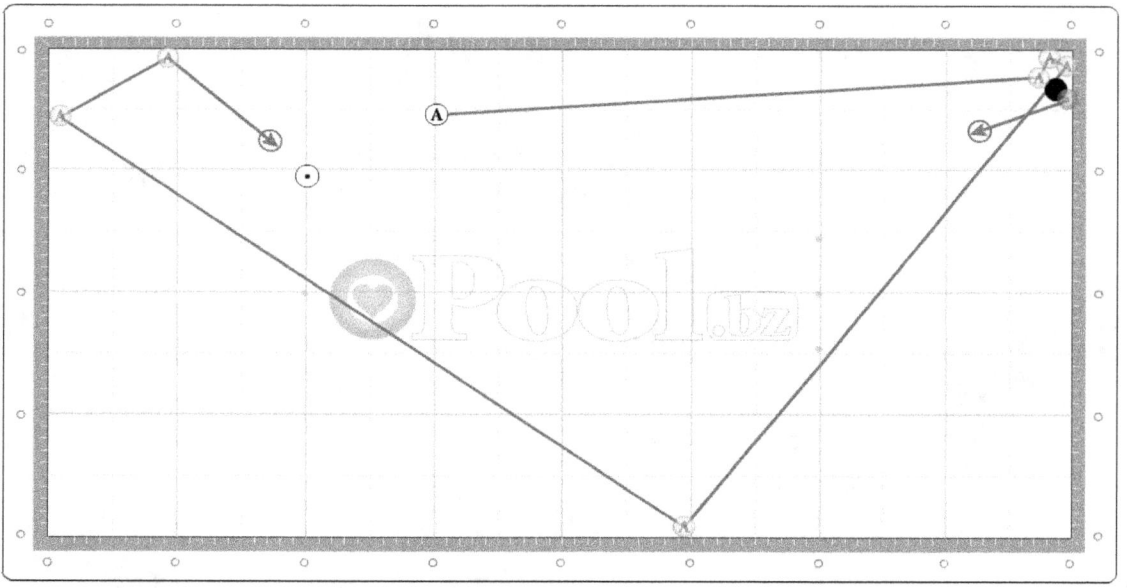

## H:3b – Setup

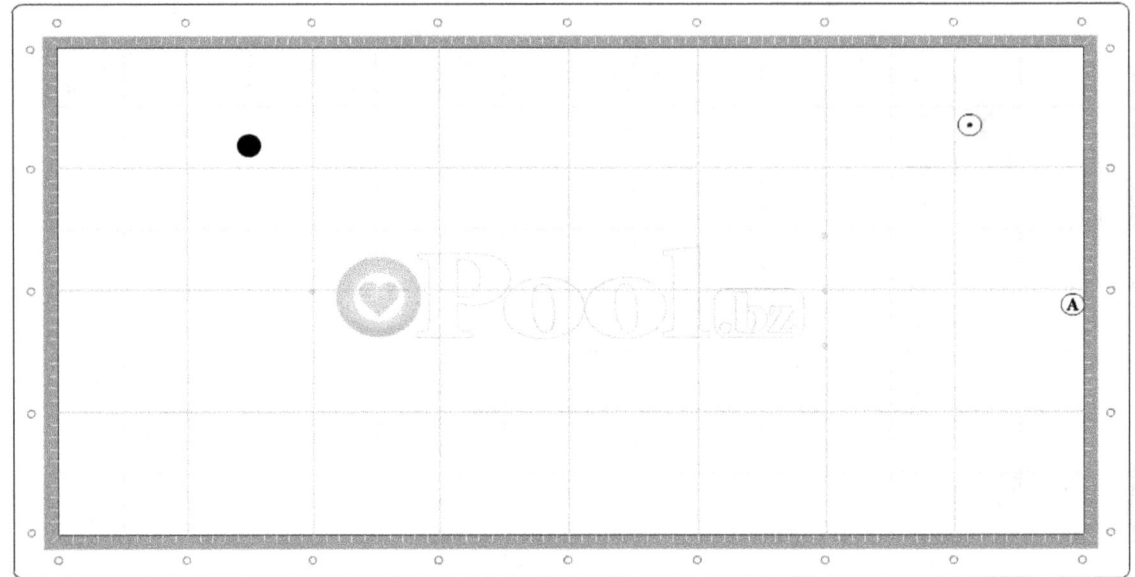

## Shot Pattern

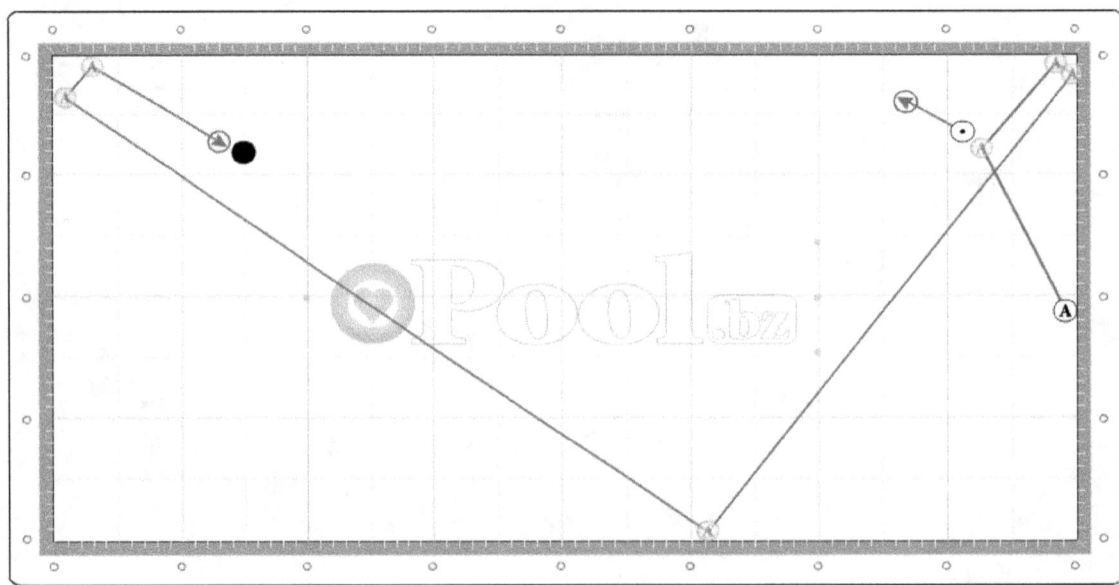

## H:3c – Setup

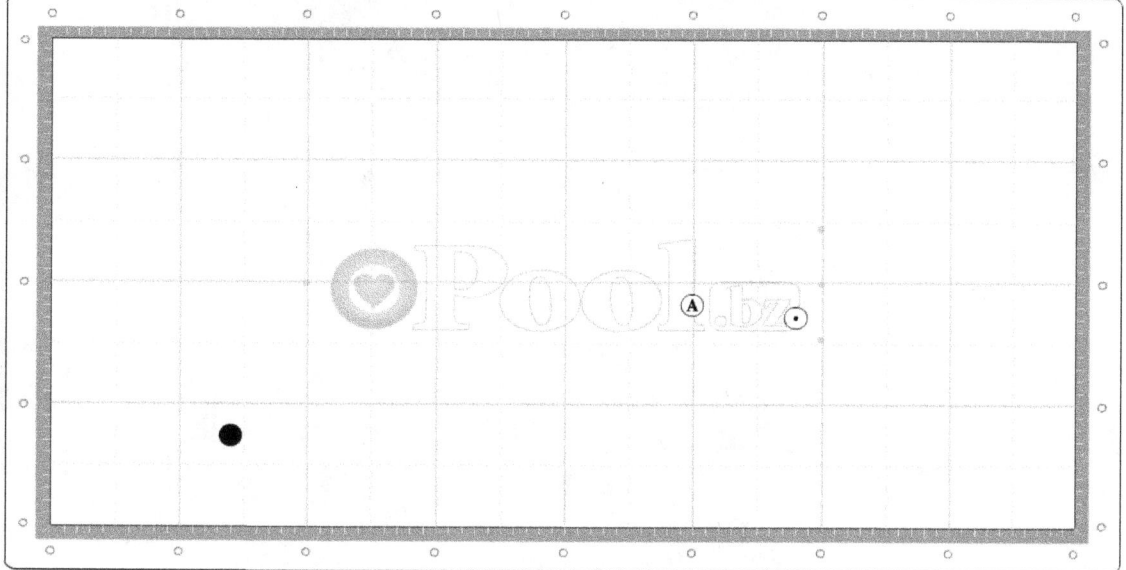

## Shot Pattern

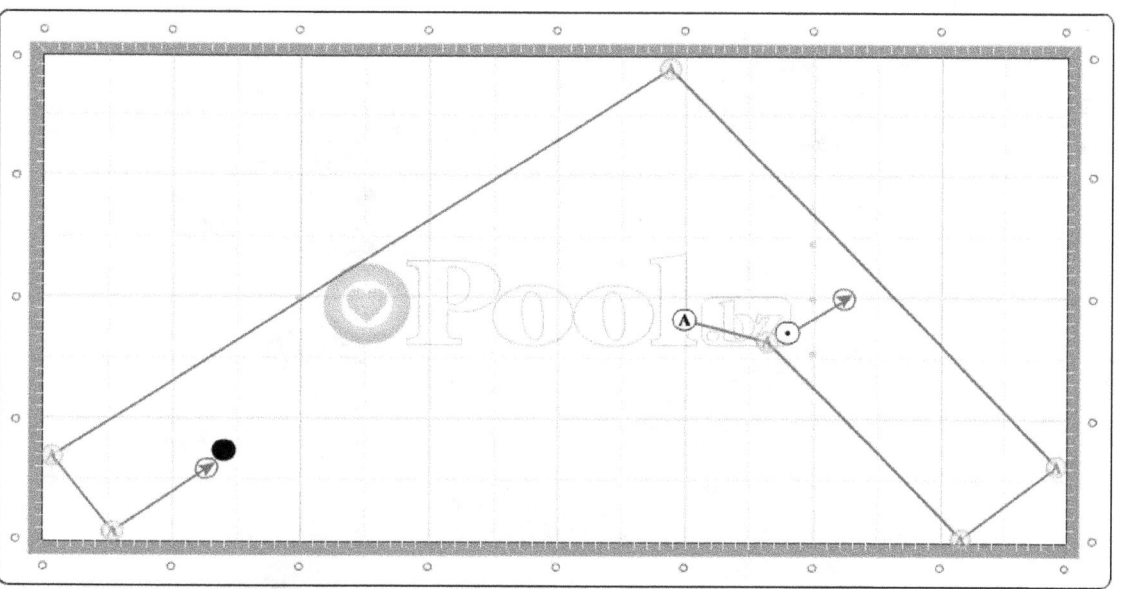

## H:3d – Setup

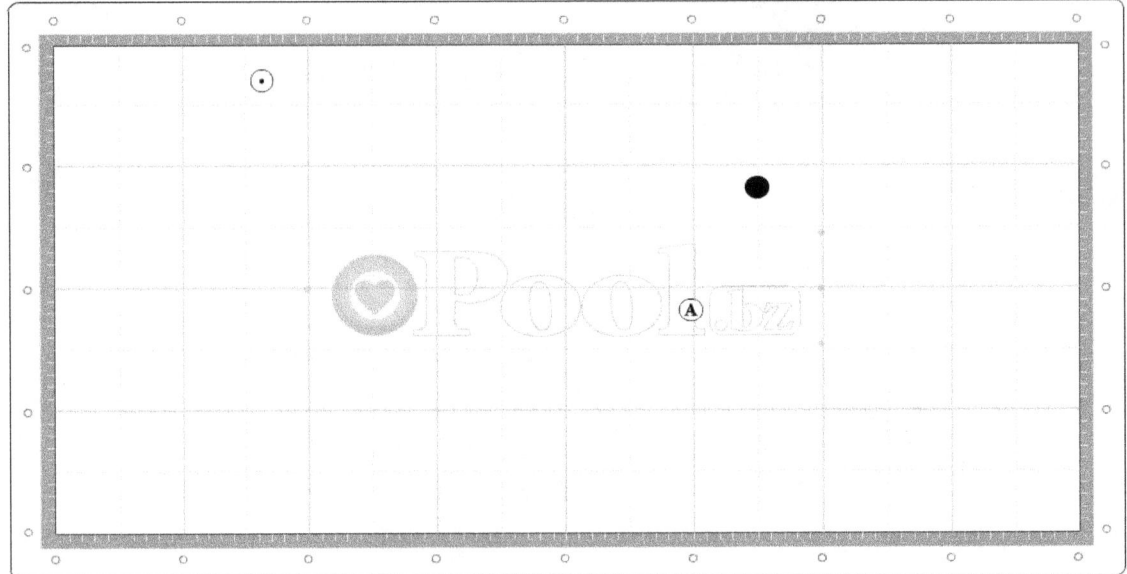

## Shot Pattern

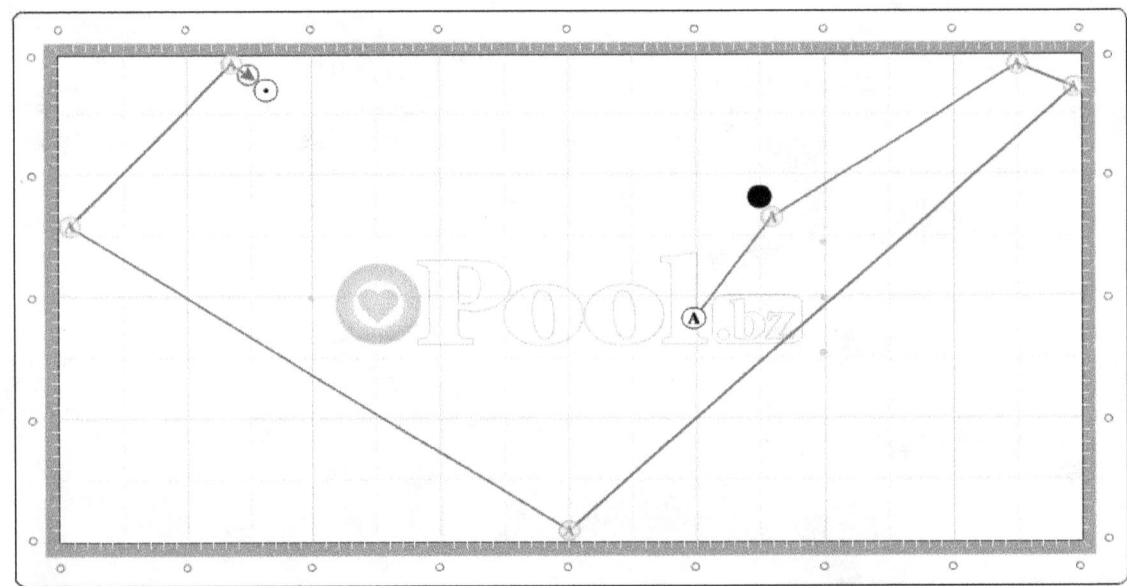

# I: Double-Hooks (extended)

On these over-the-hill patterns, the CB comes off the first OB into the corner. It follows the long rail/short rail path back into the middle of the opposite long rail. On the downhill slope of these shots, the CB goes in and out of the opposite corner – a five-cushion shot. More table has to be covered to make these shots work.

## I: Group 1

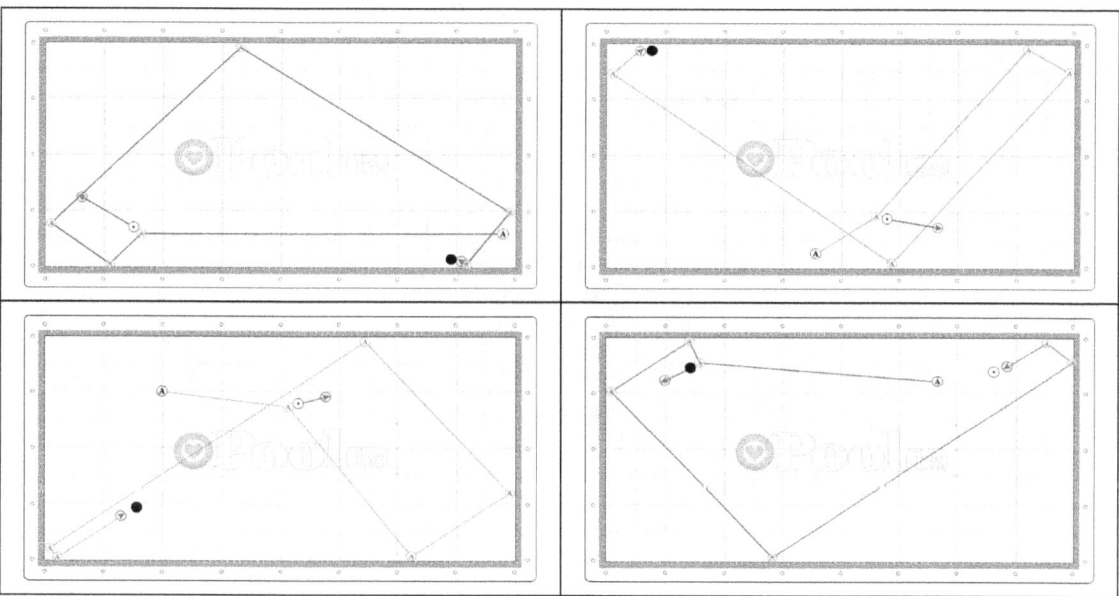

**Analysis**:

I:1a. _____

I:1b. _____

I:1c. _____

I:1d. _____

## I:1a – Setup

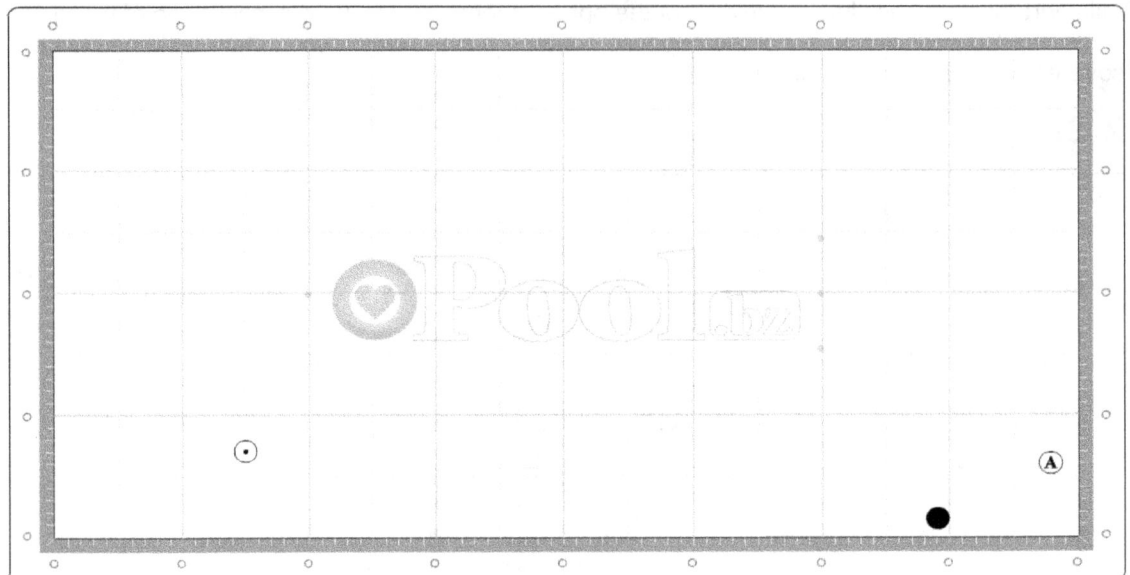

## Shot Pattern

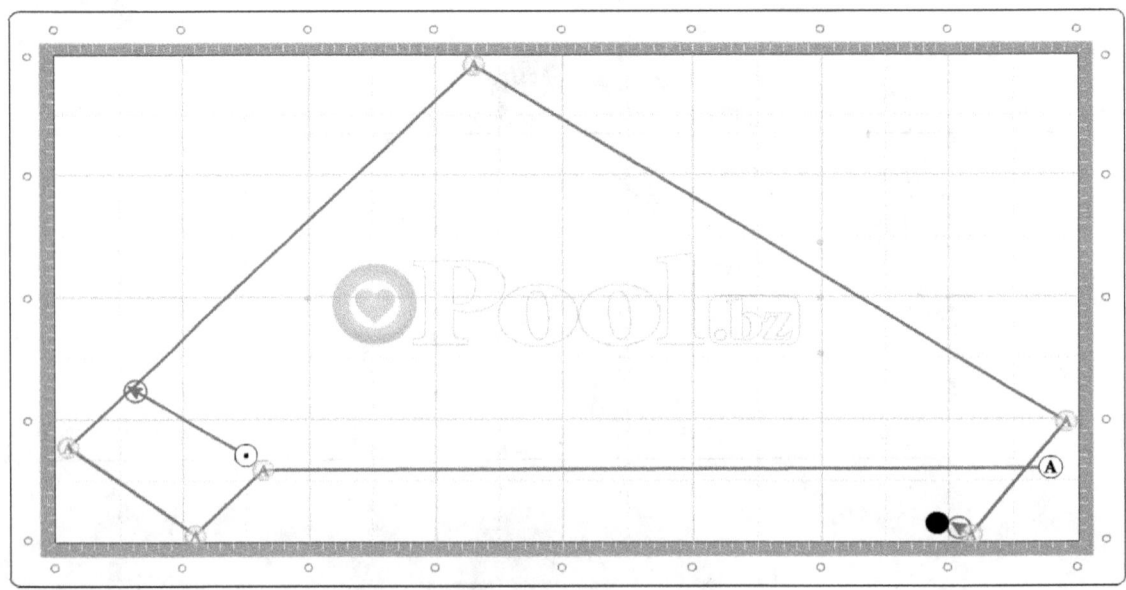

## I:1b – Setup

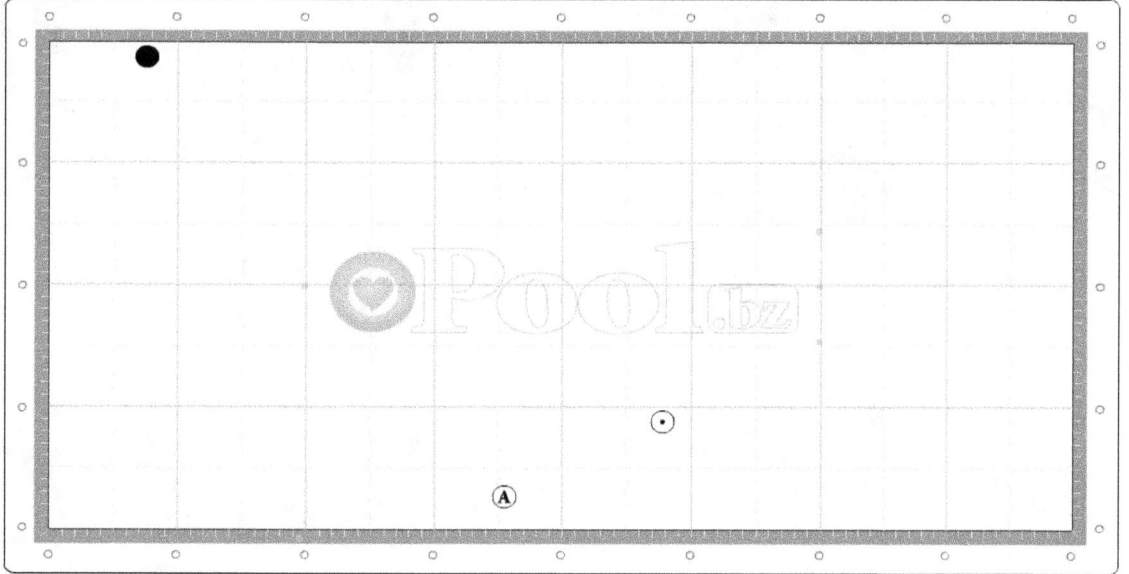

## Shot Pattern

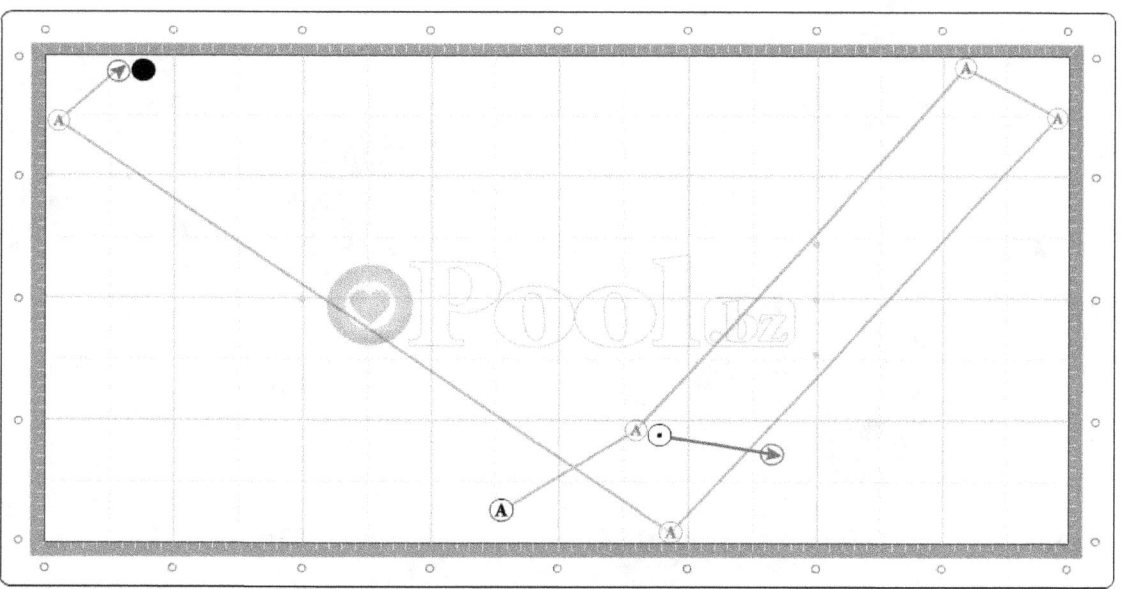

## I:1c – Setup

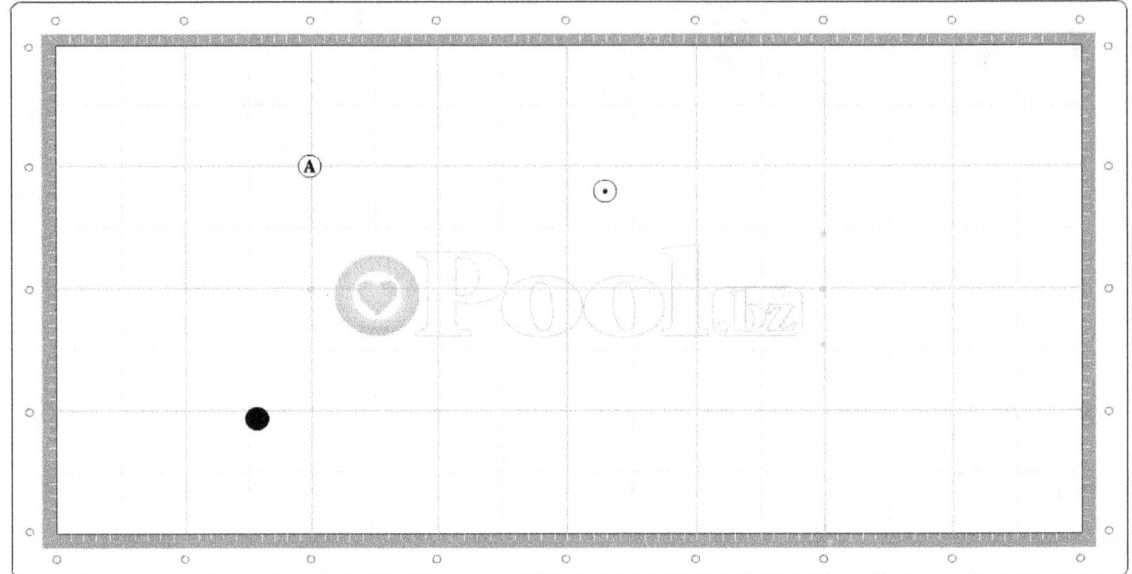

## Shot Pattern

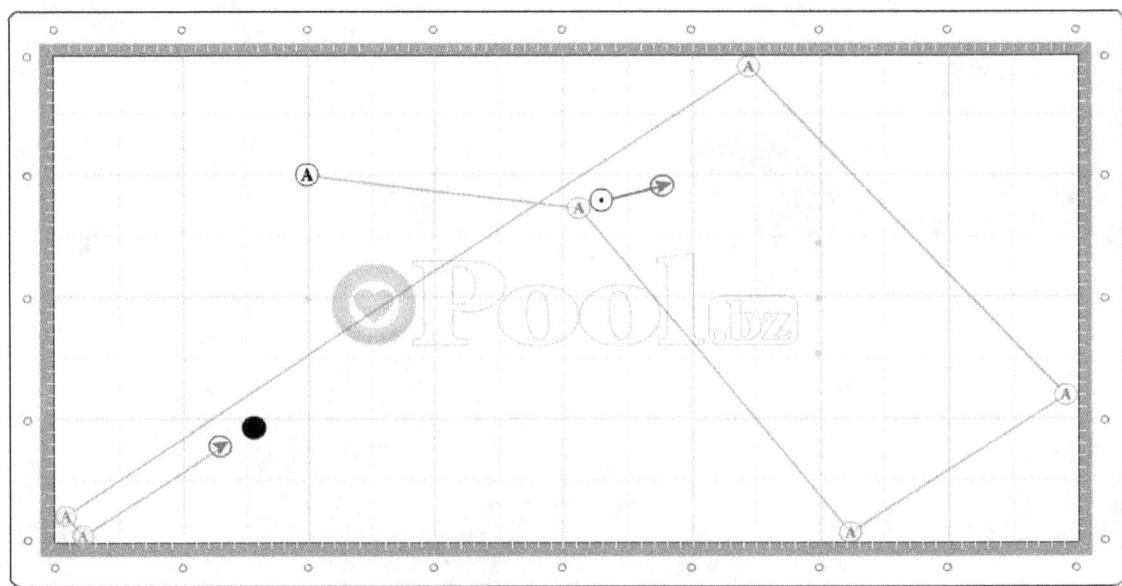

## I:1d – Setup

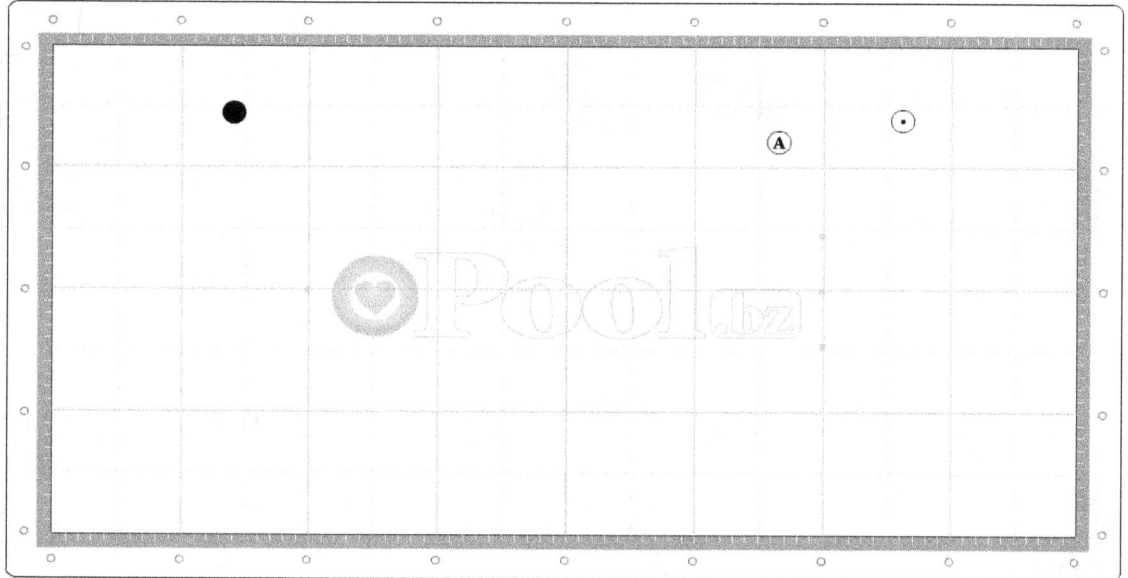

## Shot Pattern

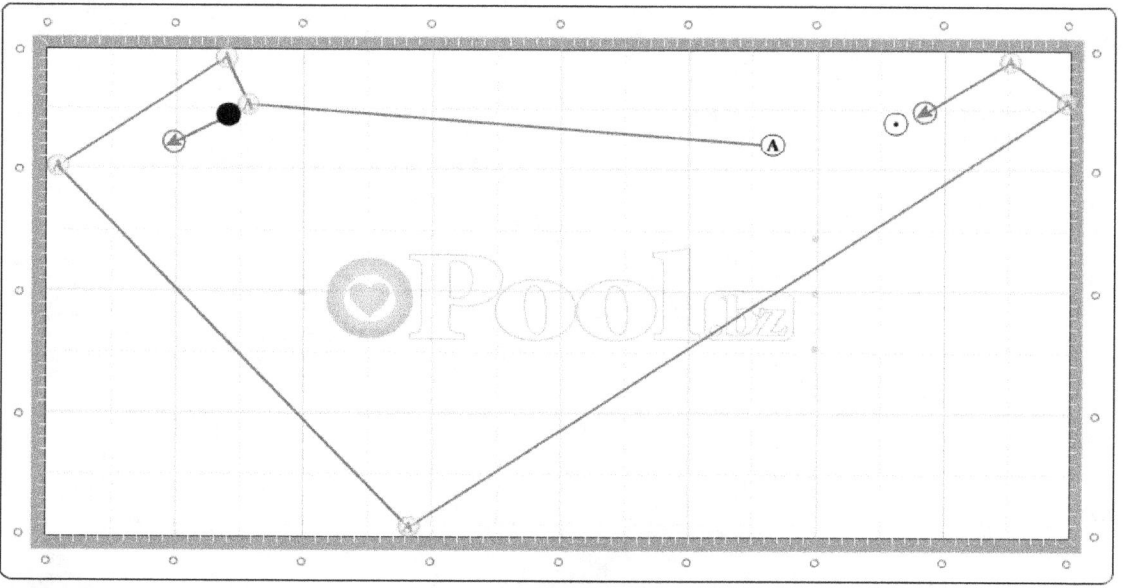

# I: Group 2

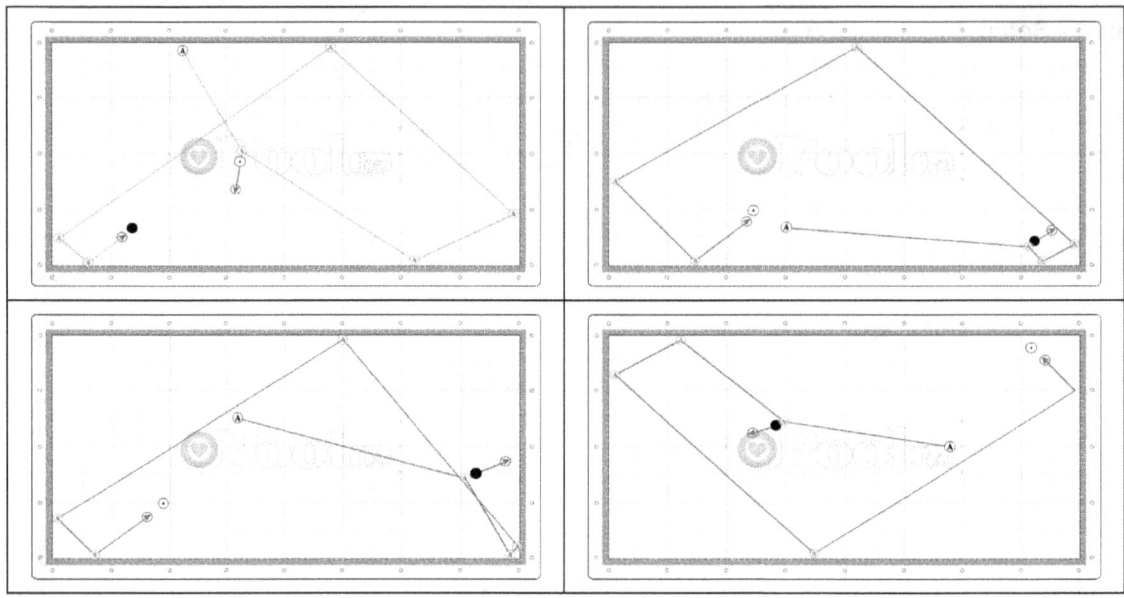

**Analysis**:

I:2a. _____


I:2b. _____


I:2c. _____


I:2d. _____

## I:2a – Setup

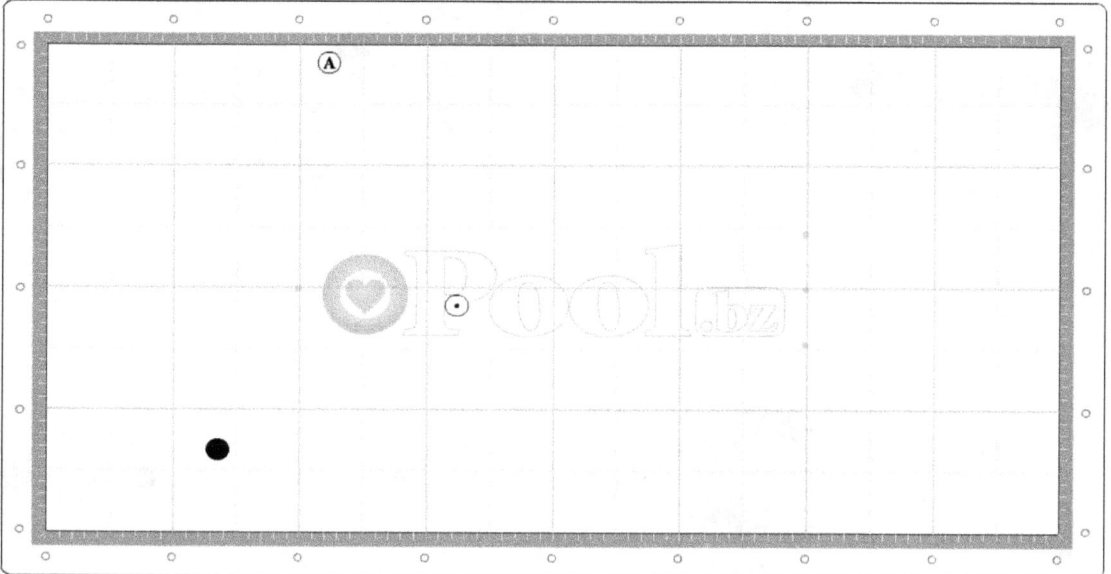

## Shot Pattern

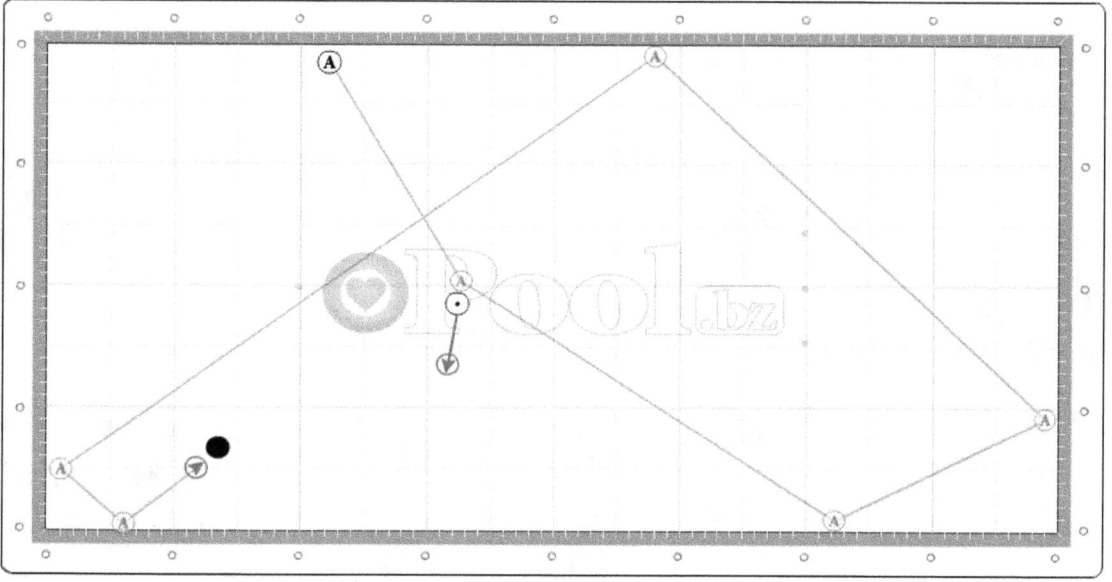

## I:2b – Setup

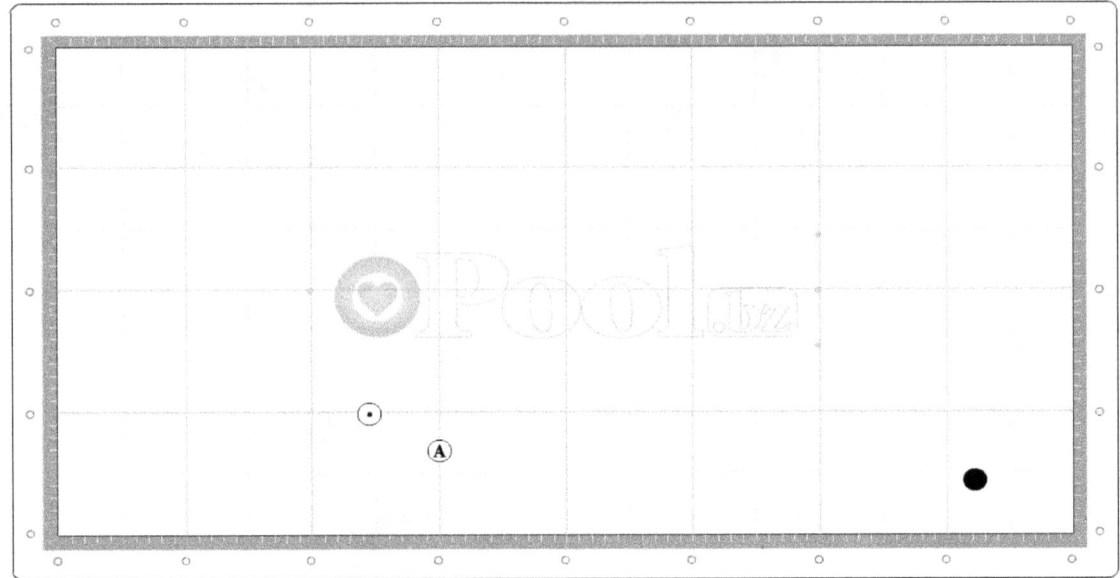

## Shot Pattern

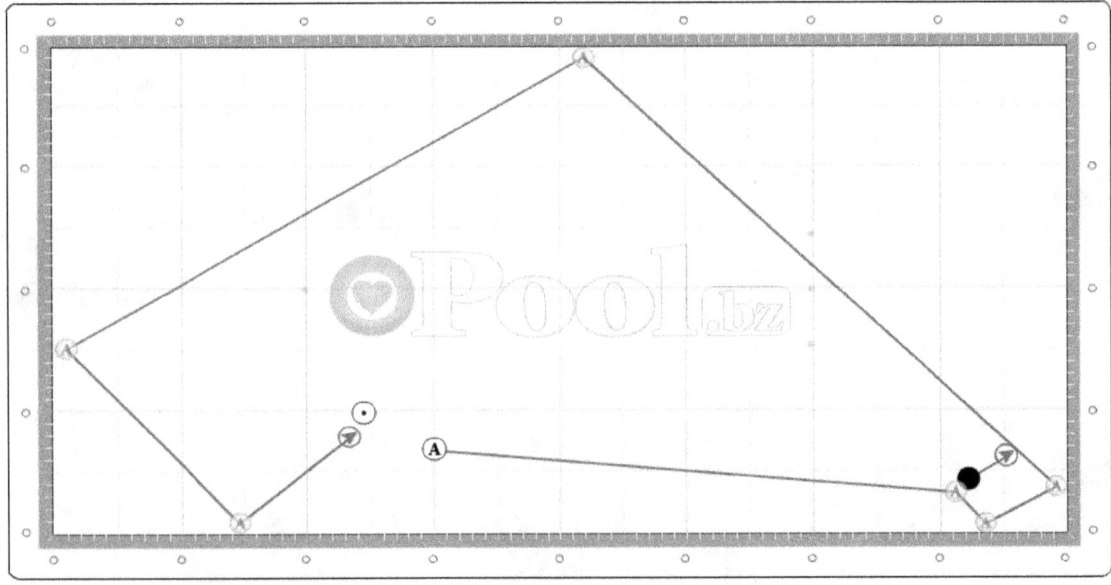

## I:2c – Setup

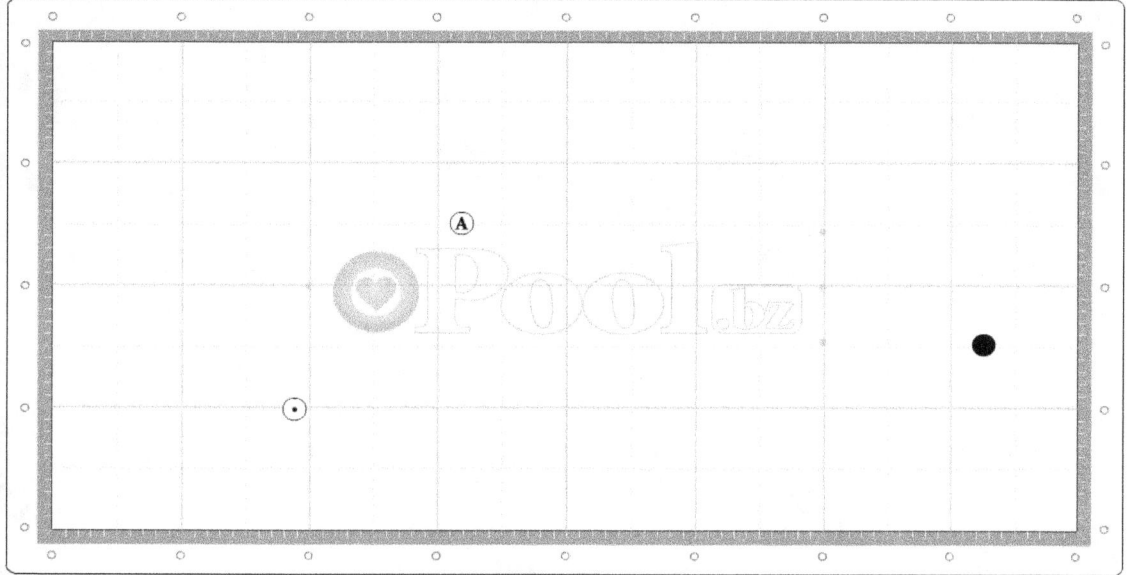

## Shot Pattern

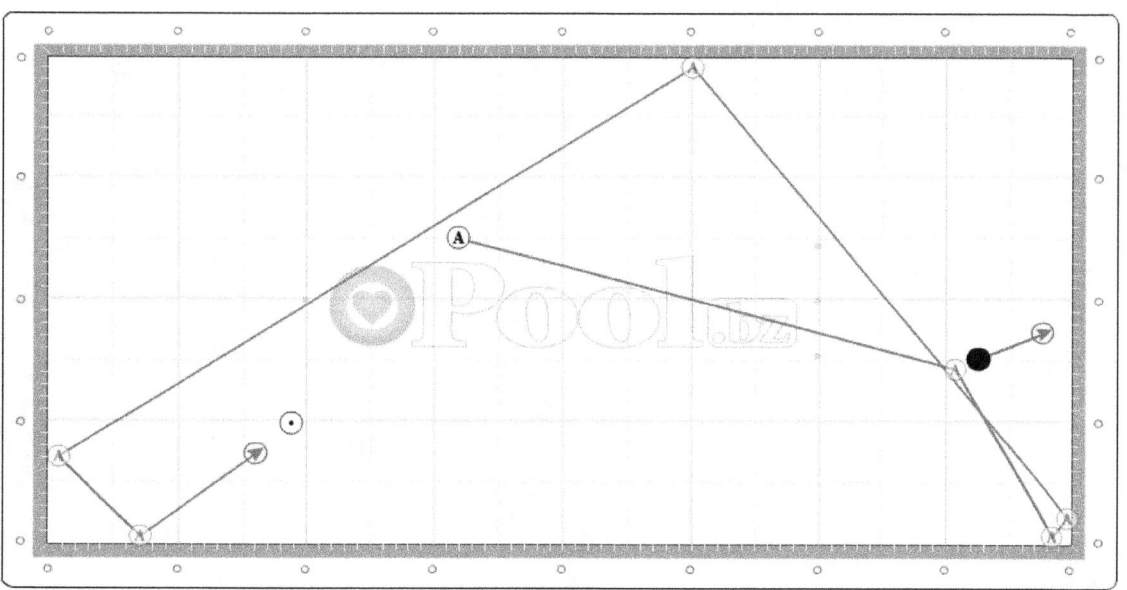

**I:2d – Setup**

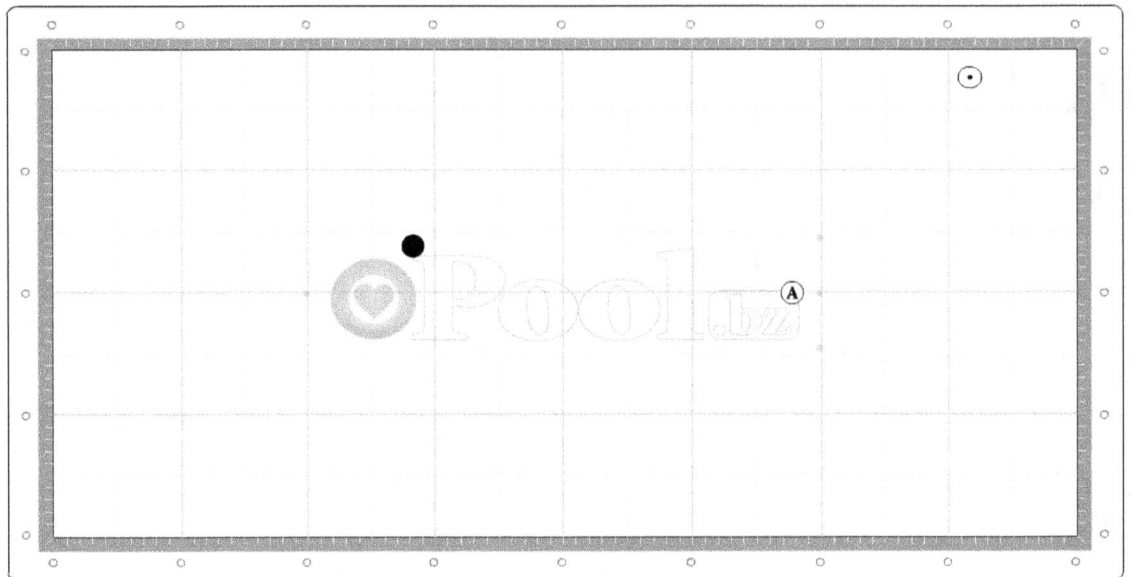

**Shot Pattern**

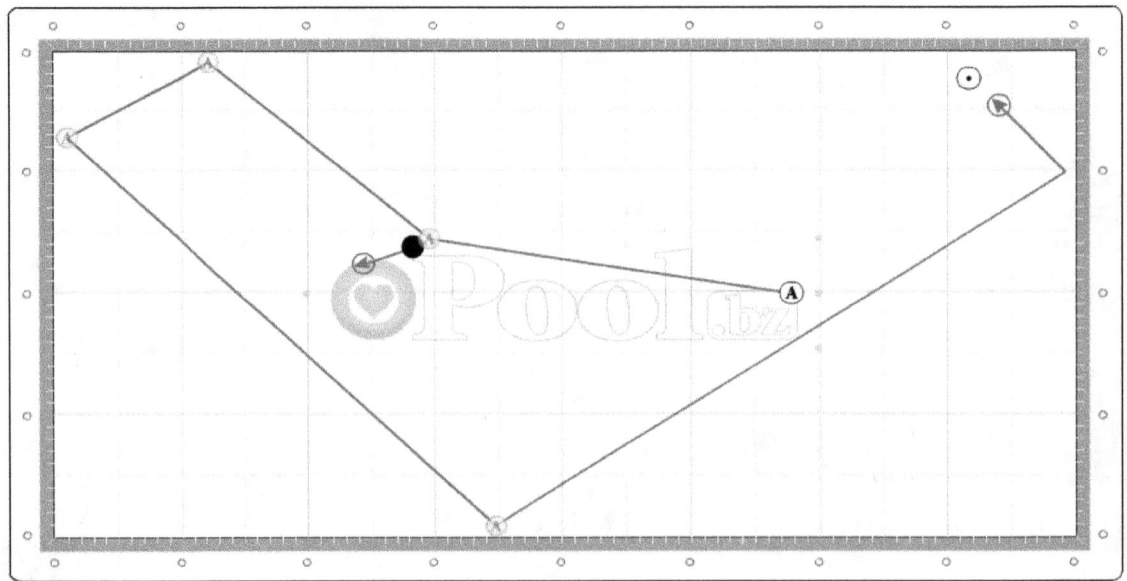

# I: Group 3

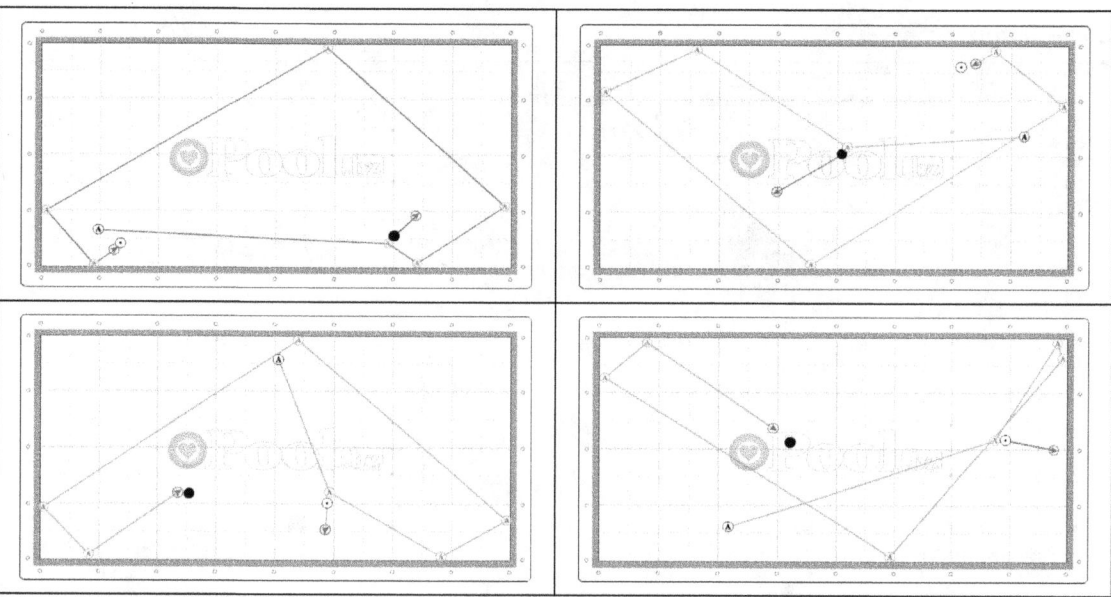

**Analysis:**

I:3a. _____

I:3b. _____

I:3c. _____

I:3d. _____

## I:3a – Setup

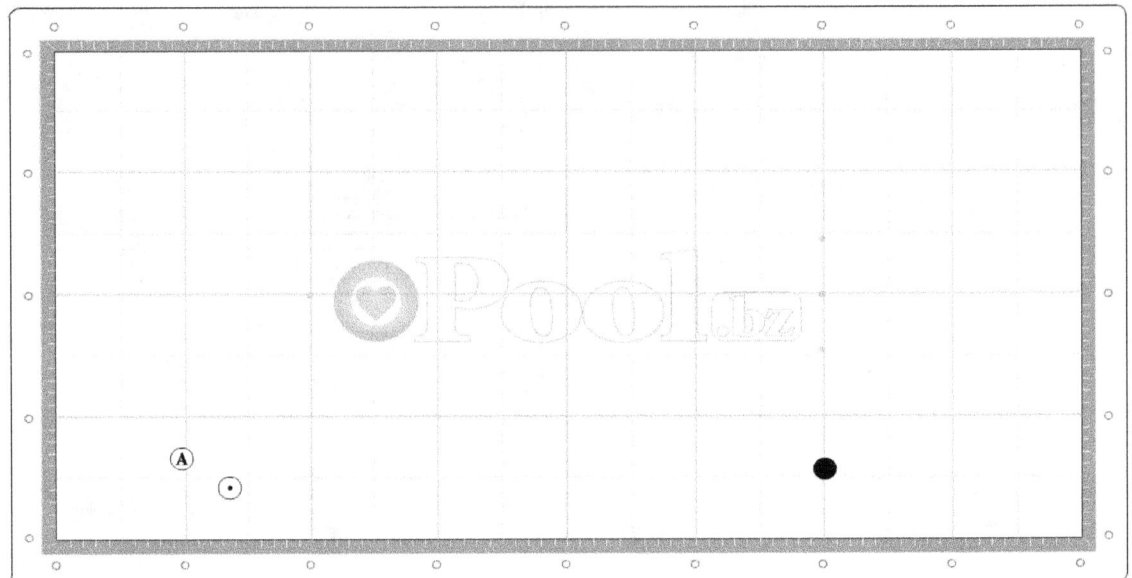

## Shot Pattern

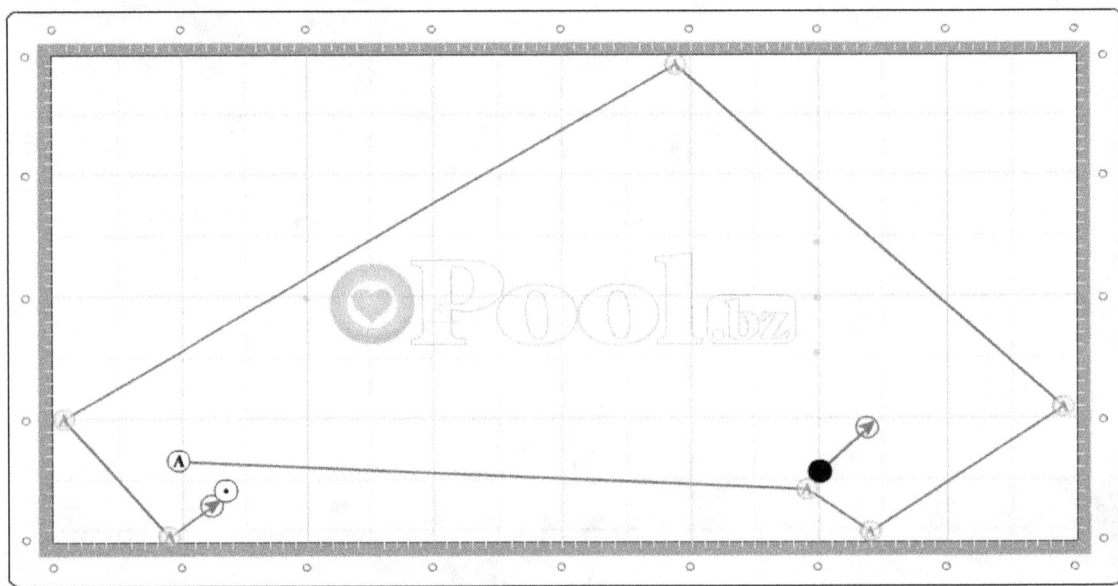

## I:3b – Setup

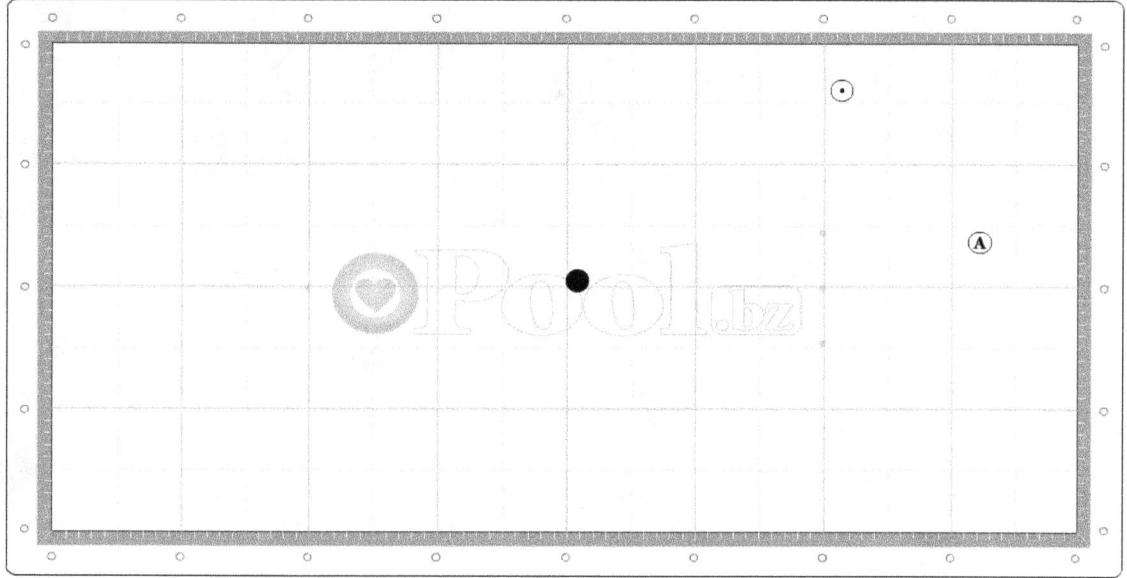

## Shot Pattern

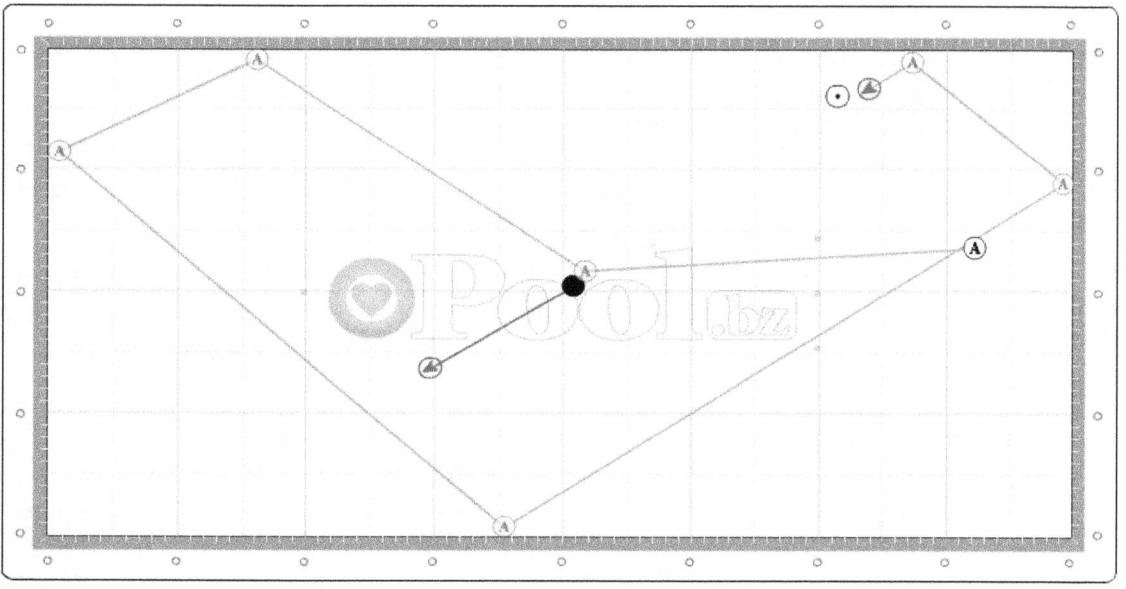

## I:3c – Setup

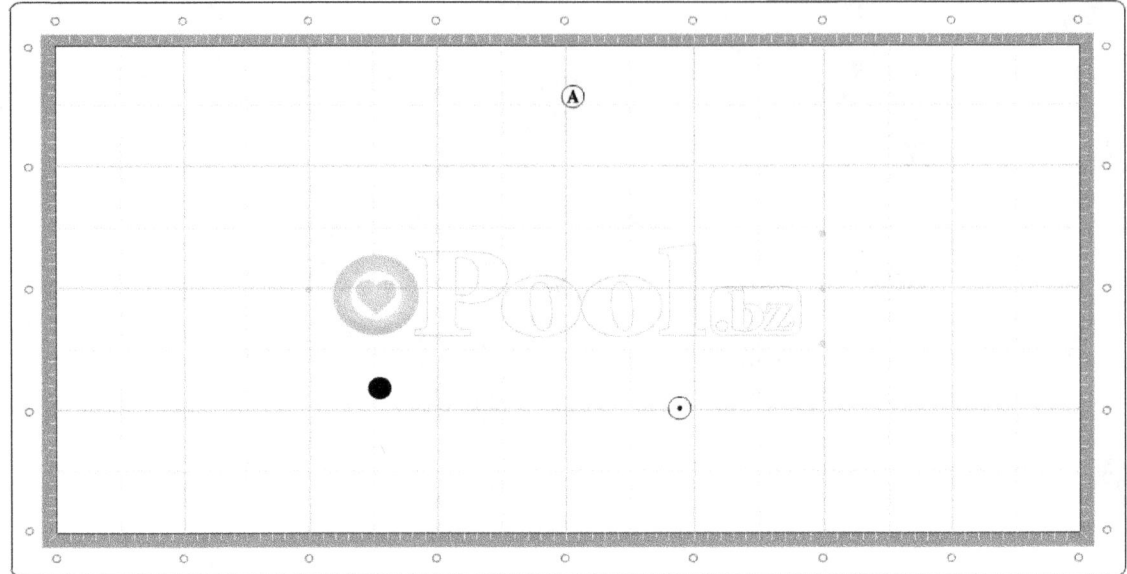

## Shot Pattern

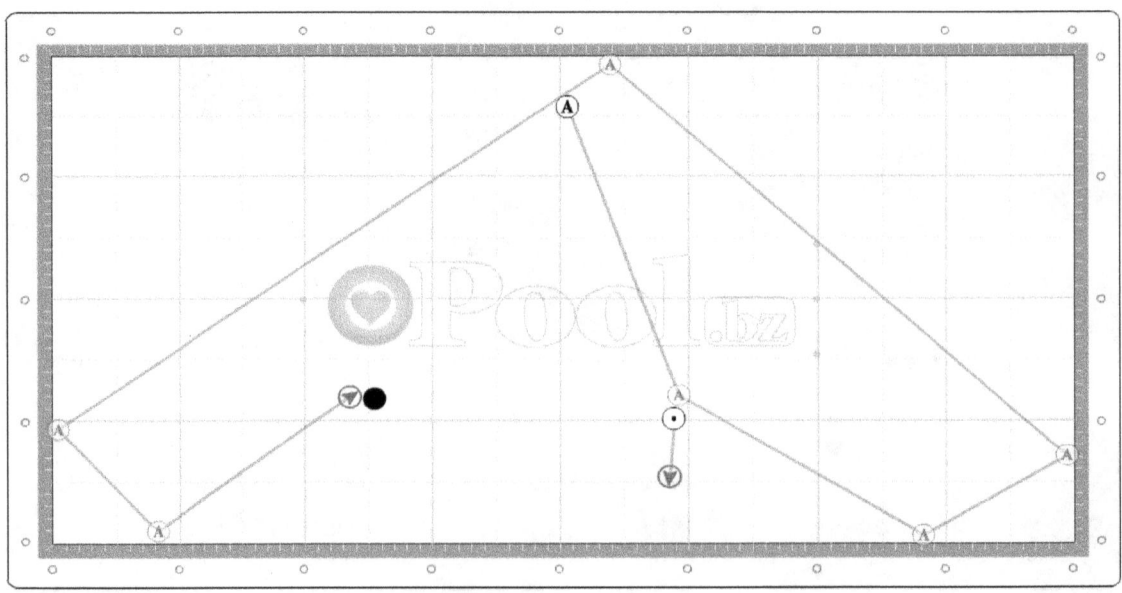

## I:3d – Setup

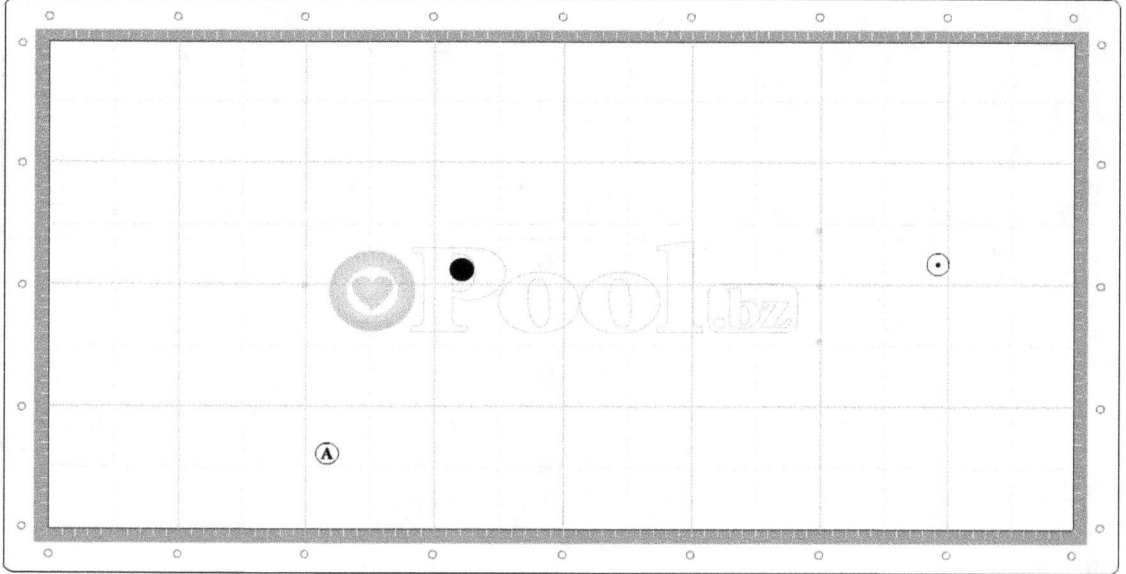

## Shot Pattern

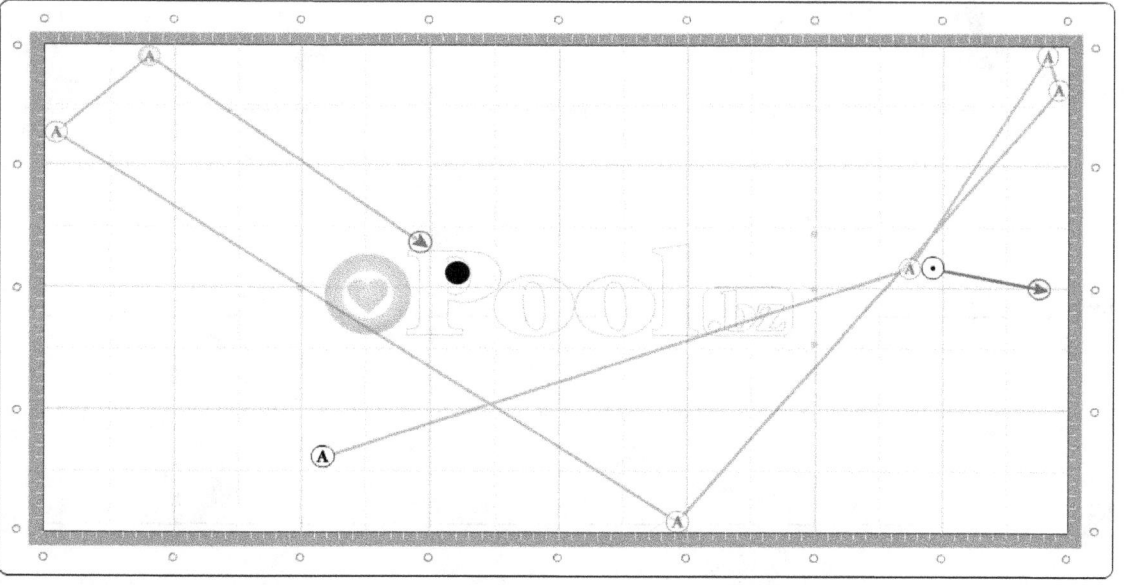

# I: Group 4

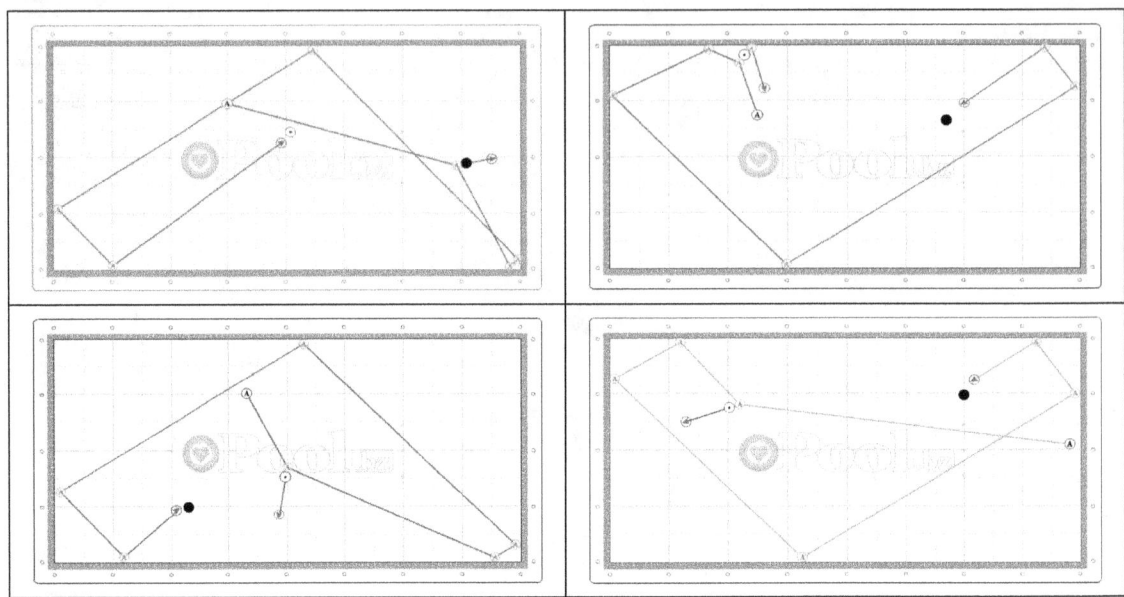

**Analysis**:

I:4a. _____

I:4b. _____

I:4c. _____

I:4d. _____

## I:4a – Setup

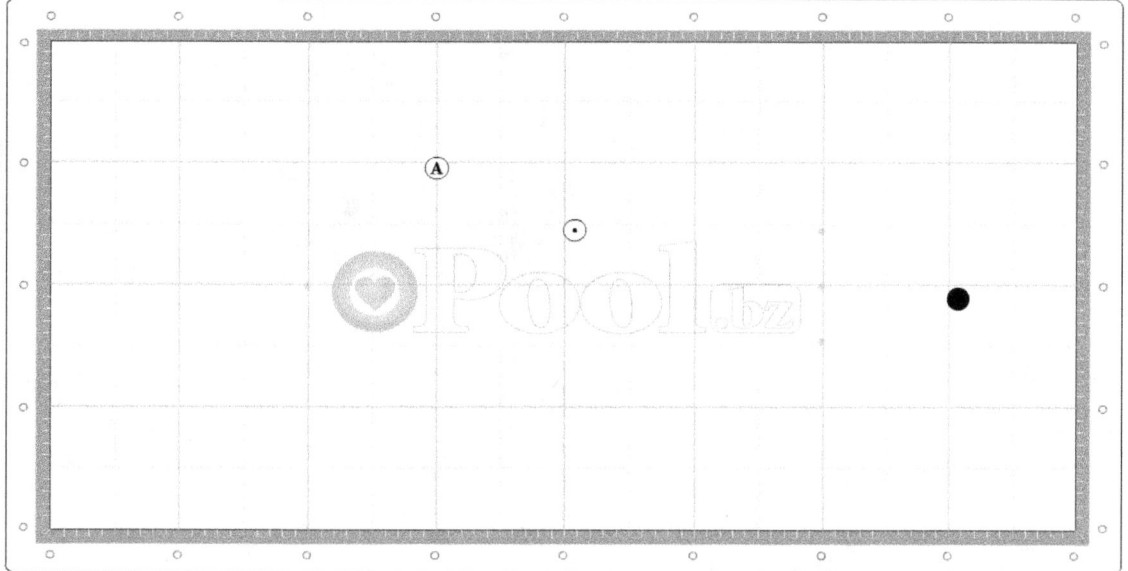

## Shot Pattern

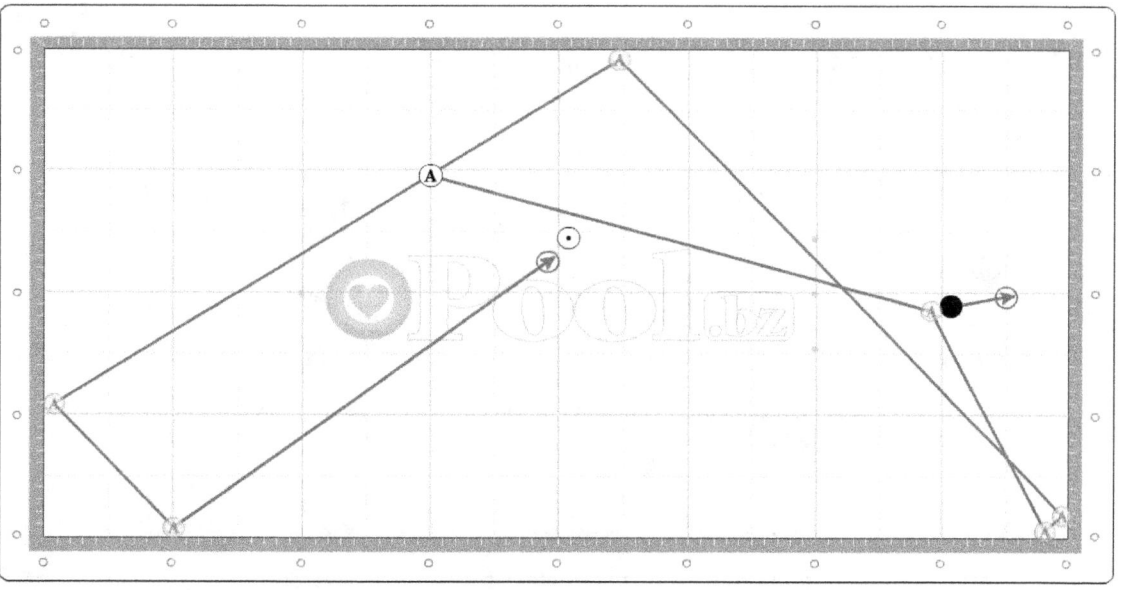

## I:4b – Setup

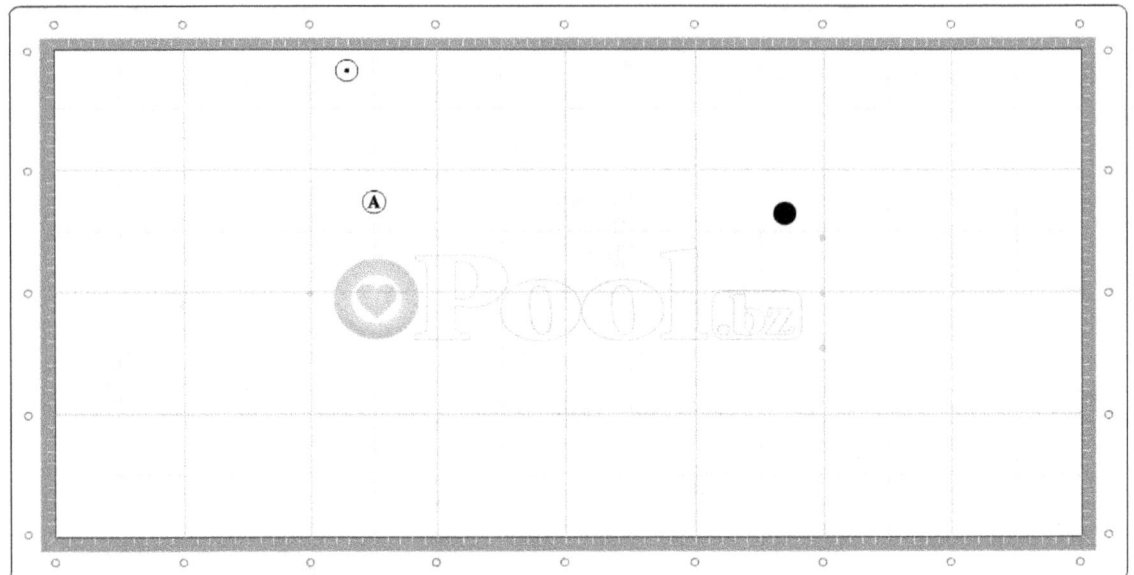

## Shot Pattern

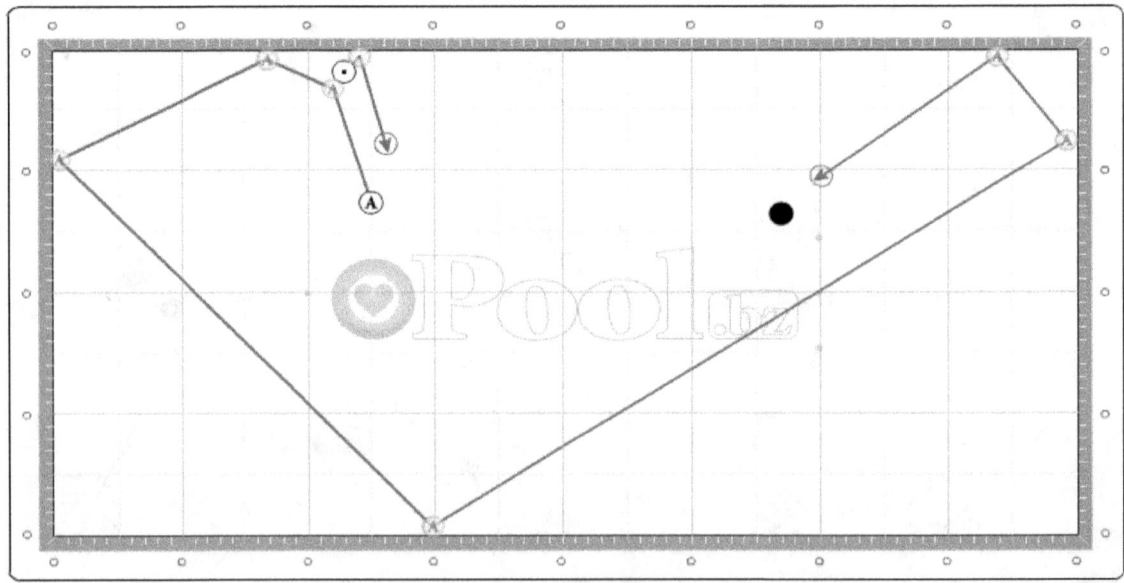

## I:4c – Setup

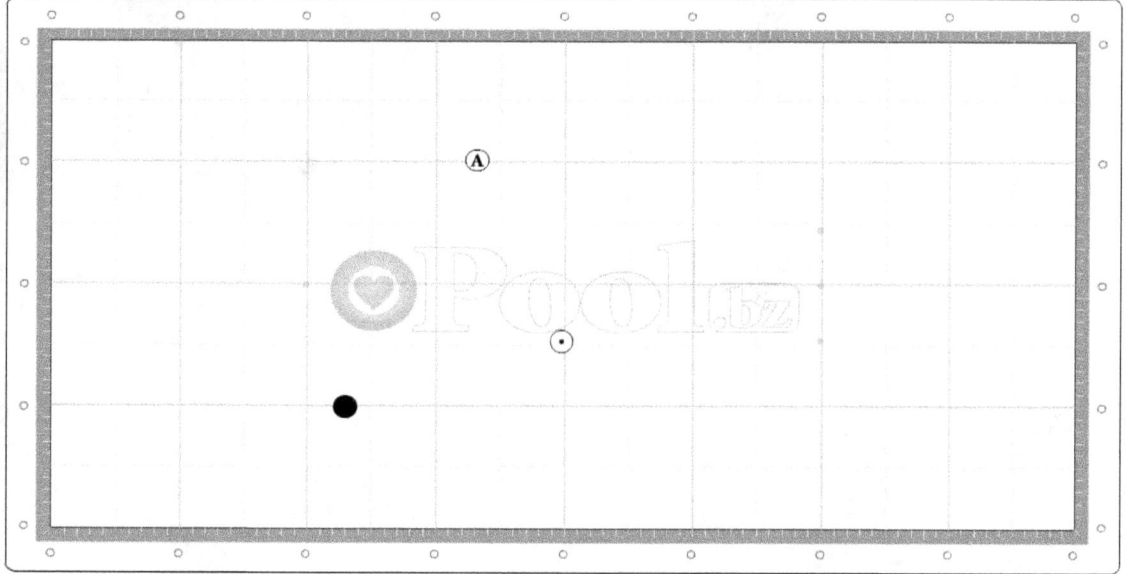

## Shot Pattern

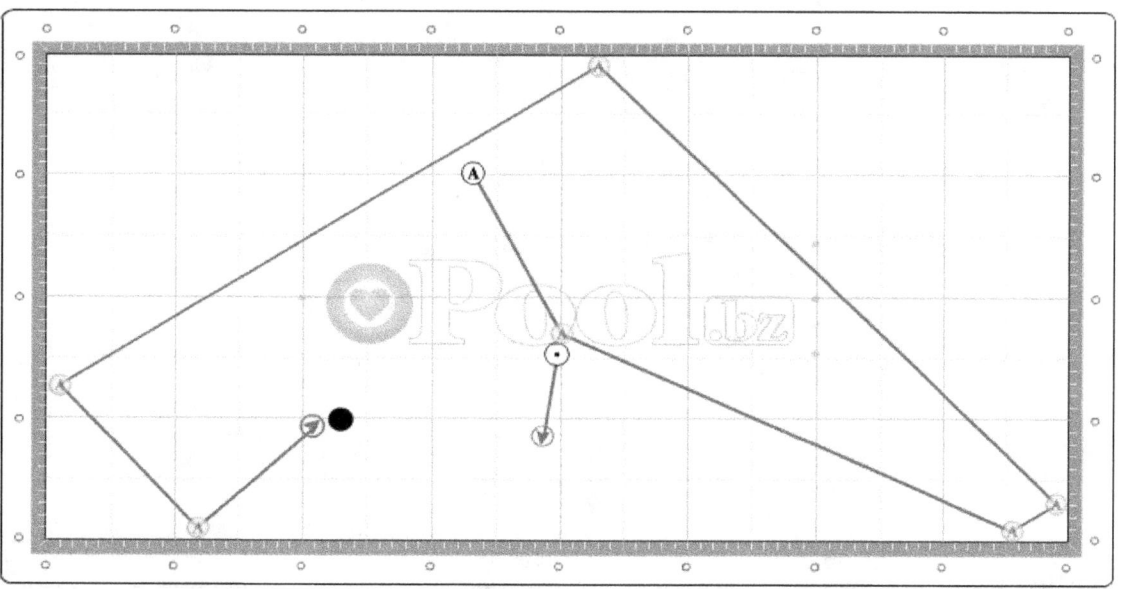

## I:4d – Setup

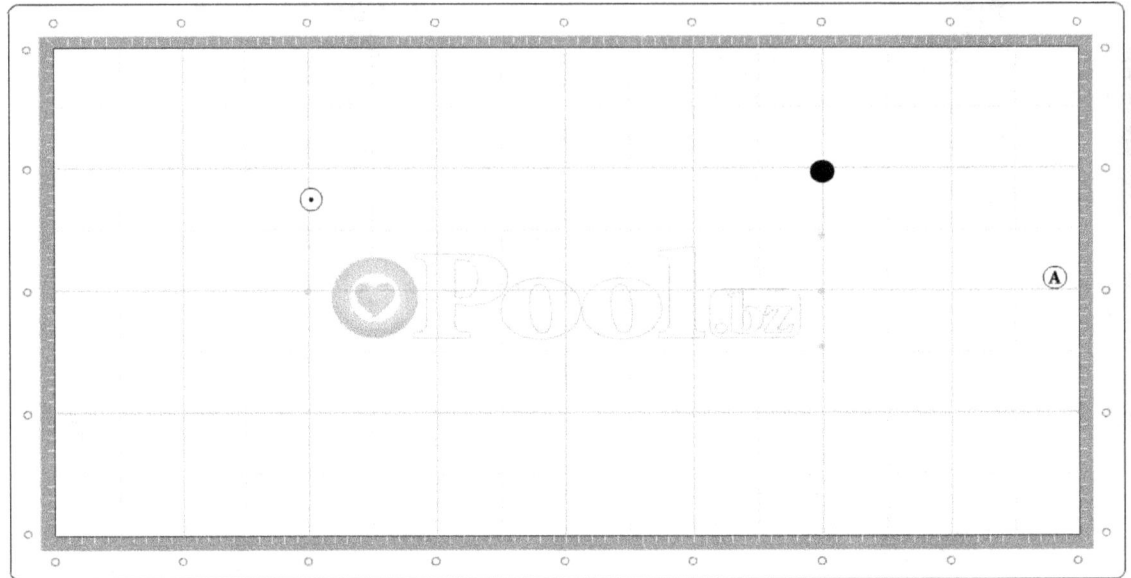

## Shot Pattern

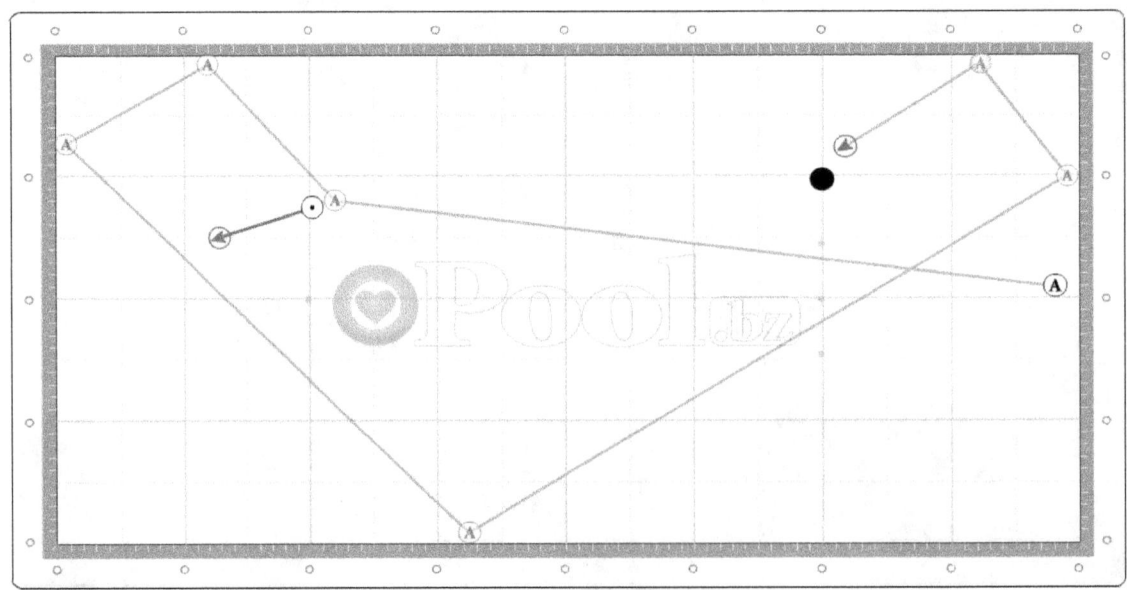

# J: Double-Hook with Return Diagonal

On these over-the-hill patterns, the CB comes off the first OB into the corner. It follows the long rail/short rail path back into the middle of the opposite long rail. On the downhill slope of these shots, the CB goes in and out of the opposite corner – a five-cushion shot. What makes these interesting is that after the CB comes out of the second corner, it travels diagonally cross-corner.

## J: Group 1

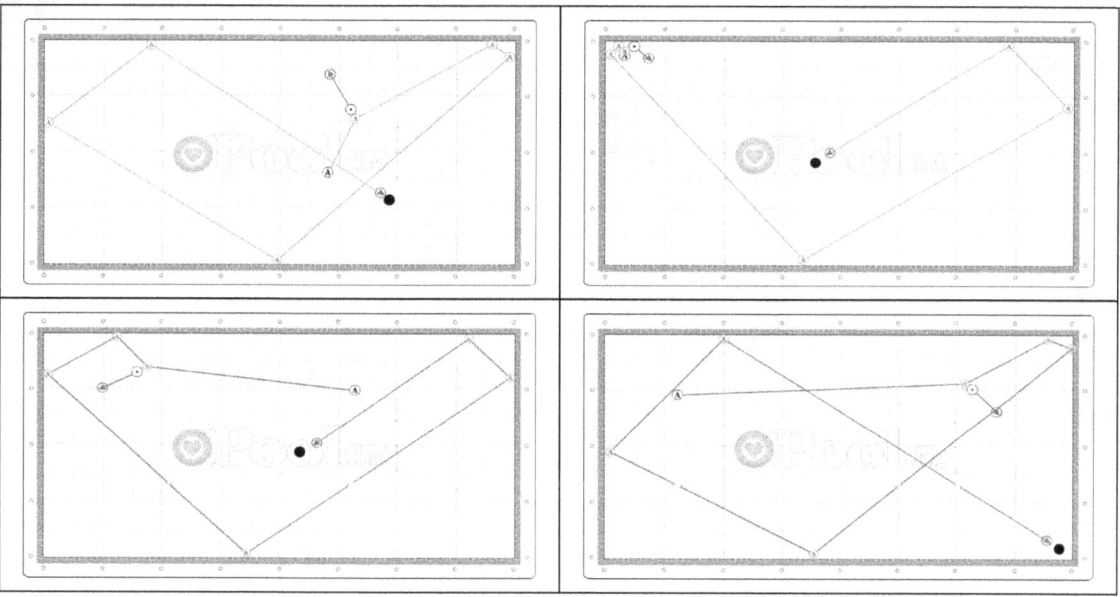

**Analysis**:

J:1a. _____

J:1b. _____

J:1c. _____

J:1d. _____

## J:1a – Setup

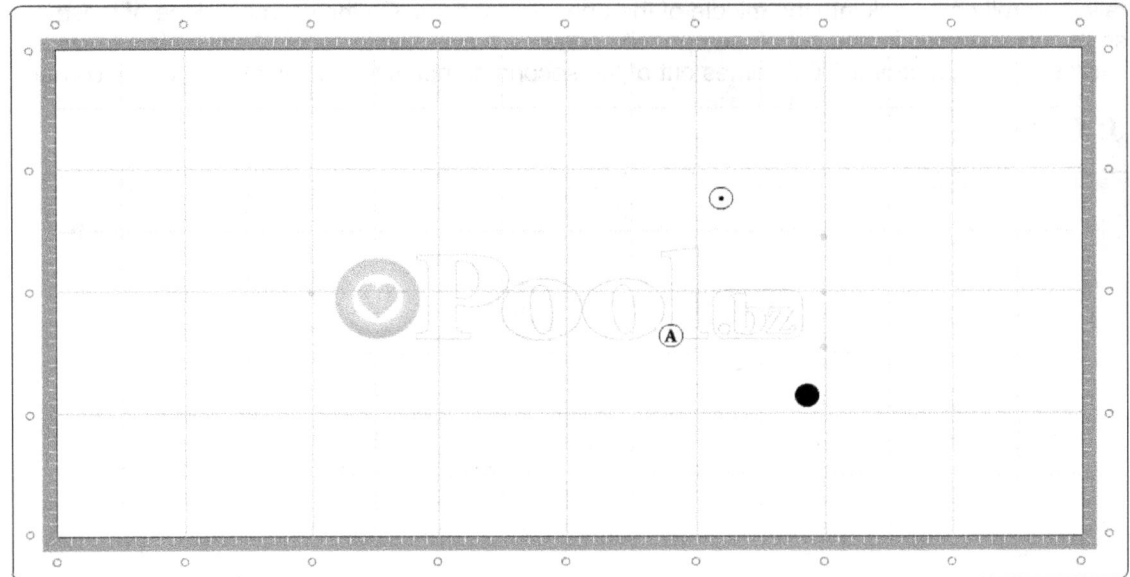

## Shot Pattern

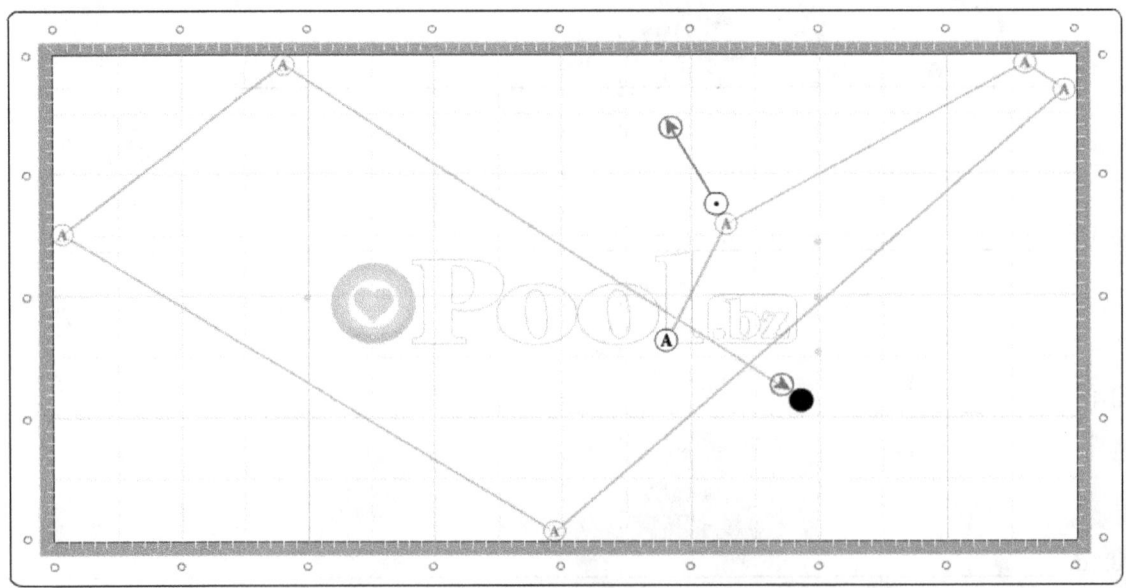

## J:1b – Setup

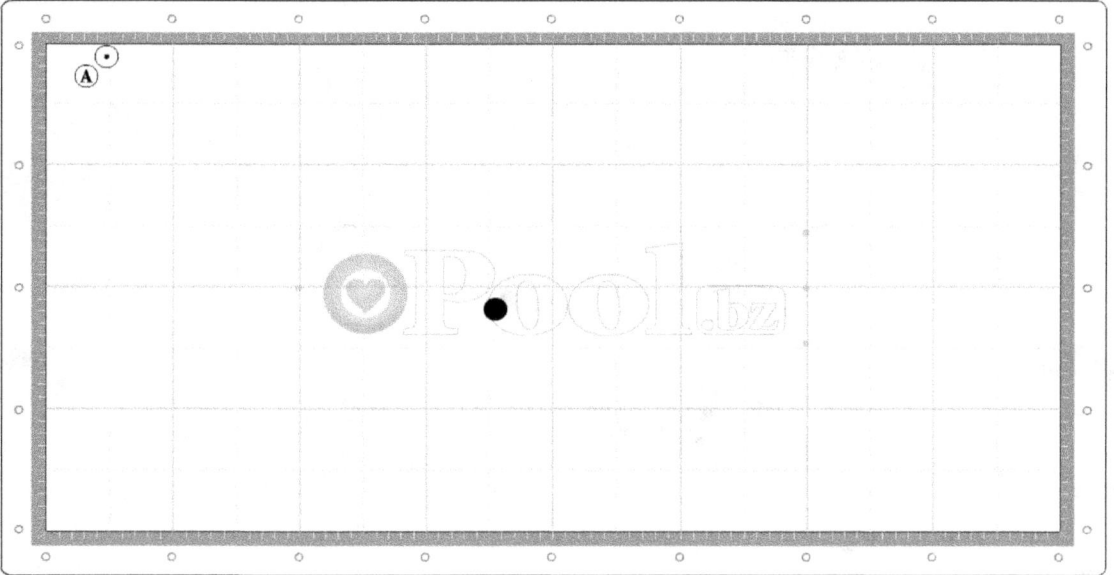

## Shot Pattern

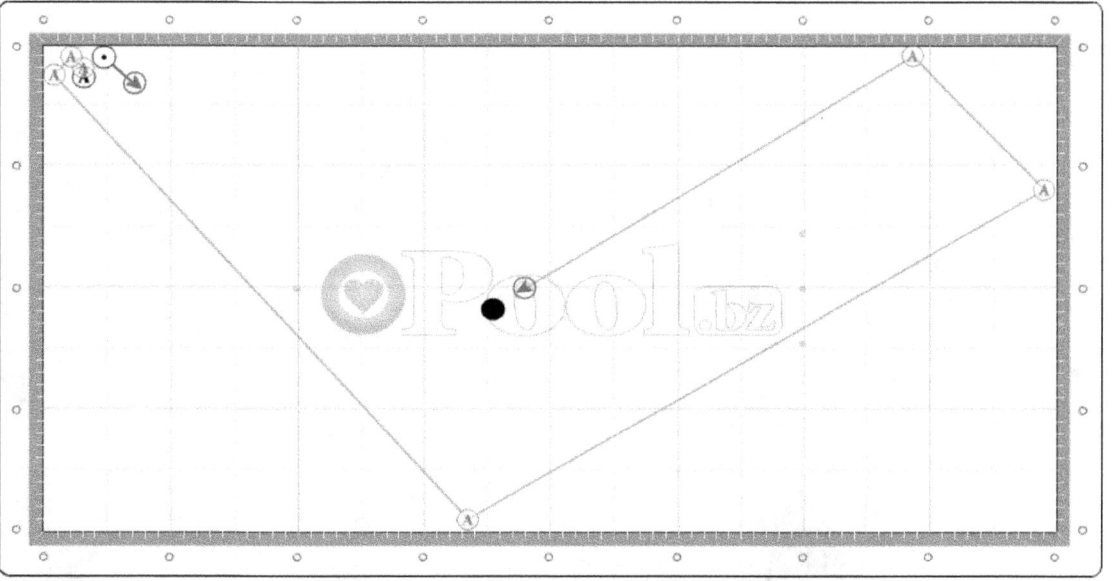

## J:1c – Setup

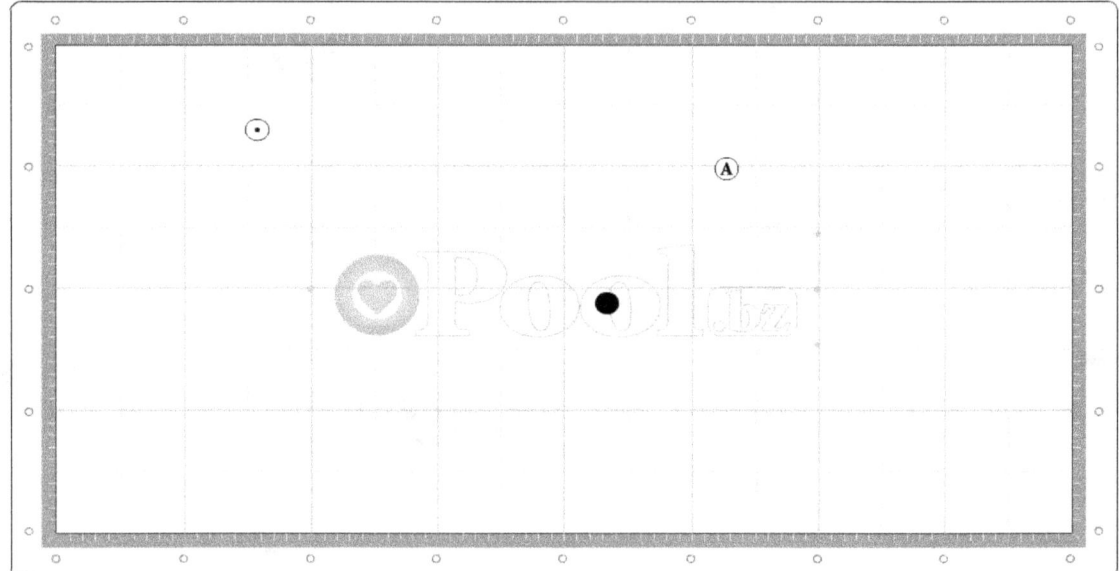

## Shot Pattern

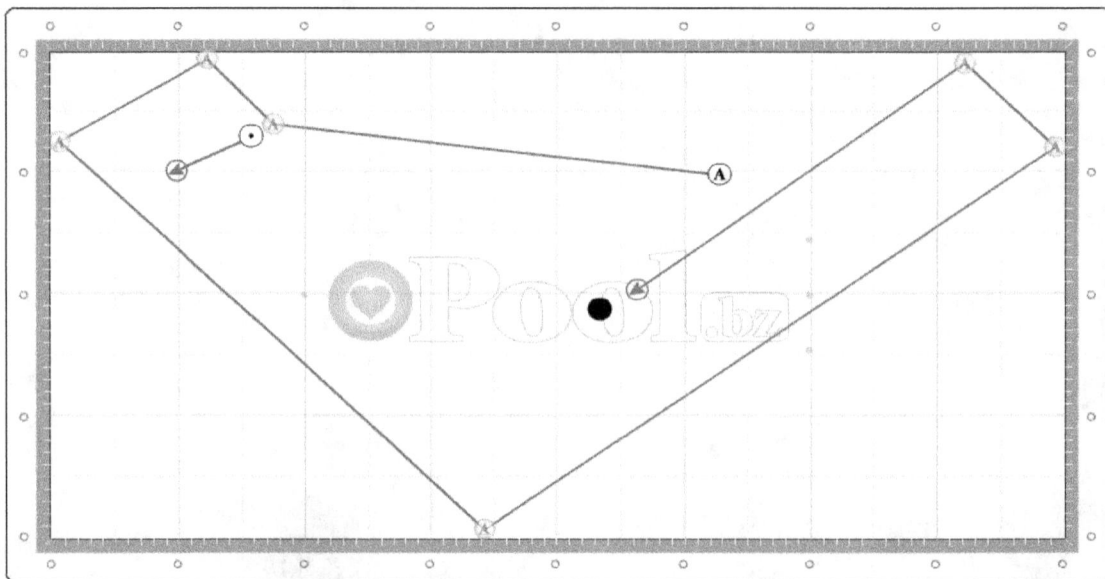

## J:1d – Setup

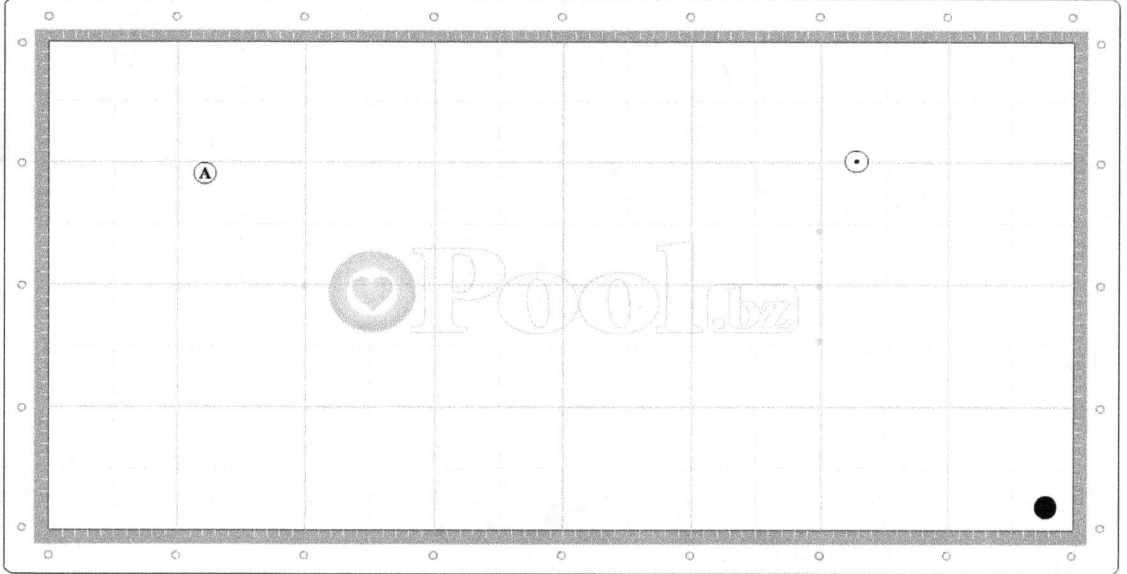

## Shot Pattern

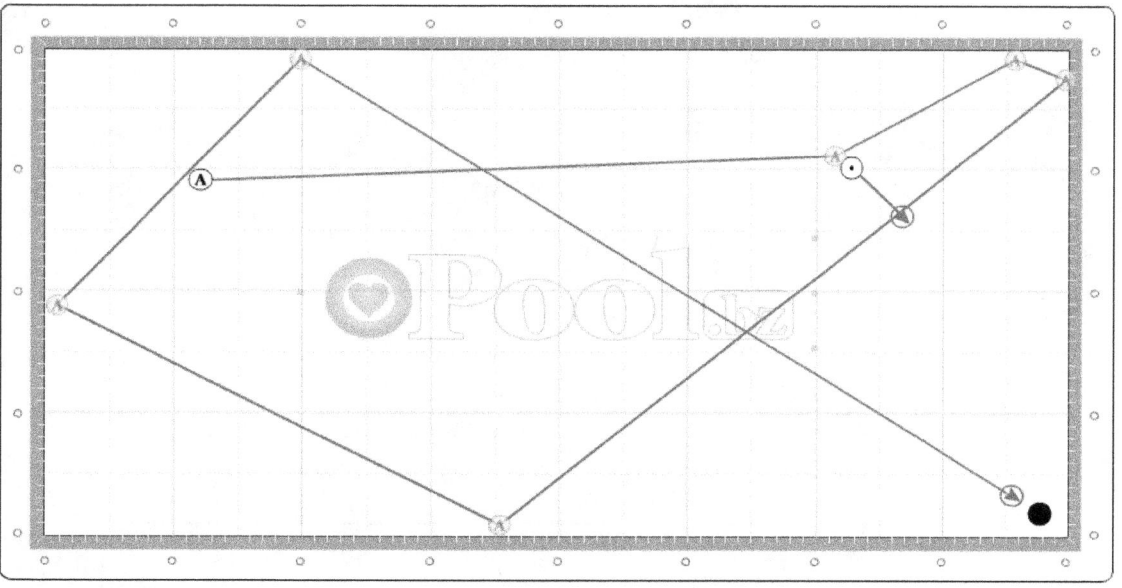

# J: Group 2

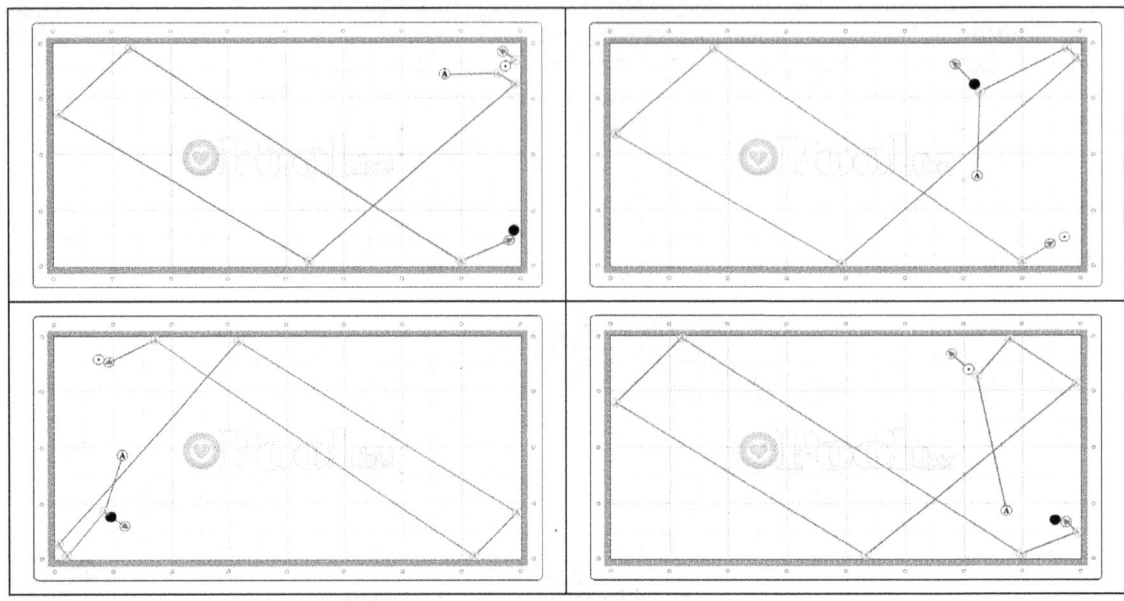

**Analysis**:

J:2a. _____

J:2b. _____

J:2c. _____

J:2d. _____

## J:2a – Setup

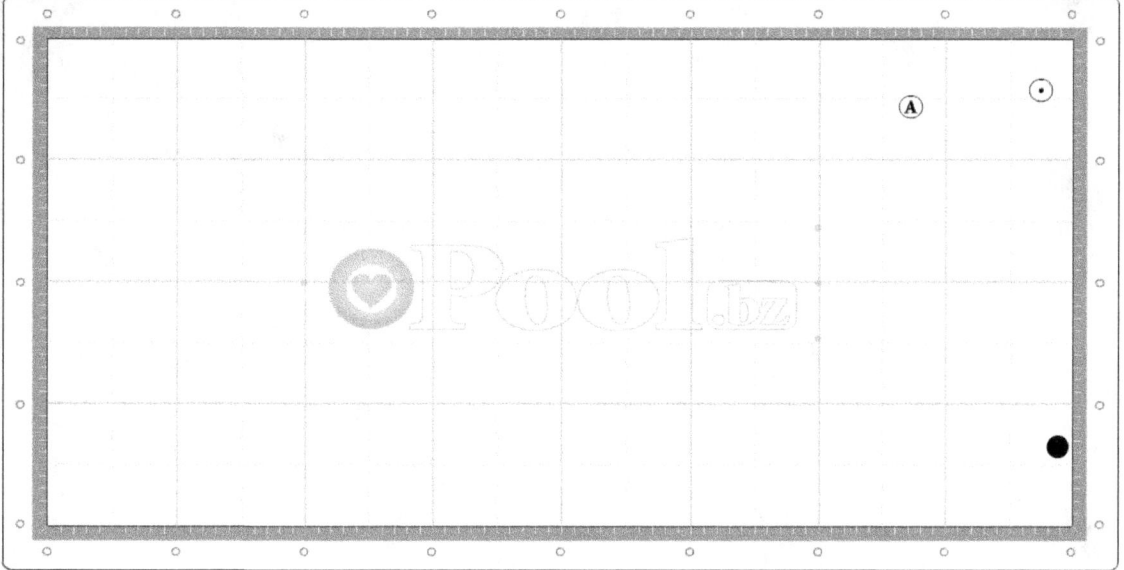

## Shot Pattern

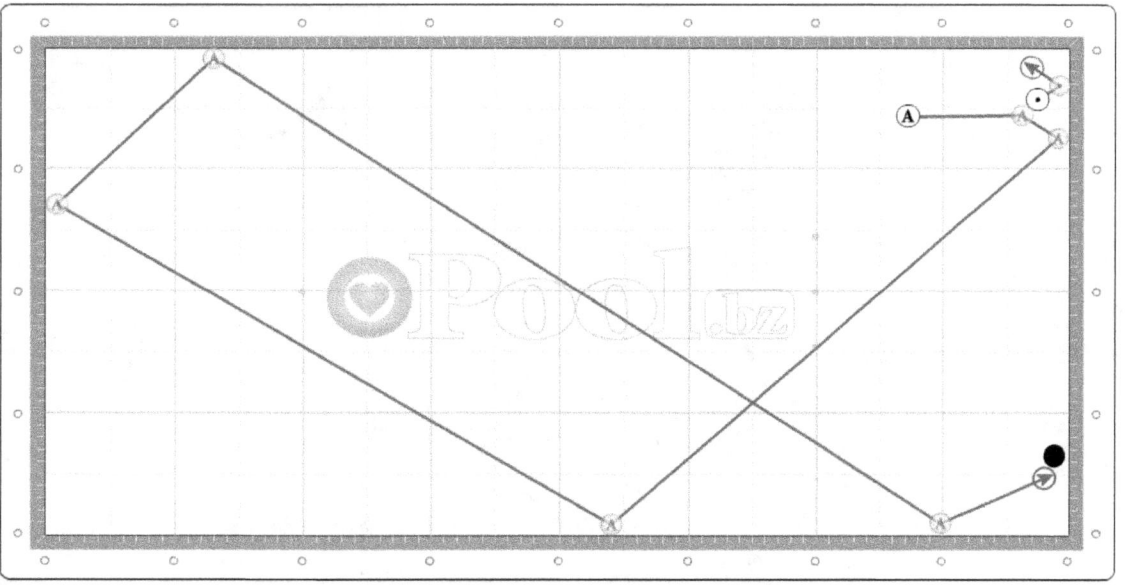

## J:2b – Setup

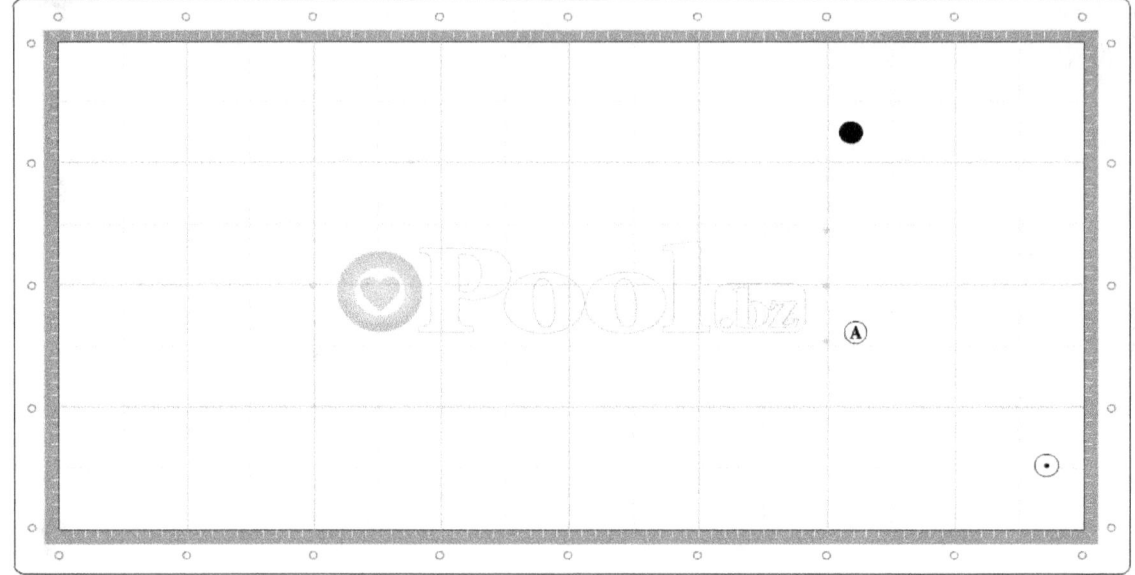

## Shot Pattern

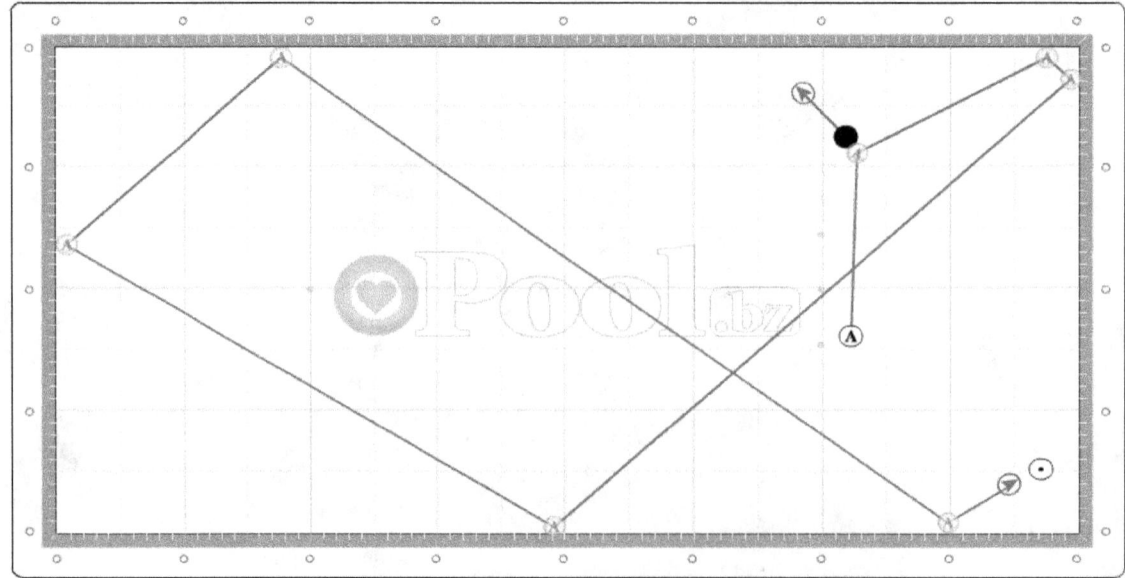

## J:2c – Setup

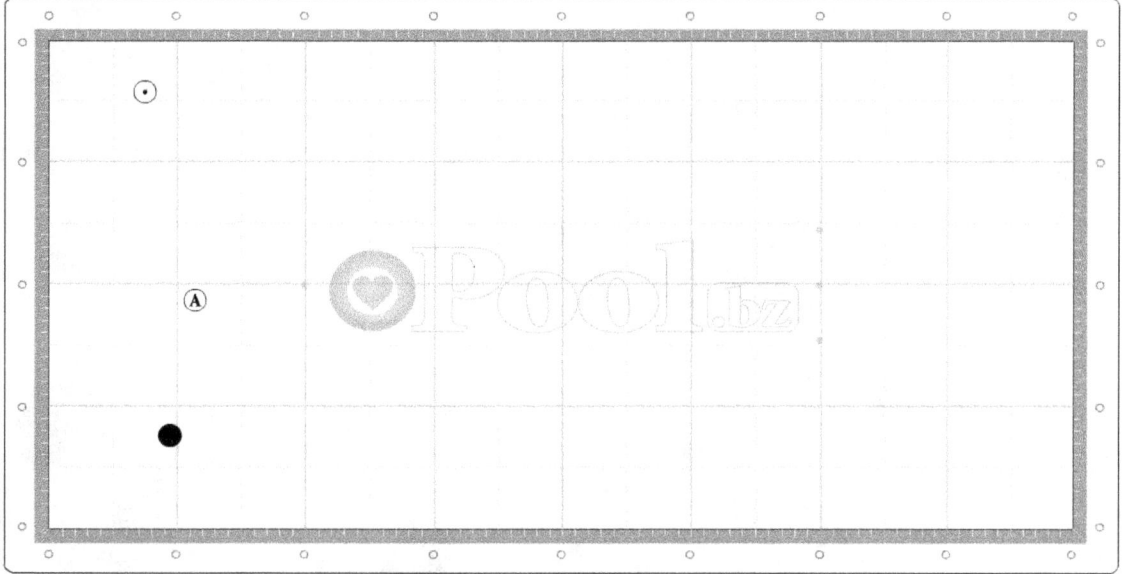

## Shot Pattern

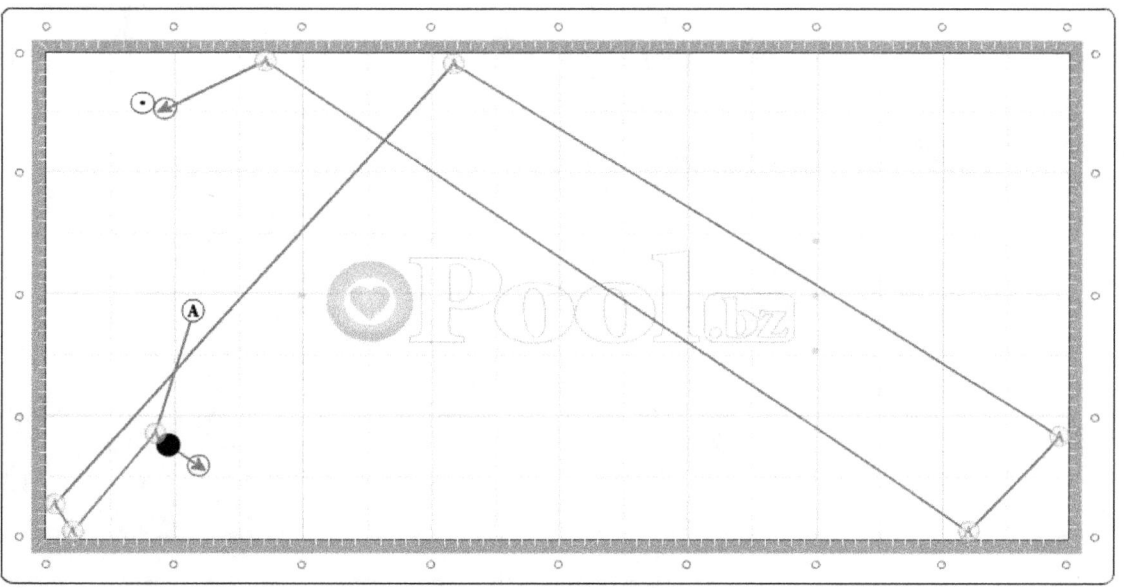

## J:2d – Setup

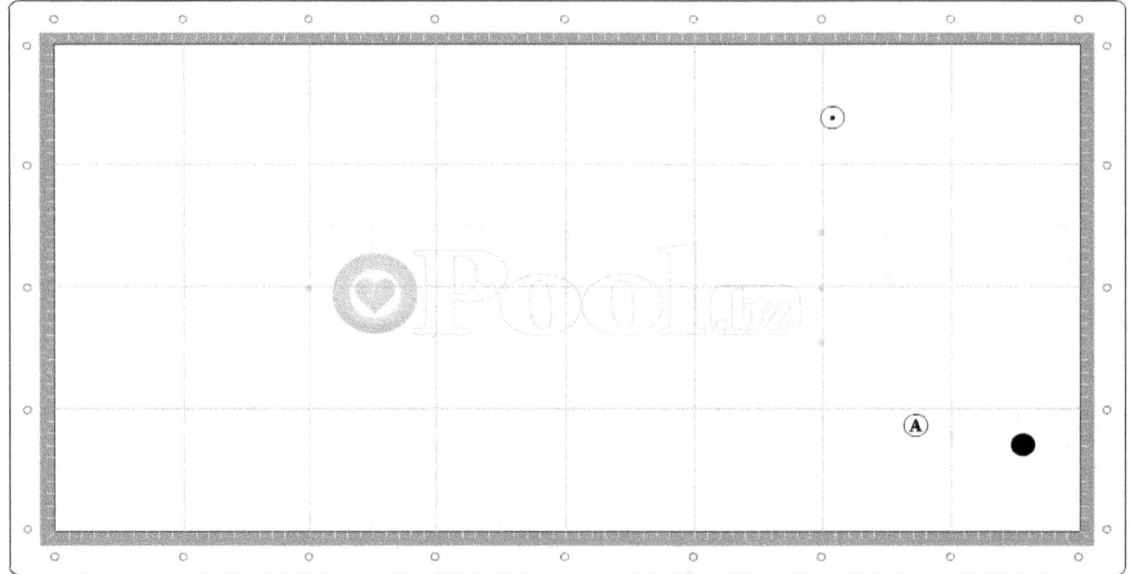

## Shot Pattern

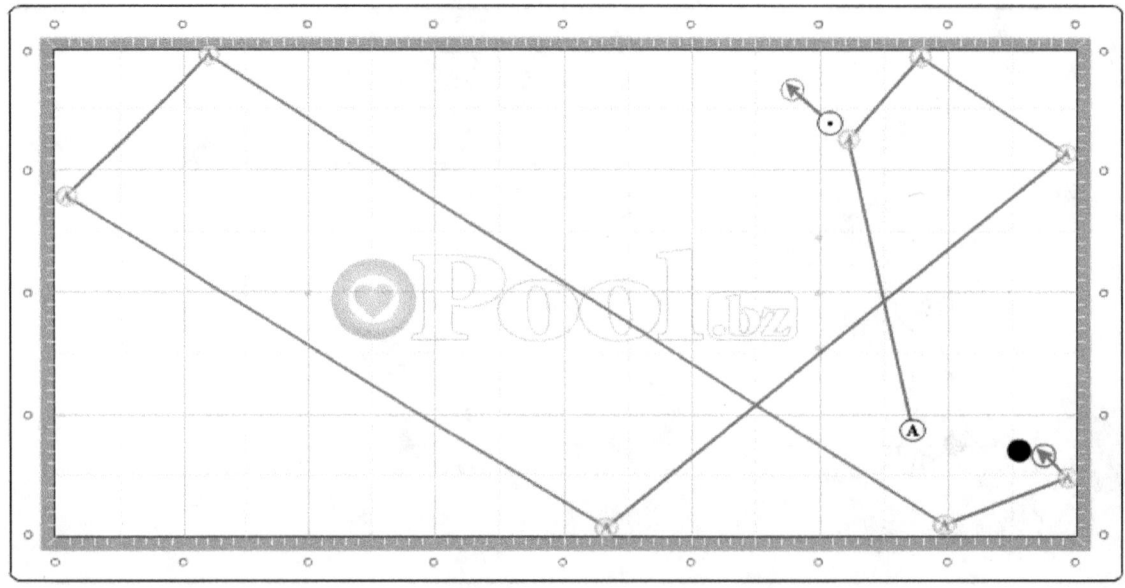

# J: Group 3

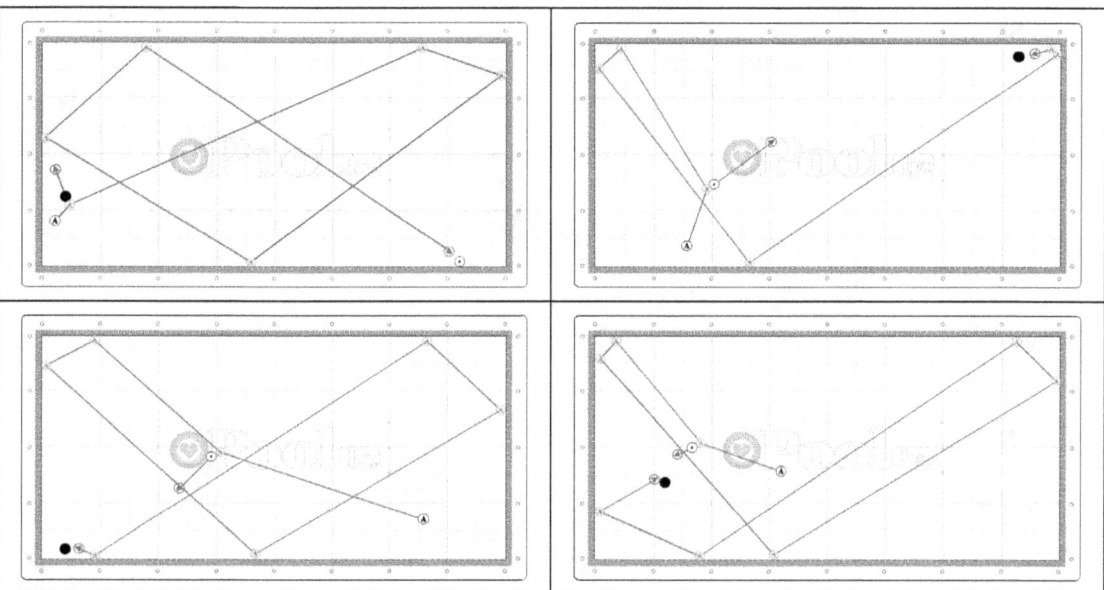

**Analysis:**

J:3a. _____


J:3b. _____


J:3c. _____


J:3d. _____

## J:3a – Setup

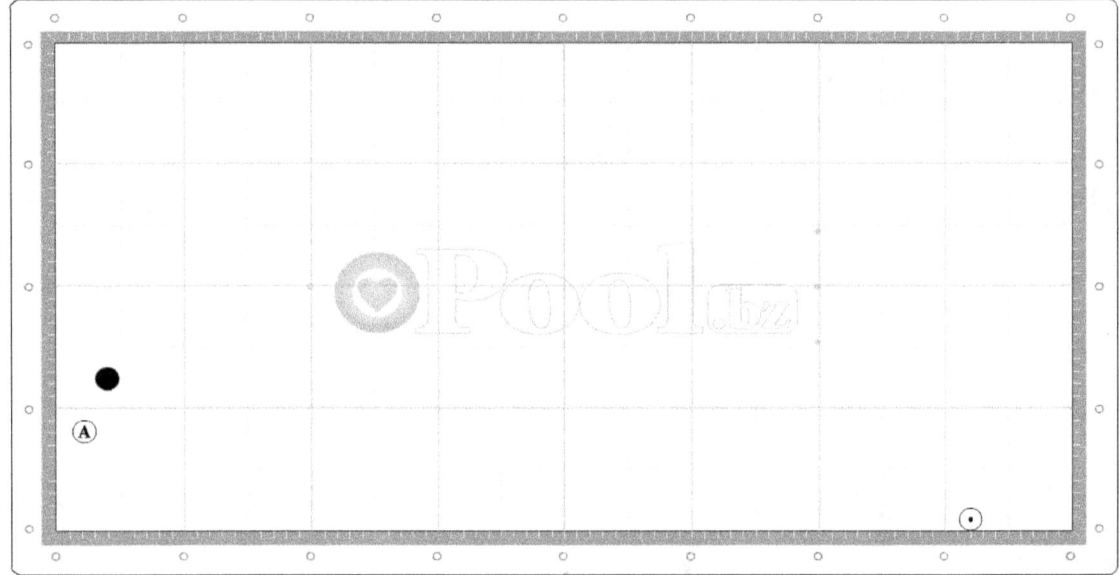

## Shot Pattern

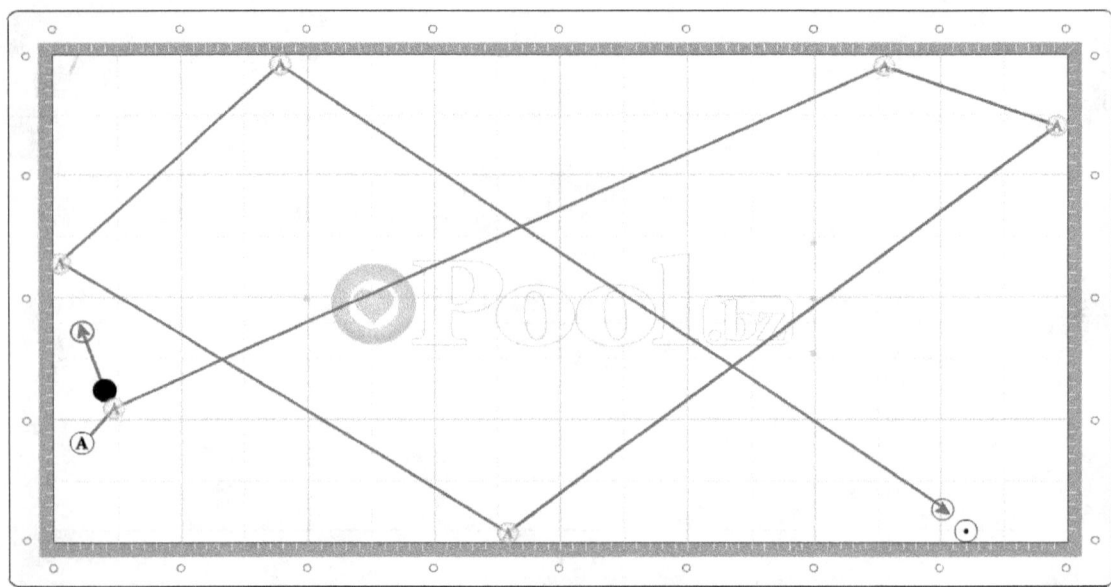

## J:3b – Setup

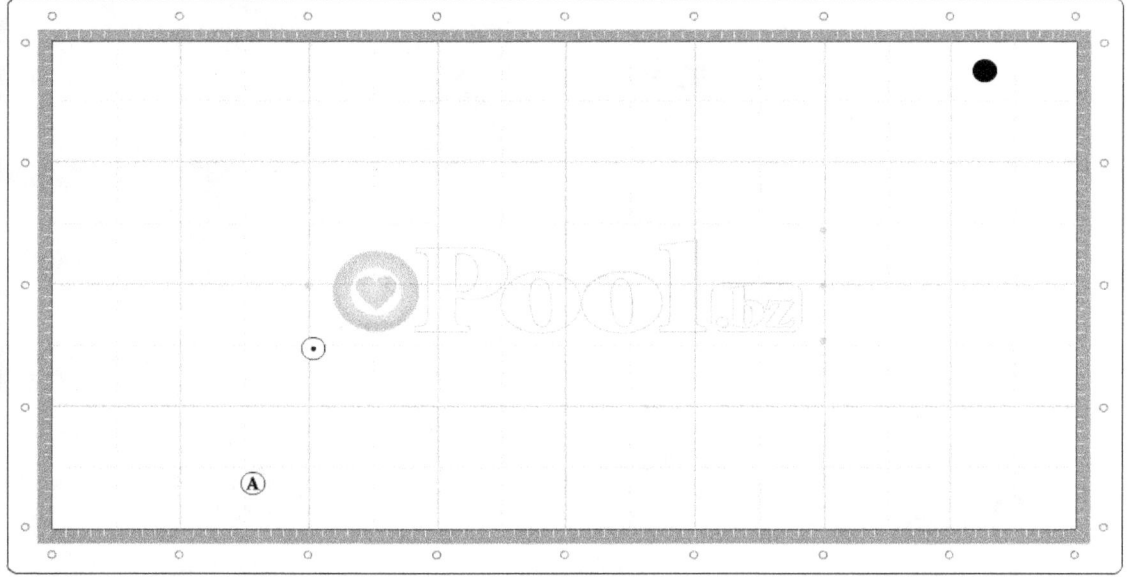

## Shot Pattern

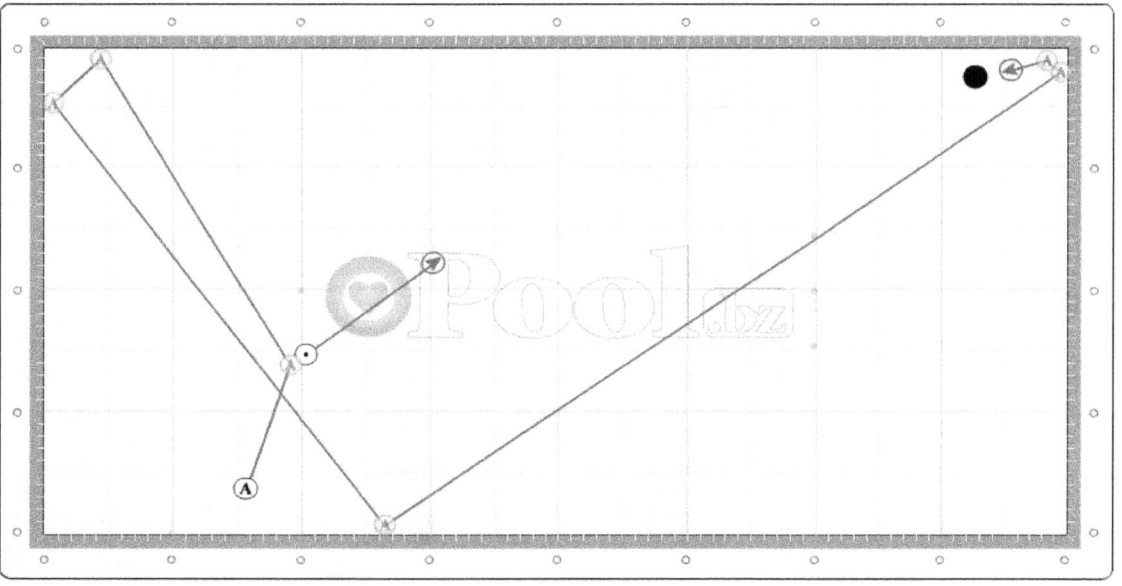

## J:3c – Setup

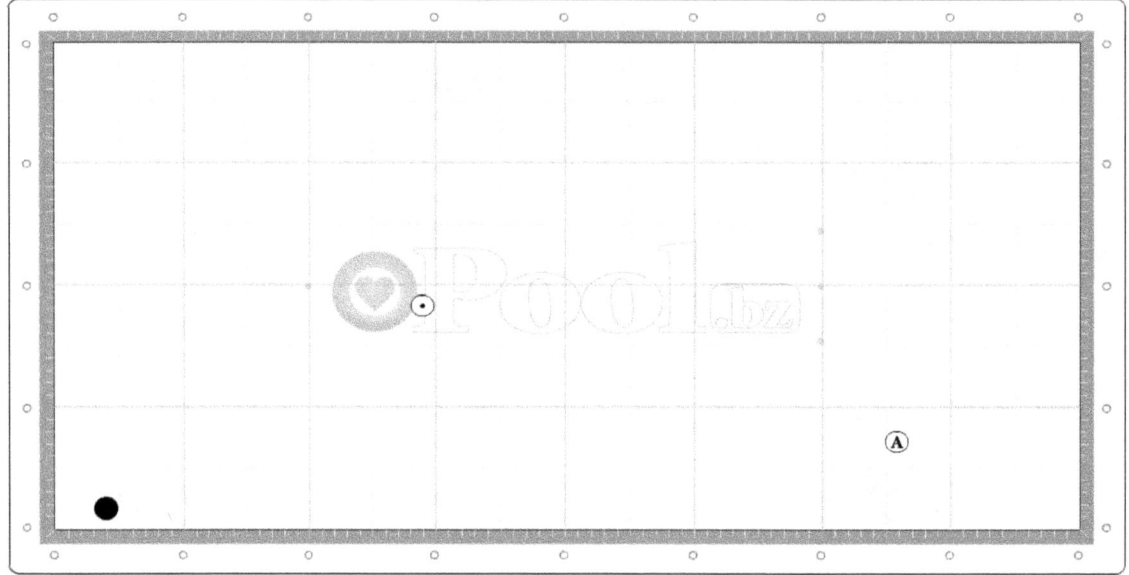

## Shot Pattern

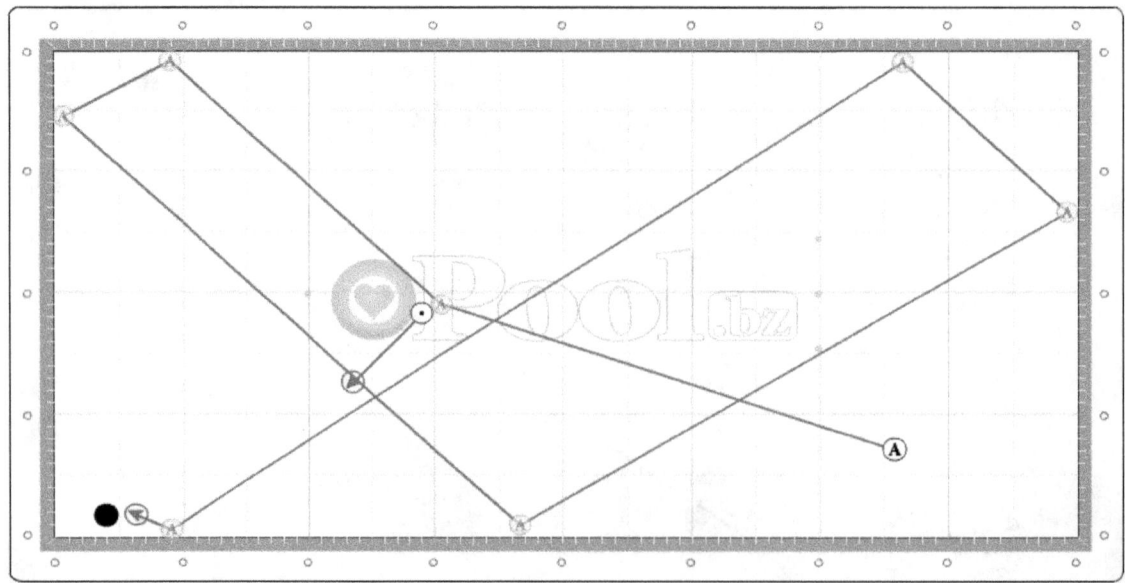

## J:3d – Setup

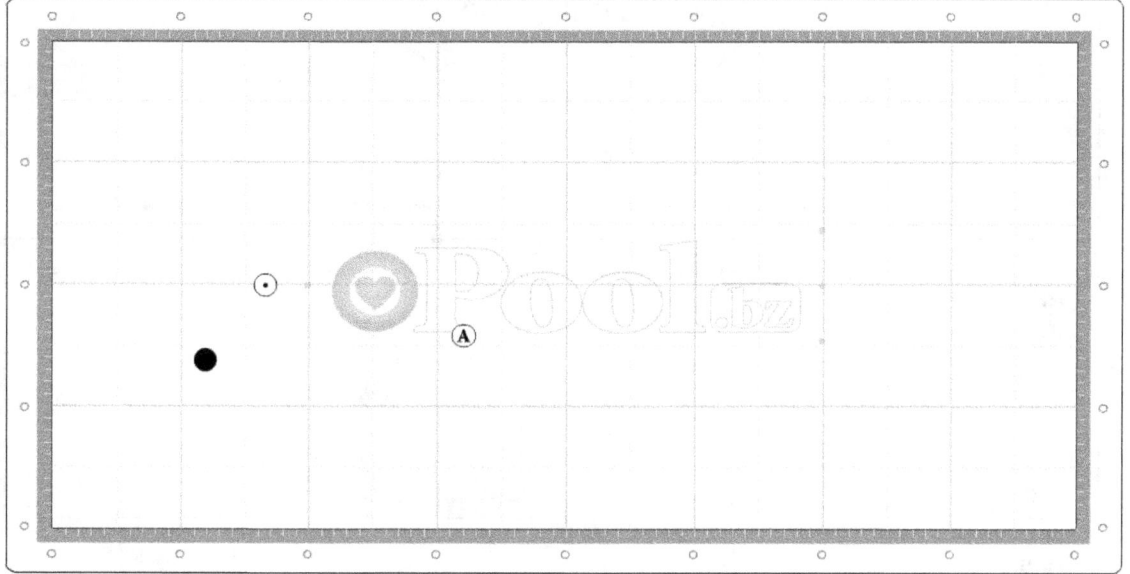

## Shot Pattern

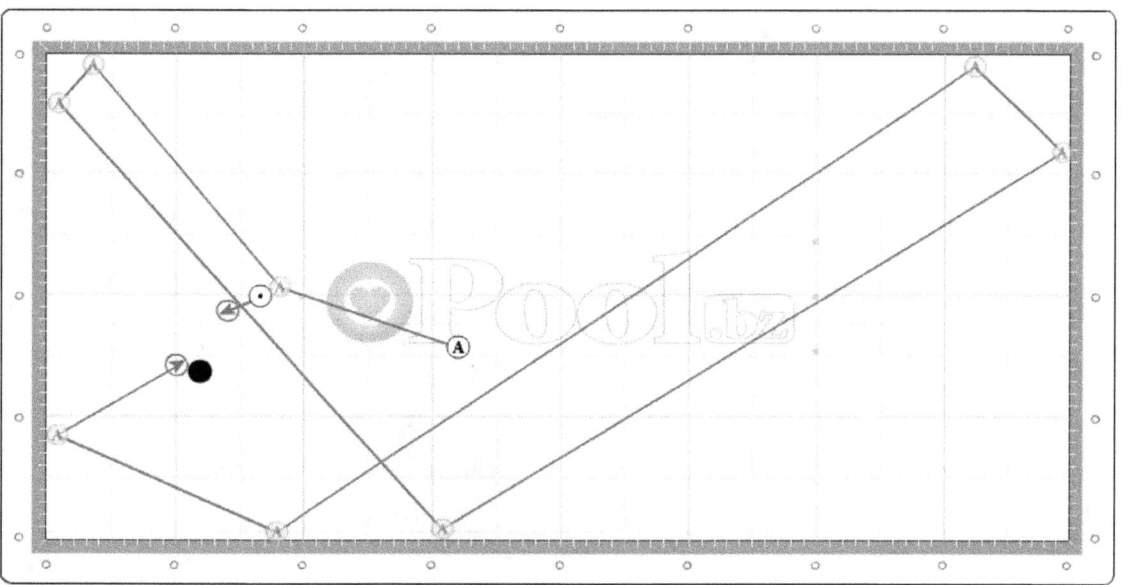

# J: Group 4

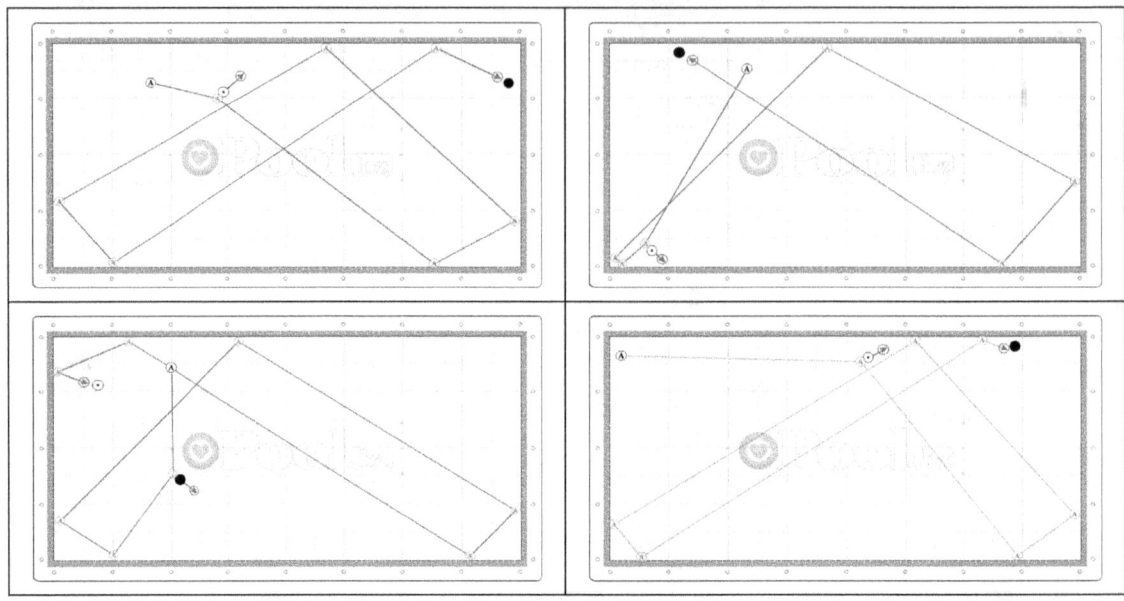

**Analysis**:

J:4a. _____

J:4b. _____

J:4c. _____

J:4d. _____

## J:4a – Setup

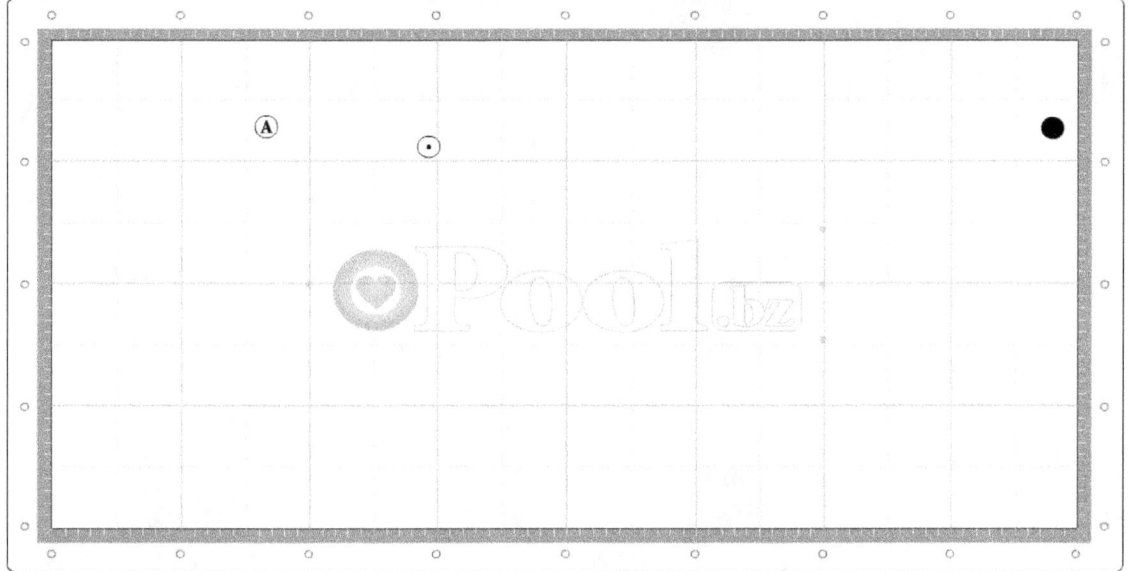

## Shot Pattern

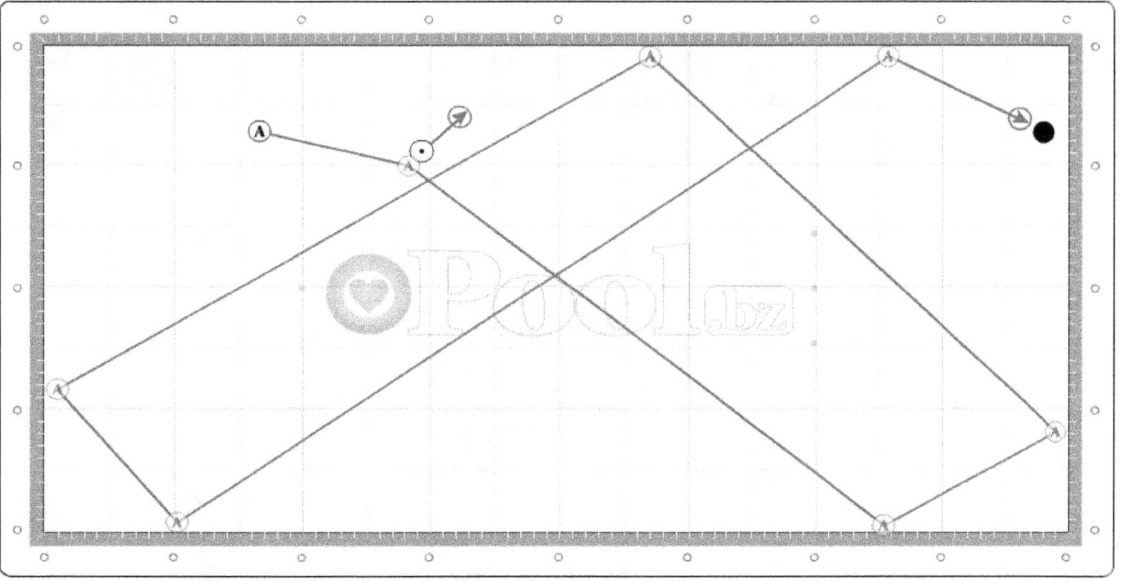

## J:4b – Setup

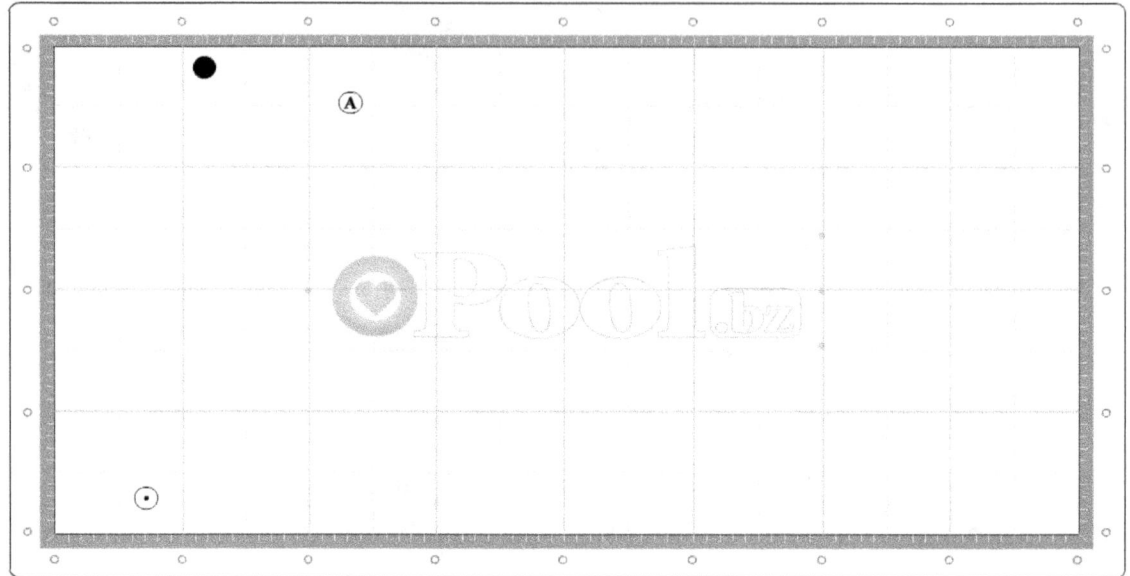

## Shot Pattern

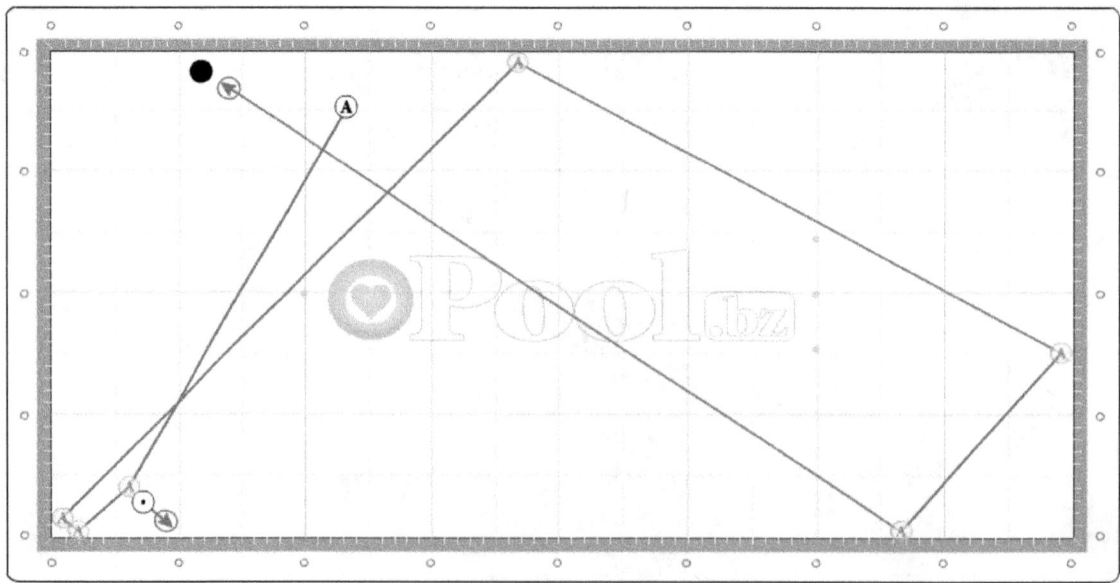

## J:4c – Setup

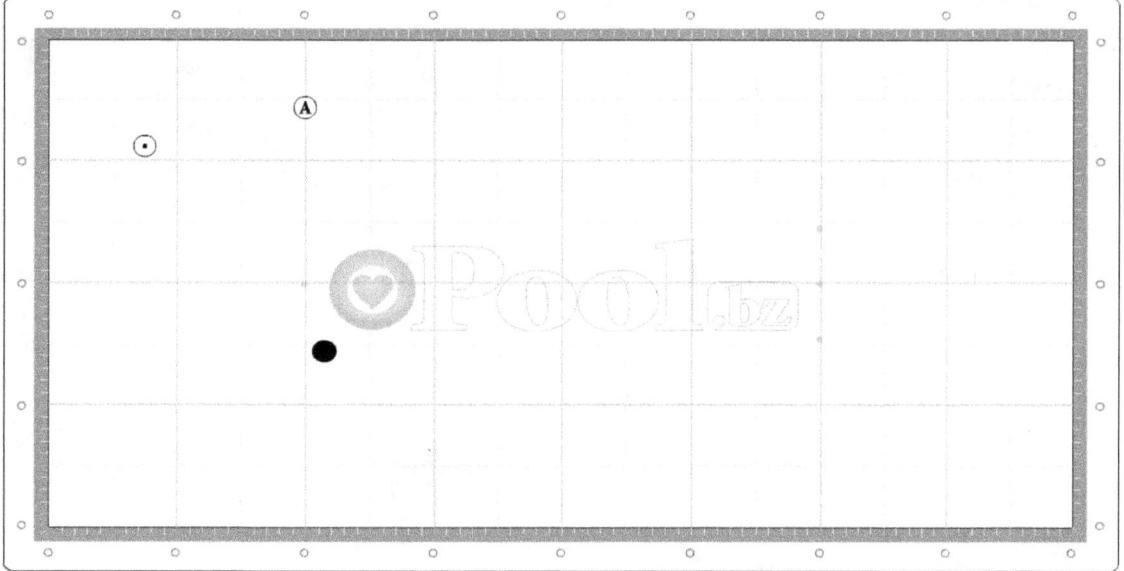

## Shot Pattern

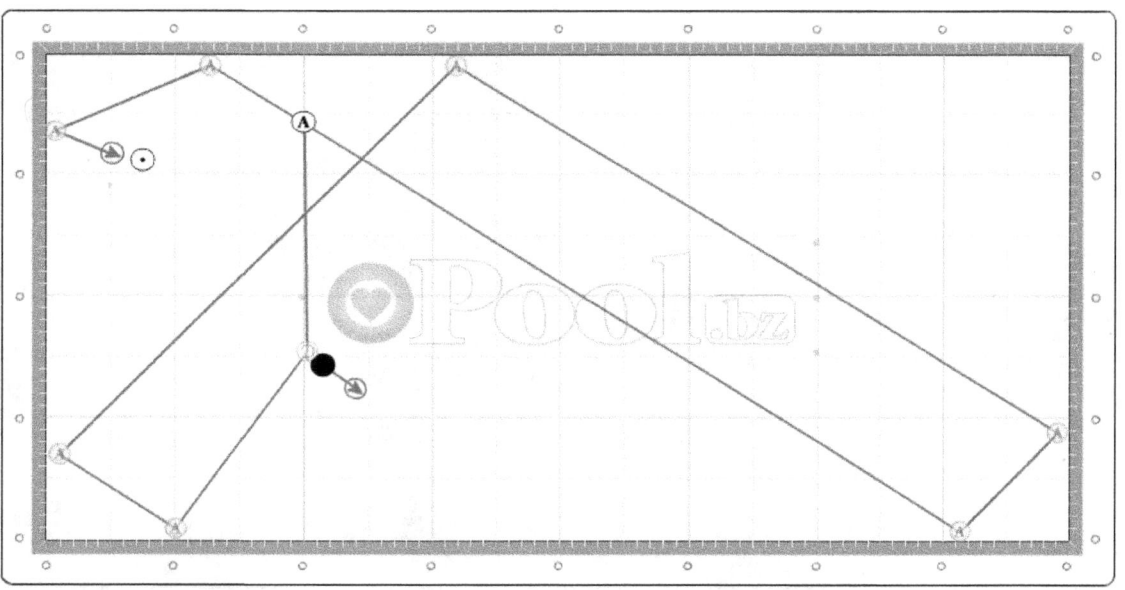

## J:4d – Setup

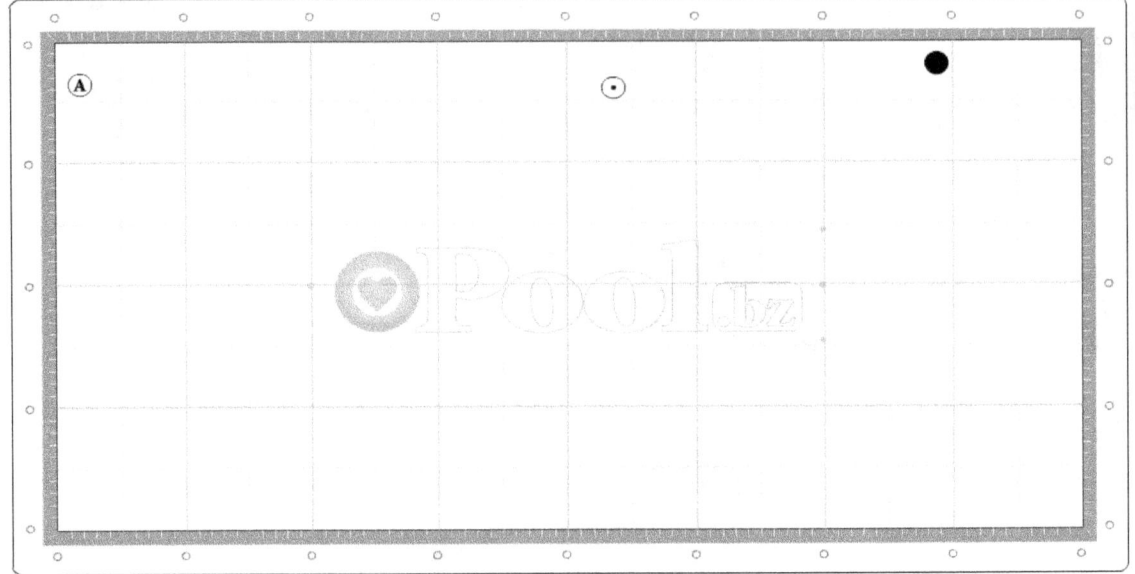

## Shot Pattern

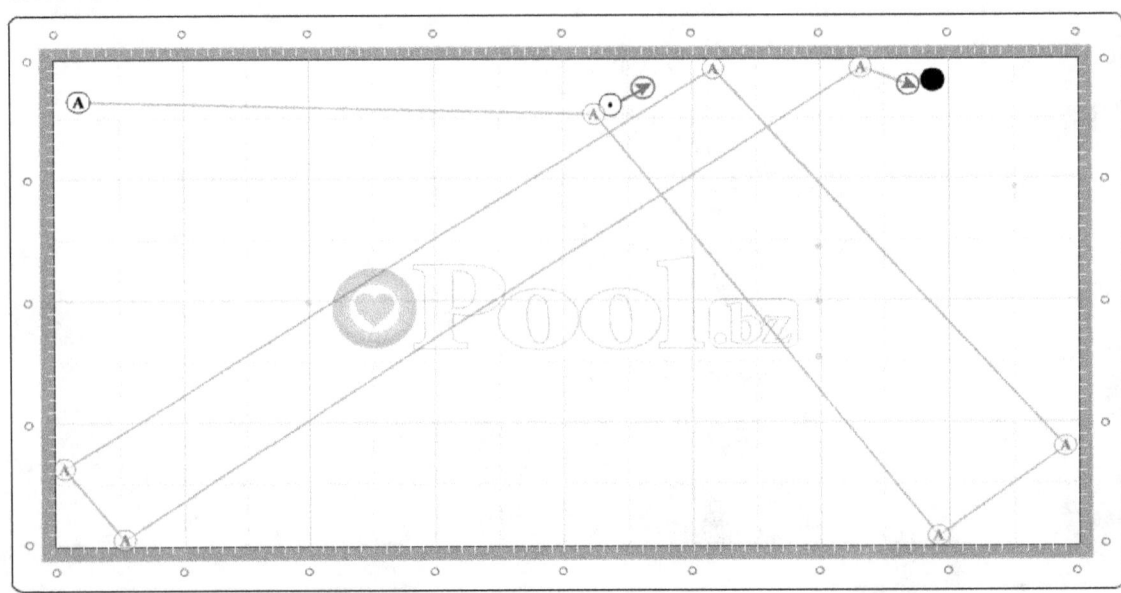

# K: Double Hilltop

This is an interesting set of shots. The CB has to go off the first OB and then follows a path into small corner. The return path parallels the incoming path. The CB comes back to the middle of the long rail – and then connects with the second OB.

## K: Group 1

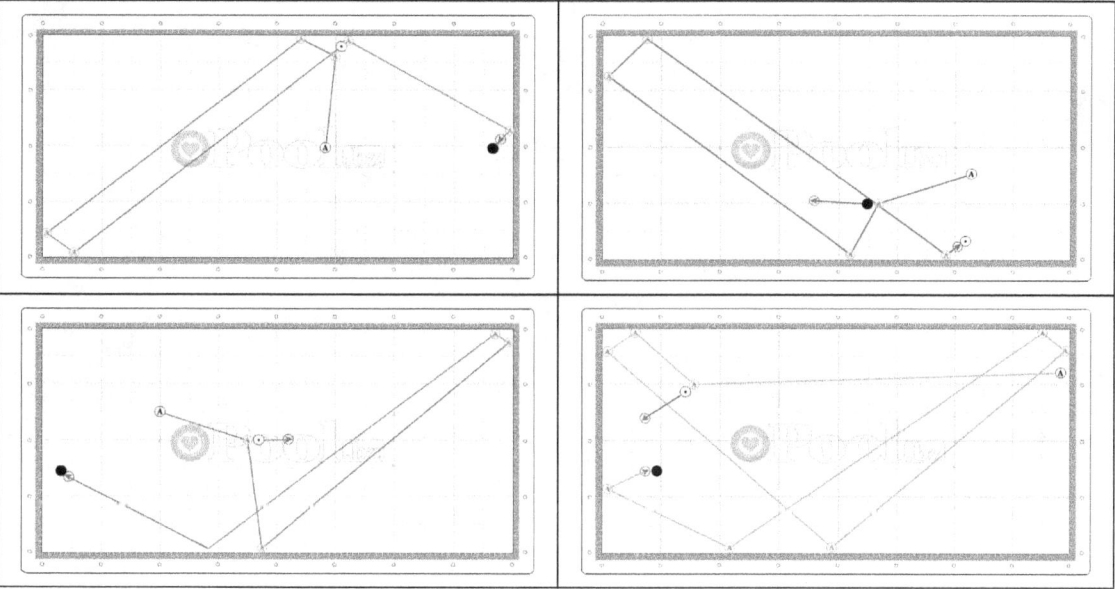

**Analysis**:

K:1a. _____

K:1b. _____

K:1c. _____

K:1d. _____

## K:1a – Setup

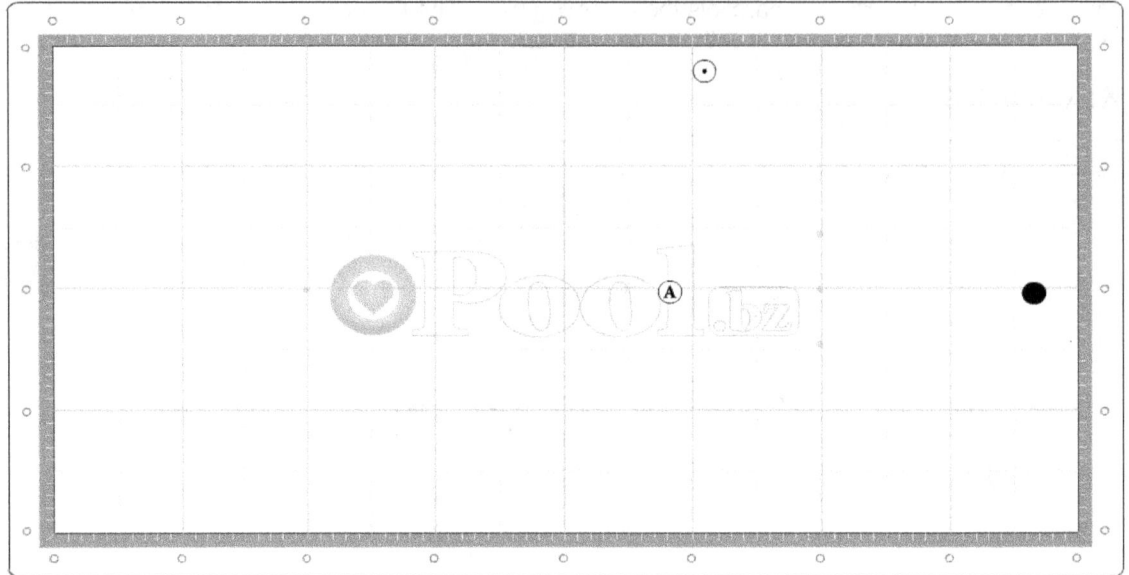

## Shot Pattern

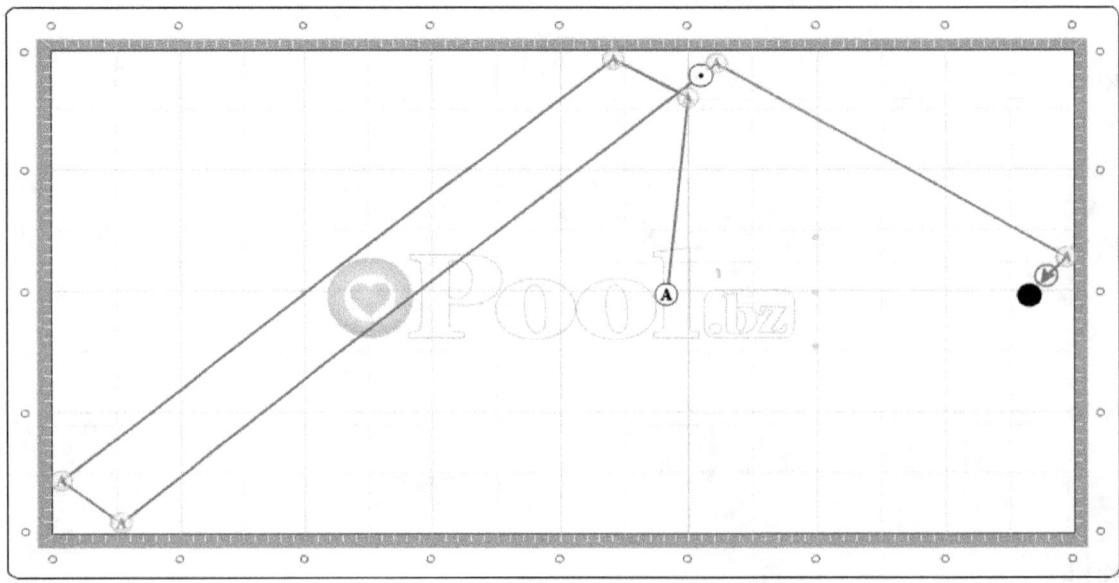

## K:1b – Setup

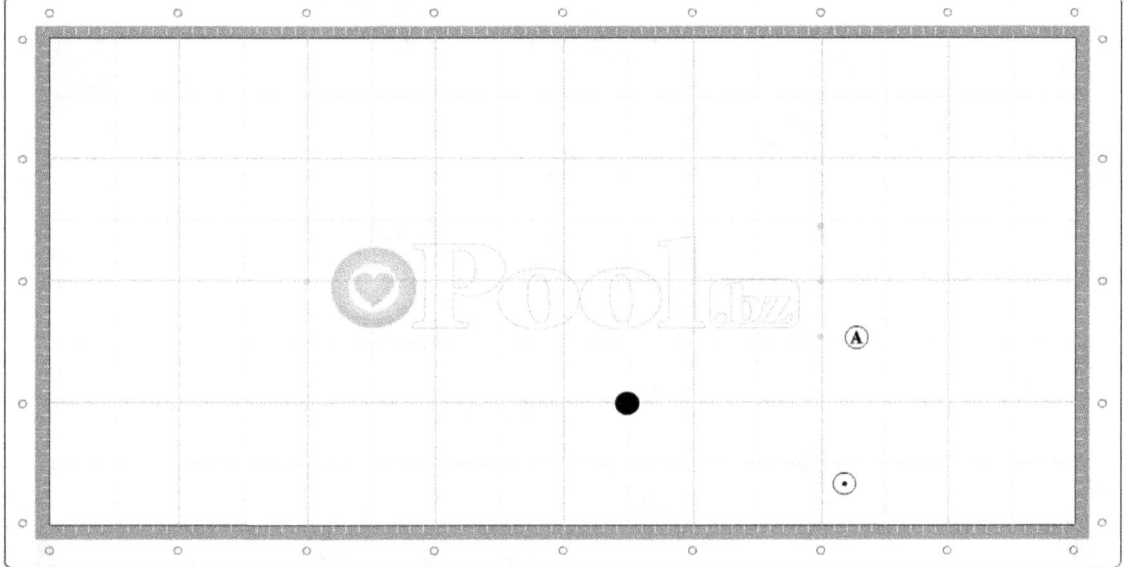

## Shot Pattern

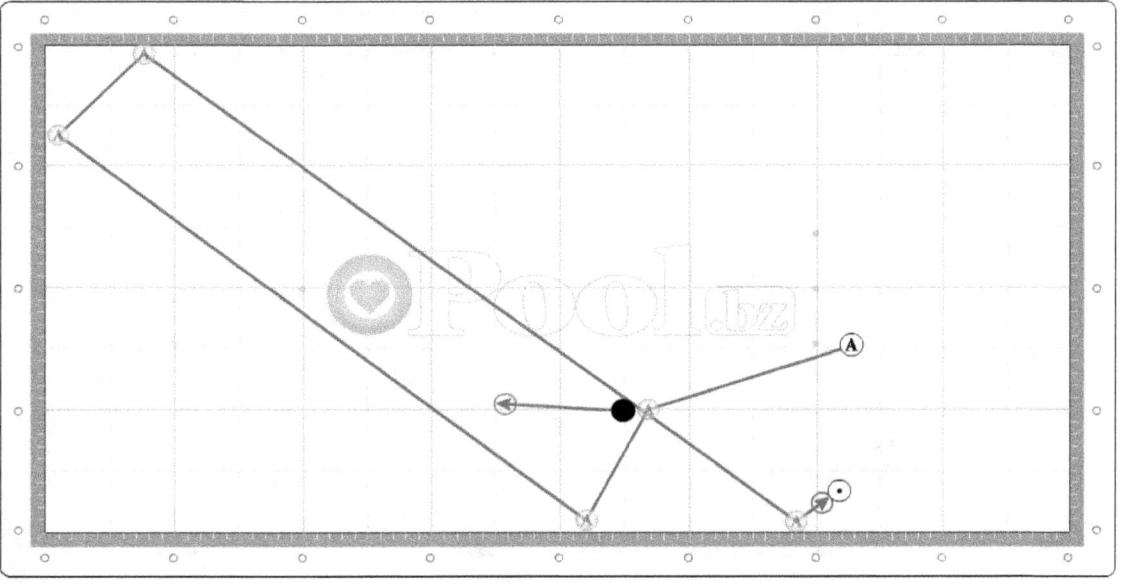

## K:1c – Setup

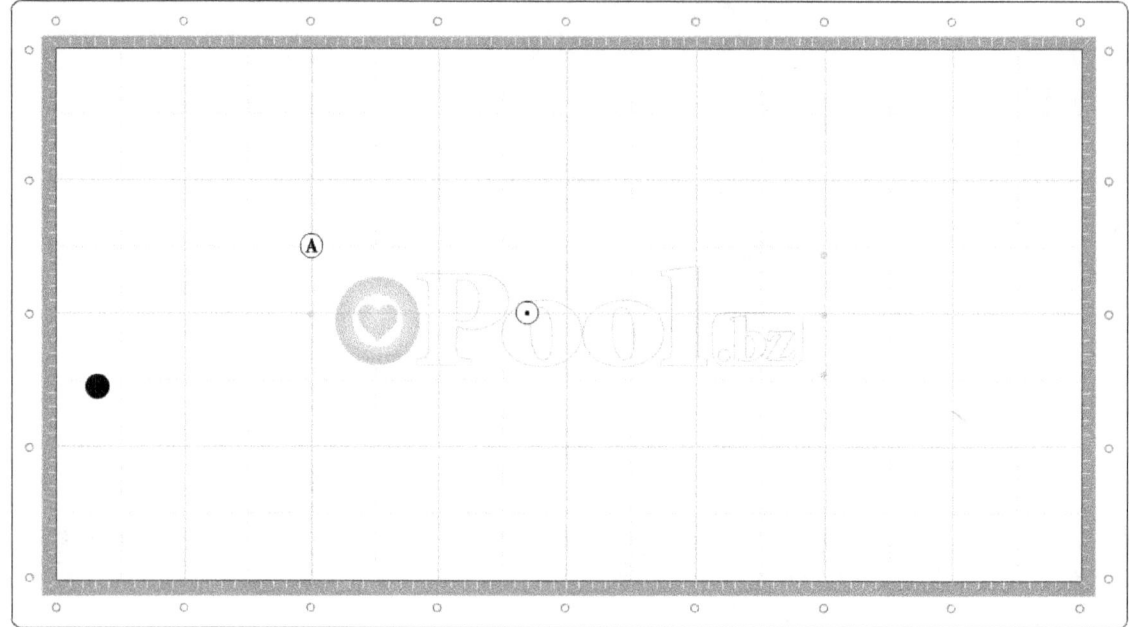

## Shot Pattern

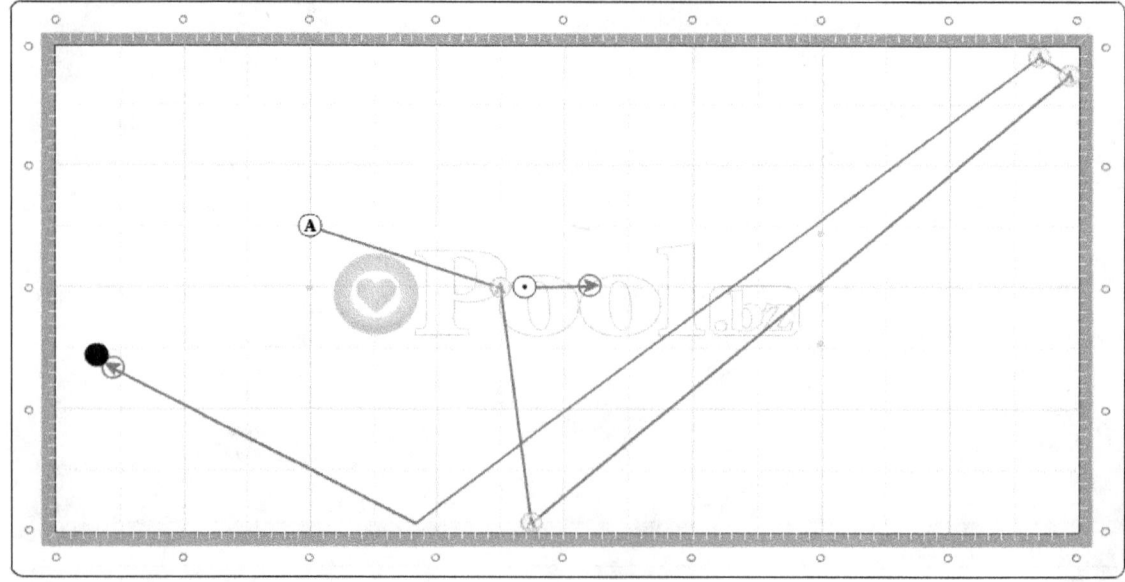

## K:1d – Setup

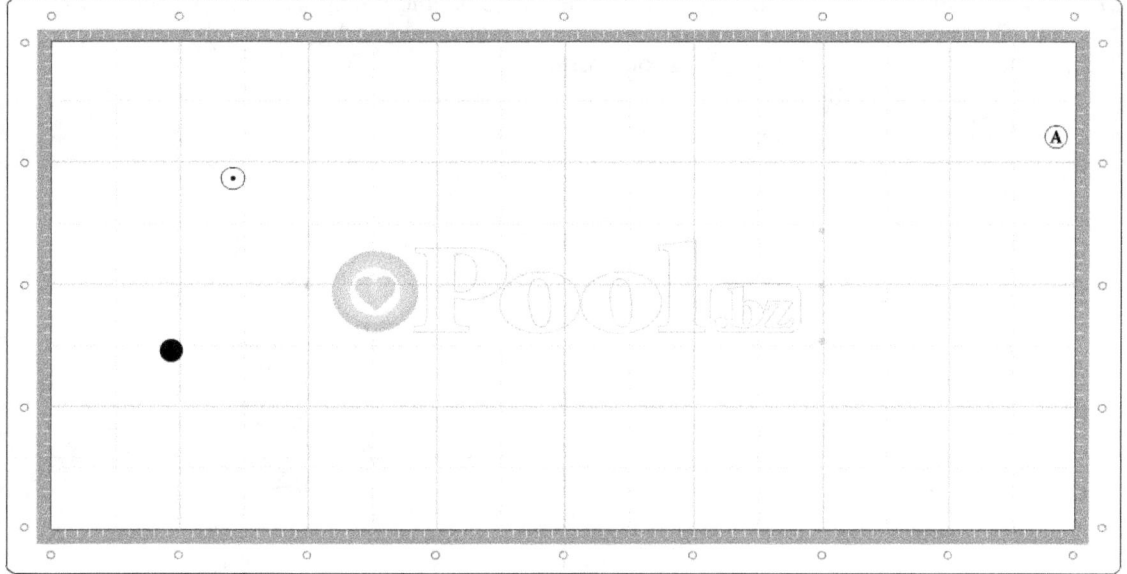

## Shot Pattern

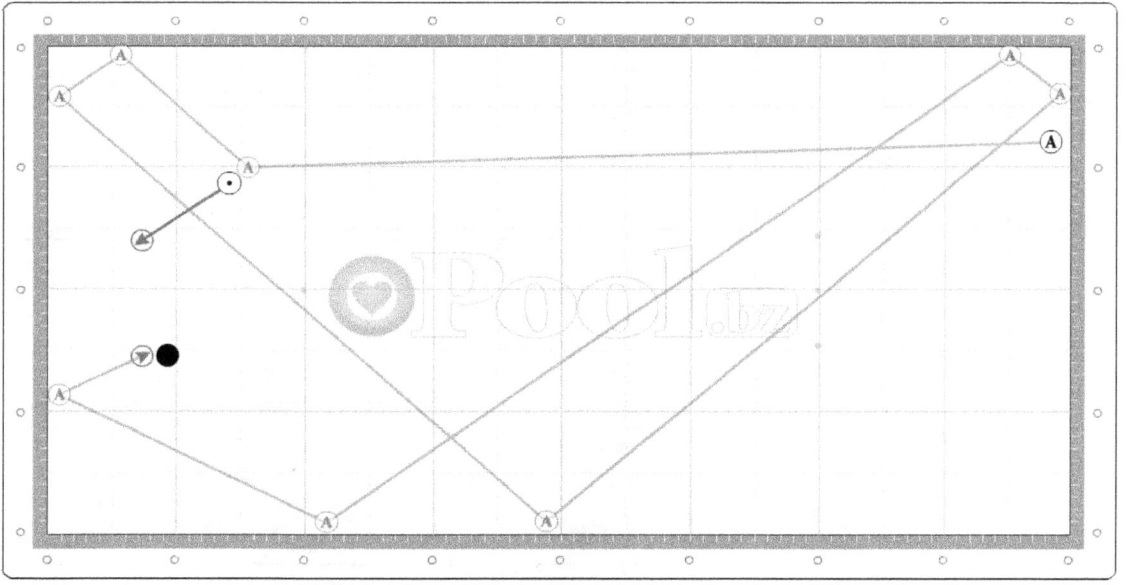

# L: Outside Return Hook

On this set of shots, the CB contacts the first OB and goes into the middle of the long rail. The CB then travels to the cross-side small corner. Instead of going into the small rail and then the long rail, the CB comes into the long rail first. It then hits the short rail and goes into the second OB. It is the "outside" hook that makes these shots work.

## L: Group 1

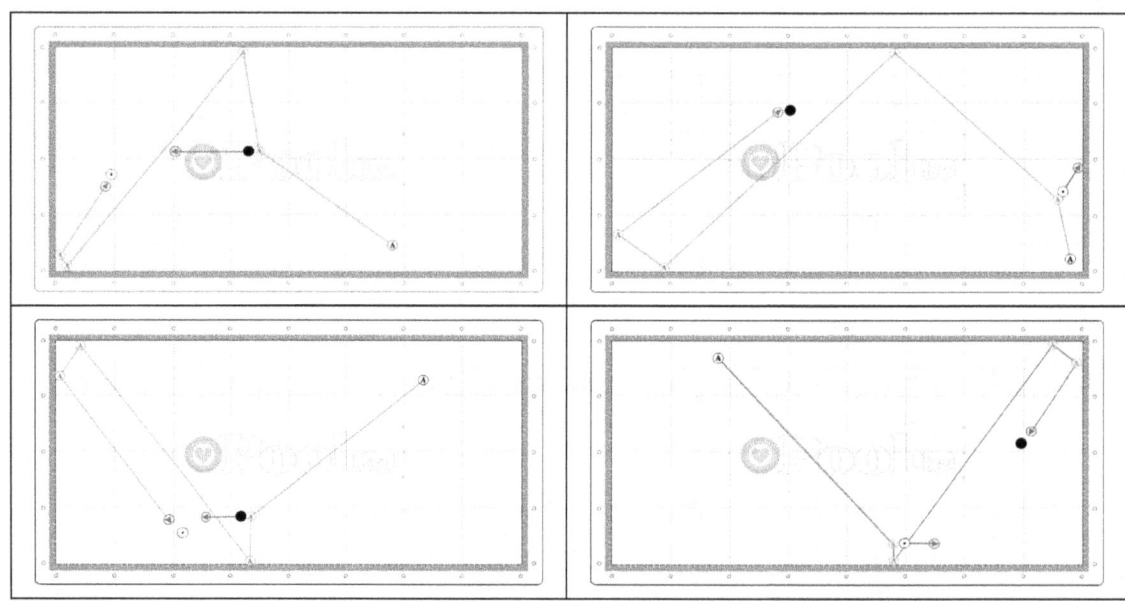

**Analysis**:

L:1a. _____

L:1b. _____

L:1c. _____

L:1d. _____

## L:1a – Setup

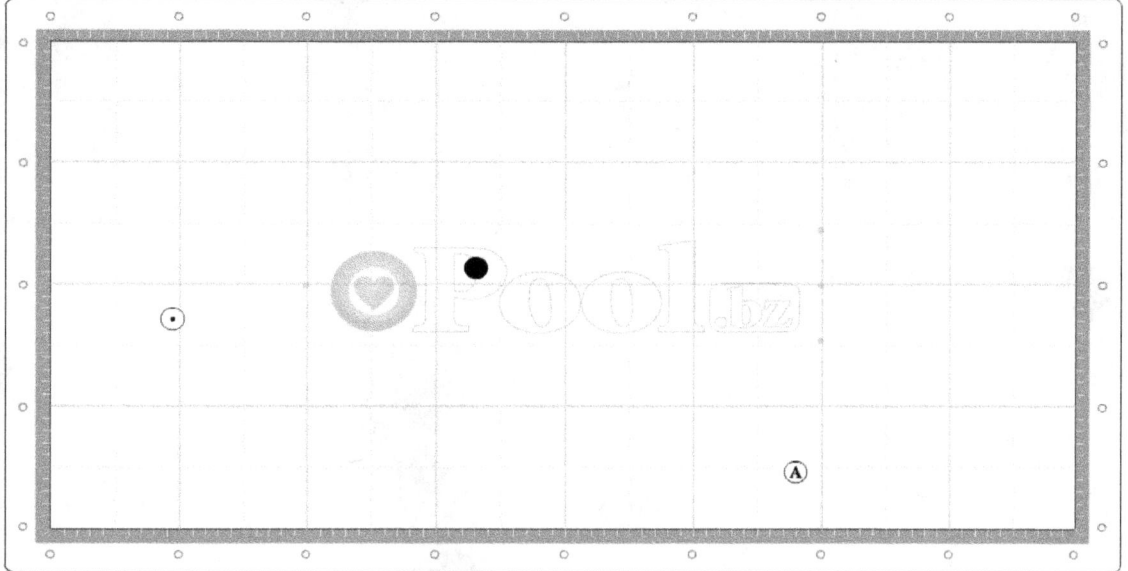

## Shot Pattern

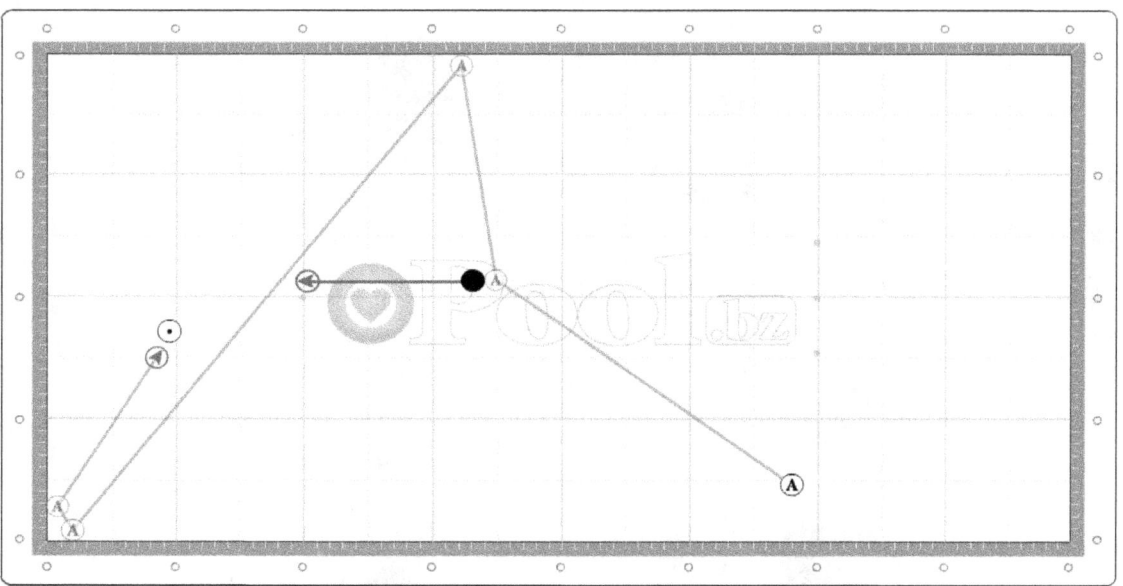

## L:1b – Setup

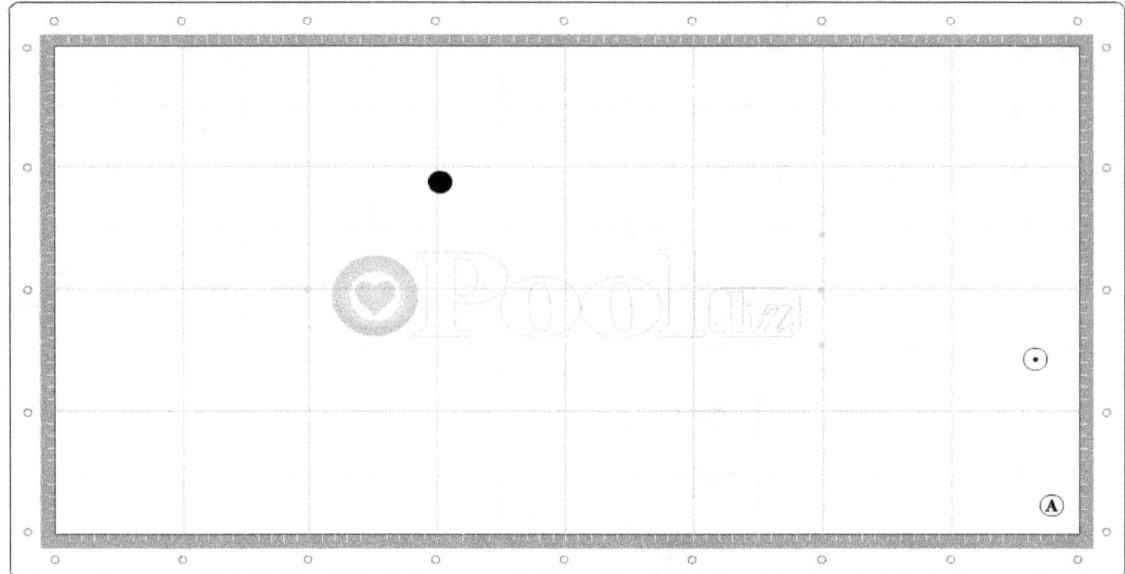

## Shot Pattern

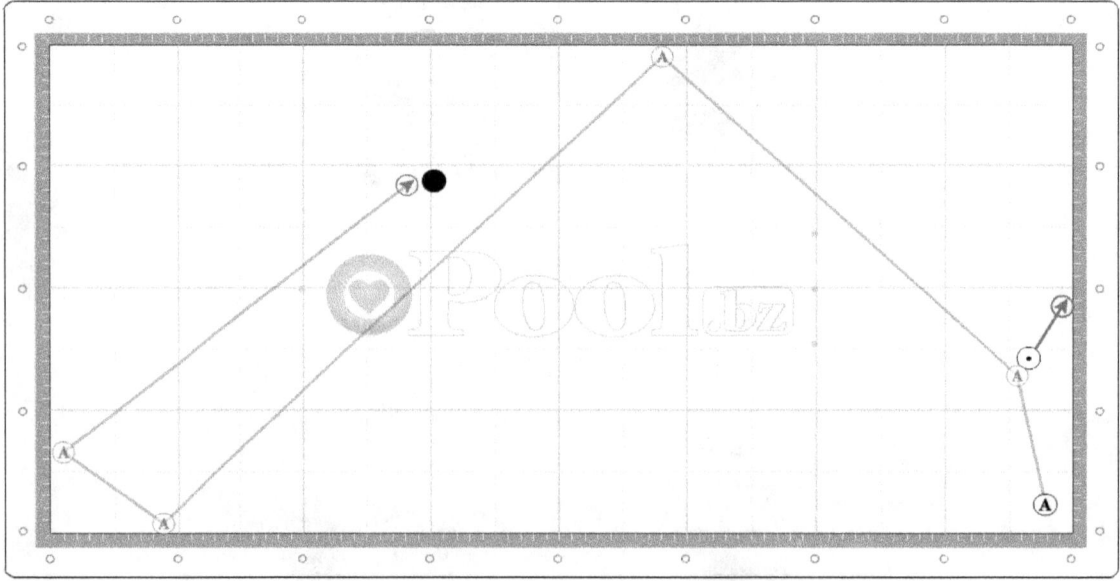

## L:1c – Setup

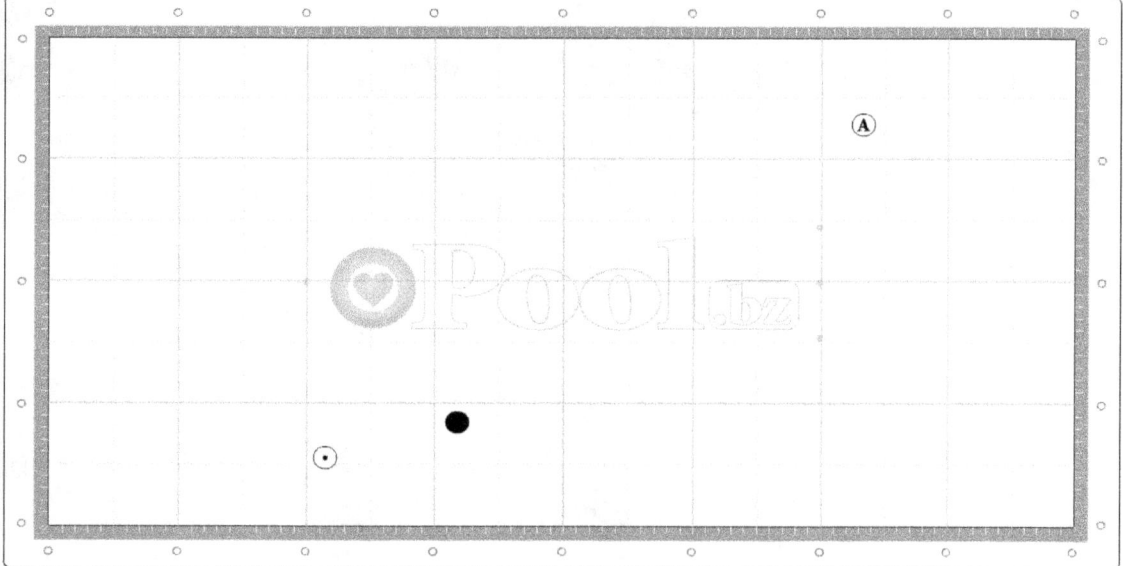

## Shot Pattern

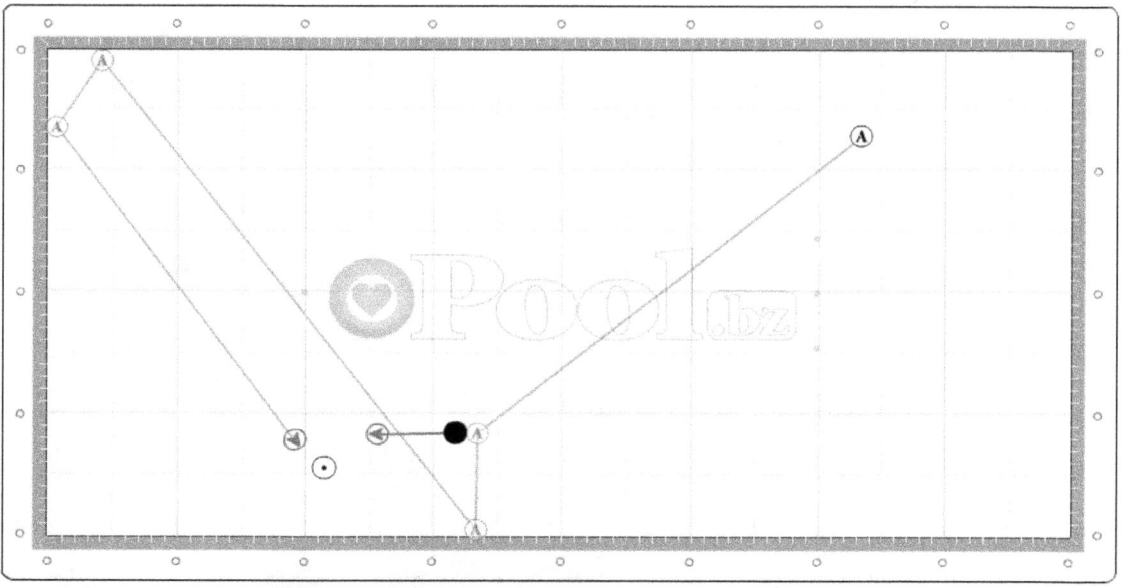

**L:1d – Setup**

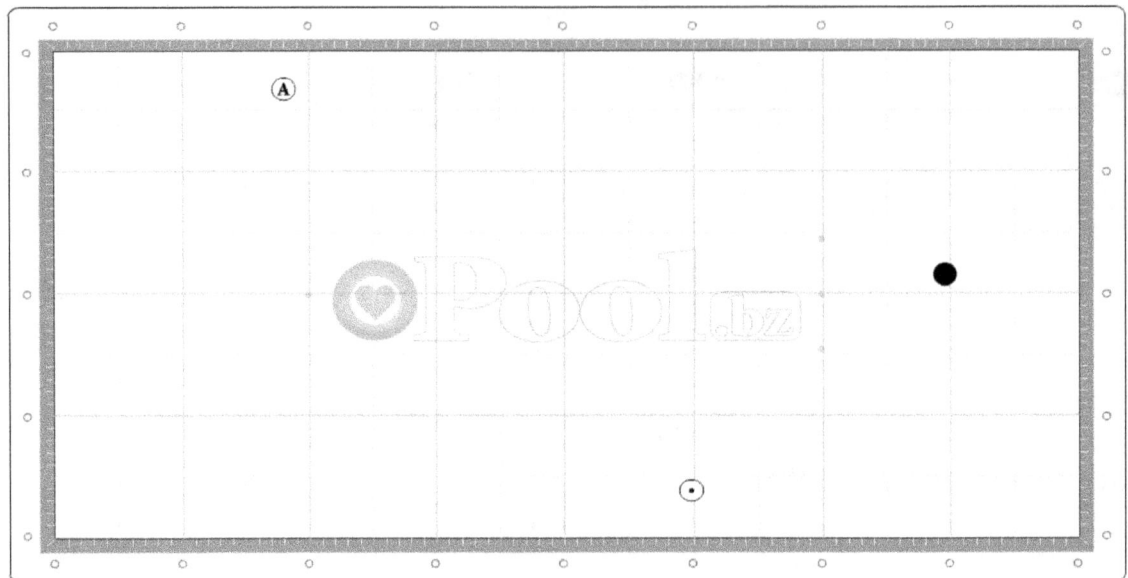

**Shot Pattern**

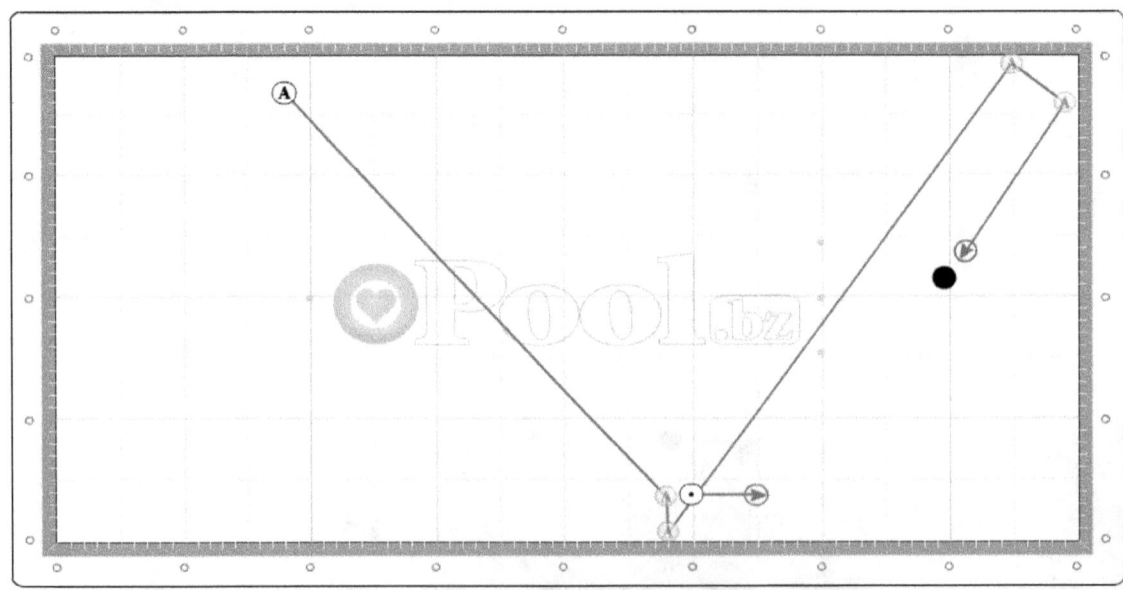

# L: Group 2

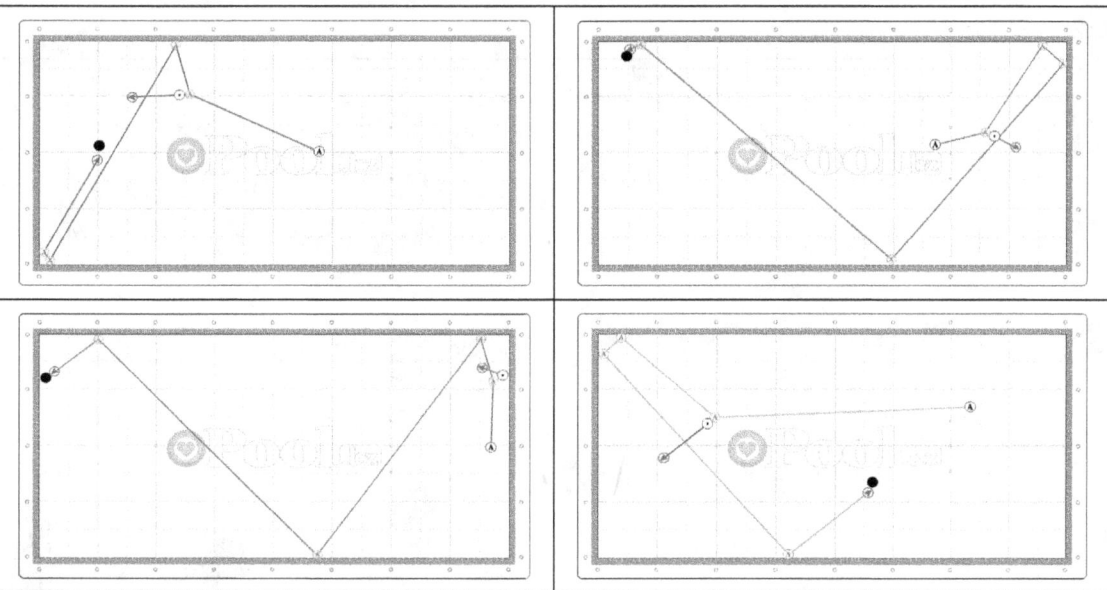

**Analysis:**

L:2a. _____


L:2b. _____


L:2c. _____


L:2d. _____

## L:2a – Setup

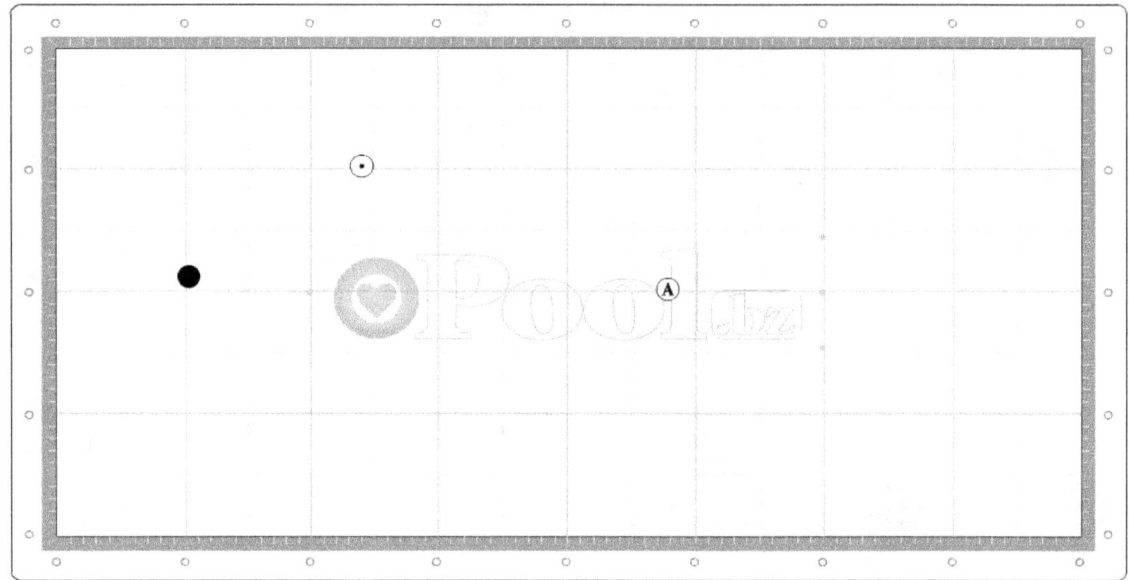

## Shot Pattern

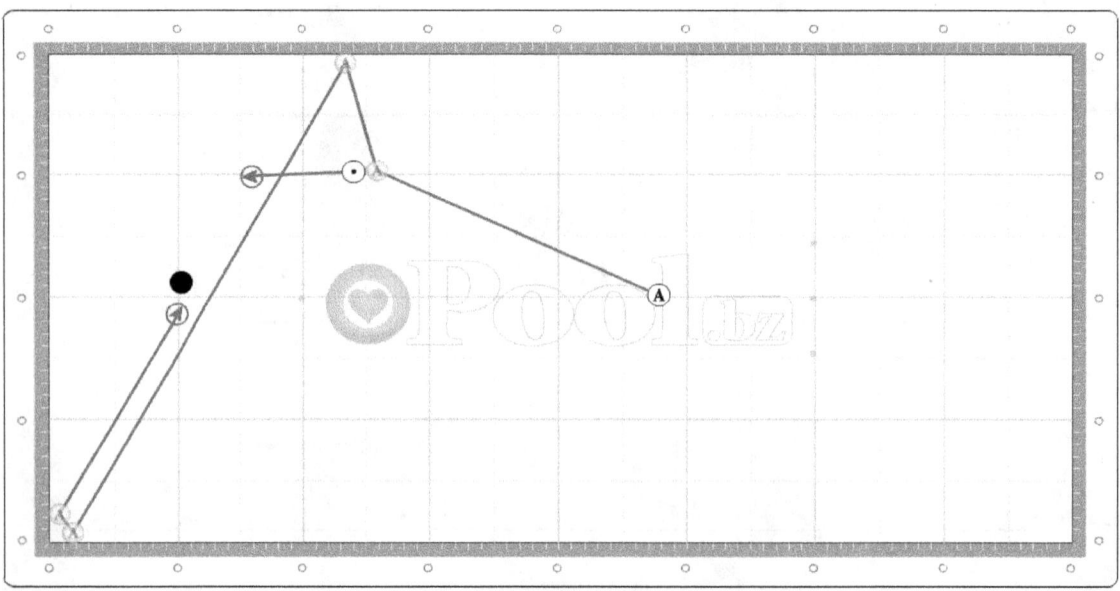

## L:2b – Setup

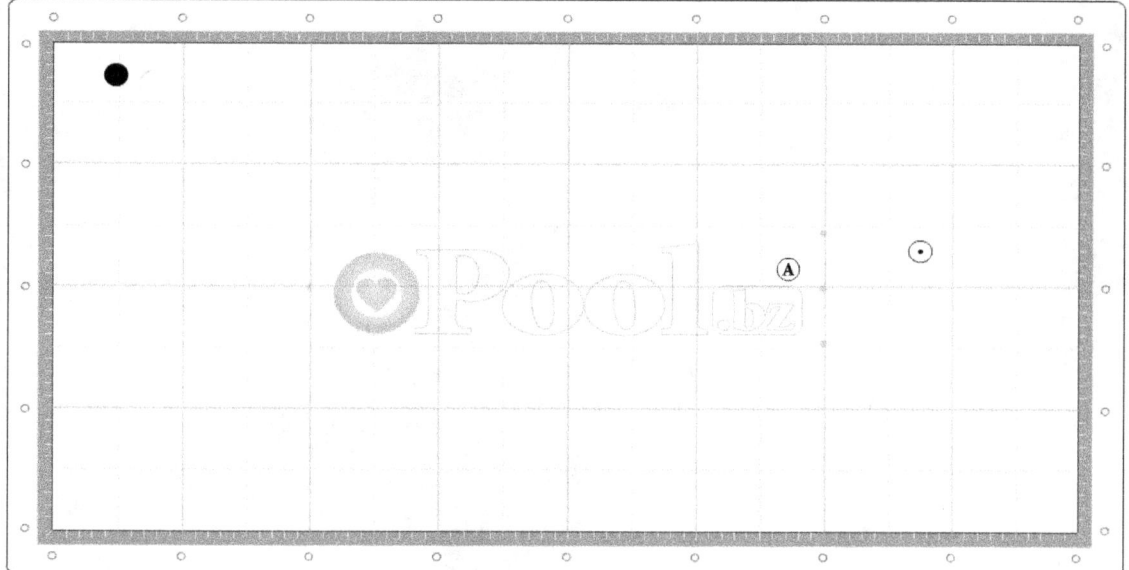

## Shot Pattern

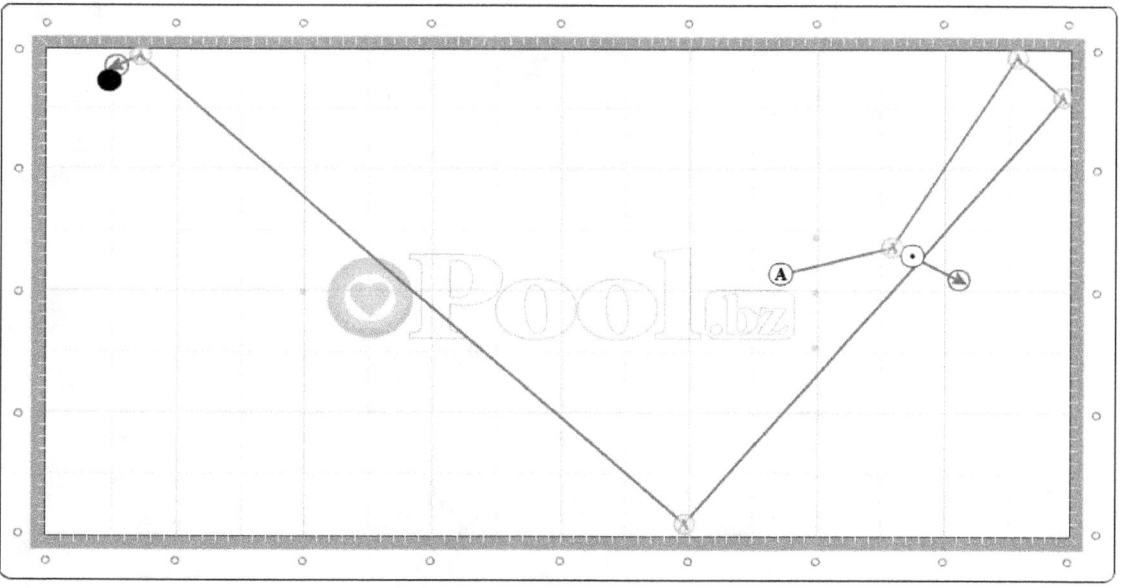

## L:1c – Setup

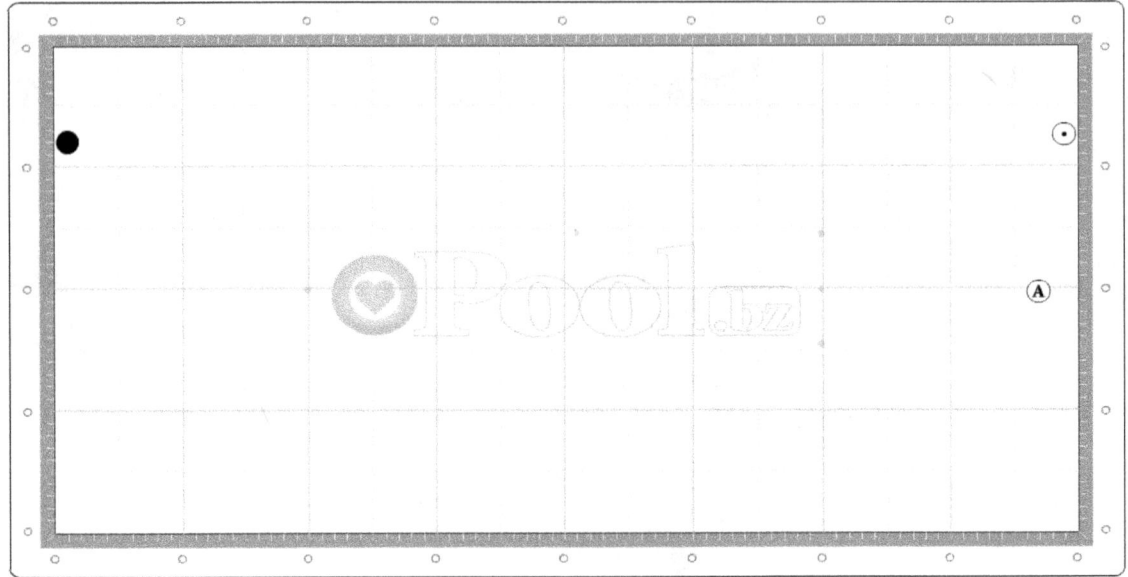

## Shot Pattern

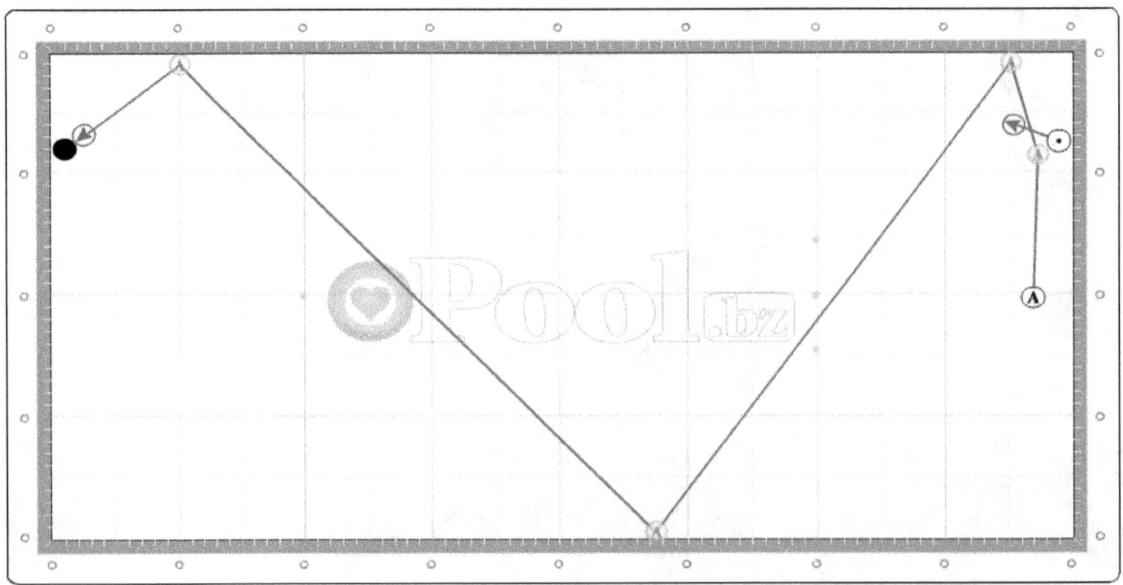

## L:2d – Setup

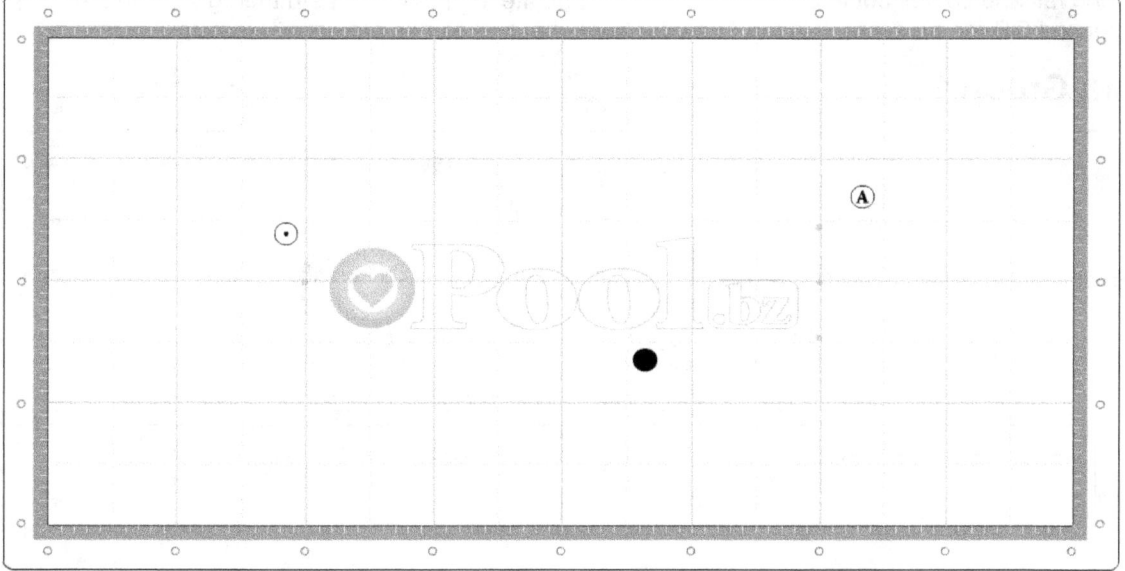

## Shot Pattern

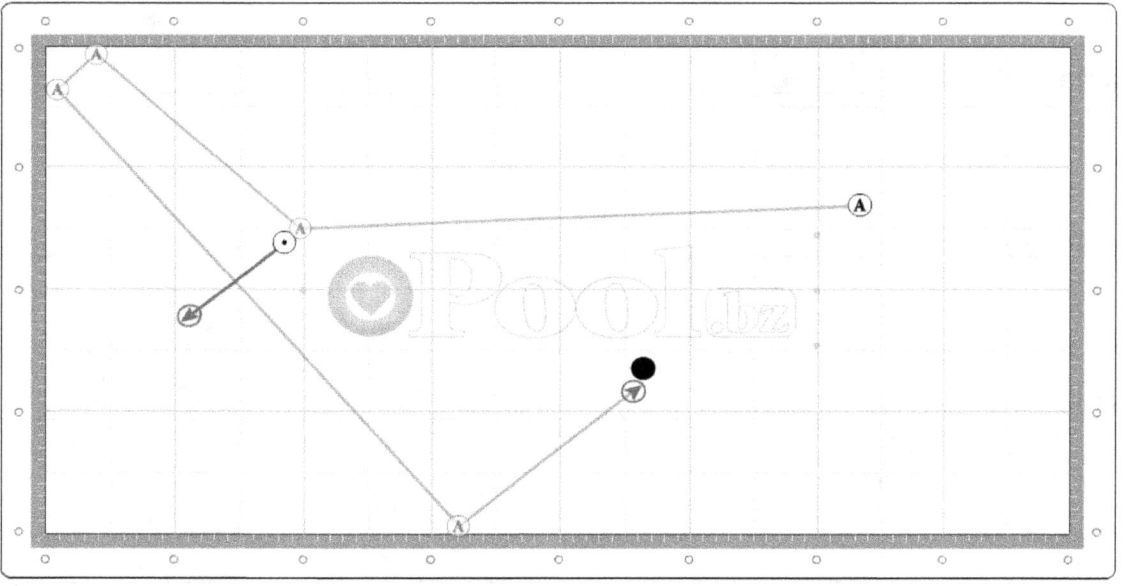

# M: Outside Corner Return (short rail)

In these shots, the CB comes off the first OB and then into the short rail. The CB contacts the long rail and comes out into the middle of the opposite long rail. The path then goes into the second OB for the score. It is the "outside" hook that makes this pattern interesting.

## M: Group 1

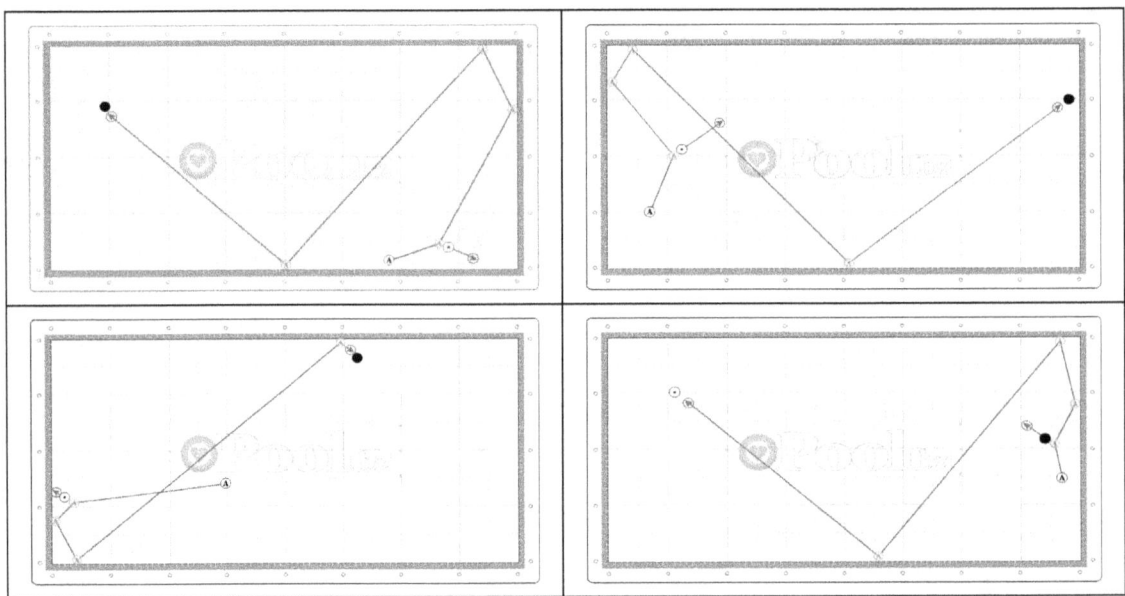

**Analysis**:

M:1a. _____

M:1b. _____

M:1c. _____

M:1d. _____

## M:1a – Setup

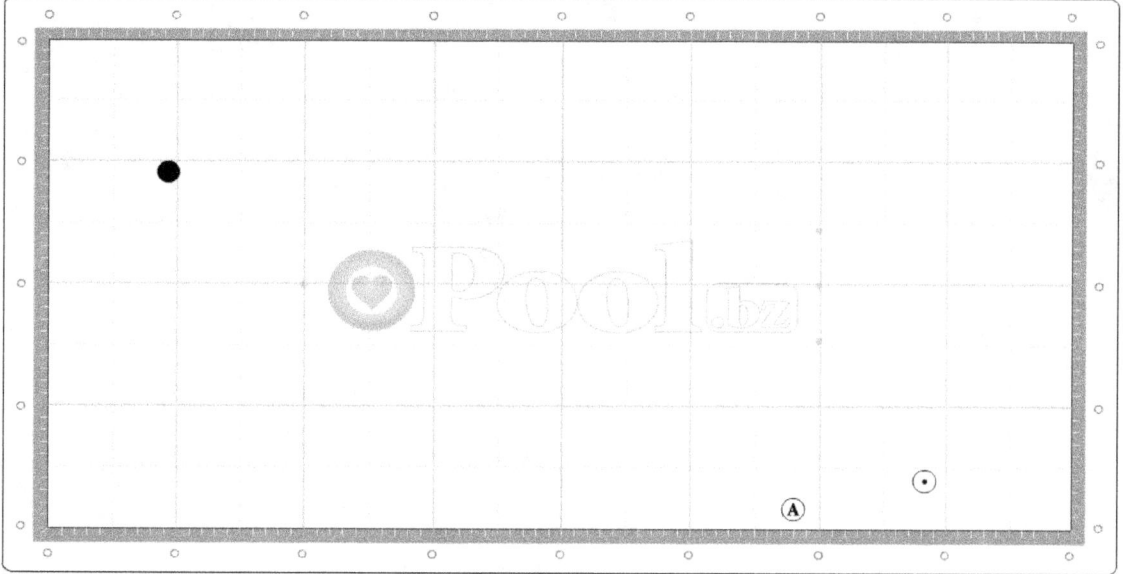

## Shot Pattern

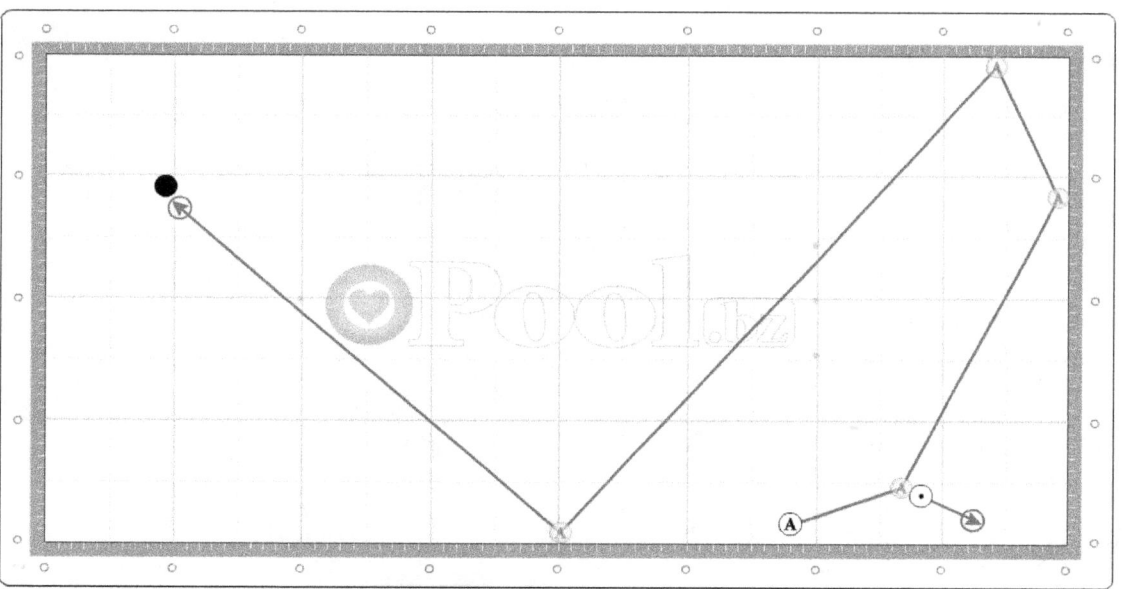

## M:1b – Setup

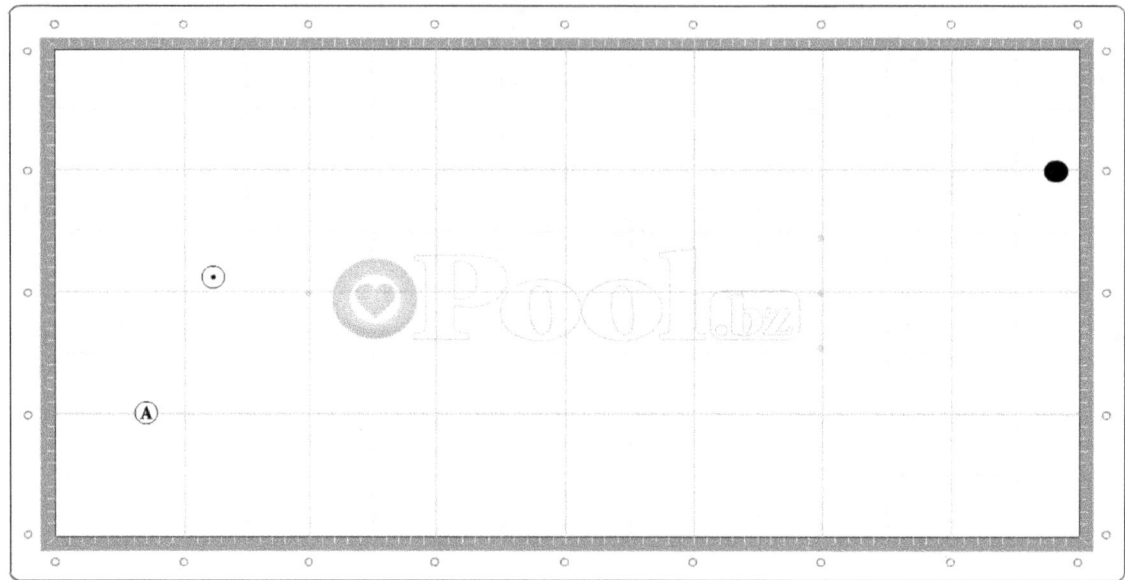

## Shot Pattern

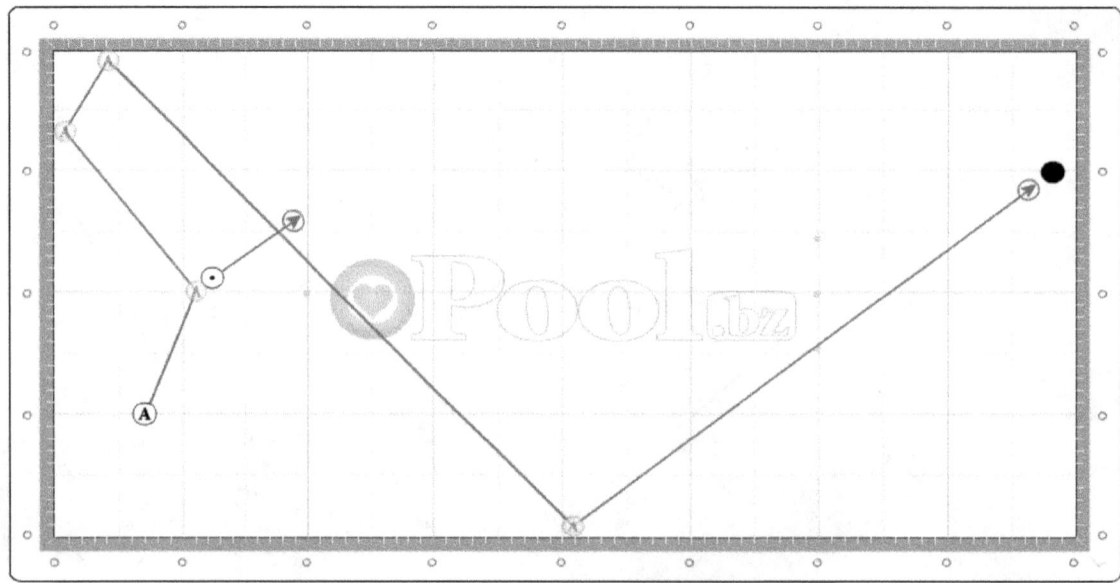

## M:1c – Setup

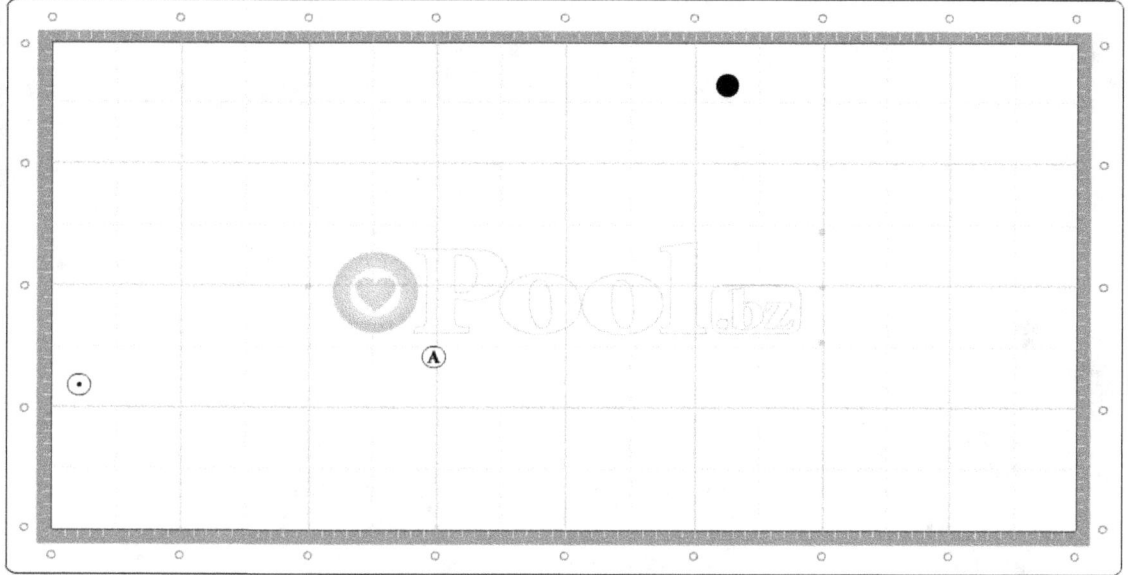

## Shot Pattern

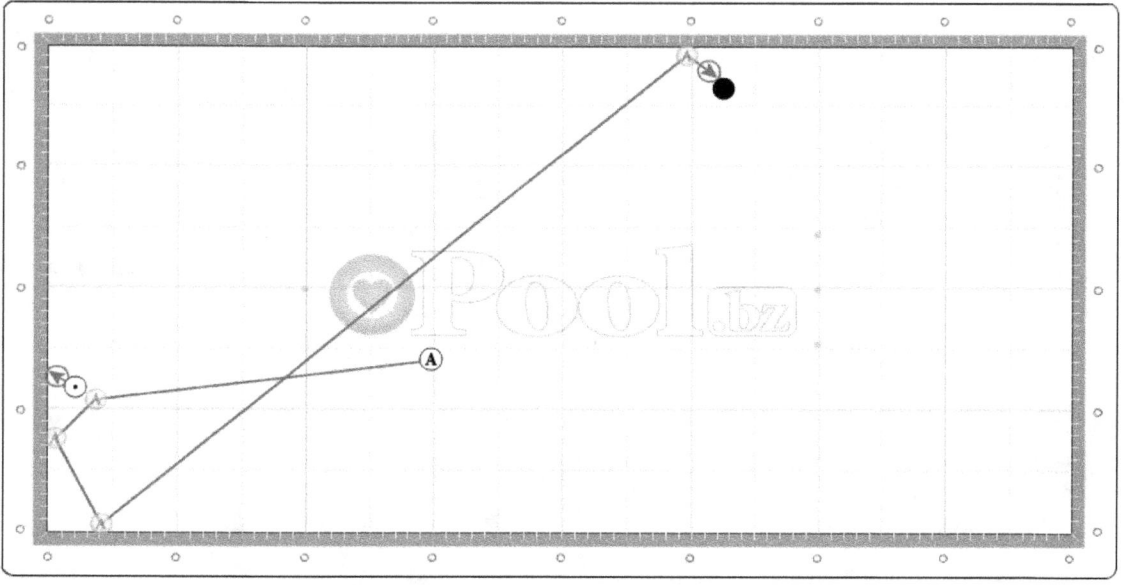

## M:1d – Setup

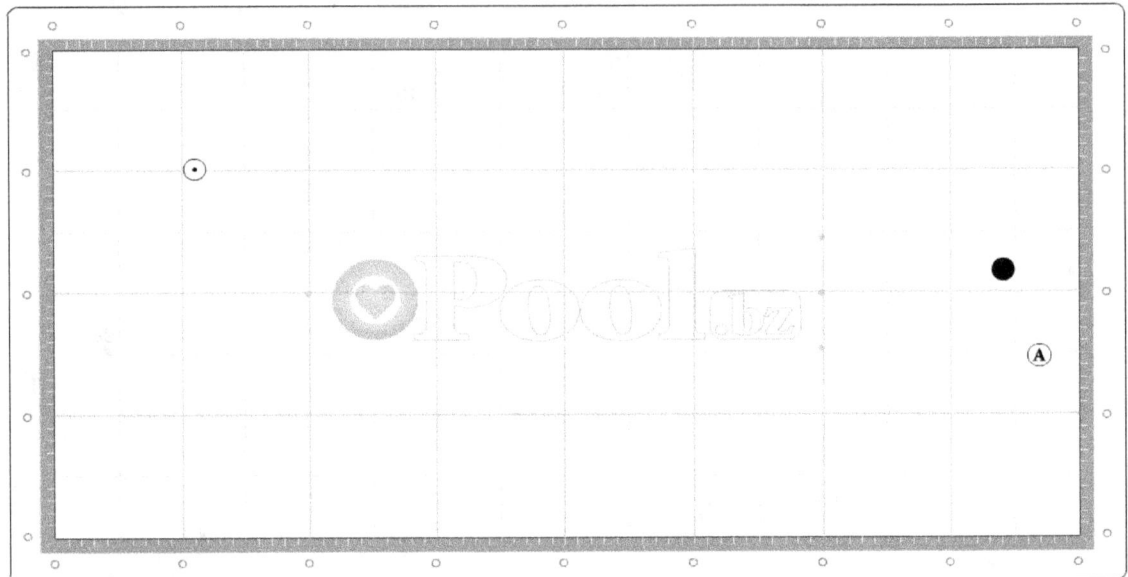

## Shot Pattern

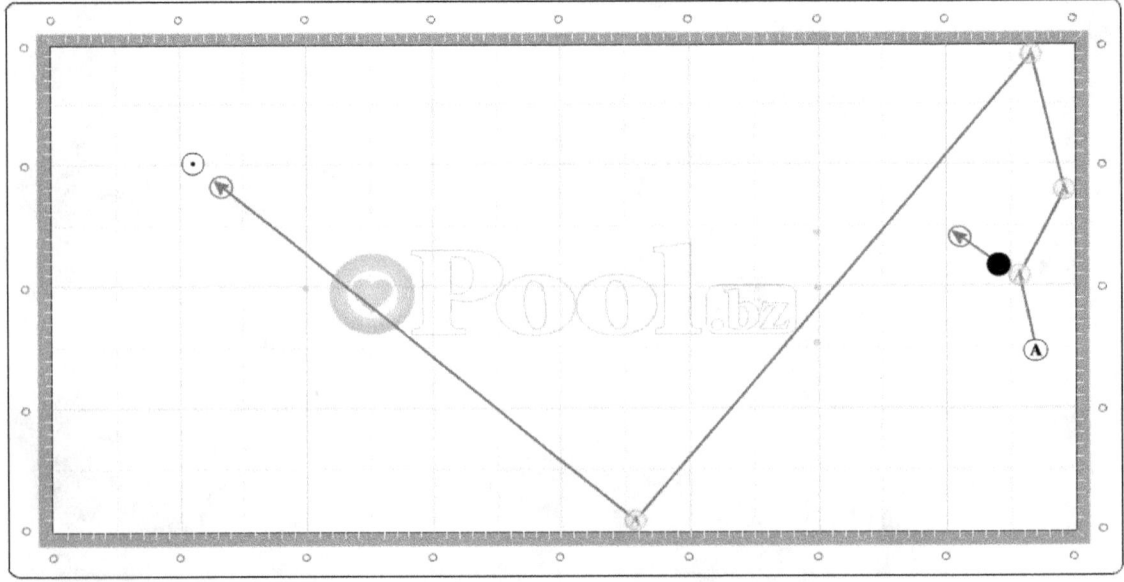

www.ingramcontent.com/pod-product-compliance
Lightning Source LLC
Chambersburg PA
CBHW080337170426
43194CB00014B/2597

715. P
B2.

# TABLE

## DES

## CHAPITRES

### DU SECOND TOME.

༺༺༺༺༺༺༺:༺༺༺༺༺༺༺༺

CHAPITRE I. *Des Loix & de la Jurisprudence.* page 1
CHAP. II. *De la Médecine.* 13
CHAP. III. *Des Modes.* - 28
CHAP. IV. *Du Théatre.* - 49
CHAP. V. *Du Despotisme.* 85
CHAP. VI. *De l'Analogie.* - 122
CHAP. VII. *Traits de Morale.* 133

CHAP. VIII. *Galleries de Curiosités & de choses perdues sur la Terre, qui se trouvent recueillies dans la Lune.* page 145

CHAP. IX. *Essai sur les Animaux.* 155

CHAP. X. *Préjugés justifiés.* 169

CHAP. XI. *De l'Attraction Intellectuelle; Pour servir de supplement à la Philosophie de Newton.* 197

CHAP. XII. *Livres à faire sur la Terre.* 216

CHAP. XIII. *Découvertes à faire sur la Terre.* 231

CHAP. XIV. *Avertissement sur les quatre Chapitres suivans.* 249

## DES CHAPITRES.

Chap. XV. *Questions frivoles en apparence, & dont il feroit curieux & même utile d'avoir la folution.* page 258

Chap. XVI. *Questions fur lefquelles il n'y a que des conjectures, la plûpart vraisemblables; mais fans démonstration.* — — 269

Chap. XVII. *Questions Morales & Métaphysiques.* — — 290

Chap. XVIII. *Questions insolubles pour tout Etre borné à cinq fens, fur lefquelles il est libre à tout Philofophe de fe for-*

former ou d'adopter un sistême pour sa propre satisfaction, convaincu qu'il n'est pas donné à l'esprit-humain de les résoudre. *page* 373

Chap. XIX. & dernier. *Fin du Voyage.* - 382

# LE VOYAGEUR PHILOSOPHE.
## DANS UN PAIS INCONNU AUX HABITANS DE LA TERRE.

## CHAPITRE PREMIER.

*Des Loix & de la Jurisprudence.*

IL avoit été un tems, où les Juges en premier reſſort étoient tenus de ſoutenir à leurs frais l'appel de leurs ſentences, & d'en payer les dépens, ſi elles étoient infirmées à la derniere juriſdiction.

Dans un autre il étoit défendu aux Avocats

cats de déclamer & de faire précéder leurs discours, d'exordes & de peroraisons. Et pour préserver les Juges de la séduction du geste & des graces de l'orateur, on ne plaidoit que dans les ténebres.

On avoit ensuite essayé, mais en vain, d'assigner un terme au jugement des procès.

On avoit encore porté le respect pour les loix anciennes, au point qu'il n'étoit permis à aucun sujet d'en proposer de nouvelles, qu'avec la corde au col pour être étranglé sur le champ, au cas qu'elles ne fussent pas unanimement acceptées; mais on avoit depuis reconnu, qu'une maxime si étrange ne mettoit un frein à la multiplicité des loix, qu'en devenant un obstacle à l'établissement de celles qui, par la vicissitude des choses, devenoient successivement nécessaires.

Dans un tems plus éclairé ces usages puérils, extravagans, ou d'une exécution

im-

impossible, s'étoient dissipés naturellement pour faire place à des réglemens plus sages.

Mais la Jurisprudence ne prit une forme réguliere, stable & vraiment utile au bonheur général, que lorsque, pour rémédier aux abus de la chicane & aux maux qu'entraîne la fureur de la procédure, on eut commencé par établir une Cour d'arbitres, choisis parmi les plus célebres Jurisconsultes; qu'il ne fut plus permis d'entreprendre un procès, qu'après avoir porté les contestations à leur tribunal, & quand ils avoient jugé les voies de conciliation impraticables.

Sur cette maxime incontestable que quelles que soient les loix, il faut les suivre & les regarder comme la conscience publique, à laquelle celle de chaque particulier doit se conformer, mais qu'elles doivent être claires & précises, on avoit formé un Code général des loix & de la coutume, tiré du dédale immense de celles, qui subsistoient auparavant, la plûpart en contradiction, souvent équivoques ou inintelligibles, dont la plus longue vie suffisoit à peine pour en effleurer la connoissance, en pénétrer le sens & en déchiffrer l'esprit (*a*). Ce Code, rédigé en termes clairs, laconiques & dans la langue du pays, étoit à l'abri de toute interprétation, & les Juges étoient tenus de l'observer à la lettre; après quoi on avoit brûlé tous les commentaires (*b*), toutes les gloses & réduit ainsi toutes les loix à un petit nombre de volumes, dont l'étude courte, facile, & à la portée de tout le monde, faisoit partie de l'éducation, & mettoit chacun en état de se juger sommairement soi-même.

Pour assurer une consistence inébranlable au nouveau Code, la plûpart des ancien-

---

(*a*) *Ut olim flagitiis, sic nunc legibus laboramus.*
Tacit. Annal. L. III. C. XXV.

(*b*) Les Commentateurs sur toutes sortes d'ouvrages ont été en si grand nombre, qu'on en

ciennes loix, dictées par l'ignorance ou par une auſtérité ſauvage, avoient été réformées ſur celles de la Nature, ou plutôt on n'avoit conſervé que celles, qui y étoient conformes (c) : mais ces loix étoient diſtinguées des réglemens de police, qui ne tombent que ſur le poſitif, & qui, ſans altérer la conſtitution du Gouvernement, ſont néceſſairement ſujettes à variation, à meſure que les mœurs & les goûts changent.

La connoiſſance reſpective des droits de chaque particulier, acquiſe avec aſſez de facilité, obvioit à une infinité de prétentions folles & injuſtes. Cette lumiere, jointe à l'autorité qu'avoient les arbitres de concilier les intérêts des parties, avant

que

en compte quatorze à quinze mille des ouvrages d'Ariſtote.

(c) *Nunquam aliud Natura, aliud sapientia dixit.*

Juv. Sat. XIV.

que de permettre le concours juridique, avoit diminué considérablement le nombre des avocats, détruit le monstre de la chicane jusques dans ses racines, & extirpé pour toujours ce peuple, aussi innombrable que dangereux, de procureurs, huissiers, sergens, records & autres vampires qui, à la honte de la raison, tirent impunément leur subsistance de la foiblesse, de l'ignorance & de la perversité de l'esprit humain (*a*).

L'exécution de la loi, à la lettre, est
l'u-

---

(*a*) On a comparé les Tribunaux aux buissons épineux, où la brebis cherche un refuge contre les loups, & d'où elle ne peut sortir, sans y laisser une partie de sa toison.

(*b*) De trois personnes, qui voient une anamorphose, autrement dit, un tableau cannelé, qui représente trois sujets différens, l'une placée sur la droite, dit c'est un lion; l'autre à gauche, dit c'est Venus; celle qui est en face, dit vous avez tort toutes deux, c'est une forêt. Ceci est l'image des opinions des Juges sur le
Droit

l'unique moyen d'assurer la tranquilité publique & la stabilité des fortunes. Quel est au contraire le malheur des peuples chez lesquels, par un fatal préjugé, le Droit est interprété arbitrairement (*b*)?

Graces aux foibles lumieres de la raison, leur honneur, leur fortune, leur état, leur vie même, continuellement en peril, dépend souvent d'un motif passionné, du hazard ou de l'organisation informe d'un cerveau (*c*). Que d'infortunés ont été condamnés qui auroient été renvoiés absous, si

la

---

Droit: il paroît tel suivant le côté, d'où on l'envisage. Malheur à celui dont la vie ou la fortune dépend ainsi des jugemens humains !

Les loix & les jugemens sont des oracles, que la glose rend inintelligibles ; les autorités se contredisent & sont citées plutôt pour séduire le Juge que pour l'éclairer.

(*c*) *Veri juris, germanæque justitiæ solidam & expressam effigiem nullam tenemus: umbrâ & imaginibus utimur.*

Cic. de Offic. L. III. C. XVII.

la fievre avoit surpris deux des Juges, qui se sont rangés du parti de la rigueur!

Mais, comme il n'est pas donné à l'intelligence humaine de prévoir tous les cas possibles (a), ni de s'exprimer d'une maniere *ininterprétable*, on avoit établi une Cour d'Équité pour tempérer la sévérité de la lettre de la loi dans les circonstances, qui demandoient, qu'on s'écartât de la rigueur. Cet établissement qui en compatissant à la foiblesse humaine, satisfaisoit en même tems à la justice, parut si admirable, qu'il fut incontinent imité par tous les peuples, qui en eurent connoissance.

Quoiqu'on se crût suffisamment muni de bonnes loix, pour assurer la félicité des peuples, on n'avoit cependant pas porté la superstition jusqu'à s'interdire le droit
d'en

(a) Pour pourvoir à tous les besoins, le nombre des loix seroit infini, & ces mêmes loix sujettes à des interprétations sans nombre, tant les accidens peuvent être multipliés à l'infini.

d'en créer de nouvelles; mais on y procédoit toujours avec une extrême circonspection, & lorsqu'on les avoit jugées de nécessité absolue, tous les Ordres de l'Etat avoient été consultés. On s'éleve naturellement contre toute nouveauté: mais ce qui est en usage aujourd'hui, étoit nouveau hier. (*a*) Quel est le Législateur, qui peut se vanter d'avoir tout prévû? Les loix, qui ont acquis des degrés de force par leur ancienneté, étoient nouvelles dans le tems, qu'elles ont été données. Si l'on eût pensé alors, comme on fait à présent, on ne les auroit pas reçues. Si pour appuyer un réglement, qu'on veut établir, on a quelquefois besoin d'en rechercher des exemples dans le passé, la raison veut donc qu'on prépare de pareils secours

à

---

(*b*) *Quod si tam Græcis novitas invisa fuisset*
*Quam nobis: quid nunc esset vetus? aut quid haberet,*
*Quod legeret, terreretque viritim publicus usus?*
— Horat. ad August. L. II, Ep. I.

à la postérité, lorsque le bien actuel l'exige. Les tems changent, les mœurs, les goûts changent aussi, jusqu'à étonner quelquefois ceux, qui les ont quittés pour en adopter de nouveaux. Il faut donc de tems en tems de nouvelles loix qui, par leur ancienneté, deviendront un jour respectables. Il est du devoir d'un grand génie de travailler, chemin faisant, au bonheur des siecles futurs, comme il est d'un bon citoyen de former des établissemens solides, & de semer des bois, qui deviendront des forêts pour ses descendans. Où en serions-nous, si, dans tous les siecles, les hommes n'avoient pensé, écrit, vecu que pour eux; s'ils n'avoient bâti qu'à vie? Où en seroient les Sciences & les Arts? Le Monde n'auroit pas encore atteint son adolescence. Combien ne serions-nous pas plus avancés que nous ne le sommes, si nos anciens avoient conçu l'admirable, le courageux projet d'une Encyclopédie,

réim-

réimprimée tous les cent ans avec les augmentations des découvertes faites dans le cours du siecle ? Que de tréfors perdus, dont nous jouirions paisiblement aujourd'hui ! Quels honneurs ne décernerions-nous pas à l'inventeur d'un ouvrage si utile pour l'humanité ?

Je ne pus refuser mes éloges à une infinité de réglemens sages, qu'un goût épuré & une raison éclairée avoient introduits pour le bonheur général. On en a déjà trouvé une bonne partie dans le Chapitre des Usages, Coutumes, Opinions, &c. Je me contenterai d'ajouter seulement dans celui-ci,

Que, comme l'expérience avoit appris, que les conventions humaines sont toujours aisées à être éludées par des faux-fuyans, qui se tirent de l'obscurité ou de l'ambiguité des termes, lorsqu'il s'agissoit d'établir une loi ou de faire un traité, les Jurisconsultes & les Politiques, loin de s'en rapporter à leurs seules lumieres, les exposoient auparavant à l'examen des Critiques & des Grammairiens les plus subtils, pour s'assurer, que les expressions en étoient justes & le sens clair, à l'abri de toute interprétation maligne, ou captieuse.

Qu'il n'y avoit aucuns honoraires attachés aux fonctions des Tribunaux; mais seulement des marques de distinction. Les honneurs, qui ne sont pour les âmes communes que de la fumée, sont pour les esprits bienfaits & les vrais citoyens, même pour le philosophe, une sorte de volupté.

Que les places de Judicature n'étoient point vénales, mais le prix du mérite & de la vertu. Qu'il n'étoit point d'usage d'en être revêtu avant l'âge de quarante ans, ni d'en continuer l'exercice au delà de soixante & dix. Avant quarante ans l'esprit n'a pas acquis assez de lumieres & d'expérience, pour remplir des fonctions si délicates; à soixante & dix il manque de vigueur. La jeunesse est en proie aux passions, la vieillesse à la séduction.

Enfin pour éviter les inconvéniens de la partialité, que tout homme a, par instinct, pour le lieu de sa naissance, personne ne pouvoit être Juge, Intendant ni Gouverneur dans la province, encore moins dans la ville, où il avoit reçu le jour.

## CHAPITRE II.

### De la Médecine.

LA Médecine, qui n'est, chez les peuples ignorans, qu'une pratique d'expérience, réduite en préceptes, sans aucune connoissance de l'anatomie, connoît peu de maladies, mais les guérit promptement: chez les peuples éclairés, elle n'est qu'une science conjecturale, qui aide quelquefois la Nature, mais souvent la détruit.

Cette science si utile, qui a pour objet la partie la plus intéressante pour l'homme, la réparation & la conservation, étoit parvenue chez les Sélénites au plus haut point de perfection.

Dégagée du fatras pompeux des termes aussi obscurs que brillans, qui l'accompagnent ailleurs, & renfermée dans un petit nombre de principes sûrs, la médecine, qui est l'art d'ajouter & de retrancher, s'étoit réduite à l'observation, c'est-à-dire, à laisser agir la Nature, l'aider rarement & ne la presser jamais.

Un petit nombre d'hommes célèbres, tous également versés dans l'anatomie, la botanique & la chimie, composoient l'Ecole de médecine. Ils étoient pleins de mépris pour ce fastueux talent, qui prétend soumettre le corps humain à la géometrie,

&

& qui, réduisant tout au calcul, jusqu'au mouvement des solides & des fluides, la plupart supposés & inconnus, conduit témérairement les malades à la mort par démonstration. De cette école sortoient tous les médecins répandus dans le reste de l'Empire.

Un honoraire considérable attaché à l'entretien de ces citoyens, voués au service de l'humanité, les dispensoit de recevoir aucune retribution du Public.

Ils avoient la direction d'une pharmacie complette, entretenue aux frais du Prince. Elle se renouvelloit tous les ans, & fournissoit abondamment aux besoins de la capitale & de ses environs. Chaque province en avoit une pareille dans sa ville principale, où les plus éloignées venoient faire leurs provisions.

Sur ce principe incontestable, que la Nature tend en tout à l'équilibre, & qu'elle cherche conséquemment à se réparer

d'eld'elle-même, conformément aux loix de l'économie animale, on faisoit un usage très-discret des drogues qui, ailleurs, rendent vains ses efforts, lorsqu'elle a en même tems à guerir la maladie, & à combattre les remedes qui contrequarrent ses opérations (a).

Quoique les médecins fussent réduits à un petit nombre par tout l'Empire, ils suffisoient cependant de reste ; ils avoient même peu d'occupation, depuis que ce Corps respectable, plein de zele pour l'humanité, avoit composé avec soin un petit livre, qui contenoit les remedes les plus expérimentés, les plus simples & les plus utiles pour toutes sortes d'accidens & de maladies : remedes qu'on devoit toutefois employer sobrement dans les cas, où la Nature ayant besoin d'être aidée, en indique

---

(a) — *exuperat magis, ægrescitque medendo.*
Æneid. L. XII. v. 46.

que clairement l'ufage; ce qui avec l'étude de fon propre tempérament, un régime aifé & la diéte au befoin, mettoit chacun en état de fe paffer prefque toujours des fecours de la Faculté.

Ce livre qui, malgré la variété & la multiplicité des maux, auxquels le corps humain femble affujetti, étoit d'un petit volume, avoit été extrait des livres de Salomon fur les propriétés des plantes, dont l'original fe trouve dans le cabinet des chofes perdues fur la terre. Et l'on fut étonné de reconnoître, que les plantes les plus méprifables, que chaque pays produit, renfermoient les vertus de celles, qu'on alloit auparavant chercher, à grands fraix, dans les contrées les plus éloignées, la Nature, cette mere bienfaifante, en aiant difperfé, dans tous les climats, de propres aux maladies qui y regnent. Tous les remedes, avant cette découverte, n'étoient que des palliatifs, à la réferve du quinquina, na, de l'opium, de l'éméthique & du mercure, seuls alors capables d'opérer virtuéllement la guerison.

On ne dédaignoit cependant pas les découvertes de certains spécifiques simples ou composés, qu'un hazard heureux procure quelquefois plutôt, que l'étude & la recherche la plus pénible; & lorsque l'utilité d'un remede étoit reconnue par la Faculté, l'inventeur étoit toujours récompensé suivant son importance, & amplement dédommagé par l'Etat, du privilege, qu'on lui refusoit de le débiter lui-même, & le secret étoit aussitôt rendu public. C'est ainsi que l'empirisme s'étoit dès longtems détruit de lui-même, comme toute profession sans exercice.

Pour donner au peu de remedes, qui étoient en usage, cette vertu, qui souvent n'opere sur le corps que rélativement à la disposition de l'âme, on commençoit d'ordinaire par traiter les maladies de l'esprit,

qui

qui s'opposent à leur efficacité, en rappellant la gaieté par des amusemens innocens, & en fortifiant la constitution par des exercices modérés. Par cette méthode on vit disparoître, en peu de tems, les affections histériques, hipocondriaques, les obstructions, les mélancolies, &c.

Une sage ordonnance du Prince avoit aboli l'usage dangereux du cuivre pour les fontaines domestiques & autres vases & ustenciles, qui servent à la préparation des alimens. La province même, qui en possédoit les mines, en avoit, par un généreux sacrifice de son propre intérêt au bien général, sollicité la prohibition.

Sans égard pour le bénéfice considérable, que le Prince pouvoit se promettre de la consommation du tabac, il ne balança pas à proscrire l'usage de cette plante, avant qu'on en eût contracté la dangereuse habitude, parce que l'odeur en est ammoniacale & la vertu narcotique ; que le tabac

bac nuit à la propreté; qu'il occaſionne une dépenſe ſuperflue, & cauſe aux artiſans la perte d'un ſixieme de la journée de travail; qu'il produit plus d'effets nuiſibles que de ſalutaires, en ce qu'il altere la mémoire, deſſeche le cerveau, & affoiblit l'odorat. Cette drogue fut reléguée dans la claſſe des rémedes.

Preſque tous les hommes apportant en naiſſant un principe de mort, qui eſt la petite vérole, dont peu de perſonnes ſont exemtes, & qui, par ſes ravages, moiſſonne la quatrieme partie du genre humain, l'Inoculation fut à peine inventée dans la ſeule vue de ſauver la beauté du naufrage, qu'on ſentit heureuſement l'importance de cette découverte pour la conſervation de l'eſpece humaine. Elle eſſuya, à la vérité, bien des contradictions; mais ſoutenue des éloges de la Faculté, & appuyée de l'exemple du Souverain, qui y ſoumit toute ſa famille, elle triompha bien-

biéntôt des futiles préjugés, qui s'oppo-
foient à fon établiſſement dans la capitale,
d'où elle s'étendit toujours, avec fuccès,
dans les autres parties de l'Empire; & par
un dénombrement exact, on reconnut avec
joie, qu'en moins d'un demi-fiecle, le
nombre des habitans s'étoit accrû d'un
dixieme: ce qui porta le Gouvernement à
favoriſer les progrès d'une opération ſi ſa-
lutaire & ſi conſolante, malgré les déclamations puériles de ces âmes foibles & de
ces clair-voyans fanatiques, toujours prêts
à traverſer des établiſſemens avantageux,
en intéreſſant la Religion dans des matieres, qui lui font totalement étrangeres.

Pour guérir cette maladie imaginaire,
qu'on appelle Rage, on commençoit par
traiter l'imagination, enfuite d'innocens
remedes achevoient la cure.

Par l'étude profonde de la Nature, de
ſa marche & de ſon penchant à la criſe,
l'expérience avoit démontré, que les ma-
la-

ladies incurables dans le moyen âge, font une chimere, & un faux-fuyant, ou la derniere reſſource des médecins ignorans qui, en ſurchargeant le corps de remedes, rendent les guériſons impoſſibles. La cure de l'eſprit entraîneroit ſouvent celle du corps, ſi l'on s'en remettoit à la Nature du ſoin de le guérir.

La Botanique s'étoit perfectionnée par le ſoin, avec lequel on avoit examiné la conduite des animaux qui, dans leurs maladies, vont chercher, par inſtinct, le remede qui leur eſt propre. A l'aide de ces obſervations, on étoit parvenu à connoître la propriété de bien des plantes, qui avoient échappé à la ſagacité humaine. C'eſt ainſi, dit-on, qu'on a découvert ſur la terre le quinquina, que recherchent les lions ſujets à la fiévre intermittante, le dictame avec lequel les chevres guériſſent leurs bleſſures dans l'iſle de Candie; que l'homme a appris la ſaignée de l'hippopotame, le cliſ-

cliſtere de l'ibis, le ſyphon de la puce, &c.

On avoit fait ſur les plantes, reputées nuiſibles, des expériences les plus ſuivies, qui avoient détruit les opinions vulgaires ſur leurs prétendues dangereuſes propriétés, & comme il n'y a dans la Nature aucune production inutile, quelques ſimples, reconnus effectivement vénéneux, s'étoient trouvés au contraire, par l'analiſe & les épreuves, des antidotes à certains maux, comme chez nous l'éméthique, l'opium, la cigue, l'antimoine, l'arſenic, le ſublimé, le réagal, &c.

Il fut expreſſement défendu ſous des peines très-graves de compoſer ni de vendre ces drogues & ces ingrédiens, que la vanité & le déſir déréglé de plaire imaginent propres à réparer ſur la peau les outrages de la Nature & du tems. Le charlatan étoit puni comme auteur & complice des fraudes & des artifices, que
les

les femmes employent impunément, pour séduire les hommes; le beau sexe même avoit applaudi aux soins de la Faculté, qui avoit démontré, que les cosmétiques les plus simples nuisent à la santé, & que cet art unique opere directement le contraire de ce qu'on en attend, ne donnant à un certain âge, où ils sont inutiles, un peu plus d'éclat qu'aux dépens de celui qui doit le suivre: enfin que tout cosmétique est un masque trompeur, qui avance l'éclipse de la beauté naturelle, & un agrément factice, qui ne dupe que les sots. (*a*)

Le Régicide, le Parricide & la trahison à sa Patrie étant, par les Constitutions de l'Etat, les seuls crimes qu'on punissoit de mort, pour purger le pays des ces monstres

---

(*a*) ―――― *tu non inventa reperta*
*Lustus eras levior.*
Ovid. Metam. L. I.
―――― *tanti est quærendi cura decoris.*
Juv. Sat. VI.

ſtres exécrables, les criminels de cette eſpece étoient deſtinés aux expériences chirurgicales: d'où l'anatomie avoit tiré des connoiſſances, que la diſſection des cadavres & des animaux vivans ne peut procurer (*b*).

Il ne manquoit à la perfection de la médecine chez les Sélénites, que de trouver le remede univerſel: mais ils étoient trop éclairés pour le chercher; & trop ſages pour lutter contre l'expérience de tous les ſiecles. Le corps humain eſt une machine en mouvement, dont les reſſorts doivent néceſſairement s'uſer à la longue; mais cette machine, au contraire de toutes celles, que l'induſtrie humaine a inventées, tendant à réparer les deſordres, qui lui ſurviennent, il faut ne pas multiplier les ob-

---

(*b*) *Omne magnum exemplum babet aliquid ex iniquo, quod contra ſingulos utilitate publicâ rependitur.*

Tac. Annal. L. IV. Orat. Caſſii.

*Tome II.* —B

obstacles pour en perpétuer le mouvement jusqu'au terme marqué pour sa destruction (a). Tout l'art ne consiste donc qu'à éviter un frottement trop rude, entretenir le libre cours des fluides & la flexibilité des solides, & moins par l'usage de certains alimens, que par la privation de bien d'autres.

Mais les vrais & uniques moyens, qui soient en notre puissance de prolonger le cours de la vie, sont la frugalité, la tempérance, la gaieté, la sobriété & (b) les occupations utiles ; ils préviennent les infirmités, l'exercice les dissipe, la modération dans les plaisirs en chasse le dégoût, l'amertume & la satiété. La lecture est l'antidote de l'ennui & la musique de la mélancolie. Le moyen physique d'allonger

---

(a) Il y a mille signes évidens de mort, & il n'y en a aucun, qui puisse assurer la santé & la vie.

Un seul chemin nous mene à la vie ; il y a mil-

ger notre être, comme dit Montaigne, c'est de prendre, dès l'enfance, l'habitude de ne donner au sommeil que ce que la Nature exige précisément de repos pour réparer les forces perdues pendant la veille. Les momens qui se passent dans la souffrance, ceux qui s'allongent dans l'ennui, ceux qui s'écoulent dans le sommeil, especes de morts comptées sur la durée de la vie, sont autant de retranchés du nombre de nos jours.

mille routes pour en sortir.
(*b*) Il n'y a réellement que les gens sobres, qui goûtent les plaisirs des sens dans toute leur excellence.

## CHAPITRE III.

### Des Modes.

LE Vêtement étoit-il néceſſaire à l'homme? C'eſt une queſtion; il y a lieu de croire cependant, que s'il eut du être vêtu, il l'auroit été par la Nature, comme les animaux le ſont de poil, de cuir, de coques, de plumes, d'écailles &c, & de tout ce qui eſt néceſſaire à la conſervation de tout être vivant (a).

La décence, terme inconnu pendant bien des ſiecles de candeur, a pu demander par convention, que l'homme voilât quelques parties de ſon corps: mais le ſoin de ſa propre conſervation exigeoit, qu'il ne privât pas les autres des bénignes influen-

---

(a) *Proptereaque feré res omnes, aut corio ſunt.*

fluences de l'élément, dans lequel il est destiné à vivre. Quels que soient les motifs, qui l'engagerent à se vêtir, il est certain qu'il ne doit qu'à cet usage la foiblesse de son tempérament, & bien des infirmités dont le corps eut été exemt dans un air libre ; parmi lesquelles on compte principalement les fluxions, les rhumatismes, les sciatiques, la goutte, les catarres & tous les autres accidens, qui proviennent d'une transpiration interceptée par l'usage des vêtemens & des ligatures, d'où naît encore cette malpropreté si nuisible à l'économie animale, dont tout corps, exposé au grand air, est presque toujours préservé, & dont il ne peut se garantir que par des soins répétés & une réparation continuelle.

Croit-on qu'il soit impossible à l'homme de secouer un joug si funeste à la santé, pour

*Aut setæ, aut conchis, aut callo, aut cortice tecta.*
Lucret. L. IV. v. 933.

pour recouvrer fa premiere conftitution, fi la malheureufe habitude, qui n'eft point, comme on le dit abufivement, une feconde Nature, ne triomphoit toujours impunément de la réflexion? Le fameux Czar Pierre, ce génie créateur de notre fiecle, qui pouffa les épreuves jufques à forcer fes matelots à ne boire que de l'eau de mer, dont ils moururent tous, omit de tenter celle-ci, qui étoit moins dangereufe. Le fuccès eût peut-être juftifié l'entreprife. Il étoit propre à donner cet exemple au refte de la terre (a).

N'eft-ce pas la manie infenfée de multiplier

(a) J'avoue que dans nos mœurs actuelles, de femblables propofitions peuvent & doivent paroître révoltantes. C'eft que l'homme, dans l'état de fociété ne fent que les obftacles, qui n'exiftent pas dans l'état de Nature. Auffi n'ai-je prétendu que faire fentir les inconvéniens réels du vêtement, qu'il eft impoffible aujourd'hui de quitter entierement; mais auquel il feroit facile de faire telle réforme dont le corps humain ti-

plier ſes beſoins, plutôt que la rigueur du climat, qui fait que les Européens & les habitans policés de la Zone torride ſe vêtiſſent, tandis que des peuples entiers, qui habitent de rigoureux climats, expoſent leur corps aux intempéries de l'air & jouiſſent néanmoins d'une meilleure ſanté & d'une plus longue vie que nous?

N'eſt-ce pas par habitude plutôt que par néceſſité que nous couvrons certaines parties du corps, & que nous en laiſſons d'autres découvertes? Les plus ſenſibles, comme les mains & le viſage, ſont expoſées, ............................................................. les tireroit bien des avantages, comme de tenir toujours la tête, la poitrine, les bras & les pieds découverts, de ſupprimer toutes les ligatures, &c.

Varron tient que, quand on ordonna que nous tinſſions la tête découverte en préſence des Dieux, du Souverain & du Magiſtrat, on le fit plus pour notre ſanté, & pour nous affermir contre les injures du tems, que pour compte de la révérence. — Mont.

les yeux, cette partie si tendre, bravent fiérement les aquilons & les frimats ; quelques Cénobites, la tête & les pieds nuds, les affrontent en pleine sécurité. Pourquoi les hommes n'iroient-ils pas la poitrine découverte aussi bien que les femmes, dont la complexion est plus délicate ? Le désir de plaire ou de séduire dans un sexe, les besoins continuels de la vue & du tact dans tous les deux, sont donc plus puissans, que le soin de notre conservation, à laquelle d'ailleurs on sacrifie tout.

Dans l'état actuel des choses, c'est-à-dire, avec le tempérament altéré que nous ont transmis nos ancêtres, par le fatal usage de se couvrir, la propreté est devenue une sujétion, autrement dit, un soin nécessaire qui n'exigeroit que des vêtemens simples, commodes & de bonne défense contre le froid & l'intempérie des saisons, si

(a) Ces austeres Spartiates si vantés, tant qu'ils

si la vanité, qui entre dans toutes les combinaisons, n'eut porté l'homme à joindre l'art au pur besoin, ensuite l'élégance, enfin le raffinement, qui engendra les modes.

Les modes sujettes à l'inconstance par le goût naturel qu'a l'homme pour la variété, le rendirent esclave de mille faux besoins; le luxe y mit le comble.

Le luxe est encore à définir. S'il est utile ou nuisible dans une grande Monarchie qui recueille les denrées de premiere nécessité, c'est une question, source de mille paradoxes. L'austere Lacédémone, comme dit Melon, n'étoit pas plus heureuse, elle étoit moins florissante que la voluptueuse Athênes; l'une & l'autre ont produit de grands hommes avec des mœurs entierement opposées; Athênes en a même fourni un plus grand nombre que Lacédémone (a). Selon les uns le luxe est la somptuo-

_____
qu'ils observerent religieusement les loix de Li-
cus-

tuosité dans les édifices, les meubles, les équipages, les vêtemens, les tables; selon d'autres c'est l'abus des richesses. Le Moraliste chagrin le fait consister dans tout ce qui n'est pas de nécessité absolue. En ce cas un habit, formé de la simple peau d'un animal, est donc déjà un luxe.

Le luxe est le plus dangereux ennemi de la population. Les bras employés à tirer & manœuvrer l'or, négligent les véritables productions de la terre. Pour soutenir le faste, on se refuse aux vœux de la Nature; on préfère d'augmenter le nombre de ses domestiques, à celui de ses descendans:

il curgue, après les victoires de Lysander, qui répandirent l'or & l'argent dans la République, passant à un excès opposé, se livrerent à tous les excès du luxe & de la débauche, à une cupidité insatiable, & à une avarice extrême: en quoi ils surpasserent les Athéniens, dont les mœurs leur avoient si longtems servi de contraste. Ainsi il faut distinguer les Spartiates sous Licurgue & les Lacédémoniens sous Lysander.

il semble qu'on destine le peu d'enfans qu'on a, à vivre un jour dans la servitude.

Ce qui est certain, c'est que, lorsque le luxe a pris racine dans un Etat opulent, il est très-difficile à réprimer. Les loix somptuaires n'y mettent qu'un frein passager; la vanité & l'industrie trouvent mille moyens de les éluder (*b*).

Pour arrêter le progrès du luxe dans les objets les plus importans, on avoit essayé chez les Sélénites plusieurs pragmatiques dont quelques-unes avoient réussi, principalement celle sur les repas. Au lieu de s'arrêter à fixer puérilement le nombre des plats

(*a*) La loi Oppia fut la première des loix somptuaires à Rome. Elle régloit principalement les ajustemens des femmes. Les Dames conspirerent entre elles de ne plus faire d'enfans jusqu'à ce qu'elles eussent obtenu la révocation de cette loi, qui fut abrogée, malgré le discours grave & sévere de Caton dans le Sénat, vingt ans après qu'elle eut été rendue.

plats & des services, la qualité des mets &c; on avoit limité le nombre des personnes qu'on pouvoit rassembler, & l'on avoit prohibé l'entrée des épices dans le Royaume, & l'usage des liqueurs spiritueuses. Ce réglement avoit en peu d'années fait disparoître les foiblesses d'estomac, les migraines, les vapeurs & autres épidémies de mode, diminué le nombre des maladies de moitié, augmenté du double les fortunes, & exterminé la race famélique des parasites.

Quant aux modes de parure & d'agrément, ces appanages du luxe, qui exercent un empire secret sur les esprits les plus sages, retenus par une fausse bienséance & entraînés par la multitude, on n'étoit parvenu à les détruire, qu'en étouffant les nouvelles modes dans leur naissance. Lorsqu'une jeune personne, de quelque condition qu'elle fut, paroissoit en public avec un ajustement brillant & d'un

goût

goût singulier, on la représentoit aussitôt sur le théâtre avec un masque ressemblant, accompagné de toute la charge & le ridicule, capables de la rendre l'objet de la risée publique, & l'original étoit traité d'étranger dans sa propre patrie, jusqu'à ce qu'il eût abjuré sa frivolité.

Après avoir tenté vainement, à plusieurs reprises, de soumettre l'Etat entier à un vêtement simple & uniforme, ce qui n'est praticable que dans une petite république, on se restraignit à établir une pragmatique réglée sur la distinction des rangs, dont on fit peu de classes. Chacun sentit, que trop d'assujettissement à ce délire de l'esprit, que le goût de la superfluité entretient, n'est propre qu'à donner du ridicule, ou prêter un caractere *d'inconsistence* à une Nation, d'ailleurs très-respectable; qu'une économie raisonnée peut de son superflu former l'établissement de plusieurs enfans; qu'il est honteux qu'une partie de l'Etat vive des folies de l'autre; que le luxe ne fait que multiplier les besoins, & que les arts de nécessité n'ont jamais trop de bras.

Si l'on fixoit à chaque chose sa juste valeur, combien le luxe, la frénésie du bel esprit, l'empire de la mode auroient-ils encore à subsister? Les modes ont cela de singulier, que celui qui se présente avec un ajustement nouveau, paroît bisarre, & qu'il tourne ensuite en ridicule celui qui le porte encore, lorsqu'il l'a quitté (*a*).

Jusqu'à quel point d'extravagance la mode ne porte-t-elle pas la tirannie? Il y a telles époques, où elle a influé sur la santé; il n'étoit pas alors séant d'en jouir, si l'on ne vouloit être confondu avec les gens
grof-

(*a*) Ce qu'on étoit accoutumé à regarder comme une parure de bon goût, paroît, quelque tems après, un agencement ridicule.

Qui peut, sans rire de pitié, remarquer que, de nos jours, les femmes dans leurs habillemens paroissoient des cilindres surmontés d'u-

grossiers. Dans d'autres tems les vapeurs étoient en vogue; il étoit du bon air d'en être excédé; & le soin, qu'on prenoit de les affecter, devenoit une maladie réelle, à laquelle il ne manquoit qu'un nom. Un estomac délabré, un air de marasme affichoit un air de condition, un ton de bonne compagnie, qui distinguoit éminemment du peuple, privé de trop de délicatesse, de sentiment & de fortune, pour acquérir ces nobles infirmités.

La mode est contagieuse; elle a cependant un district si étroit, qu'elle est étrangere par-tout ailleurs, qu'aux lieux, où elle est reçue. La raison, qui devroit l'exclure, n'est étrangere nulle part, si ce n'est chez

d'une piramide à plusieurs étages, qui leur servoit de coëffure, qu'elles ont peu après diminué excessivement de hauteur, en se submergeant dans des cônes tronqués, de base prodigieuse, sans aucune coëffure? Ce passage énorme se fit en peu d'années.

chez la plûpart des versificateurs.

Excepté l'homme, peut-on rien trouver dans la Nature, que la frivolité nourrisse & sur quoi le néant ait aucun pouvoir?

Quelle vertu ont donc les vêtemens somptueux, pour fasciner également les yeux de ceux qui les portent, & de ceux qui les admirent? Guérissent-ils de la goutte, de la migraine, des vapeurs? N'en font-ils pas au contraire l'habitation privilégiée. (a).

Se glorifier d'un vêtement, qu'un animal a porté avant nous, s'orner de ses dépouilles n'est-ce pas une misere? Se faire une parure de ce qui n'étoit pour lui qu'un fardeau, ou le produit de ses excrémens, n'est-ce pas pusillanimité?

Cette bisarrerie de l'esprit, qui fait qu'on estime plus sa parure, que sa per‑
son‑

_____

(a) *Nec callidæ citiùs decedunt corpore febres,*
*Textilibus si in picturis, ostroque rubentis.*

Jac‑

fonne qui feule devroit s'attacher à plaire, ne feroit-elle pas juftement placée au rang des voluptés bâtardes?

Si la barbe eft un figne de virilité, dont la privation expofe à la raillerie les plus belles figures d'hommes; fi elle a été placée par la Nature fur le vifage, ainfi que les fourcils; fi nous l'admirons dans certains perfonnages, ainfi que dans les portraits de nos ancêtres; fi elle fait un ornement chez quelques peuples, pourquoi l'enlevons-nous aujourd'hui avec tant de foin, après l'avoir artiftée, découpée en différens tems de diverfes manieres? N'eft-ce pas un outrage complet, que la mode, le caprice, l'opinion font à la Nature? Croit-on l'embellir en la défigurant?

A combien de fantaifies les cheveux mê-

---

*Jactaris, quam fi plebeia in vefte cubandum eft.*
Lucret. L. II. v. 34.

mêmes n'ont-ils pas été sujets? Tantôt longs, tantôt courts; frisés, plats, rasés en tout ou en partie, poudrés, teints, parfumés, en cadenetes, en queue, en vergettes, en bourse &c, ils ont subi toutes les métamorphoses possibles.

Sur quoi la mode n'étend-elle pas son tirannique empire, même aux dépens de nos commodités? (*a*) Quelle est cette manie de marcher hors de son état naturel avec des talons, qui ne servent qu'à contraindre la position du corps, hâter la lassitude & rendre les chûtes plus fréquentes? Croit-on suppléer à un oubli de la Nature? Une stature plus haute n'est-elle pas pour les yeux seuls un avantage, dont l'illusion se dissipe, lorsque tous s'exhaussent en même tems? Les peuples de petite taille ont-ils

---

(*a*) —— —— —— —— *usus*,
*Quem penes arbitrium est, & jus, & norma.*
Horat. Art. Poët. v. 72.

ils la sotte vanité de s'élever artificiellement ? S'estimeroient-ils plus considérables, plus respectables, montés sur des échasses ? Le pied d'estal ne fait point partie de la statue. Ils ne se croiroient sans doute que ridicules. L'homme seroit-il assez dépourvu de jugement, pour ne se croire estimable qu'en proportion de sa hauteur ? (a) Ne devroit-il pas être plus flatté de n'être mesuré que par le cœur ? Peut-il plus s'enorgueillir vis-à-vis du pigmée, qu'il ne s'humilie à l'aspect du géant ?

Récréons-nous, un moment, par l'analise de l'accoutrement, ce cher objet des complaisances de l'animal par excellence, qui jouit exclusivement du privilège & des inconvéniens d'être vêtu. Voyons quels avantages il a tirés de la nécessité qu'il s'est imposée de se vêtir, & avec quelle indus-
tria-

―――――――――――――――――
(a) *Homunculi quanti estis ?* ――― ―――
Plaut. Rud. Act. I. Scen. II. v. 66.

trie il a suppléé à l'avarice ou à l'omission de la Nature à son égard. Je passe sur la sujetion d'édifier & de détruire, chaque jour, son ouvrage, pour le reconstruire le lendemain; travail pénible, qui augmente en raison de la quantité de piéces, qui composent le harnois.

Je le vois d'abord à la gêne dans des chaussures rondes, quarrées ou pointues, dans lesquelles le pied, qui n'a aucune de ces formes, ne peut être à son aise.

Je le vois ensuite chanceler sur un plan incliné au moyen d'un socle qui, élevant la plante à une des extrémités de la chaussure, met le pied hors d'état de régir le poids qu'il soutient.

Je le vois enfin garroté par tout le corps de ligatures, qui arrêtent la circulation des fluides, retardent la croissance & gênent la respiration. Si

---

(a) On demanda à Diogene pourquoi ignorant, comme il étoit, il se mêloit de philosopher.

Si l'on portoit chez les sauvages un assortiment de tête d'une femme Européenne, ne le consigneroient-ils pas parmi les curiosités bisarres, sans qu'aucun d'eux pût en imaginer ni concevoir l'usage? Ne seroit-ce pas pour leurs philosophes (car il y en a parmi eux, s'ils ne le sont tous), (*a*) un problème insoluble?

L'habillemement de l'homme, quoique bien moins composé, que celui des femmes, ne seroit-il pas également, pour ces bonnes gens, une énigme indéchiffrable, & capable de mettre leurs plus beaux esprits à la torture? Seroit-ce une absurdité de présumer, que, si on les invitoit à essayer de placer sur eux chaque partie de cet attirail, l'un mettroit les caleçons sur la tête en forme de capuchon, l'autre la chemise par dessus l'habit. Un
au-

pher. J'en philosophe d'autant mieux, répondit-il.

autre penseroit que de la chemise, de la camisole, de la veste, du juste-au-corps, du surtout & de la redingote il y a de quoi vêtir six personnes, puisqu'un seul habit, bien épais ou bien fourré, tiendroit lieu de tous ensemble, pour se garantir des prétendues injures de l'air. Ils les trouveroient trop pésans pour l'été, trop légers pour l'hiver, & des obstacles à la course. Les uns prendroient les bas pour des gantelets, le col pour bracelet, les boucles pour ornement de tête, la perruque ancienne pour un coussin, la moderne pour chassemouches. Avec un peu plus de connoissance de l'emploi de tous ces harnois, ils trouveroient les manches de l'habit trop courtes & trop étroites, celles de la chemise trop larges & trop longues; la taille de l'habit superflue, ainsi que les plis, la

cein-

―――――――――――――――――――――

(*a*) Le sauvage, loin de gémir de sa nudité, diroit plutôt, comme un ancien qui se trouva à

une

ceinture trop resserrée, les garnitures aussi extravagantes qu'incommodes; ils retrancheroient les boutons, qui ne repondent point aux boutonnieres: mais au lieu de mettre le chapeau sous le bras ou dans la poche, ils auroient, sans doute, le bon sens de le placer sur la tête après en avoir abattu les aîles.

Après un examen réflechi de toutes les parties, qui forment cette machine, quelle idée pense-t-on, que les sauvages se formassent du jugement des peuples, qui soumettent volontairement leur corps au joug (*a*) d'un agencement si compliqué, & dont l'arrangement doit couter un tems considérable, pris sur la pêche ou sur la chasse? Ils n'imagineroient certainement pas, que cette machine fut en usage dans un

---

une foire, où des curieux assemblés, convoitoient mille choses rares; *quam multis rebus non egeo!*

un pays, qui fourmille de méchaniciens & de géometres. Peut-être la réflexion les porteroit-elle à condamner les malfaiteurs, parmi eux, à se vêtir, toute leur vie, à la Françoise.

Mais quel seroit leur étonnement, s'ils apprenoient, que l'art de faire valoir toutes ces superfluités, tient lieu de mérite chez les uns & presque de vertu chez les autres, que la considération y est attachée plus qu'à la personne? Seroit-il enfin supplice plus rude pour ces hommes simples, que d'être condamnés à assister à la toilette d'une brillante du siecle?

## CHAPITRE IV.

### Du Théâtre.

UN des six corps isolés des bâtimens, qui formoient la décoration de la place Impériale étoit, comme je l'ai déjà dit, destiné pour le Théâtre. Un superbe vestibule y servoit d'entrée. La sale étoit un plan elliptique, coupé sur son grand axe, décoré de gradins à dos & d'une belle colonnade: c'est la coupe la plus noble, la plus capable de contenir plus de monde en moins d'espace, & la plus susceptible d'un coup d'œil enchanteur, où chaque spectateur jouit, sans gêne, de l'illusion, & l'assemblée devient elle-même un spectacle magnifique. Ce théâtre spacieux, où l'on donnoit alternativement des opera, des comédies, des bals & des concerts, étoit entretenu aux depens de l'Empereur. L'entrée en étoit libre à tout le monde, & chacun s'y plaçoit, selon son rang.

Ce bâtiment, construit tout en pierres, étoit à l'abri de l'incendie. De grands escaliers conduisoient à de larges corridors, bien éclairés, par lesquels chacun parvenoit à sa place, sans incommodité.

Des cloisons de tôle, artistement disposées, diminuoient, lorsqu'on le jugeoit à propos, la profondeur des loges & l'enceinte apparente de la sale, & au moyen de quatre ventilateurs l'air s'y renouvelloit

(a) L'air rempli d'exhalaisons animales, particuliérement de celles qui sont corrompues, a souvent causé des fievres pestilentielles dans toute une contrée. Les exhalaisons du corps humain sont sujettes à corruption. L'Eau, où l'on s'est baigné acquiert, par le séjour, une odeur cadavereuse. Il est démontré, que moins de 3000 personnes, placées dans l'étendue d'un arpent de terre, y formeroient de leur propre transpiration, dans 34 jours, une atmosphere d'environ 71. pieds de hauteur; laquelle n'étant

loit continuellement (a).

Le Théâtre orné de fuperbes décorations étoit réfervé pour la fcene : les fpectateurs n'y rétréciffoient point indécemment l'efpace néceffaire pour les acteurs & les danfeurs. On ne facrifioit point le plaifir de bien voir & de goûter le charme de la repréfentation, à la fotte vanité d'en troubler l'effet, pour fe donner foi-même en fpectacle.

Tous les fpectateurs étoient affis. On trai-

tant point diffipée par les vents, deviendroit peftilentielle en un moment.

On peut juger de-là, que, dans les lieux, où il y a beaucoup de monde affemblé, comme aux fpectacles, l'air fe remplit, en peu de tems, d'exhalaifons animales très-dangereufes par leur prompte corruption : au bout d'une heure, on ne refpire plus que des exhalaifons humaines ; on admet, dans fes poûmons, un air infecté, forti de mille poitrines, & rendu avec tous les corpufcules, qu'il a pu entraîner de l'intérieur de ces poitrines, fouvent corrompues.

traitoit de barbarie cet ufage de faire fé-
cher fur pied d'honnêtes gens, & de les
expofer à tomber de laffitude, ou à être
étouffés par des ondes tumultueufes, qui
troublent le fpectacle, & font dégénérer
le plaifir en tourment.

La fimphonie, placée dans les côtés de
la fcene, ne paroiffoit point. Après
l'ouverture, elle n'étoit employée dans les
piéces, où il y avoit des entr'actes, (car
bien des auteurs ne s'afferviffoient point à
cette regle de routine) qu'à annoncer le fujet
régnant dans l'acte fuivant, par une mufique caractérifée, touchante, lugubre, pa-
thétique ou effrayante, toujours adaptée
aux fituations, ou aux paffions dominan-
tes, pour ne point diftraire le fpectateur,
de l'intérêt, qui ne peut être interrompu,
qu'aux dépens du plaifir. La mufique de
la fimphonie, compofée pour chaque pièce, & faifant partie du fujet, y tenoit
l'âme attachée, au lieu de l'en arracher

par

par des écarts insensés, comme on fait ailleurs, en mêlant, au hazard, des gigues, des tambourins, dans le cours d'une conjuration; des sarabandes, des musettes au milieu des horreurs de la guerre; des fanfares parmi les cris & les pleurs; des villanelles, des gavotes, pour préparer à un affreux sacrifice, &c.

Après les drames pathétiques, on ne donnoit point ridiculement des exodes, des attellanes, des satires, des pantomimes, pour dissiper la prétendue tristesse, que jettent, dans l'âme, les sujets tragiques: car enfin, ou le plaisir, qu'on prend à s'attrister est insensé, ou l'illusion ne sauroit trop durer; la force en détruit si subitement les impressions, que l'âme, en s'y livrant, semble s'accuser d'une erreur, dont elle cherche à se dégager par une extravagance.

On avoit sagement proscrit de ce théâtre la parodie, la farce & le burlesque, amusemens peu dignes d'un esprit sensé, & propres seulement à faire les délices du peuple, vraiment peuple.

La tragi-comédie étoit regardée comme monstre en son essence, qui n'a droit de plaire qu'aux esprits hermaphrodites.

On représentoit avec succès beaucoup de nos piéces de théâtre. Dans le recueil des drames, qu'on reprenoit alternativement avec ceux des Grecs (a), il n'y en avoit du grand Corneille, que huit; du jeune, que deux. On jouoit tout Racine, à la réserve d'Alexandre, la Thebaïde, Bérénice, Esther, & les Plaideurs; de Campistron, Andronic; de Crebillon, Electre & Rhadamiste; presque tout Voltaire & quelques piéces détachées, comme

––––––––––––––––––––
(a) La-Grece a été le berceau & le trône de l'art épique & de l'art dramatique. La Tragédie doit sa naissance aux poëmes de l'Iliade & de l'Odissée, comme la Comédie doit la sienne au Margités d'Homere.

me Venceslas, Médée, Pénélope, Manlius, Arie & Pétus, Cléopâtre, Inés, Gustave, Denis-le-Tiran, les Troyennes, Didon, Iphigénie en Tauride, Hipermenestre &c. &c. &c.

A l'égard du comique, quoiqu'on reconnût dans Moliere le grand homme jusques dans ses moindres productions, on ne représentoit que huit de ses piéces estimées, dans l'ordre suivant: le Misantrope, le Tartufe, les Femmes Savantes, l'Avare, l'Ecole des Maris, l'Ecole des Femmes (*b*), Amphitrion & Georges Dandin; de Regnard, le Joueur, Démocrite & les Ménechmes; de Destouches, le Philosophe Marié & le Glorieux; quelques piéces de Boissy, de Marivaux & de la Chaussée, la Mere Coquette, le Grondeur,

(*b*) On avoit seulement retranché les termes de *Cocu*, de *Cocuage*, si fréquemment employés dans ces deux piéces, termes devenus aussi bas, qu'indécens dans la société.

deur, le Méchant, le Flatteur, & la Métromanie.

Pradon, Montfleuri, Hauteroche, Scarron, Champ-mêle, Poisson, Le Grand, Dancourt & cent autres de la même catégorie étoient oubliés pour toujours. On ne concevoit pas, qu'il eût été un tems, où les auteurs, ainsi que ceux de l'ancien théâtre Italien, pouvoient contribuer aux plaisirs d'un peuple éclairé. On mettoit en doute, que la Phœdre de Pradon eût balancé celle de Racine, qu'Athalie, le chef-d'œuvre de notre théâtre, eût été longtems ignorée, & que Timocrate eût eu quatre-vingt représentations. Enfin l'on ne pouvoit se persuader, que la Cour se fût amusée des farces misérables de Gros Guillaume, Gautier Garguille & Guillot Gorjet.

On étoit dans l'opinion, que l'unité rigoureuse du lieu est un obstacle à la pompe du spectacle; que l'unité du tems
res-

resserre trop le développement des idées & des événemens ; qu'on pouvoit franchir les bornes, prescrites par des génies austeres, sans blesser les convenances, détourner l'attention, ni faire languir l'action ; & que des limites trop étroites ne conviennent qu'à la peinture, qui ne peut rendre qu'un instant.

Ainsi dans la répréfentation des tragédies les Sélénites admettoient les changemens de décoration, sans prétendre toutefois enfraindre la regle bien entendue de l'unité du lieu; puisque la scene, par exemple, étant dans le palais d'un Souverain, l'action ne se passe pas nécessairement dans un seul endroit de ce palais, dont l'enceinte renferme des salons, des galleries, des jardins, un temple, un amphitéâtre, &c, où les acteurs peuvent passer successivement, sans quitter, pour ainsi dire, la scene. En secouant ainsi un préjugé d'habitude, dont on ne trouve de

pré-

préceptes ni dans Aristote, ni dans Horace, mais que l'économie seule a enfanté & perpétué, les Sélénites traitoient librement & avec succès un grand nombre de beaux sujets impraticables pour nous, & donnoient, à leur spectacle, un appareil éclatant, dont nous sommes privés par une sévérité aussi étrange que déraisonnable.

 A quoi bon, disent-ils, soumettre les auteurs à des regles d'une exécution impossible, & qui mettent tout au moins des entraves au génie. Qu'on trouve un drame, où la nécessité de resserrer l'action dans un espace trop étroit ne produise pas des absurdités & des contradictions, comme de tramer une conjuration dans le cabinet du Souverain, d'y faire entrer des gardes, des confidens & autres personnages, qui n'y doivent point avoir d'accès: de tenir un conseil secret dans une place publique, &c; qu'on trouve, disent-ils, ce phénomene, ne, & l'on admettra la regle, toute dure qu'elle est.

Quant à l'unité du tems, doit-on, disent encore les Sélénites, s'écrier avec raison, lorsque le poëte donne à la réprésentation une durée de plusieurs jours, même de plusieurs lunes, tandis qu'on lui permêt de faire exécuter en deux heures ce qui se passe en vingt-quatre? L'un est-il plus vraisemblable, plus possible que l'autre? Est-il naturel de voir dans ce court intervalle, comme cela se rencontre fréquemment, la nuit succéder au jour, & l'aurore dissiper les ténebres de la nuit, pour faire place à un nouveau cours du soleil? Si en deux heures on lit, avec plaisir, un poëme épique, qui conduit avec rapidité d'une extrémité du globe à l'autre, un Roman, qui transporte l'Olimpe aux Champs Elisées, sans troubler l'ordre des idées, ni choquer la vraisemblance, qu'on n'y cherche pas, pourquoi, dans le
mê-

même espace de tems, en seroit-on offensé au théâtre dramatique, tandis qu'on s'y prête si facilement & avec tant de plaisir au théâtre lyrique? L'un & l'autre ne sont-ils pas également le siége de l'illusion?

Les Sélénites, indulgens sur les préceptes fastueux de l'unité du lieu & du tems, regardoient au contraire de la plûpart de nos auteurs, comme une regle inviolable l'unité d'action, c'est-à-dire, d'intrigue dans la comédie & de péril dans la tragédie, regle franchie par nos meilleurs dramatiques, & dont on ne peut s'écarter, sans manquer son sujet.

Ils n'admettoient point, dans les drames, la nécessité absolue des entr'actes; ils en usoient sobrement, & seulement dans les cas, où il falloit supposer passé dans cet intervalle, ce qui feroit languir la sce-

―――――――――――
(a) On fit à Madrid, après la mort du grand Gustave, Roi de Suede, une tragédie en vingt-qua-

scene, s'il étoit représenté. Qu'est-ce, disent-ils, que cet usage de diviser le sujet en plusieurs parties? Pourquoi en parties d'égale durée, & sur tout en nombres impairs (*a*)? Une division en cinq actes (n'en déplaise aux Romains, qui ont cru renchérir sur les Grecs) produit nécessairement cet inconvénient que, pour remplir la mesure prescrite, ou d'usage, le poëte est souvent forcé de recourir à ces remplissages d'incidens & d'épisodes, qui chargent la piéce d'ornemens étrangers, puisqu'il n'y a réellement, dans le drame, que quatre parties essentielles, la protase, l'épitase, la catastase & la catastrophe; en d'autres termes, l'exposition, l'intrigue, le nœud & le denouement. La division du poëme en cinq actes est donc une fausse distribution, un écart de la raison, une marche d'au-

quatre actes, dont la représentation dura quinze jours; le Roi y assista.

d'automate, qui fait qu'on ne sauroit presque trouver une piéce, dans laquelle le troisieme ou le quatrieme acte, lesquels n'en devroient faire qu'un seul, ne soit foible, languissant ou superflu. Exige-t-on cette division dans l'Histoire, dans le Roman? Ces ouvrages plaisent-ils moins, parce qu'ils ne sont pas entrecoupés de vuides inutiles ou nuisibles à la suite de l'intérêt, qui en rend, seul, la lecture agréable? Quel plaisir prendroit-on dans la conversation, à un récit intéressant, où celui, qui le feroit, en interromproit la narration, pour aller, de tems en tems, faire un tour de promenade, ou donner à un musicien le loisir d'exécuter un *concerto*? quelle impatience, quel dépit ne causeroit-il pas, au contraire, dans l'âme de ceux qui se plaisent à l'entendre?

On tiroit au Théâtre un parti très-avantageux des masques, tels que les admettoient les Grecs sur la scene comique &
tra-

tragique; mais on étoit bien éloigné de cette coutume aussi extravagante, que ridicule parmi nous, de donner aux danseurs des masques verds, bleux, rouges, &c. (a) Le masque des acteurs étoit formé d'une peau extrémement délicate, presque aussi fine que l'épiderme, dans laquelle la tête étoit exactement emboitée, à la réserve des yeux, de la bouche & des oreilles, & sur laquelle on peignoit habilement les traits & les phisionomies propres à représenter, au vrai, les personnages de la pièce.

Avec cet art on étoit parvenu à donner à la représentation un air de vérité, que trop souvent chez nous les visages démentent, faute d'acteurs, propres à rendre les rôles, dont ils se chargent.

On

---

(a) *Personam tragicam forte vulpis viderat.*
   *O quanta species, inquit, cerebrum non habet.*
                              Phæd. L. I. Fab. VII.

On ne se trouvoit pas ainsi forcé de mettre à un jeune homme, qui représente un vieillard, une barbe, des moustaches & des sourcils blancs, qui jurent avec les yeux & la fraîcheur du visage.

Baron pouvoit, à soixante & quinze ans, jouer décemment le rôle du Cid. (a)

Mesdemoiselles Gauffin & Grandval pouvoient avec bienséance rendre, à cinquante ans, les rôles de Lucinde & de Charmant.

On ne voyoit pas, avec peine, une actrice, qui n'a pas encore atteint son quatrieme lustre (b) quereller & moraliser sa petite-fille de trente ou quarante ans (c).

Un jeune Souverain, amoureux d'une Princesse laide & âgée, vanter avec transport ses charmes, ses graces & sa jeunesse.

Une actrice représenter Agnés ou Iphigé-

_____

(a) Pline dit que l'actrice Luceja a joué la comédie, à l'âge de cent ans.

génie avec un teint enluminé & un regard effronté.

Un acteur, avec un air benêt, faire le rôle d'un intriguant, & *vice versâ.*

Un autre, avec des traits durs & des yeux furibonds, repréfenter témérairement Egifte, Hippolite, Britannicus, &c.

Un autre, avec les traits d'un honnête-homme, jouer le rôle d'un fripon.

On ne voyoit pas, avec répugnance, le même acteur, paré du fceptre & du diadême dans la premiere piéce, manier la houlette ou la bêche dans la feconde; Alexandre devenir Lucas, & Tamerlan transformé en Blaife, &c.

L'œil & l'efprit n'étoient pas à la gêne, pour fe prêter aux deffeins d'un Ufurpateur qui veut envahir le trône fous la reffemblance du véritable Souverain, & qui pré-

_____
(*b*) Mad<sup>lle</sup>. Camouche.
(*c*) Mad<sup>lle</sup>. Grandval.

prétend séduire les yeux d'un peuple entier, avec des traits totalement dissemblables, qui ne tromperoient pas un enfant.

Au contraire les Amphitrions, les Sosies, les Ménechmes, &c, sous un masque parfaitement semblable, augmentoient l'illusion avec toute la vraisemblance, dont la fiction est susceptible.

Enfin toutes les actrices étoient jeunes ou jolies, vieilles ou laides, sérieuses, ou enjouées, selon le besoin de l'auteur.

Qu'on ne se figure pas que, sous cette espece de masque invisible, le public fût privé du plaisir de voir exprimer les passions, & de reconnoître leurs simptômes & leurs mouvemens sur le visage des acteurs. Pour dissiper cette crainte ou cette erreur, il ne faut que se rappeller, qu'on voit tous les jours au théâtre Italien la joie, la fureur, la tristesse, & généralement toutes les agitations intérieures, peintes & fidélement caractérisées sur les

mas-

masques monstrueux de l'excellent Arlequin & de l'admirable Pantalon, qui font l'agrément & les délices de ce spectacle. Le Comédien habile fait disparoître le masque ; la bouche & les yeux entierement libres peignent presque seuls la vivacité des passions, & les sentimens de l'âme, le jeu des muscles & des fibres perce & se rend sensible au travers d'une peau si délicate, comme la peinture paroît entiere sous le vélin. Si l'art donne de l'âme & du mouvement à des personnages muets & tranquiles sur la toile, que ne sera-ce pas, lorsqu'ils seront soutenus de la voix & du geste ? Enfin, quand il seroit vrai, que le spectateur perdit quelques nuances du jeu des passions, sous ce masque, il en seroit bien dédommagé par le rapport exact, qui se rencontre entre la phisionomie entiere & le caractere, que l'acteur représente ; rapport qui donne à l'illusion, le ton de vérité.

II

Il seroit assez singulier, qu'adoptant sur la terre l'usage des Sélénites, après avoir ôté le masque aux danseurs, on vint à le rendre aux acteurs. Cette nouveauté, qui n'a rien d'impossible ne trouveroit d'obstacles, que dans le préjugé, toujours lent à se détruire, & seroit peut-être un signe du progrès de la raison & du goût. L'usage du masque enrichiroit, sans doute, le théâtre de plaisirs & d'agrémens inconnus jusqu'ici. Quelque plaisant pourra rire de ce projet singulier; mais il ne pourra s'applaudir d'en avoir plaisanté, qu'après qu'on en aura tenté l'exécution, si le succès ne le justifie pas.

L'ignorance, la prévention & l'intérêt personel ont de tout tems traversé l'exécution, même la tentative de projets sages & utiles. Peut-on se former une idée, par exemple, du plaisir, que ressentoient les Grecs & les Romains à voir représenter des pièces où un acteur ré-

récitoit, tandis qu'un autre gesticuloit? L'idée seule paroît ridicule; on est même tenté de douter que cela ait jamais été, parce qu'on ne conçoit pas de quelle maniere cela pouvoit s'exécuter au gré des spectateurs. N'accusons que notre ignorance. Il suffit, pour mettre un frein à nos jugemens sur cette singularité, de savoir, que le fait est attesté, ensuite de remarquer, que ce n'est point en Groenlande ni au Zanguebar, que cet usage avoit lieu; mais dans les siecles des connoissances les plus sublimes, du goût le plus délicat & le plus épuré, & chez les peuples les plus policés & les plus éclairés de la terre, qui nous ont laissé, presque dans tous les genres, des modeles d'esprit, de goût & de sentiment. Il suffit de savoir, que cet usage ne s'introduisit, qu'après qu'on eût longtems goûté le récit, à-peu-près, tel que nous l'avons; préjugé bien

fa-

favorable pour l'opinion & le sentiment de ceux, qui admirent ce genre de déclamation. Comprenons-nous mieux, comment le chant de la déclamation étoit noté, ainsi que les gestes, qui la soutenoient; & en quoi consistoit l'accompagnement musical, qui s'y unissoit? La Chorégraphie, inventée, ou retrouvée de nos jours en présente une légere idée. Encore une fois c'est le sort de l'ignorant de traiter de ridicule, ou de taxer d'absurdité tout ce qui circonscrit la sphere étroite de son entendement.

Je ne puis m'empêcher de dire, que je vis avec quelque étonnement les Sélénites en possession, depuis longtems, d'un genre de comédie, inconnu aux anciens, qui prétendoient borner la comédie à faire rire des ridicules. Les esprits sensés lui donnerent dans son origine le nom de *Haut Comique*; de mauvais plaisans l'appellerent
Co-

*Comique larmoyant*; on s'accorda enſuite à lui donner le nom de *Drame*, terme peu uſité, mais diſtinctif, & qui parut propre à déſigner ce genre mitoyen entre la tragédie & la comédie. On erigea un monument à celui, qui avoit enrichi la ſcene, en procurant au public, une nouvelle ſource de plaiſirs. Après avoir, pour ainſi dire, épuiſé les caracteres & les ridicules, au lieu de ſe morfondre à en tracer foiblement les nuances imperceptibles, comme ont fait quelques poëtes d'un génie étroit, que pouvoit-on imaginer de plus agréable & de plus utile, ainſi que l'a judicieuſement remarqué un homme de génie, que de mettre ſur la ſcene, les conditions & les états? Pouvoit-on ouvrir une carriere plus noble pour peindre les paſſions & les mœurs de la vie privée, dévoiler les ſecrets replis du cœur, & analiſer les ſentimens en élevant l'âme aux

ver-

vertus de la société ? (a)

Une foule de critiques aveugles, froids ou insensés s'efforcerent en vain de déprimer les avantages de cette nouvelle richesse, & de prouver au public, qu'il ne devoit pas goûter le plaisir, qu'il ressentoit à la représentation de ces piéces, parce qu'Aristote en avoit jugé le genre mauvais deux mille ans avant qu'il eut été inventé. D'autres plus subtils ou plus ineptes (termes qui sont assez souvent sinonimes) crurent le dégrader, en montrant, que quelques sujets de ces piéces étoient puisés dans les Romans, foible déclamation (b). Les Romanciers n'ont-ils pas pris eux-mêmes leurs sujets dans la société ? Ceux d'entre eux, qui ont le plus réussi, sont ceux qui ont

---

(a) *Interdum speciosa jocis, morataque recte*
*Fabula, nullius veneris, sine pondere &*
*arte;*
*Valdius oblectat populum, meliusque mo-*
*ratur,*

*Quam*

ont le mieux peint la simple Nature; & les plus intéressans, ceux qui ont décrit naïvement les évenemens de la société civile.

Ce genre des piéces, comme tout ce qui porte l'empreinte de la nouveauté, divisa quelque tems les esprits, jusqu'à ce que des succès constans lui assignerent sa place au théâtre, au rang des plus dignes compositions; la seconde génération, seul juge infaillible des productions de l'esprit, l'y fixa pour toujours.

Rigides observateurs du Cothurne dans tous les arts d'imitation, les Sélénites traitoient exactement les sujets dans toute la vérité historique des tems, loix, mœurs, usages, lieux, vêtemens, &c. On ne voy-

*Quam versus inopes rerum, nugæque canoræ.*
Horat. Art. Poët. v. 319.
(a) *Creditur, ex medio quia res arcessit, habere Sudoris minimum: sed habet comœdia tanto Plus oneris, quanto veniæ minus.* ——
Horat. L. H. Ep. I.

Tome II.    D

voyoit point, dans leurs drames, les premiers Romains differter fur le parricide, contre lequel ils n'avoient point de loix, parce qu'ils ne foupçonnoient pas la poffibilité de ce crime affreux.

On n'entendoit point les Grecs raifonner politiquement fur les maximes de Machiavel. On n'y voyoit point les Druides honorer leurs Divinités dans des temples; les Dames Romaines affifes dans un feftin; (a) Alexandre affiéger des places avec du canon. On ne donnoit point aux Héros Scithes, Traces, Parthes, Daces, Tartares, les mœurs, les vêtemens, la politique, & l'efprit léger des François. On n'y voyoit point des Monarques Ethiopiens avec un teint blanc, des princeffes Arabes frifées, poudrées & pomponnées;

des

___

(a) Le jeune Caton, touché du mauvais état de la République, après la bataille de Pharfale, ne mangea plus qu'affis.

des guerriers, habitans de déserts arides, couverts de pierreries, de broderies d'or & superbement meublés; les Babyloniens logés dans des palais d'ordre Corinthien; enfin des cachots d'une structure élégante; des prisonniers galamment enchaînés, &c, &c, &c, &c.

Les Sélénites ne concevoient pas, pourquoi sur notre théâtre l'homicide est en horreur, & le suicide permis. La scene, disent-ils, est-elle moins ensanglantée d'une maniere que de l'autre? La délicatesse est-elle moins blessée de voir une Reine se poignarder, que de voir un Citoyen courageux délivrer la Patrie d'un Tiran, d'un traître ou d'un scélérat? Par cette ridicule distinction, née d'un foible préjugé, qu'on ne sauroit même appuyer d'une apparence de raison, de combien de situations frappantes, de coups de théâtre étonnans ne se prive-t-on pas, qui produiroient les mouvemens les plus vifs, & les succés les plus éclattans?

Par quelle bifarrerie, difent-ils encore, fe déchaîne-t-on contre la peinture honnête des paffions, au théâtre, & les fages leçons, qu'on y débite pour la correction des mœurs ; & qu'on honore, dans les peintres & les ftatuaires, des ouvrages indécens, capables d'offenfer la pudeur & d'allumer des défirs criminels ?

L'Opéra étoit le plus brillant fpectacle qu'on puiffe imaginer. Des décorations fuperbes, des machines ingénieufes, des danfes caractérifées, prefque toujours en tableaux, liées au fujet & prifes dans l'action même, concouroient à l'envi à en relever la magnificence, & à flatter tous les fens, dont ce fpectacle eft l'objet.

Le Poëme, toujours tiré de la fable & traité, à l'égard des paffions, dans toute la vérité, (a) fourniffoit à la pompe & au merveil-

___

(a) *Ficta, voluptatis causâ, sint proxima veris.*
Horat. Art. Poët. V. 38.

veilleux, qui font l'essence de ce spectacle.

Le Récitatif, bien plus éloigné du chant que de la déclamation, se récitoit rapidement; les scenes de sentiment très-courtes, étoient coupées d'airs chantans d'une musique ravissante, soutenue d'accords & d'accompagnemens admirables qui, peu chargés de notes, aidoient au développement de la voix, au lieu de l'étouffer. Le chant de ces airs n'étoit point infecté de trils, de cadences, de ports-de-voix, d'inflexions traînées, & autres pompons ridicules qui, n'étant point dans le naturel, ne sont que le produit d'un faux goût, uniquement propre à énerver le chant, appésantir les voix, corrompre la mélodie & assoupir les oreilles harmonieuses.

Ils faisoient un usage modéré des chœurs, qu'ils lioient souvent avec les ballets.

Leurs Acteurs, grands musiciens (*b*) &
ri-

_____

(*b*) Quand Darius fut vaincu par Alexandre

rigoureusement asservis à la mesure, qui est la base du chant, se faisoient d'autant mieux entendre, qu'ils lançoient moins de voix: ils n'avoient pas besoin d'être guidés, non plus que l'orchestre, par un sceptre impérieux, aussi bruyant que désagréable; chaque musicien n'étoit occupé que de sa partie, & l'on ne battoit la mesure (encore légèrement) que pour les chœurs.

Comme à en juger par les vains efforts de tant d'auteurs célèbres, pour réussir dans la poësie lyrique théatrale, ce genre, quoique bien inférieur à la vraie tragédie, est de tous le plus difficile à traiter, & que les Sélénites, aussi sensibles à la beauté des paroles, qu'à l'excellence de la musique, ne recevoient un vrai plaisir que de leur accord,

à la bataille d'Issus, Parmenion trouva dans la tente de ce Prince Asiatique ses trois cens vingt neuf concubines qui savoient toutes parfaitement la musique & jouoient de divers instrumens, ce qui

cord, ils avoient peu de poëmes; mais ils suppléoient à cette stérilité en faisant paroître les mêmes drames sous des musiques différentes. Ils employoient de cette manière la plûpart des poëmes de Quinault & de La Motte, Thétis & Pélée, Iphigénie en Tauride, Jephté & quelques-uns de nos ballets avec quelques changemens dans les paroles : & quoi qu'ils jugeassent les sujets historiques peu propres à la nature de ce spectacle, ils ne laissoient pas de représenter de tems en tems des Opéra Italiens en faveur de la musique & de la douceur de la langue. J'assistai aux représentations de l'Olimpiade de Pergolese, de l'Artaxerxes de Vinci, de l'Adrien de Bernasconi, de la Bérénice de Pulli &c, qui eurent un succès complet, quoique dénués de danses &

qui prouve que les Orientaux faisoient grand cas de cet art trop négligé dans une certaine contrée de la terre, où la principale académie de musique n'a pas compté en trente ans, vingt *Virtuoses*.

& de chœurs, parce qu'on ne les donna, que comme des concerts en action; genre de spectacle, qui nous manque. Dégagés d'un orgueil stupide & de préjugés nationaux, les Sélénites avoient le bon esprit de prendre sur la terre tout ce qui pouvoit contribuer à leurs plaisirs ou à leur avantage. On m'assura, qu'ils n'avoient employé de nos opéra, que quelques simphonies & quelques chœurs; & que notre récitatif, la plûpart de nos airs chantans & nos anciens vaudevilles étoient relégués dans la classe des spécifiques contre l'insomnie.

Les Sélénites pensoient plus sensément à l'égard des Comédiens, que bien des nations éclairées, dont les spectacles ont toujours

*(a)* Quoique d'une opinion différente sur l'état de Comédien, les Grecs & les Romains idolâtroient également les spectacles, & faisoient des dépenses immenses pour leur entretien. Les représentations de trois tragédies de Sophocle couterent plus aux Athéniens, que toute la guer-

jours fait les délices. Athènes les a chargés d'ambassades; Rome les a dégradés du rang de citoyen; Albion leur a accordé un tombeau auprès des Rois; Lutece leur refuse la sépulture (a).

Eloignés de ces excès, les Sélénites ne les regardoient pas comme des hommes d'Etat, mais comme des citoyens. Ils n'avoient pas l'injustice de deshonorer une profession utile & agréable, qui exige des talens supérieurs, pour se rendre les organes des plus beaux génies, & partager avec eux la gloire attachée aux arts sublimes, dont l'emploi est de célébrer les actions éclattantes des héros, d'exciter à la vertu, d'inspirer l'horreur du vice, de détrui-

re du Péloponese.

Esopus, célèbre Comédien tragique, laissa à son fils cinq millions de notre monnoie, qu'il avoit amassés à jouer la comédie.

Macrobe dit, que Roscius touchoit des deniers publics trois cens mille livres de gages.

truire les ridicules, & peut-être de contribuer à la correction des mœurs.

Ils estimoient, en général, les comédiens à l'égal des peintres, des musiciens & des auteurs, qui se dévouent aux plaisirs innocens de la nation, & dont on ne s'avise pas d'analiser les mœurs, lorsque, dans leurs ouvrages, ils respectent l'honnêteté publique. Ils recherchoient même le commerce de ceux, qui avoient les vertus de la société, & avec d'autant plus d'empressement, que communément plus instruits que la plûpart des hommes, ils sont plus en état d'y jetter l'agrément & l'aménité, qui font le charme des entretiens. Ils étoient persuadés, que la dissolution, tant réprochée ailleurs aux comédiens, est moins un déréglement d'état, que l'effet d'un vice d'opinion qui, en imprimant une espéce de tache sur une profession estimable, dispense, pour ainsi dire, ceux qui l'embrassent, de cette honte, te, qui retient ceux, qui peuvent prétendre à la considération. Par la même raison, que rien n'est plus capable d'exciter à la vertu, que l'estime attachée à une condition, & que l'honneur, ce phantome de l'imagination, enfante souvent des actions vertueuses dans les âmes corrompues; le mepris qu'on fait de la profession du Comédien, est, sans doute, ce qui entraîne ceux, qui l'exercent, à la dépravation. D'un côté quelques maximes trop séveres, d'autres trop indulgentes à leur égard, sont également la source de leurs desordres. Une partie de la Nation les couvre d'opprobres, l'autre les applaudit: chargés tour-à-tour d'anathêmes & d'éloges, flêtris & protégés, leur état est indéfinissable. Quelques Rigoristes, plus zélés que clairvoyans, déjà intérieurement persuadés de la nécessité du théâtre, & revenus de leur prévention sur le danger, qu'on y court, autant que convaincus de l'honnêteté des maximes, qu'on y débite, ne déclament plus que contre le scandale des actrices, dans le public. Si au lieu de l'autoriser, on le réprimoit avec sévérité, on feroit, des troupes de comédiens, sinon des corps vertueux, du moins des sociétés décentes, & sans doute on s'accorderoit bientôt unanimement, à leur rendre le droit de citoyen qu'ils méritent, à plus juste titre, que bien d'autres professions, qui en jouissent trop paisiblement (a). La réunion des esprits sur cette matière, étoit, sans doute, réservée au siecle philosophe.

(a) Entre autres les charlatans, les astrologues, les usuriers, les peintres, les auteurs obscènes, & enfin d'autres qu'on n'ose nommer.

## CHAPITRE V.

### Du Despotisme.

Comme il est aujourd'hui d'usage, dans tous les ouvrages d'un certain ordre, de traiter du Despotisme, j'en parlerai aussi ; mais d'une façon si opposée aux idées générales, qu'on en a communément, que je dois m'attendre à de vives objections. C'est le sort de tous ceux, qui entreprennent de détruire d'anciens préjugés étayés par une longue possession.

Dans un coin de la bibliotheque d'Arzame je trouvai un Manuscrit intitulé, *Essai sur le Despotisme*, par un Ministre de France à la Cour Ottomane. Ouvrage, qui vraisemblablement n'a pas été imprimé sur la terre, & dont voici le précis.

„ Les choses vues de près présentent un
„ aspect bien différent de celles, qu'on
„ n'ap-

» n'apperçoit que dans un grand éloigne-
» ment. Les idées, qu'on a en Europe
» de la nature & des effets du Gouverne-
» ment despotique me paroissent du nom-
» bre de celles, qui perdent beaucoup de
» leur justesse, lorsqu'elles sont appro-
» fondies.

» Quand j'arrivai à Constantinople, je
» m'attendois, sur la foi de plusieurs E-
» crivains célebres, à trouver des peu-
» ples excessivement malheureux, plongés
» dans la barbarie & courbés sous le poids
» d'une oppression tirannique, détester
» leur existence; mais quel fut mon éton-
» nement, lorsque je vis régner par-tout
» l'abondance & la tranquilité! Après a-
» voir

(a) La loi de l'hospitalité, qui s'étend, chez
les Turcs, jusques sur les animaux, prouve, que
l'humanité & la charité sont la base de leurs
mœurs.

Les Chinois ont des hopitaux pour les bêtes;
mais ils n'en ont point pour les hommes. Ils
pré-

» voir pris une connoissance intime de la
» maniere de vivre & de penser des Ot-
» tomans, je trouvai des mœurs généra-
» lement pures; dans la société, des
» hommes doux & modérés, des fem-
» mes complaisantes, trouvant leur bon-
» heur dans la soumission, ayant peu
» de lumieres à la vérité, mais un sens
» juste; de la gravité dans le maintien,
» mais de l'amitié dans la conversa-
» tion; peu de communication, mais
» beaucoup d'égards; de la circonspection
» sans défiance, de la candeur avec les
» amis, de l'humanité pour les esclaves,
» de la droiture dans les traités; de la bon-
» ne-foi dans le commerce; les loix de
» l'hospitalité en plein exercice (*a*)? & ce
» qui
prétendent, que s'ils sont réduits à la misere,
c'est l'effet de leur fainéantise, ou une permis-
sion du ciel, dont il n'est pas permis d'empêcher l'effet.

On voit dans les environs de Surate un
grand

„ qui assure une félicité imperturbable,
„ une résignation parfaite aux décrets éter-
„ nels, sur tous les événemens de la vie.
„ Je croyois rêver, tant les premières
„ impressions & les préjugés nationaux
„ sont puissans sur l'esprit, lorsqu'un sage
„ d'entre eux, avec qui je m'entretenois
„ librement de mes opinions sur leurs
„ loix, leurs mœurs, leurs coutumes & la
„ forme de leur Gouvernement, me dit
„ un jour, si tombant du ciel sur la terre
„ avec une connoissance profonde de la
„ Nature de tous les différens Gouverne-
„ mens, qui y sont établis, j'avois à faire
„ le choix de celui, que je trouverois le
„ plus propre à me rendre heureux, j'a-
„ voue franchement que je serois embar-
„ rassé; mais soit que l'éducation & l'ha-
„ bi-

grand hôpital pour les animaux, & d'autres pour nourrir de petits insectes importuns jusques auxquels la charité s'étend. On loue de pau-

„ bitude plient naturellement l'homme à
„ tout ce qui l'environne, ou que je fois
„ mieux inftruit que d'autres fur notre vé-
„ ritable fituation, je crois être en état de
„ vous prouver, que la conftitution de
„ l'Etat defpotique eft préférable à celle
„ de tous les autres Gouvernemens, Mo-
„ narchiques, Démocratiques, Ariftocrati-
„ ques, Oligarchiques, & Mixtes, par cet-
„ te forte raifon, qu'elle fait le plus grand
„ nombre d'heureux, moyen unique de
„ juger de la bonté d'un Gouvernement.

„ Ne prenez point, ajouta Ofmali,
„ (c'eft le nom de ce fage) mon raifonne-
„ ment pour un fiftême; notre terre eft
„ peu propre à les enfanter: encore moins
„ pour un paradoxe; notre fimplicité en
„ ignore la fabrique. Ce que j'ai à vous
„ dire eft fondé fur l'expérience: perfon-
„ ne
pauvres gens, qui s'obligent à s'en laiffer pi-
quer pour l'aliment de ces petites bêtes.

„ ne ne peut mieux juger du degré de sa
„ félicité que soi-même.

„ Dépouillez-vous de tout préjugé, &
„ vous conviendrez avec moi, que l'on
„ n'a pas, dans les Etats Monarchiques,
„ une idée assez juste du Despotisme &
„ de ses effets sur l'esprit des peuples,
„ qui y sont soumis, pour prétendre d'en
„ faire, avec sagacité, la satire ou l'apo-
„ logie.

„ Si l'on considère les Gouvernemens
„ comme les Religions, on conviendra
„ qu'on s'instruit de la sienne à fond,
„ qu'on se fascine sur ses abus, qui en effet
„ n'en détruisent pas l'essence, & qu'on
„ se contente de jetter sur les autres un
„ coup d'œil superficiel, qu'on juge toujours
„ suffisant pour s'affermir dans celle qu'on
„ a reçue de ses pères: de même en ne
„ considérant que les absurdités, les points
„ vicieux, & les ridicules souvent appa-
„ rens des autres Gouvernemens, le plus
„ sou-

„ souvent sur la foi de critiques ignorans
„ ou suspects, comment peut-on se flatter
„ d'en faire des paralleles justes, & d'en
„ porter des jugemens équitables?

„ Vous ne me nierez pas, que tous
„ ceux, qui ont écrit jusqu'à présent sur
„ le Despotisme, n'en ont peint les hor-
„ reurs, qu'en se copiant les uns les au-
„ tres, ou pour flatter le Gouvernement,
„ sous lequel ils vivoient. Un examen
„ impartial de l'état des peuples, qui su-
„ bissent ce prétendu joug, & une con-
„ noissance plus distincte de leur véritable
„ condition, vous mettra à portée d'esti-
„ mer la valeur de l'opinion générale sur
„ la nature du Gouvernement despotique.

„ Si sans s'arrêter à discuter quelle est
„ la meilleure forme de Gouvernement,
„ (problême qui restera toujours sans so-
„ lution), *adhuc sub judice lis est*, on peut
„ assurer, que le meilleur est celui, qui
„ fait le plus grand nombre d'heureux,

„ &

„ & que le sujet le plus heureux, est ce-
„ lui qui est content du Gouvernement
„ sous lequel il vit; je ne crois pas qu'il
„ me soit difficile de vous convaincre,
„ que les peuples, nés sous ce que vous
„ appellez le joug du Despotisme, sont,
„ sans contre-dit, les plus heureux de
„ tous.

„ Vous m'accorderez, sans doute, que
„ la coutume & l'habitude rendent l'hom-
„ me heureux dans certaines conditions &
„ dans certains climats, qui feroient le
„ malheur d'autres êtres; qu'un habitant de
„ la Sibérie se trouveroit dans un état vio-
„ lent, sur les sables brûlans de la Lybie;
„ qu'un Groenlandois ne changeroit pas
„ ses glaces, ses aquilons, & ses longues
„ nuits contre les jours sereins & les bé-
„ nins rayons de l'astre, qui fertilise la
„ campagne heureuse du Royaume de
„ Naples.

„ Vous m'accorderez encore, sans pei-
„ ne,

„ ne, qu'il est plus doux de vivre sous
„ l'empire d'un Despote, que sous les loix
„ de cent, de mille tirans, comme dans
„ l'Aristocratie, & même dans l'Oligar-
„ chie; que les troubles intérieurs, engen-
„ drés par les factions & fomentés par
„ l'esprit d'indépendance exposent, sans
„ cesse, la vie & la fortune des citoyens
„ dans la Démocratie. N'avez-vous pas
„ vû, de vos jours, les Suédois tramer
„ contre le Sénat, pour rétablir le Des-
„ potisme dont ils regrettoient, sans dou-
„ te, la douceur? Et ne voyez-vous pas
„ actuellement les Danois bénir la félici-
„ té du Despotisme mitigé?

„ La tranquilité de l'esprit n'est pas in-
„ compatible avec une obéissance aveugle.
„ Si l'on ne confond point la licence avec
„ la liberté, qu'est-ce que cette liberté
„ imaginaire, dont quelques peuples se
„ pavanent avec tant de faste, sinon une
„ maniere différente de porter ses chaî-
„ nés?

„ nes ? Avec une idée juste de la liber-
„ té on conviendra, qu'il n'est sur la
„ terre aucun homme libre, ou qu'il n'est
„ aucune condition, où un homme ne
„ puisse être libre. Diogéne vendu ne
„ se croyoit-il pas le maître de celui, qui
„ l'avoit acheté.

„ Sur ce principe on pourroit affirmer,
„ qu'il n'y a d'homme véritablement libre,
„ que celui, qui sait se le rendre au mé-
„ pris de tous les accidens, auxquels la
„ vie est sujette, où qui a assez de force
„ d'esprit ou de philosophie, pour s'ima-
„ giner l'être. Le Souverain, seul être qu'on
„ puisse croire réellement libre, comman-
„ dé à la vérité à ses sujets; mais il obéit
„ quelquefois à son ennemi, souvent à
„ l'étiquette, & toujours à ses passions;
„ le sceptre ne le garantit pas de l'âpreté
„ des frimats; son diadême, de l'ardeur
„ du Soleil.

„ Les peuples sous le Despote, sem-
„ blables

,, blables aux Serfs dans les Etats Monar-
,, chiques, accoutumés dès d'enfance au
,, joug de la servitude & convaincus,
,, qu'ils ne pourroient tenter de le secouer,
,, qu'avec bien des risques, cherchent
,, plutôt à goûter les paisibles douceurs de
,, l'esclavage, que les tumultueux avanta-
,, ges de la liberté, qui est moins un bien
,, aux yeux de l'esclave, que sa privation
,, n'est une douleur pour celui qui se croit
,, libre. L'habitude fait que celui-ci a au-
,, tant d'horreur pour la servitude, que
,, l'esclave a d'indifférence pour la liberté.
,, Un peuple esclave raisonne, à l'égard
,, d'un peuple libre, comme le pauvre
,, vis-à-vis du riche; il se tient tranquille
,, dans sa pauvreté, qu'il cherche à adou-
,, cir par le travail, sans songer à éclat-
,, ter contre l'injustice de la fortune, en
,, égorgeant le riche; voilà ce qui fait,
,, qu'en Turquie on est plus tranquile
,, qu'ailleurs.

,, Je

„ Je n'ignore pas, continua Ofmali,
„ qu'un aveugle préjugé nous compare
„ quelquefois à des animaux dociles, at-
„ telés à une charrue, que le conducteur
„ guide felon fon caprice, & qui, accou-
„ tumés au joug, s'y préfentent d'eux-mê-
„ mes. On pourroit en dire autant de
„ tout peuple en général, & parce que
„ nous fommes moins turbulens qu'ailleurs;
„ peu s'en faut qu'on ne nous refufe l'u-
„ fage de la penfée. N'y a-t-il pas, en
„ Europe, un nombre infini d'hommes,
„ pour qui la faculté de penfer eft un fup-
„ plice, & juger d'après les autres, une
„ douceur? L'ignorance & la molleffe
„ font peut-être les caufes de leur apathie;
„ mais en font-ils moins heureux (a)? Ne
„ le

---

(a) *Nil admirari propè res eft una, Numici,
Solaque quæ poſſit facere & ſervare bea-
tum.*

Horat. L. I. Ep. VI.

,, le font-ils pas même d'avantage, que
,, ceux, dont l'esprit inquiet, le défir im-
,, modéré de tout favoir, eft fans ceffe ti-
,, rannifé par la méditation & la réflexion,
,, & le jugement tourmenté par les préju-
,, gés, qui attaquent l'entendement, & les
,, circonftances qui traverfent leurs fiftê-
,, mes de bonheur ?

,, Il ne s'agit donc pas de favoir fi un
,, peuple a raifon d'être heureux; mais
,, s'il l'eft en effet.

,, Les Ecrivains, comme je vous l'ai
,, dit, ferviles échos de ceux, qui ont
,, comparé les différentes fortes de Gou-
,, vernemens, rélativement à leur façon
,, de voir plutôt, qu'à la connoiffance inti-
,, time de chacun d'eux s'écrient vivement
,, contre cette puiffance arbitraire, dont
,, la volonté eft l'unique loi & qui difpofe,
,, felon fon caprice, de la vie & de la for-
,, tune de fes fujets; comme fi parce que
,, tous les Sultans ne font pas des Titus,

Tome II. E ,, des

„ des Trajan, ils étoient nécessairement
„ tous des Néron, des Caligula. Il est
„ cependant de fait, que le peuple jouit
„ ici en sûreté & paisiblement du sien.

„ Le Sultan est si peu Despotique, sui-
„ vant l'idée qu'on attache à ce terme,
„ qu'il ne peut toucher aux monnoies; son
„ trésor est séparé du trésor public. Il
„ ne peut demander une tête qu'avec un
„ arrêt du Divan, ou un fetfa du Muphti;
„ il est souvent obligé de consulter l'état
„ politique & l'état militaire, pour déci-
„ der de la guerre & de la paix; il n'a
„ pas le droit absolu de casser les Jannissai-
„ res; Enfin à son avénement au trône, il
„ jure sur l'Alcoran de faire observer les
„ loix: s'il manque quelquefois à ses en-
„ gagemens, il a cela de commun avec
„ bien des Potentats.

„ Le Sultan n'a pas non plus le droit
„ d'augmenter les impôts qui, très-modi-
„ ques par tout l'Empire, n'excitent point

„ à

„ à les frauder; sage maxime, qui rend
„ aisée la perception, & prévient la cruel-
„ le nécessité de punir rigoureusement une
„ infinité de misérables, qui ne peuvent
„ trouver leur subsistance, que dans la
„ contravention.

„ La Justice est aussi prompte que sévè-
„ re contre les ravisseurs & les oppres-
„ seurs; d'ailleurs les Turcs jugés som-
„ mairement & sans frais par le bon-sens
„ & l'équité, ne sont point la proie de
„ ces sang-sues de la chicane, ni victi-
„ mes de la forme ruineuse des loix sous
„ le poids desquelles gémissent tant de
„ peuples, qui se prétendent libres, plus
„ éclairés & policés qu'eux.

„ Il y a peut-être des vertus & des vi-
„ ces annéxés à certains climats. Il est
„ de fait, que les Turcs, tout intéressés
„ qu'ils sont, ne commettent presque ja-
„ mais de larcins: l'oisiveté ne les porte
„ ni au jeu, ni à l'intempérance; très-peu
„ usent

„ ufent du privilege d'époufer plufieurs
„ femmes, & de jouir de plufieurs efcla-
„ ves, même parmi les plus opulens. Il
„ n'y a point, en Europe, de grande cité
„ où il y ait moins de femmes publiques,
„ qu'à Conftantinople.

„ Le Dogme de la fatalité, établi par-
„ mi les Turcs, en fait des hommes réfi-
„ gnés aux décrets de l'Etre Suprême, des
„ fujets aveuglément foumis aux ordres
„ de leur Souverain, des foldats intrépi-
„ des. L'opium les difpofe à recevoir le
„ cordon en Stoïciens. (*a*)

„ La médecine plus fimple & par con-
„ féquent plus falutaire chez nous que dans
„ le refte de l'Europe, ignore le funefte
„ talent de fabriquer des maladies, de
„ fimples accidens que la Nature diffipe
„ lorfqu'on la laiffe agir. L'art de gué-
„ rir, felon la méthode de nos anciens
„ Ara-

(*a*) *Felices errore fuo.* ⸻ ⸻
Lucan. L. I. v. 459,

„ Arabes se borne ici à l'observation, &
„ attend tranquilement les crises. Nos
„ médecins méprisent souverainement cet
„ art fastueux & meurtrier de traiter ma-
„ thématiquement les maux, en soumet-
„ tant toutes les parties du corps humain
„ au calcul, comme on fait les éclipses &
„ le cours périodique des astres. Le fré-
„ quent usage du caffé & de l'opium ôte
„ à ces ingrédiens ce qu'ils peuvent avoir
„ de nuisible ou de dangereux, entretient
„ la santé & donne alternativement au
„ corps le degré d'activité ou de repos,
„ dont il a besoin: le rendre alerte ou
„ assoupi à son gré; c'est, pour ainsi dire,
„ commander à la Nature.

„ Privés par la défense de l'imprime-
„ rie, des moyens d'éclairer leur esprit &
„ de corrompre leurs cœurs (a), les Turcs
„ ne

(a) Les Scytes s'étant emparés d'Athênes du tems de l'Empereur Claude II, rassemblerent tout ce qu'ils purent trouver de livres pour les brû-ler.

„ ne sont-ils pas, plus que les Etats où re-
„ gne une licence impunie, à l'abri des
„ traits de la satire, de la calomnie, des
„ guerres littéraires quelquefois si scanda-
„ leuses ? Eloignés des écueils où se brise
„ la vanité d'être auteur, & préservés du
„ venin des principes contraires à la mora-
„ le, que tant de beaux esprits se font
„ gloire de semer dans les cœurs foibles,
„ & dont l'unique fruit est d'en troubler
„ l'innocence & la paix ; où trouve-t-on
„ plus de candeur, que dans vos campa-
„ gnes ? Cette vertu, que les peuples po-
„ licés mettent, sans cesse, en contraste
„ avec la dissimulation des Cours, n'est-
„ elle pas l'effet d'une ignorance soumise,
„ qui fait la félicité des pâtres & des agri-
„ culteurs ? Cessez donc de plaindre des
„ peu-

ler. Ils ne s'arreterent que sur ce que l'un
d'eux leur représenta, qu'il falloit en conserver
une partie, pour amollir le courage de leurs
ennemis.

,, peuples plus contens de leur fort, que
,, vous ne l'êtes réellement du vôtre.

,, Après toutes ces obfervations, peut-
,, on encore décider, que les peuples fou-
,, mis au Defpote foient réellement mal-
,, heureux ? Ne fera-t-on pas au contraire
,, defabufé de cette opinion, fi l'on fe re-
,, préfente, qu'il y a bien des exemples
,, d'efclaves en Barbarie, où le Defpotif-
,, me eft plus rude qu'en Turquie, en Per-
,, fe, &c; qui, après avoir gémi longtems
,, de leur état par pur inftinct patriotique,
,, s'en font fi bien accommodés à la lon-
,, gue, qu'ils ont réfufé d'être rachetés,
,, préférant une vie douce & tranquile à
,, la liberté, qu'on leur offroit d'aller
,, mendier dans leur patrie: que beaucoup
,, d'autres par leurs regrets d'avoir quitté
,, un ciel pur, accablés de miferes au fein
,, de leur patrie, n'ont pu refufer les élo-
,, ges dûs à l'humanité de ces barbares?

,, Si l'on compare la maniere, dont les
,, Afri-

„ Africains en usent envers leurs esclaves
„ avec celle des Spartiates à l'égard des
„ Ilotes, on trouvera ces barbares très-
„ humains; on s'étonnera d'avantage, que
„ les Ilotes fussent si cruellement traités
„ dans le sein de la Grece, dont les
„ mœurs polies ont servi d'exemple à la
„ postérité. Une erreur commune à la
„ plûpart des Ecrivains, c'est de prendre
„ les abus d'un Gouvernement pour les
„ fondemens de sa constitution. Cette
„ autorité, qu'on suppose toujours gratui-
„ tement capricieuse & barbare dans le
„ Gouvernement Despotique, frappe da-
„ vantage, lorsqu'elle est exercée contre
„ les Pachas & les Visirs, qu'elle prive en
„ même tems, des biens & de la vie; on
„ les regarde toujours comme les tristes
„ victimes de l'envie, de la cupidité &
„ de la tirannie, préjugé, dont ce qui ar-
„ rive par-tout ailleurs, devroit détrom-
„ per. La restitution équitable des biens

„ ex-

„ extorqués dans le commerce, la finan-
„ ce, les grands emplois, est presque im-
„ possible. Est-ce donc une cruauté, que
„ le Prince dépouille un Ministre avare &
„ concussionnaire ? Cet usage fourmille
„ d'exemples dans les Etats les plus civili-
„ sés ? En quoi differe-t-il des établisse-
„ mens de chambres ardentes, qui autori-
„ sent les amendes, & les infamies aux-
„ quelles on condamne les exacteurs, &
„ les infracteurs des loix ? Ce que le Des-
„ pote fait entrer dans son fisc par cette
„ voie, le dispense, au moins, de char-
„ ger ses sujets de nouveaux impots, pour
„ laisser jouir impunément d'indignes fa-
„ voris de leurs rapines & de leurs brigan-
„ dages.

„ Jusqu'où ne s'étend pas le préjugé
„ chez les Nations éclairées sur l'absurdi-
„ té du Gouvernement Despotique ? Trai-
„ ter les Turcs d'imbéciles dans la con-
„ noissance du Droit, n'est-ce pas con-

„ fondre l'ignorance avec la ſtupidité?
„ Ne ſuppoſe-t-on pas notre Empire une
„ machine, qui ne ſe meut que par les
„ reſſorts des intrigues & de la jalouſie
„ des femmes du Serrail? On en juge ap-
„ paramment par ce qui ſe paſſe par-tout
„ ailleurs; il n'eſt cependant point de
„ pays, où les femmes aient moins d'em-
„ pire ſur les hommes. De-là s'eſt ac-
„ créditée la fable de Mahomet II. tren-
„ chant inhumainement la tête à la belle
„ Irene. Mais qu'on conſulte les habiles
„ Négociateurs, qui ont eu à traiter avec
„ les Viſirs; qu'on vous interroge vous-
„ même, & l'on apprendra, ſans doute
„ avec une ſurpriſe extrême, que la poli-
„ ti-

(a) Bajazet II. menaçant de faire la guerre aux Vénitiens, la République lui envoya un Ambaſſadeur, pour demander la paix. Ce Prince la lui accorda; on lui en fit délivrer les articles en Latin. André Critti Vénitien qui, pour avoir ſéjourné longtems à Conſtantinople, n'i-
gno-

„ tique de la Porte est peut-être la plus
„ déliée de toutes les Cours de l'Europe;
„ que chez les Ottomans la bonne-foi re-
„ gne généralement; qu'elle est la base de
„ leurs traités, qu'ils observent religieuse-
„ ment, lorsqu'ils sont écrits en leur lan-
„ gue (*a*); que le bon sens ruse souvent
„ mieux pour ses propres intérêts, que
„ l'esprit le plus subtil, d'autant plus sujet
„ à être déçu; qu'il se croit plus fin, &
„ que bâtissant sur sa présomption, il é-
„ choue presque toujours contre la simpli-
„ cité & la candeur; d'où l'on pourroit
„ conclure, que là où il y a moins d'esprit,
„ il y a plus de jugement & que trop de lu-
„ mie-

gnoroit rien des coutumes des Turcs, avertit cet Ambassadeur, qu'ils ne tenoient jamais rien de ce qui n'étoit pas écrit en leur langue. L'Ambassadeur fit inutilement ce qu'il put, pour faire changer ce Traité en langage commun du pays. En effet dès que l'Ambassadeur fut parti, la flotte des Turcs fit voile vers la Morée.

« miere éblouit plus qu'elle n'éclaire (a).

« Vous avez encore, me dit Osmali,
« des idées bien peu justes de nos Serrails,
« que vous considérez comme des clôtu-
« res inhumaines, où l'on retient injuste-
« ment la plus belle moitié du monde,
« dans une captivité éternelle, tandis que
« les femmes d'Orient, qui en connoissent
« mieux que vous les usages, n'ambition-
« nent pas de plus grand bonheur, que
« celui d'y être renfermées. Leur état
« diffère-t-il beaucoup de celui d'un cour-
« san, qui se croit libre, parce qu'il en-
« gage volontairement sa liberté ? Le soli-
« taire, libre de vivre dans le tourbillon
« du monde, se croit-il malheureux, lors-
« qu'il y renonce par goût ? Quel est l'a-
mant

(a) On lit dans l'histoire de la Grece, que les Ambassadeurs de Samos étant venus à Sparte, pour engager le Roi Cléomenes à faire la guerre au Tiran Polycrates, ils lui firent une harangue éloquente. Après les avoir bien laissé dire,

„ mant bien épris, qui ne préférât la cap-
„ tivité avec sa maîtresse à la liberté sans
„ elle? Hélas! plus on réfléchit, & plus
„ on peut se convaincre, que l'esclavage
„ n'est qu'un terme vague, que chacun
„ traduit à sa maniere. Le sort d'une
„ Européenne, toujours exposée au péril,
„ dont la vertu & la décence combattent,
„ sans cesse, les désirs, victime des ca-
„ prices ou des fureurs d'un mari jaloux,
„ travaillée de soucis & de soins domesti-
„ ques, lûtant souvent contre la mauvaise
„ fortune; le sort de cette femme libre
„ en apparence, est-il plus doux que celui
„ d'une Asiatique? Est-il préférable à
„ l'esclavage prétendu d'une Sultane, éloi-
„ gnée des occasions de séduction, qui
„ n'obtient des regards favorables de son
„ amant,

re, Cléomenes leur répondit froidement. „ J'ai
„ oublié votre exorde; je ne me souviens plus
„ du milieu; quant à votre conclusion, je vous
„ déclare, que je n'en veux rien faire."

„ amant, que par sa douceur, ses com-
„ plaisances & la pureté de ses mœurs,
„ qui jouit paisiblement de toutes les com-
„ modités de la vie, sans ces idées chimé-
„ riques de liberté, dont une heureuse é-
„ ducation l'a préservée.

„ Quant à nous, la pluralité des femmes
„ nous sauve de leur empire; les passions
„ s'affoiblissent dans l'abondance; des
„ plaisirs moins vifs, mais plus doux, ré-
„ pandent dans l'âme, une sérénité préfé-
„ rable aux tourmens, que se fabrique u-
„ ne ardente imagination. Je veux enco-
„ re que notre climat soit une machine
„ pneumatique, qui énerve les sens, & é-
„ mousse les passions; nous en tirons du
„ moins cet avantage, que nous savons
„ goûter les charmes du repos.

„ Voilà, me dit Osmali en terminant
„ ses

(*a*) Saladin laissa par son testament des distri-
butions égales d'aumônes aux pauvres Mahométans, Juifs & Chrétiens, voulant faire entendre par

„ fes réflexions, voilà ce que j'avois à
„ vous dire pour vous convaincre, que
„ quoique sujets d'un Despote, nous som-
„ mes réellement plus heureux que vous
„ autres Européens, du moins en som-
„ mes-nous intimement persuadés, & ce-
„ la nous suffit. Je n'entre point dans
„ les raisons de religion qui ne vous per-
„ mettent pas d'admettre la plus grande
„ partie de nos principes, la controverse
„ n'appartient qu'à nos Docteurs. Vous
„ êtes né sur la Seine, & moi sur la Mer-
„ Noire, c'est ce qui établit notre diffé-
„ rente créance ; mais qui ne doit point
„ empêcher les hommes, qui sont tous
„ freres, d'un pole à l'autre, de s'aimer
„ & de se secourir mutuellement." (a)

J'avoue, que le discours d'Osmali, con-
fir-

par cette disposition, que tous les hommes sont
freres, & que pour les secourir, il ne faut pas
s'informer de ce qu'ils croyent ; mais de ce qu'ils
souffrent.

armé par l'expérience que j'acquis, pendant mon séjour à Constantinople, détruisit insensiblement l'opinion, que je m'étois formée de la triste condition des sujets du Despote, & je compris aisément, malgré les préjugés de l'éducation, que les connoissances ne faisant que multiplier les besoins du cœur & de l'esprit, & diminuer les moyens de les satisfaire, l'homme le plus heureux sur la terre, est celui qui a le moins de désirs, en quoi les sauvages sont sans doute les plus heureux de tous.

Je sens bien qu'en partant de principes opposés, on m'objectera, que tout être pensant, né dans un siécle éclairé, & sous un Gouvernement, qui fait fleurir les sciences & les arts, fier de sa supériorité gémit, avec raison, de la stupide barbarie, dans laquelle sont plongés les sujets soumis au Despote; qu'en comparant ensuite l'état de la Grece moderne avec celui de l'ancienne, on voit, avec douleur, les ruines,

nes, les débris, les masures couvrir honteusement la place, qu'occupoient autrefois les monumens célebres de sculpture, & d'architecture dans les beaux siecles d'Athênes & de Corinthe; les troupeaux brouter dans les lycées, les gymnases, les hippodromes; des bouviers y remplacer les Platon, les Socrate, les Pythagore, &c. (*a*)

Un spectacle si frapnant des vicissitudes humaines attriste, jusqu'aux larmes, un amateur éclairé; mais sa douleur purement relative à ses connoissances & à ses goûts, ne produit aucune sensation sur les peuples, qui habitent ces climats désolés. Privés des lumieres, qui accroissent les désirs, & enfantent les regrets, ils naissent & vivent dans une léthargie, qui ferme à leur âme tout accès de sentiment douloureux sur des

pri-

―――――――
(*a*) ―― ―― *Videat desertaque regna*
*Pastorum, & longe saltus lateque vacantes.*
Georg. L. III. v. 476.

privations, dont ils n'ont point d'idées. Pour eux un chapiteau Corinthien & un tronc d'arbre servent également de table, pour y prendre un repas frugal, qui suffit à leurs besoins; une corniche Jonique forme au défaut de solive, le degré d'un escalier; le marbre de Paros ne leur paroît pas plus précieux, que la pierre brute; ces inscriptions, qui pour eux ne signifient pas davantage que les nœuds & les tumeurs des arbres, ne mettent point leur imagination à la torture, pour en déchifrer le caractere, en interpréter le sens. On ne désire point ce qu'on ne connoît pas; on n'est point curieux de ce qu'on ne soupçonne point. N'ajouteroient-ils pas même à leur bonheur s'il leur étoit donné de sentir que leur misere les met à l'abri des funestes ef-

_____
(a) *Fortunatus & ille Deos qui novit agrestes, Panaq; Sylvanumq; senem, Nymphasque sorores!*

Virg. Georg. L. II. v. 493.

effets de l'ambition & de la cupidité qu'éprouverent si cruellement les Romains, les Cathaginois, & les Mexiquains, malheureusement partagés de ces richesses & de ces trésors, qui causerent leur totale destruction?

La vraie félicité ne se trouve qu'au sein de la médiocrité, dont on n'est jamais sorti, comme l'infortune réelle ne consiste que dans la déchéance d'une condition, dont on a goûté les douceurs. Dans les campagnes, les occupations rustiques tiennent lieu des plaisirs les plus vifs des villes. (*a*). Là on employe le tems, ici on le tue. La gaieté ne se rencontre que sous l'humble toît des cabannes, tandis que la tristesse, l'inquiétude, les maladies & l'ennui assiégent le séjour brillant des palais (*b*). Le Pâtre, toujours chantant,

igno-

____

(*b*) L'inquiétude & l'inconstance ne sont, dans la plûpart des hommes, que la suite d'un faux

ignore heureusement qu'il y ait dans la capitale des spectacles pompeux, où l'on va par désœuvrement promener languissamment sa figure & son ennui; des académies où régnent l'envie, l'intrigue & la discorde; où des sages vont répandre & recueillir l'encens avec profusion, bavarder éloquemment & déraisonner méthodiquement; des bureaux d'esprit où le bon-sens est étranger, la médisance naturalisée & la fatuité régnicole; des festins où la multitude va se gorger de mets pernicieux à la santé, où le parasite figure par le dégât, le bel-esprit par ses écarts, & l'hôte par être dupe; des fêtes brillantes où l'on ne se réjouit point; des promenades où l'on ne marche point; des bals où l'on ne danse point; des opera où l'on ne chante point; en-

faux calcul. Une prévention trop avantageuse pour les biens qu'on désire, fait qu'on éprouve, dès qu'on les possede, ce mal-aise & ce dé-

enfin de fatiguantes étiquettes, exigées, réspectées & détestées par leurs plus zélés partisans.

Convenons donc, que la vraie félicité ne consistant que dans l'exemption de la douleur, la privation d'un bien inconnu, est un mal imaginaire; que l'habitude rend supportable, & même douce la condition la plus dure, qui n'est sensible que pour celui, qui se rappelle d'en avoir goûté une plus satisfaisante; qu'au contraire la prétendue liberté ne procure que des plaisirs inséparables de soucis & d'amertumes qui, perdant toujours de leur réalité par la possession, ne sont jamais que de foibles diversions à la douleur; que les lumieres sont empoisonnées par le doute; la curiosité, par l'impuissance de la satisfaire; la jouissan-

dégoût, qui ne nous laissent jouir de rien. On passe de même à d'autres objets; ainsi d'illusion en illusion la vie se passe à changer de chimeres; c'est la maladie des âmes vives & délicates.

sance, par la Monotonie ou la satiété; qu'enfin la liberté & l'esclavage résident également dans l'opinion; & qu'ainsi l'homme, né sous l'empire du Despote, n'est pas plus malheureux; qu'il peut même être plus heureux que sous tout autre Gouvernement.

Pour appuyer mon raisonnement j'avancerai une proposition étrange, paradoxale si l'on veut; mais que je n'en crois pas moins vraie: ce sera mon dernier coup de pinceau.

Qui peut nier, (abstraction faite de tout préjugé de naissance, d'éducation & d'habitude), que celui-là seroit vraiment heureux, dont les organes seroient assez dérangés, pour qu'il pût prendre autant de plaisir au cri lugubre de la chouette, qu'au chant mélodieux du rossignol; à la musique Françoise qu'à la musique Italienne; à qui une chaumiere paroîtroit d'une structure aussi élégante que le peristile du Louvre;

vre; une enseigne aussi bien dessinée qu'un tableau de Raphaël, aussi bien coloriée qu'une peinture de Rubens; dont l'odorat seroit aussi agréablement affecté des matieres foetides que des plus doux parfums; le goût aussi flatté des alimens insipides que des mets les plus irritans; l'esprit également satisfait des parades & du théâtre François; de la Pucelle & de la Henriade; de Don Japhet & de la Métromanie; de l'Année Littéraire & de l'Esprit des Loix; qui trouveroit enfin dans la décrépitude les graces & les agrémens de la jeunesse, & dans les horreurs de la solitude les charmes attrayans de la société? La joye d'un tel être aussi pure que tranquile, le sauveroit des soucis qui traversent les plaisirs, des peines d'esprit, qui les empoisonnent. Cette espece d'impassibilité le préserveroit au moins, de tous ces maux imaginaires, qu'enfantent ce qu'on appelle, dans le beau monde, le goût, la déli-

ca-

catesse, le sentiment. Si donc le vrai bonheur (je reviens toujours à mon principe) ne consiste que dans l'absence de la douleur, l'état de ce prétendu infortuné seroit, sans doute, préférable à celui du mieux conformé, du plus sensible, du plus délicat de tous les hommes.

Dégageons-nous, s'il est possible, de l'erreur si commune d'apprécier les peines & les plaisirs au tarif de nos goûts & de nos penchans, (regle qui n'est sûre que pour nous seuls en particulier) & nous reconnoîtrons bientôt que, si tant de desordres dans l'économie animale ne se trouvent pas aisément rassemblés à la fois dans le même individu, nous avons tous les jours sous les yeux des exemples de bisarreries, qui ne font point le malheur ni la peine de ceux qui en sont le jouet. Combien de mahématiciens ont bu de l'encre, de l'huile, sans s'en appercevoir? Tamerlan étancha délicieusement une soif ardente a-
vec

vec un peu d'eau mêlée de bourbe & de sang, qu'il but dans un crâne au milieu d'un combat. Dans combien de villes assiégées n'a-t-on pas dévoré les rats, les scorpions, les crapaux comme des mets exquis? Pour tant d'idolâtres en peinture qu'est-ce que le clair obscur? Un cerveau altéré distingue-t-il l'odeur de la violette, de celle du pavot? Pour bien des oreilles un monologue traînant de Lully équivaut à une ariette ravissante de Pergolese; toute musique se ressemble: pour la plûpart elle n'est que du bruit; pour un sourd elle n'existe pas. Combien de jeunes gens, dans l'obscurité, se sont applaudis d'avoir joui de Vénus dans les bras de Tisiphone? L'ignorance & la frivolité mettent tous les livres au même niveau. Pour un misantrope, pour un amant trahi, un désert affreux est un séjour enchanteur. Les pâles couleurs donnent à la cendre, au plâtre, au charbon un goût sensuel. Nous traitons

*Tome II.*  F  de

de dépravés ces appetits insensibles aux mets, qui font nos delices; nous plaignons ceux, qui en sont attaqués. Mais nous serions bien plus réservés dans nos jugemens, si nous connoissions mieux le pouvoir de l'habitude & les moyens singuliers, que la Nature employe pour nous procurer des plaisirs, dont l'art ne goûte jamais que l'apparence. C'est ainsi que nous jugeons déplorable, la condition des peuples qui vivent, sous le Despotisme, à l'abri de tant d'agitations, qui dessechent les cerveaux monarchiques & républicains.

## CHAPITRE VI.

### De l'Analogie.

L'ANALOGIE, demandent les Sélénites, plaît-elle autant à la Nature, que notre ignorance se plaît à le supposer? N'est-elle pas plutôt un instrument de la pensée

plus

plus commode, que sûr, pour raisonner sur tout ce qui est hors de la portée de notre vue & de notre entendement ?

Les étoiles, dit-on, scintillent ; donc elles sont autant de soleils, comme le notre, qui ont une lumiere propre & des planetes aussi dans leur tourbillon. Elles sont à une telle distance en proporrion de leur grandeur apparente. On en établit six classes ; il y en a peut-être des millions. Sirius, par exemple, est 27644 fois plus éloigné de nous que notre soleil ; la preuve qu'on en donne, c'est que tous les soleils étant de la même grandeur, le disque de Sirius paroît 27644 fois plus petit ; donc il est 27644 fois plus loin : cependant les planetes de notre tourbillon sont toutes de differentes grosseurs ; Saturne, plus éloigné du centre que Jupiter, est moins grand que cet astre ; la Terre est 1170 fois plus petite que Jupiter, &c ; pourquoi tous les soleils seroient-ils de la même grandeur ?

Suivant l'opinion presque généralement reçue par la démonstration donnée par Römer, la lumiere étant émanée du soleil, tout son tourbillon n'en reçoit des rayons qu'aux dépens de cet astre; comment donc ne paroît-il pas diminuer de volume; comment ne s'épuise-t-il pas? Là-dessus mille sistêmes plus hasardés les uns que les autres. Toute émanation d'un corps lumineux ou odoriférant en est une particule, qui vient frapper la rétine, ou les houppes nerveuses du nez, & ainsi autant de diminution de volume & de poids pour le corps, duquel elle se détache; le musc même, piece ordinaire de comparaison, diminue de poids à la longue; pourquoi le soleil ne diminue-t-il donc pas, ou s'il diminue, comme les autres corps, comment répare-t-il sa déperdition?

Y a-t-il aucune analogie dans les vitesses des différens corps en mouvement? Celle de la lumiere est-elle compréhensible? On s'étonne que la terre parcoure, en un an,

cent

cent quatre-vingt-dix-huit millions de lieues, sans que nous en reffentions le moindre mouvement : il y a bien là de quoi s'émerveiller. La terre toute vîte qu'elle eft, n'eft qu'une pareffeufe en comparaifon d'un rayon du foleil, qui parcourt un efpace de plus de quatre millions de lieues dans une minute ; voilà ce qui s'appelle voyager. La viteffe du boulet de canon eft prefque zéro en comparaifon, puifqu'il lui faut vingt-cinq ans pour faire le même chemin, que fait le rayon du foleil en huit minutes ; avec une femblable viteffe l'homme pourroit faire fept fois le tour du globe en une feconde.

Il eft plus naturel, difent quelques-uns de ceux, qui foutiennent le mouvement de la terre, qu'elle faffe fur elle-même 8700 lieues en vingt-quatre heures, que de dire que le foleil fait cent quatre-vingt-dix-huit milllions de lieues dans le même efpace de tems. J'en conviens ; de même qu'il eft plus naturel, que la lumiere foit inftantanée que propagée; ce qui pourtant n'est pas. Si nous n'avions que cette raison de faire tourner la terre, elle seroit bien foible; car je conçois, que le soleil & même les étoiles, qui sont quatre cens mille fois plus éloignées, puissent aussi bien tourner autour de la terre en 24 heures, qu'elle-même sur son axe. En voici la démonstration. Supposons une roue dont les rais plus menus cent mille fois que le rayon du soleil, soient prolongés cent millions de fois plus loin que les fixes de la sixieme grandeur, on m'accordera, sans peine, que l'extrémité du rais, qui touche le noyau peut tourner autour du centre en une seconde, & que conséquemment l'extrémité opposée tournera dans le même tems, quoiqu'elle décrive un cercle, dont l'aire est inassignable; puisque, pour calculer la quantité de lieues, que l'extrêmité de chaque rais la plus éloignée parcoureroit en une seconde, une unité avec mille zéros ne

suffi-

suffiroit pas. Quelle difficulté y a-t-il donc que le soleil, le firmament même, tournent plutôt que la terre?

Notre petite planete est habitée par des hommes & des animaux, elle est chargée de plantes; donc par analogie les autres planetes sont pareillement habitées, couvertes d'animaux, d'eaux, de forêts. Autrement à quoi seroient-elles propres? A nous réfléchir un peu de lumiere? On apperçoit alors dans la lune par les ombres, que cause le soleil sur sa surface, des mers, des caps, des golphes, des promontoires, &c. On en dresse aussi-tôt hardiment la carte topographique. Jusqu'ici l'analogie est heureuse, parce que la lune, comme satellite de la terre, est soumise aux mêmes loix de la gravitation, du mouvement, &c. Et je puis la confirmer, en ayant la preuve sous les yeux.

Mais qui peut assurer, que les autres planetes éprouvent les mêmes conditions, comme s'il n'étoit pas possible qu'un corps opaque ne fut ni eau, ni terre, ni air; mais seulement une matiere modifiée d'une maniere aussi impossible à imaginer que la création est inconcevable pour tout être créé ? Qui peut douter enfin, que si les planetes sont habitées, elles puissent l'être par des êtres d'une nature entierement différente de la nôtre ?

La planete la plus sensible à nos yeux par sa grosseur apparente & sa proximité de la terre, à laquelle elle est asservie en esclave, est cependant celle, dont nous connoissons le moins les mouvemens & les irrégularités : comment osons-nous donc juger si impérieusement de l'état, de la densité, de la nature de toutes les autres ?

Indépendamment du voile épais, qui enveloppe, dans tous les êtres, le mistere de la génération, quelle analogie trouve-t-on dans les moyens physiques, qu'employent diverses sortes d'animaux pour perpétuer leur espece ? Les

Les vivipares n'engendrent que par accouplement.

Le poisson ne touche point la femelle, il ne fait que féconder les œufs, qu'elle a abandonnés au courant des eaux. Si l'amour Platonique existe quelque part, ce n'est apparemment que chez les froids habitans de l'onde, puisqu'il est sans jouissance : à moins que le désir d'obliger ne soit une jouissance, dont l'homme n'a gueres d'idée.

Quelques animaux, qui ont les deux sexes, comme le limaçon, s'accouplent quelquefois & engendrent aussi sans copulation.

Le Polipe d'eau douce est si singulier dans la génération, qu'on n'y découvre aucune partie, qui y soit propre, & qu'il peut être regardé comme le dernier des animaux ou la premiere des plantes. Il peut, au besoin, réaliser la fable de l'hydre à plusieurs têtes, puisqu'en fendant la tête du polipe en mille, il en résulte mille têtes parfaites.

L'analogie fondée fur l'uniformité apparente des opérations de la Nature, dont les effets varient à l'infini, ne peut manquer d'être très-fautive, puifqu'on reconnoît, à chaque pas que l'on fait dans l'étude de fon méchanifme, la foibleffe de l'intelligence humaine, pour en diftinguer les véritables rapports. On trouve, ou plutôt l'on croit trouver, de l'analogie dans les chofes les plus difparates, parce que, dans les opérations de la Nature, l'on ne difcerne point les nuances d'une formation à une autre. Dans le fiftême de l'Univers tout eft lié fans doute de maniere, qu'il n'y a aucun interftice, fi ce n'eft de la créature au Créateur (*a*).

L'analogie n'eft-elle pas encore fenfiblement en défaut fur les vertus & les proprié-

___

(*a*) De la pierre à la brute la diftance eft grande; mais à nos foibles yeux, elle l'eft moins de l'huître au finge; du finge à l'hom-

priétés qu'on apperçoit dans les plantes & les fluides par la voie de l'analife, lorsqu'on attribue les mêmes effets à l'union des corps femblables ou homogenes en apparence? La plûpart des plantes les plus falutaires donnent, par cette maniere d'opérer, les mêmes principes, que les plus vénéneufes. Les eaux de Forges & celles de Paffy donnent par la décompofition le même réfultat. L'aloé & l'opium préfentent les mêmes principes, quoique l'un foit le correctif de l'autre. A quoi fe réduit donc l'analogie, fi l'on ne peut tirer des corps, par l'analife, que de foibles inductions, & des notions auffi vagues, que celles qu'on tireroit du fujet & des couleurs d'un tableau réduit en cendre?

L'analogie eft-elle d'un plus grand fecours

mo; elle eft confidérable de l'homme à la fubftance célefte; elle eft infinie de l'ange à l'Être Suprême; mais dans les êtres créés la gradation eft imperceptible.

cours en médecine ? N'expose-t-elle pas au contraire à des dangers évidens sur le rapport, qu'on trouve entre deux maladies, qui offriroient les mêmes simptômes, l'une causée par l'indigestion, & l'autre par l'inanition, & qui occasionneroient des traitemens contraires à la guérison? A quels fâcheux accidens, à combien d'équivoques funestes n'es-tu pas exposé, pauvre corps humain, par l'impéritie de ces Esculapes, qui entreprennent témérairement de te réparer ?

Il n'y a pas sur la terre deux visages, deux sons de voix parfaitement semblables, deux brins d'herbe de la même couleur, deux fleurs qui ayent la même odeur, deux alimens qui donnent au goût la même sensation, deux tailles d'hommes géométriquement égales, deux tempéramens exactement conformes, deux sinonimes parfaits dans aucune langue, deux esprits de la même trempe, &c. A quoi sert donc

donc l'analogie? Que signifie donc ce mot, sinon un stérile moyen d'expliquer ce qu'on ne sauroit démontrer, qui épargne, tout au plus, des discussions & met l'orgueil de l'homme dans la triste nécessité de se contenter souvent du probable au défaut de la certitude; de conjectures perpétuelles, sur-tout d'un *à peu-près*? L'analogie n'est donc enfin que ce qu'est le témoignage des autres sur ce que nous n'avons ni vu ni entendu.

## CHAPITRE VII.

### *Traits de Morale.*

DANS un souper que me donna Arzame en compagnie d'aimables philosophes de ses amis, il leur proposa, à l'exemple de Platon, d'examiner chacun en son particulier, s'il y en avoit un seul d'entre eux, qui n'eut pas mérité, au moins une fois en sa vie, d'être puni de mort. (a) Nous convinmes tous de bonne-foi qu'aucun de nous n'auroit dû y échapper, & que la plus austere philosophie n'étoit point exempte de payer un tribut à l'humanité, non par ces crimes odieux contre lesquels les loix sévissent; mais par des actions, que le préjugé nous peint innocentes ou que l'intérêt & la passion semblent justifier: mais qui contraires aux loix de l'exacte probité n'en sont pas moins criminelles, quoiqu'elles demeurent impunies.

Les crimes ne sont pas seulement les actions contraires aux loix: mais encore à la justice. Les vices répréhensibles ne sont pas seulement ceux, qui infectent la société: mais encore ceux qui en troublent ou détruisent la douceur & l'harmonie. Si les loix

(a) *Ut nemo in sese tentat descendere, nemo.*
Pers. Sat. IV. v. 23.

loix n'ont pas prononcé contre les vices, c'est que ne pouvant astreindre aux vertus opposées, elles ont dû remettre aux membres mêmes de la société le droit de les punir par la honte & le mépris.

Les actions criminelles ou honteuses impunies sont en bien plus grand nombre, qu'on ne se l'imagine communément. Il est un moyen aussi simple qu'infaillible d'en apprécier le mérite; il ne faut que se supposer dans la place de l'offensé avec le droit & le pouvoir de se venger. Pour donner du jour à ma proposition, je me contenterai d'ébaucher quelques traits de vices impunis, qui pour le bien de la société devroient être placés au rang des crimes, & soumis, comme eux, à la rigueur des loix.

Si la reconnoissance n'est point d'obligation, parce qu'elle seroit l'effet d'un contrat, qui anéantiroit le don, l'ingratitude n'en est pas moins un vice honteux, enfanté

fanté par l'orgueil, qui tend à détruire tout fentiment de bienfaifance dans la société; c'eſt baſſeſſe dans l'âme, injuſtice dans le cœur, noirceur dans l'eſprit. Qui eut jamais le front de s'avouer ingrat?

Le bigotiſme porte, par excès de zéle, à déchirer impitoyablement la réputation d'autrui, à violer les loix de la fraternité, à s'abandonner avec fécurité & fans méfure aux traits envenimés de la médifance, dont les effets font irréparables (*a*). C'eſt qu'il prend la médifance pour amour de la vérité, la fatire pour horreur des vices, & toujours l'humeur pour zéle.

La révélation d'un fecret eſt un facrilege, & l'emploi injuſte d'un dépôt facré, même à l'égard de fon ennemi.

L'abus d'une confidence fut-elle l'effet du

---

(*a*) *Quid de quoque viro, & cui dicas, fæpe videto.*
                Horat. L. I. Ep. XVIII.

du hasard, ou de l'indiscrétion est un crime bas, honteux; à son propre avantage, c'est un larcin; au profit des autres, c'est une perfidie.

Une saillie, qui dans un Grand est toujours indigne de son rang, a souvent terni la réputation, ou ruiné la fortune d'un homme de bien.

L'indiscrétion dans un amant heureux est toujours une vanité méprisable, une tache à la probité; c'est payer le bienfait par une injure, porter atteinte au plus chéri des biens, la réputation; c'est s'honorer lâchement d'un vice odieux, qui reçoit souvent de la vengeance la punition, que ne peuvent, & que devroient prononcer les loix.

Protéger un criminel, un faussaire, solliciter pour lui, corrompre les Juges en sa faveur, n'est-ce pas enfraindre les loix naturelles & civiles, opprimer par contrecoup un innocent & se rendre coupable des suites

fu-

funestes du crime impuni (a)?

Séduire la femme, la fille de son ami, c'est abuser cruellement de la confiance, & briser le plus tendre des liens de la société, en jettant le trouble & le désordre dans le sein d'une famille, qu'on est plus engagé, qu'un autre, de respecter: trancherai-je le mot, c'est scélératesse. Se peut-il qu'il y ait des contrées, où la corruption des mœurs soit montée à un tel degré, que ce crime affreux, déguisé sous le nom

___

(a) Il est des cas singuliers, où la constitution du Gouvernement semble autoriser certains vices & tendre, pour ainsi dire, des piéges à la vertu même. (*)

Un honnête-homme ne se rendroit pas complice d'un acte injuste, en sollicitant, en faveur d'un coupable assassin, son parent ou son allié, si l'usage inique de répandre sur une famille entiere, l'opprobre que mérite un seul de ses mem-

(*) *Ex Senatus-Consultis, Plebisque-Scitis scelera exercentur.*
      Senec. Ep. XXXV.

nom de galanterie, soit traité de gentilleſ-
ſe? Traveſtir la vérité, dont on doit le témoignage, ſous l'enveloppe de termes équivoques, qui la repréſentent, eſt un crime
contre la probité, qui ne diſcute ni ne dé-
libere: crime auſſi noir, que celui de l'a-
dulateur, qui corrompt la vérité, pour
exciter le vice en l'applaudiſſant.

Abuſer de la triſte ſituation d'une fille,
pour lui ravir ſon innocence, ou du déſeſ-
poir d'une femme, plongée dans la miſere,
pour

membres, ne le forçoit de ſe ſauver du deshonneur qui y eſt ataché. Cette barbare coutume
ne devroit avoir lieu que dans le cas d'un atten-
tat à la vie du Souverain.

Dans toute autre circonſtance, l'ignominie,
dont une famille entiere innocente eſt couverte
pour le crime d'un ſeul, ne peut même être
juſtifiée par l'éclat héréditaire que tirent les deſ-
cendans de la nobleſſe de leurs ancêtres. Cet
avantage, qui n'exiſte que dans l'opinion, n'eſt
réellement qu'un bien imaginaire, qui ne peut
entrer en parallele avec un malheur véritable.

pour la deshonorer, & les jetter l'une & l'autre dans le defordre, c'eft une lâcheté brutale, une baffeffe indigne, qui mérite les plus grands châtimens; manquer enfuite à fes engagemens (tout illicites qu'ils font en morale) c'eft ajouter le vol à l'injure & fe déclarer honteufement infracteur de la loi la plus refpectée dans la fociété, la parole, qui eft le gage de la foi, & entre gens d'honneur vaut un contrat (*a*).

Le Difciple d'Hippocrate, encore peu in-

―――――――――――
(*a*) Sous le commandement de Septimius Acyndinus à Antioche, un particulier n'ayant pas porté à l'Epargne la livre d'or à laquelle il avoit été taxé, fut mis en prifon, & le Gouverneur jura, qu'il le feroit pendre, s'il ne la payoit pas dans deux jours. La femme de cet infortuné étoit jolie. Un galand lui offrit la livre d'or, fi elle vouloit paffer la nuit avec lui. Pour fauver la vie de fon époux chéri elle promit d'accepter l'offre, fi fon mari, de qui fon corps dépendoit, y confentoit. Ce dernier la remercia & y confentit; mais le galant, après s'être fatisfait, fubftitua au fac d'or promis une li-

instruit, qui entreprend témérairement de traiter le corps humain, n'est qu'un vil interessé, coupable envers l'Etat de tous les homicides, qu'il cause par vanité ou par impéritie; c'est un brigand, qui projette, de sang froid, mille assassinats.

Le Medecin qui prolonge une maladie que l'art, ou la Nature, toute seule, pouvoit abréger, commet une espece de meurtre auquel le motif d'intérêt ajoute l'énormité.

Un livre de terre. La femme s'en étant apperçue, en demanda justice au Gouverneur, à qui cet accident ouvrit les yeux sur la violence de sa menace, qui avoit fait recourir ces infortunés à des remedes si extrêmes. Pour réparation, il paya lui-même la livre d'or au Fisc & fit adjuger à la femme le domaine, d'où avoit été tirée la terre, qu'elle avoit trouvée dans la bourse.

Un Pere de l'Eglise tolere cette action, parce que la femme prêta, en cette rencontre, son corps à son mari, non par rapport aux désirs accoutumés, mais au besoin, qu'il avoit de vivre.

Un Avocat qui entreprend la défense d'une cause, qu'il reconnoît mauvaise ou injuste, commet son honneur ou sa foi: il projette de tromper le Juge ou son client. Coupable dans l'un ou l'autre cas, s'il croit perdre sa cause, il débite des especes de faux-aloi. Se flatte-t-il de triompher de l'inattention ou de l'impéritie des Juges, il se rend complice d'une conjuration.

Un Procureur, qui par les détours iniques de la chicane éternise un procès, est un monstre, qui ravage également le pays allié & le pays ennemi.

Un Magistrat, qui néglige l'instruction d'un procès civil ou criminel, n'est-il pas débiteur des sommes qu'il fait payer injustement, ou coupable de la mort d'un innocent? Peut-on concevoir qu'au lieu de bri-

―――――――――――――――
(a) *Detrahere aliquid alteri, & hominem hominis incommodo suum augere commodum, magis est contra naturam, quam mors, quam paupertas, quam*

briguer avec tant d'ardeur le droit épineux de juger son semblable, un homme de bien ne l'accepte pas toujours en tremblant.

Frauder les droits Royaux, c'est détourner à son profit le bien commun, & commettre une injustice envers toute la Nation (*a*). Les tributs, que les besoins de l'Etat rendent nécessaires, & dont le Souverain n'a que l'administration, sont établis sur la justice & l'équité; ils sont justes, parce qu'ils sont employés pour le maintien de l'ordre, de la tranquilité, & de la sûreté publique: ils sont équitables en ce qu'ils sont distributifs; ils doivent donc être fidélement acquittés puisqu'ils font partie des revenus de l'Etat; c'est une contribution, qu'il n'est permis d'éluder que par la tempérance & la frugalité. En vain

les

*quam dolor, quam cætera quæ possunt aut corpori accidere aut rebus externis.*

Cic.

les infracteurs se croyent-ils justifiés par les peines pécuniaires ou afflictives qu'ils encourent ; c'est toujours un vol fait à la masse de l'Etat & à ses concitoyens, qui, au défaut du recouvrement nécessaire, sont injustement chargés de nouvelles impositions.

Il seroit à désirer, il est vrai, que le droit fût quelquefois moins disproportionné au prix de la chose ; la fraude, devenant peu lucrative, exciteroit moins l'avidité : il seroit encore plus important que tout privilège exclusif fût aboli, hors celui de la fabrication des monnoies, & que le commerce de quelques denrées comme le sel, le tabac &c, fût rendu libre à certaines conditions, qui rendroient au Domaine l'équivalent du bénéfice qu'il en retire. Ce réglement, dont l'exécution est moins difficile, qu'on ne pense, que des intérêts particuliers ont toujours traversé, mais que l'humanité conseille, sauveveroit la vie & la liberté à bien des malheureux; & la loi ne se verroit pas cruellement forcée de punir souvent, comme des malfaiteurs, & de traiter en scélérats des gens, qu'elle ne peut regarder comme méchans.

## CHAPITRE VIII.

*Gallerie de Curiosités, & de choses perdues sur la Terre, qui se trouvent recueillies dans la Lune.*

JE me rendis, avec empressement, dans cette curieuse Gallerie, agréablement décrite par l'Arioste (a) dans son admirable *l'Orlando furioso*, où va se rassembler

tout

(a) L'Arioste ignoroit, que cette Gallerie se trouve dans l'hémisphère de la Lune, qu'on ne voit pas de la terre.

Tome II. G

tout ce qui se perd, ou s'évanouit sur la terre; partie pour n'y plus retourner, & partie pour y reparoître sous les titres spécieux de *Nouvelles Découvertes* ; *Nouvelles Inventions* ; *Nouveaux Sistêmes*, &c.

Dans un cabinet, destiné à renfermer les choses, qui se perdent sur la terre pour toujours, je vis rangés en ordre, par emblêmes, la gloire, les dignités, les honneurs, les plaintes du présent, l'idolâtrie du passé, la curiosité sur l'avenir, la jalousie des maris, les soupirs des amans, les fermens de s'aimer toujours, les sentimens des filles de théâtre, la foi aux prestiges, les frayeurs de la mort, la bonne-foi dans les négociations & les traités, l'amour Platonique, le parfait désintéressement en amitié, les vers, les épîtres dédicatoires, qu'on fait pour les Grands, les épithalames, les oraisons funebres, les mausolés, les apothéoses des vivans, &c. &c. &c.

De

De plus l'architecture aërienne, vulgairement appellée; *l'art de bâtir des châteaux en Espagne.*

L'abandon du bien-être pour l'espérance du mieux.

Les raisonnemens sophistiques contre l'expérience.

La plûpart des projets utiles à l'Etat & à l'humanité, appellés par les gens en place *Rêves de bons citoyens.*

Le pouvoir despotique des excommunications contre les Souverains.

La plus grande partie des fondations.

Les restitutions au terme de la vie.

La morale des Amans & des Pieces de théâtre.

Les projets de bâtir dans la vieillesse.

Les remedes spécifiques contre la peur.

Le *Dominium maris* des Anglois.

Les déclamations éternelles contre le goût, les mœurs & les ridicules de son siecle.

L'amour de la Patrie.

Les conjectures sur les événemens futurs ou contingens.

La plûpart des ouvrages périodiques, & nommément l'*Année Littéraire*.

Les félicités, qu'on ne goute qu'en songe, partage ordinaire des avares, des courtisans, des joueurs, des protégés, des négociateurs, des politiques, des alchimistes, &c.

Dans un salon réservé pour la bibliotheque je trouvai d'abord

Le fameux livre *Della Opinione, Regina del Mondo*, ouvrage, que quelques ignorans bibliographes, comme Varron, Scaliger, Saumaise, Casaubon, Bayle, Pascal, Pic de la Mirandole, & autres esprits limités de leur trempe soutiennent n'avoir jamais existé, qui cependant a été commencé peu après la création, & augmenté considérablement de siecle en siecle, à mesure que les connoissances se sont multipliées. En-

Enfuite un monceau prodigieux de manuscrits & de livres scientifiques dérobés ou moisis dans les bibliotheques de ceux, qui ne les achetent que par oftentation, pour ne les jamais ouvrir.

Un traité complet de la musique des anciens, avec plusieurs compositions des meilleurs auteurs Grecs, & un opéra d'Orphée, dont le récitatif est aussi simple, que la déclamation, & dont il ne reste sur la terre aucun vestige, si ce n'est dans l'opéra Italien.

Trois cens traités d'Epicure, où l'on reconnoît distinctement, qu'en regardant la volupté comme fondement de sa philosophie, on l'a fait injustement chef d'une secte, dont il n'étoit point; puisqu'il fut, toute sa vie, un modele de continence, de sobriété & de toutes les vertus humaines.

Ce qui manque sur la terre du traité de la république de Cicéron, dont on n'a que quelques fragmens, & qui fait le complément du livre des Offices.

Les corrections faites de la main de Virgile aux six derniers livres de son Enéide (*a*).

Dix Décades & demie de Tite-Live formant les cent cinq livres, qui nous manquent.

Un ample traité du Droit des gens, auquel aucun Prince ne pourroit éviter de se soumettre.

Des fragmens considérables de la bibliotheque d'Alexandrie.

Ce qui manque du traité d'Epicharme sur la Nature des choses.

Les vingt mille vers que les Druides étoient obligés de savoir par cœur avant que d'être initiés aux misteres.

Deux

---

(*a*) Chacun sait que les premiers livres de l'Enéide de Virgile sont calqués sur l'Odissée d'Homere, & les derniers sur l'Iliade.

Deux cartes géographiques très-exactes l'une des terres Auſtrales, l'autre de l'intérieur de l'Afrique.

Les livres du célébre Roi de Juda, supprimés par Ezechias, contenant l'analife de toutes les plantes, depuis le cedre juſqu'à l'hyſope, & toutes les propriétés des animaux terreſtres, des oiſeaux, des reptiles, des poiſſons, des inſectes, &c; perte irréparable ſur la terre pour la Botanique, la Médecine & l'Hiſtoire Naturelle.

Les livres des Sibylles en entier.

Un traité de la prononciation latine, compoſé avec ſoin par Ciceron & revu par Iſocrate.

La maniere d'écrire par de ſimples ſignes répréſentatifs de mots & de phraſes entieres, plus vîte qu'on ne peut dicter, inventé par Ennius, & dont nous n'avons qu'un uſage très-imparfait.

Soixante & treize tragédies d'Euripide, dont ce poëte ne vit couronner que cinq, de même que Ménandre ne vit donner le prix qu'à huit des cent comédies, qu'il avoit composées, preuve que, de tout tems, la cabale & la jalousie se sont acharnées contre le vrai mérite.

Cent quatorze tragédies de Sophocle, dont quelques sujets ainsi que d'Euripide ont été devinés & traités avec sublimité par la force des génies modernes, qui se sont nourris de la lecture d'Homere dans l'original.

Des élémens d'arithmétique sur la méthode de calculer avec le chiffre Romain.

L'original hébreu de l'Ecclésiastique.

Le supplément de la satire de Pétrone.

L'original de la Loi Salique.

Un petit traité sur la trempe de l'acier, propre à sculpter le porphire.

Dans

---

(a) Il s'agit ici des ouvrages des Egyptiens chez qui les Grecs puiserent les plus sublimes connoissances, dont ils ne tirerent pas le parti,

que

Dans un petit salon, on trouvoit l'origine de toutes les inventions utiles, & de tous les sistêmes tant de physique que de morale ; mais ils s'altéroient, s'affoiblissoient ou disparoissoient à mesure que, sous le titre spécieux de *nouvelles découvertes*, on les recouvroit sur la terre.

Les miroirs d'Archimede avoient disparu.

La peinture en caustique étoit presque effacée.

La musique des anciens étoit pleine de lacunes.

Les traités de navigation entierement biffés.

Les traités de morale conservoient toute leur fraîcheur & leur intégrité.

Ceux de métaphysique étoient encore en leur entier. (a)  Le

---

que les modernes ont tiré de leur propre intelligence, ces anciens Traités de Métaphysique n'étant pas parvenus jusqu'à nous.

Le traité de la circulation du sang n'exiſtoit plus depuis cent trente ans.

On m'aſſura, qu'il n'y avoit jamais eu de traité de chimie, d'anatomie, ni de phyſique expérimentale; mais ſeulement quelques foibles eſſais ſur l'aſtronomie, dont il ne reſte plus que quelques lignes entrecoupées.

Je vis dans un endroit écarté diverſes matieres couvertes de pouſſiere, parmi leſquelles je reconnus le verre malléable, dont on faiſoit des vaſes, des ſtatues, des meubles plus ſolides qu'avec les métaux; les pierres ſpéculaires pour bâtir des temples, des palais tranſparens; la matiere du feu Grégeois inventé par Callinichus; la pourpre Tyrienne, dont étoient teints les vêtemens des Empereurs, qui ſeuls avoient

*le*

―――――――

(*o*) Nous avons la liberté des faits, non celle des penchans; ainſi Zopire, célèbre phiſionomiſte, n'offenſoit pas Socrate, en le jugeant

*d'un*

le droit d'écrire en cette couleur, l'art de fondre les pierres, les lampes inextinguibles, &c, & mille autres inventions merveilleuses, que je me refervai d'examiner avec plus de loisir.

## CHAPITRE IX.

### *Essai sur les Animaux.*

QUAND on considere, me dit un jour Arzame, que, dans le moral, nous n'avons de guide que la raison, toujours combattue, & souvent vaincue par les passions & par un penchant secret au mal, (a) & que, dans le physique, l'instinct nous conduit toujours au bonheur sans opposition, n'est-on pas tenté de croire,

d'un caractere vicieux, mais qu'il avoit réformé par l'étude & par la pratique de la vertu.

re, que l'inſtinct eſt un guide plus ſûr que la raiſon.

Seroit-il donc vrai, qu'on ne put prononcer les mots d'âme, d'inſtinct, de matiere, d'animaux, ſans effaroucher l'eſprit des gens de bien? Je penſe au contraire que, lorſqu'on ſe renferme dans les bornes de la raiſon, qu'on reſpecte les principes établis, qu'on accorde à l'homme l'intelligence, à l'excluſion des animaux, on peut, ſans s'expoſer à être taxé d'irréligion ou de matérialiſme, raiſonner ſur les phénomenes ſinguliers, qui nous frappent ſi ſenſiblement dans la conduite méchanique des animaux, & les avantages qu'ils paroiſſent avoir ſur nous, dans le phyſique: mais avant que de prononcer ſi impérieuſement ſur la prééminence de la raiſon ſur l'inſtinct, ne ſeroit-il pas ſage de définir ce que c'eſt que l'Inſtinct?

Qu'eſt-ce donc que cet Inſtinct, qui dirige conſtamment les animaux vers le bien-être

être en regard avec cette raifon fublime, qui en écarte fi fouvent l'homme ? Dans le phyfique l'homme peut-il rien produire d'auffi parfait que l'ouvrage du pur inftinct, filer comme l'araignée, bâtir régulièrement comme l'abeille, chanter mélodieufement comme le roffignol ? Toute fa raifon ne lui fert donc qu'à le rendre foible copifte des créatures qu'il méprife, en s'efforçant d'imiter la Nature par une induftrie, qui laiffe toujours la production humaine à une extrême diftance du modele ?

La diftinction une fois bien établie entre l'intelligence & le méchanifme, l'une qui eft un don célefte dirigé vers une fin fupérieure, l'autre un mouvement régulier imprimé à la matiere dans l'ordre phyfique, fera-ce un crime que de raifonner fur les merveilles qui en réfultent ?

Les animaux ont-ils un langage ? S'ils en ont

ont un, est-il différent pour chaque genre ? Nous entendent-ils ? Sont-ils capables de réfléchir, de comparer ? Jusqu'où s'étend en eux cette faculté que nous appellons instinct ? Ne sont-ce pas autant de questions, qui demeureront toujours indécises jusqu'à ce que nous soyons parvenus à savoir ce que c'est qu'instinct, ou ce que nous entendons par instinct ?

„ L'Instinct, dit D. C., qui n'est au-
„ tre chose que l'effet de l'habitude, est
„ commun aux hommes & aux animaux,
„ à cette différence, que les animaux ont
„ un instinct sans raison ; & que nous a-
„ vons l'instinct & la raison ; l'instinct qui,
„ par habitude, nous fait sentir, & la rai-
„ son qui nous fait juger, par réflexion
„ & par comparaison, que les animaux a-
„ yant moins de besoins que nous, leur in-
„ stinct est plus sûr ; car l'habitude de
„ voir, de sentir, de comparer, devient,
„ chez les hommes, un instinct qui juge,
„ sans

,, sans le secours de la réflexion. J'accorde tout cela ; je sens même, que c'est avec cet instinct, qui s'accroît par l'exercice des choses, qu'un poëte trouve, plus facilement qu'un autre, la contexture d'un vers & la rime, qui lui est propre; qu'un simphoniste rencontre rapidement, & sans confusion mille tons sur son instrument ; qu'on lit, qu'on écrit sans épeler ; qu'on chante sans solfier, en mesure, sans la battre, &c. Je conviens de tout cela. Je sens que j'ai la raison: mais je ne suis point assuré, que les animaux n'en ayent pas l'équivalent: mais je ne conçois point comment ils savent tout ce qui leur est nécessaire sans avoir eu de maîtres; & que nous exécutions si mal ce que nous avons appris ; mais leur instinct n'est point d'habitude, puisque leurs coups d'essai sont toujours des coups de maîtres. Quel nom donnerai-je donc à ces accès, qui semblent si bien partir de la réflexion ?

xion? Leur en affigner un, ce feroit entreprendre de traduire un livre écrit en une langue, dont on n'a pas l'alphabet.

Si les animaux montrent quelque réflexion, lorfqu'ils paroiffent indécis dans leurs mouvemens, qu'ils toifent une hauteur qu'ils veulent efcalader, qu'ils mefurent de l'œil un efpace qu'ils veulent franchir, qu'ils fe détournent d'un péril évident, qu'ils dreffent des pieges à leur proye, qu'ils rufent pour la furprendre, qu'ils difcernent les alimens ou les remedes qui leur font propres, qu'ils apprennent à parler, à danfer, à chanter, enfin qu'ils fe corrigent de certains vices par la crainte de la punition; peut-on nier, que leur jugement inftinctif puiffe avoir beaucoup plus d'étendue, que nous ne lui en accordons? Pour prouver que les animaux font de purs automates, comme le difent les Cartéfiens, il faudroit démontrer que dans

leurs

leurs mouvemens, ils fuivent les loix de la méchanique, ce qui eſt faux. L'homme inſtruit & policé met hardiment, au rang des brutes, certains peuples ſtupides dans leſquels il ne remarque aucune action intelligente, tandis qu'il eſt porté à donner de l'eſprit au ſinge, du jugement à l'éléphant, &c.

Les bêtes, diſent quelques-uns, n'ont point de langage, parce que nous ne les entendons pas, belle ſolution! Quelle merveille de ne point entendre leur langage, lorſque nous n'entendons point, parmi nos ſemblables, ceux qui ont un idiome différent du notre? Serions-nous bien fondés à prétendre, qu'ils ne font que ſiffler, hürler, hennir, roucouler? &c.

De quelque Nature que ſoit le langage des animaux, il eſt certain, qu'ils s'entendent entre eux. Un chien par des ſignes ſenſibles peint vivement la douleur, la joie, la jalouſie, ſes beſoins

di-

divers. (a) Si nous entendons ces signes, pourquoi les bêtes ne s'entendroient-elles pas entre elles ? Quelles ayent un langage général ou particulier pour chaque espece, ou des signes équivalens par lesquels elles se communiquent leurs besoins, cela n'est-il pas égal ? Quelle difficulté y a-t-il que ceux qui ne peuvent s'exprimer par des sons articulés, se fassent entendre par des signes ? Que font de plus les enfans au berceau ?

N'avons-nous pas un langage muet &, pour qui sait nous entendre, un silence plus expressif quelquefois que la parole même ? Les gestes témoignent plus fortement l'admiration, la surprise, que les accens de la voix ; les yeux peignent plus vive-

---

(a). *Cum pecudes mutæ, cum denique sæcla ferarum*
*Dissimuleis soleant voces variasque ciere,*
*Cum metus, aut dolor est, & cum jam gaudia*
*gliscunt.*

Lucret. L. V. v. 1058.

vement les passions, que les sentimens ne les peuvent exprimer : la pantomime (*b*) n'est qu'un discours en action. Quels prodiges d'expressions n'a-t-on pas vu dans les gestes de certains muets suppléer à l'organe qui leur manquoit?

On peut donc, sans se creuser le cerveau à chercher des rapports entre deux facultés aussi évidemment distinctes que l'esprit & la matiere, raisonner, par curiosité, sur les phenomenes de l'instinct, convenir, sans murmure, que, dans le partage des dons de la Nature, les animaux ont été traités plus favorablement que nous, sentir l'excellence de notre raison, & regretter, en silence, qu'elle ne soit pas toujours un guide aussi sûr que l'instinct.

Seroit-ce, a dit un bel-esprit en plaisantant

_____
(*b*) Un Roi voisin du Pont-Euxin se trouvant à la Cour de Néron, lui demanda un excellent pantomime qu'il avoit, pour lui servir d'interprète dans toutes les langues.

tant, par un effort sublime de raison, que les animaux se sont interdit le raisonnement pour jouir plus tranquilement des effets de leurs sensations?

Sans réduire l'homme aux pures sensations, dont toutefois l'abus seul est condamnable, je ne saurois disconvenir que, si par son industrie il parvenoit à réunir en lui tous les avantages que divers animaux possedent en particulier, il ajouteroit infiniment à son bonheur.

Je ne prétens pas discuter si tout est bien; si tout ce qui paroît mal, n'est pas bien; si ce qui est bien, pourroit être mieux: je dis seulement que tout est sans doute comme il devoit être, & que le sage doit se regler sur ce qui est; mais qu'il n'est peut-être pas illicite de souhaiter que bien des choses fussent autrement qu'elles ne sont. J'ajoute que la raison devroit détruire l'orgueil dans un être foible & dépendant de tout ce qui l'environne; qu'enfin l'homl'homme ne pourra prouver sa prééminence sur tous les autres animaux, dans le physique, que lorsqu'avec l'intelligence dont il est doué à leur exclusion, il démontrera

Que comme tous les animaux il est vêtu commodément pour toutes les saisons.

Que sans étude & sans exercice il est musicien comme le rossignol, tisserand comme l'araignée, manœuvre comme le castor, architecte élégant comme l'abeille, la guêpe, &c. (a)

Que sa vue est aussi perçante que celle de l'aigle & des autres animaux de proie ; son odorat aussi fin que celui du chien.

Que, comme dans le polipe d'eau douce, l'écrevisse, &c, la section d'un membre donne lieu à la reproduction d'un autre.

Qu'il est aussi vite à la course & aussi infatigable que le cerf, la renne, &c.

Que

_____

(a) L'homme ne fait que crier & pleurer sans apprentissage.     Mont.

Que sans connoissance de la physique, de la botanique, de la chimie, il sait discerner la vertu des simples utiles & y trouver le remede à ses maux.

Que ses excremens sentent bon comme ceux de la fouine ou que, comme ceux des animaux qui broutent, ils n'ont aucune odeur, qu'ils sont, ainsi que ceux de la grive, de la bécasse, un aliment agréable.

Que, comme le cerf, le corbeau, certains poissons, il peut, suivant l'opinion générale, vivre des siecles.

Que, comme certains animaux de passage, il peut suivre le cours du soleil & fendre les airs, pour aller habiter les climats, que cet astre bienfaisant éclaire & vivifie successivement.

Que de sa nature aussi changeant de
gouts

(a) Ceci est fondé sur l'opinion vulgaire, qui fait de l'air l'aliment du caméleon, comme il est réellement celui des plantes.

gouts & d'opinions que le caméleon de couleur, il peut, comme lui, vivre d'air. (*a*)

Qu'il est aussi constant en amour que le chevreau & sa femelle.

Qu'à d'autres égards il a la vertu du cerf, du crapeau, du moineau franc, &c.

Qu'armé par la nature pour sa propre défense, ainsi que le plus petit des insectes, il ne fait la guerre que pour sa subsistance & sa propre conservation.

Qu'indifférent sur le passé, il jouit tranquilement & honnêtement du présent, sans craindre, dans l'avenir, des maux qui ne lui arriveront peut-être pas.

Qu'à la fidélité du chien, la docilité du cheval, la patience de l'âne, la force du lion, la prudence du serpent, il joint la prévoyance de la fourmi (*b*), la reconnoissance

---

(*b*) On se prête ici à l'opinion générale sur la prudence du serpent & la prévoyance de la fourmi, problématique dans l'un, fausse dans l'autre.

sance filiale du cigne, la tendresse maternelle de tous.

Qu'il fait moins de cas de l'estime d'autrui que de la sienne propre.

Si enfin partageant avec les animaux tous ces avantages, comme il fait l'habitation & les biens de la terre, ou, se les procurant par son industrie, avec le don d'intelligence qu'ils n'ont pas, l'homme se montroit toujours excellent par les qualités du cœur, il pourroit peut-être se dire à juste titre le roi des animaux, & prétendre avec quelque fondement, qu'ils sont tous créés pour lui.

Mais quand je le vois la proie des bêtes féroces, victime & nourriture des plus petits insectes, esclave & tiran des animaux dont il tire du service (a), avec une vue si

cour-

(a) *Belluæ a Barbaris propter beneficium consecratæ.*
Cic. de Nat. Deor. L. I. C. XXXVI.

courte, un odorat si borné, une puissance si foible, une industrie si au dessous de l'instinct, jouet perpétuel de sa raison & de son intelligence, je ne sais plus, tout bien compensé & physiquement parlant, quel rang lui assigner dans la Nature.

## CHAPITRE X.

### *Préjugés justifiés.*

Pour redresser, sur les jugemens hasardés, l'esprit de la jeunesse, qui rapporte tout à la maniere de voir de son siecle, on avoit composé un livre curieux, dans lequel on recherchoit, avec soin, l'origine & les causes de tant de loix bisarres, de coutumes singulieres, d'usages extravagans ou barbares, en honneur même dans des siecles éclairés, & qui semblent ré-

répugner aux sentimens naturels, imprimés dans tous les cœurs; on s'étoit attaché à en découvrir l'esprit, & l'on n'avoit pu se refuser de reconnoître que les loix, les coutumes tiennent toutes à la diversité des opinions fondées sur l'intérêt des peuples relativement au climat, au Gouvernement, & qu'elles ont toujours pour objet l'utilité générale; enfin que ce qui, au premier coup d'œil, paroît une opinion étrange, une coutume insensée, un acte inhumain, avoit été, sans doute, fondé sur des principes d'équité, de justice & de raison. C'est ainsi que des projets ébauchés sont jugés souvent ridicules, informes ou pernicieux, parce que la disgrace, l'envie ou la mort, ont ravi à leurs auteurs les moyens de les consommer; c'est ainsi encore qu'on juge témérairement pour mauvaises, des actions louables, faute de connoître les motifs, qui les ont occasionnées; en voici quelques exemples.

*Chez*

*Chez certains Peuples les Enfans mangent leurs Peres, avant qu'ils parviennent à une extrême vieillesse.*

Conduits par une vertu d'ignorance, mais séduits par un excès de tendresse filiale, les enfans croyoient témoigner leur reconnoissance envers ceux, dont ils avoient reçu le jour, en leur épargnant les maux & les infirmités, dont la Nature les accable dans un âge avancé. Les peres leur en faisoient un devoir, & les enfans jugeoient ne pouvoir donner aux auteurs de leur naissance, une sépulture plus honorable, que leurs propres entrailles. D'ailleurs pour des peuples qui ignorent heureusement, ainsi que les animaux, le dangereux art de la médecine, il n'y a de véritable maladie, que la vieillesse.

*Sacrifices des premiers hommes de la République, chez plusieurs Nations.*

Les Idolâtres croyoient honorer la Divinité dans leurs sacrifices par l'oblation de ce qu'il y a de plus noble sur la terre, (a) ainsi que dans une morale plus pure, on immole ses goûts, ses plaisirs, ses passions les plus chéries, aux biens réels, qu'on nous promet dans une autre vie.

Le peuple, à la vérité, étoit assez imbécile, pour ne pas s'appercevoir, que sous le voile de l'humilité & du desintéressement, leurs Pontifes, peu persuadés de l'excellence de ces dévouemens, s'exemptoient volontiers des honneurs du bucher ou du couteau sacré. Nous gémissons de l'erreur de ces peuples; nous déplorons leur aveuglement. Ces sacrifices cependant pouvoient désoler quelques familles; mais elles ne dépeuploient pas la terre. L'enceinte du temple étoit arrosée de sang; mais la terre n'en étoit pas inondée;

(a) *Ubi iratos Deos timent, qui sic propitios habere merentur?*

S. August. è Seneca.

dée ; tandis que plus éclairés qu'eux, nous honorons du titre faſtueux de Grands, des Conquérans, des barbares plus cruels, qui ſous le ſpécieux prétexte de la défenſe de la Patrie, l'ont inhumainement dévaſtée, ont immolé des milliers de ſujets à la fureur d'un reſſentiment perſonnel, & détruit des Nations entieres, pour vanger une injure légere ou ſatisfaire une paſſion privée. Pour juger ſainement d'une choſe, il faut la conſidérer par toutes ſes faces. La ſource de toutes nos erreurs vient de ce que les paſſions ne nous laiſſent voir dans les choſes qu'un côté, ou qu'elles nous les font même voir, où elles ne ſont pas. Quand quitterons-nous la funeſte habitude de ne jetter qu'un coup d'œil diſtrait ſur tous les objets, ou de ne les regarder que de profil?

*Les Femmes Indiennes ſe brûlent ſur le bucher de leurs Epoux.*

Quelle vive peinture des ſentimens de la tendreſſe conjugale chez ces peuples, que

les

les sacrifices fréquens de jeunes & belles femmes aux mânes de leurs Epoux ! (*a*) Ces actes volontaires autorisés par la coutume, & qu'aucune loi ne prescrit, peut-être moins insensés que les maximes du point d'honneur parmi nous, ne sont un fanatisme héroïque, que pour les mœurs dépravées, une extravagance que pour les cœurs froids. C'est un délire pour qui connoît le pouvoir du tems sur les afflictions, une sottise pour qui met en problême la possibilité de ces afflictions, & un sujet de risée, mêlée de compassion, pour ceux, qui tournent en ridicule le plus sacré des liens, & n'admettent de grandeur d'âme, que dans le vain triomphe des accidens, nés d'engagemens illicites.

En quoi different ces sacrifices chez les In-

―――――

(*a*) La politique a peut-être contribué à la coutume de certains peuples Asiatiques, qui nécessitent les femmes à se brûler, par point d'hon-

Indiens, des dévouemens des Codrus, des Menecée, des Curtius, des Decius, tant célébrés chez les Anciens ? L'amour de la Patrie est-il plus noble, que l'amour conjugal ? De ces passions depuis longtems éclipsées parmi nous, l'une est l'effet d'un sentiment de générosité, sujet à se méprendre, l'autre est un devoir étroit, que la Nature bienfaisante assaisonne de volupté. D'ailleurs la crainte d'être livré à de longs regrets sans adoucissement, la souffrance de maux sans remede, jointe à l'espoir flatteur de se réunir promptement à l'objet aimé, sont des motifs naturels de rendre la vie indifférente & de porter à une résolution magnanime.

*Les Combats de gladiateurs ont fait les Amusemens même des peuples policés.*

Les Combats de Gladiateurs répugnoient

sans d'honneur, sur le tombeau de leurs maris, pour assurer la vie de ceux-ci contre les attentats de leurs épouses.

sans doute à l'humanité; aussi ne purent-ils dans leur origine contribuer aux plaisirs que d'un peuple grossier, dont on vouloit entretenir l'humeur guerriere par l'habitude de voir répandre le sang des criminels, qu'on exposoit dans l'arêne: mais qu'ils ayent fait les délices des Nations policées; que les Princes, leurs Cours, que les Vestales chez les Romains y assistassent, & y applaudissent en rougissant (*a*); que des Sénateurs, des Dames, des Empereurs mêmes y ayent combattu & brigué les suffrages de la populace; qu'on ait fait un art de cet infâme métier, & raffiné sur les instrumens meurtriers, qui devoient faire couler le sang avec plus de lenteur, pour prolonger le plaisir d'un spectacle si barbare, toutes ces horreurs, dont le seul récit

---

(*a*) —— —— —— *consurgit ad ictus,*
*Et quoties victor ferrum jugulo inserit, illa*
*Delicias ait esse suas, pectusque jacentis*
—————— ——*Virgo.*

eít fait frémir, paroîtroient autant de fables & de faits incroyables, si l'on ne voyoit encore, de nos jours, des personnes de tout sexe & de toute condition, courir en foule aux exécutions, avec d'autant plus d'empressement, que le supplice & les tourmens sont plus horribles.

*Les Combats singuliers autorisés par les loix, pendant plusieurs siecles.*

Les Combats singuliers furent autorisés sur la maxime du point d'honneur, dont tout homme de probité est naturellement jaloux : mais qui, mal entendu, ne sert qu'à prouver, que ce phantôme lui est plus cher, que sa propre vie. Ce principe justement approuvé dans son origine pour exciter la valeur, ne devint dangereux, que lorsqu'il dégénéra en fureur, & que,

par

*Virgo modesta jubes converso pollice rumpi.*
Prudentii Lib. posterior. v. 617.

par un abus criminel, on l'employa, comme une preuve juridique, pour interroger témérairement la Divinité sur la justice des différens publics, ou particuliers. On doit aux soins paternels des Souverains pour la conservation de leurs sujets, & encore plus à la philosophie, qui a éclairé ceux-ci sur leurs véritables intérêts, l'extinction totale de cette phrénésie qui, pendant bien des siécles, avoit privé les Etats de tant de braves citoyens destinés à les défendre.

*Les grands Seigneurs en certains Pays ont le droit exclusif d'exécuter les criminels.*

Inspirés par l'horreur du crime & par l'amour de la vertu, les grands Seigneurs de Géorgie tiennent à honneur, d'être les instrumens de la punition des criminels, ainsi que les nôtres, pour leur plaisir, vont à la poursuite des bêtes féroces. Les scélé-

―――――――

(a) Adrien Beyer, Journal des Savans 1703. p. 83.

lérats, qui troublent impitoyablement l'ordre de la société & répandent le sang de leurs freres, cessent d'être des hommes; ce ne sont plus que des monstres, dont il faut purger la terre. Par de semblables faits Hercules fut déïfié. Que font de plus ces grands Seigneurs de Géorgie, que les Magistrats, sinon d'être les exécuteurs des jugemens prononcés par des hommes justes, & conservateurs de la tranquillité publique ? Le mépris, attaché à ce ministere, l'idée d'homicide, ne sont que de vains préjugés. Anciennement les Juges exécutoient eux-mêmes les condamnés (*a*). Chez les Grecs, loin que l'office de bourreau fût infamant, il étoit au nombre des charges de Magistrature. (*b*) De nos jours, dans quelques Etats policés, ces officiers ne sont point notés d'infamie; quelques-

(*b*) Aristote, Livre VI. de ses politiques, Chapitre dernier.

ques-uns mêmes y acquierent le titre & les privileges de la Noblesse. Les déserteurs, par-tout, sont mis à mort par leurs camarades. Pour sa propre défense on se délivre, sans scrupule, d'un pervers, qui attente à nos jours; la guerre même, ce fléau de l'humanité, que le soin de la sûreté publique a consacré, autorise jusqu'à la ruse, pour se défaire de l'ennemi. La différence ne consiste donc que dans la maniere de commettre le meurtre. L'effet est cependant le même. Le préjugé, toujours vicieux, a donc encore le droit de justifier en soi ce qu'il condamne dans les autres.

*La Communauté des femmes est en usage chez certaines Nations.*

Dans l'heureuse ignorance du *tien* & du *mien* l'homme ne sentant aucune distinction entre les biens, que la Nature lui présente, son esprit ne peut réaliser cette chimere de l'opinion, qu'un bien qu'on partage avec

d'aud'autres, ainſi que les bénignes influences du Soleil, s'altere de qualité, & ceſſe d'être un véritable bien. Les ſauvages, dont les mœurs s'approchent le plus de l'état de Nature, n'ont point d'idée de cette délicateſſe, fille de l'orgueil & de l'avarice, qui porte les peuples policés à veiller ſur la conduite de leurs compagnes, & même à leur ravir la liberté, pour jouir privativement d'une fidélité, dont ils ont encore l'injuſtice de ſe croire exempts. La vraie délicateſſe ne ſubſiſte point avec la tirannie; elle n'a de charmes réels, que dans un engagement, où les droits ſont réciproques. Quelle différence y a-t-il à prêter ſa femme & prêter un livre, ou ſes chevaux, procurer à ſes amis la jouiſſance de ſa table, de ſes jardins, de ſa gallerie, la propriété & l'uſage en reſtent-ils moins au poſſeſſeur? N'eſt-il pas plus noble au contraire d'admettre ſes intimes au partage de ſa félicité? Quelle plus grande marque d'urbanité, d'hospitalité, que d'offrir, ainsi que font les sujets du Roi de Caleout, aux Etrangers ce qu'on a de plus cher & de plus précieux ? Que de maux, que de crimes, auxquels ce phantôme de délicatesse nous expose, dont les heureux Sauvages sont exempts ! La cruelle jalousie ne trouble point leur repos, les loix n'ont à décerner aucunes peines contre le rapt, le viol, l'adultere, l'inceste. Dans la communauté des femmes, les enfans naissent paisiblement sujets de la République; ils se supposent tous freres; on n'y disserte point sur la force imaginaire du sang; on n'y scandalise point les oreilles chastes, dans les Tribunaux, par des poursuites honteuses de divorce; on n'y connoît point l'indécent usage du congrès. Que de guerres évitées par cet accord si conforme au vœu de la Nature ! Quelle union, quelle paix dans la Nation ! C'est ainsi que dépouillé d'un préjugé aussi dangereux que ridicu-

le,

le, le sage Caton prêta sa femme à Hortensius, & que les Lacédémoniens, pleins d'amour pour la Patrie, occupés à une longue guerre, détacherent, de leur armée, les jeunes gens les plus robustes, pour aller réparer avec leurs femmes, le dépeuplement, que causoit leur absence, avec la même tranquillité d'âme, qu'un propriétaire vigilant repeuple ses étangs & ses forêts.

*Chez certaines Nations l'abstinence de tout ce qui a vie est recommandée, dans d'autres la Religion en fait un précepte.*

L'usage de se nourrir du sang & de la chair des animaux est cruel & barbare. Qui nous a appris, qu'ils étoient destinés pour notre subsistance & pour satisfaire nos appétits déréglés, tandis que la terre fournit abondamment à nos vrais besoins? La force & les armes, dont la Nature a pourvû la plûpart d'entre eux, ne semblent-elles pas des signes de prohibition pour l'homme?

me ? Les peuples, qui se défendent cet aliment, ne craindroient-ils pas, que la férocité de certains animaux ne passât dans leur cœur avec la même facilité, que leur chair se change en leur propre substance ?

Dans les tems de ténebres, où régnoit la Métempsicose, Religion, qui, dans l'ignorance de la véritable, étoit la plus propre à régler les mœurs, & à mettre un frein aux passions, l'abstinence de tout ce qui a vie, étoit l'effet d'un culte religieux (abusif il est vrai) mais naturel & humain.

Quelques peuples poussent le scrupule jusqu'à ne marcher qu'avec des émoussoirs, pour écarter les insectes, dans la crainte de les écraser; d'autres contribuent à leur nourriture, entretiennent même des hopitaux pour les animaux. Ils nous traitent de cruels & de tirans, qui se délectent même quelquefois, par vengeance, à les faire souffrir. Sans adopter des maximes si
ri-

rigoureuses, quelles preuves avons-nous, que les insectes nuisibles ne soient pas nécessaires sur la terre? Notre intelligence ne va pas jusqu'à en pouvoir juger; ils sont peut-être aussi utiles, dans l'ordre des choses, que certains poisons, dont l'art a tiré des remedes salutaires contre les maladies.

Sur quel fondement présumons-nous superflue l'existence des bêtes féroces? Leur férocité est-elle autre chose que l'effet de ce besoin naturel, qui porte tout individu à la conservation de son être, ou d'une force capable de résister à la violence, que nous employons contre elles? Attaquent-elles jamais, si elles ne sont sollicitées par la faim? Plusieurs se laissent dompter facilement; l'éducation peut les rendre domestiques. N'a-t-on pas vû chez les Anciens les lions, les tigres, soumis au joug, attelés à des chars de triomphe? Qu'est-ce que l'homme, privé des lumieres & des secours de la société? Avec la raison, dont il igno-

ignore l'ufage, & dont les écarts font fouvent fi funeftes, lors même qu'il la connoît, ne feroit-il pas plus fage de s'humilier que de tenter de pénétrer des décrets incompréhenfibles?

*Platon recommandoit, dit-on, l'abftinence des fèves.*

Que de differtations fubtiles, que de conféquences frivoles tirées de ce précepte, que Platon n'a jamais donné! puifqu'il mangeoit lui-même des fèves. On s'eft alambiqué l'efprit fur un précepte imaginaire, fuppofé par l'équivoque d'un mot Grec mal traduit, & on s'eft épuifé dans la recherche de la caufe de ce qui n'eft point. L'entoufiafme a été jufqu'à prétendre que Timifcha, fectatrice de ce philofophe, fut martire de l'opinion de fon maître, & aima mieux mourir que d'en révéler le myftere à Denis le Tiran. Ne fut-elle pas plutôt victime d'un filence forcé, que d'une difcrétion, que l'opinion générale n'accorde gueres à son sexe?

*Les Sciences & les Arts ont été considérés par des Peuples ignorans & par des Nations éclairées, comme principes de destruction des mœurs, & de dissipation des devoirs de la société.*

Cette opinion discutée avec des raisons aussi solides du côté de ceux, qui la soutiennent, que de celui de leurs adversaires, est le sujet d'un problême, qui vraisemblablement restera toujours sans solution, ainsi que tout ce qui, aiant diverses faces, ne peut être considéré que du point, où l'esprit est placé par l'éducation & les circonstances, ou rivé par l'habitude & le préjugé. Nous savons beaucoup sans doute; mais hélas! qu'est-ce en comparaison de ce qui nous reste à savoir? Notre foiblesse nous apprend du moins qu'on ne sauroit blâmer ouvertement l'opinion de ces peuples vertueux, qui avoient banni, de leur République, les Sciences & les Arts;

l'il'ignorance eſt, ſans doute, préférable à l'abus de la Science, ſur-tout en Médecine (a). Peut-être dans cent ſiecles, en comparant les découvertes, faites depuis, avec celles dont nous tirons tant de vanité, s'étonnera-t-on, avec raiſon, que nous ayons pu nous préſumer ſi éclairés avec des connoiſſances & des lumieres bornées. Si une douzaine de têtes, à qui nous devons tant, euſſent été enlevées à la fleur de l'âge, nous ſerions à peine ſévrés.

### Procès faits à la mémoire des Grands-hommes.

Les procès faits à la mémoire des Grands-hommes chez les Egyptiens & d'autres Peuples, à leur exemple, étoient fondés ſur ce principe inconteſtable, que l'amour de la gloire n'eſt une vertu, qu'autant qu'il eſt

---

(a) La Médecine ne fut introduite à Rome, que 600 ans après ſa fondation. Elle ne fut reçue en France, que ſous le Regne de Charles VII.

eſt uni au déſir de contribuer au bien général. Cette paſſion iſolée, & détachée des motifs, qui peuvent la rendre célebre, précipite les hommes dans des mépriſes, des erreurs, des travers, des écarts & des entrepriſes téméraires, qui troublent le bonheur & la tranquillité des Etats.

Loin de rallentir l'amour de la gloire dans les âmes bien nées, la juſte appréciation des faits héroïques, des actions éclattantes par l'examen ſévere des motifs, qui les avoient produites, mettoit un frein à l'ambition effrénée, inſpiroit du mépris pour les réputations uſurpées, & fixoit irrévocablement celles des vrais héros. C'étoit un acte de juſtice pour le tems, & des préceptes de conduite pour la poſtérité. (*b*).

*Les*

(*b*) Les accuſations étoient reçues avant l'inhumation. Si le défunt étoit coupable, on lui réfuſoit la ſépulture; reconnu juſte, on faiſoit ſon éloge, dans lequel on ne parloit ni de ſa famille, ni de ſa race.

*Les Filles à Sparte dansoient toutes nues dans les places publiques.*

Cet usage, établi par un sage Législateur, semble offenser la pudeur; mais chez un peuple guerrier, dont les mœurs étoient pures, Licurgue jugea, qu'il étoit propre à préserver les jeunes gens des effets dangereux de la surprise des passions, qui s'affoiblissent en se familiarisant avec les objets. D'ailleurs la vertu, qui régnoit dans le cœur de ces Républicains, faisoit, ,, que ,, l'honnêteté publique couvroit ces filles ,, & disposoit les yeux à l'insensibilité (a).

*A Sparte le Vol fait avec adresse étoit permis. A Sibaris il n'étoit toléré, que lorsqu'il étoit fait avec fracture.*

On conçoit avec peine comment pouvoit

---

(a) Les femmes Lacédémoniennes, dit Platon, s'estimoient assez couvertes de leur vertu, pour ne daigner encore couvrir leurs cuisses.

*Ille quod obscœnas in aperto corpore partes Viderat; in cursu qui fuit, hæsit amor:*
Ovid. de Remed. Amor. L. II. v. 33.

*Nec*

voit naître le défir de voler dans un pays, où tout étoit en commun, & pourquoi le vol étoit autorifé, fi ce n'étoit pour exercer l'agilité & la dextérité auffi néceffaires que la force du corps dans les travaux militaires, puifque la loi, qui autorifoit le vol, puniffoit ceux, qui étoient pris fur le fait: mais on peut dire qu'à Lacédémone le *tien* & le *mien* étant un crime fuivant la loi de Licurgue, ce que nous appellons larcin en étoit la punition.

A Sibaris au contraire, où le peuple étoit mou & effénuné & par conféquent facile à furprendre, il falloit lui infpirer de la précaution contre les grands accidens;

*Nec Veneres noftras hoc fallit: quò magis ipfœ*
*Omnia fummopere hos vitœ poftfcenia celant.*
*Quos retinere volunt, adftrictofque effe in amore:*
Lucret. L. IV. v. 1180.

dens; ainsi le vol, fait avec adresse, y étoit puni grièvement, & toléré avec fracture.

*Le Suicide est permis, ou toléré dans la plus grande partie du Monde connu.*

Tant que les hommes n'ont connu qu'une morale, purement humaine, il étoit tout naturel de penser, que l'homme ne tient à la vie, qu'autant qu'il y est attaché par quelque lien agréable, & qu'au contraire, lorsqu'il est accablé de maux & de douleurs, il ne persiste à la conserver que par foiblesse; que s'il vient au monde sans son consentement, il peut s'en exiler, lorsque son existence lui est à charge, comme il se délivre d'un membre cangréné, pour sauver le reste du corps; que loin de troubler l'ordre de la Nature, dont le but & la marche lui sont inconnus, il ne fait, en terminant ses jours, qu'anticiper (peut-être encore) sur la consommation de ce qui doit nécessairement arriver quelques instans plus

plus tard. Il y auroit, à la vérité, plus de vertu à ufer fa chaîne, qu'à la brifer; mais les vrais héros font rares:

*A Babylone, ainfi qu'en Lydie, & chez d'autres Peuples, il étoit ordonné à toutes les Femmes, par une loi fondée fur un Oracle, de fe rendre, une fois dans leur vie, au temple de Venus, pour s'y proftituer à des Etrangers.*

Qui croiroit, que cette loi, qui paroît fi déréglée, fi infâme, étoit fondée fur des motifs fages & louables, eu égard à la croyance des peuples, qui l'obfervoient; qu'elle avoit été établie plus pour empêcher la débauche & la diffolution, que pour les favorifer? Pour fufpendre au moins fon jugement, fur cette coutume, il fuffiroit cependant de confidérer, qu'elle étoit, chez ces peuples, au nombre des cérémonies réligieufes.

Qu'on fe repréfente que, dans les ténebres de l'Idolâtrie, les peuples les plus éclairés, comme les Grecs & les Romains, admettant des Dieux malfaisans, injustes & cruels, ne croyoient pouvoir les appaiser, que par des sacrifices sanglans ou violens. C'est ainsi que les Babyloniens, les Lydiens, &c, étoient intimement persuadés que ce penchant, imprimé dans les créatures, qui porte les deux sexes à se rechercher, étoit troublé, empoisonné par les caprices & la malignité d'une Déesse, qui excitoit le sexe à l'impureté & au désordre, & se plaisoit à le jetter dans la débauche & le déréglement.

Sur cette opinion, & dans la vue de fléchir cette Déesse bisarre, on avoit, sans doute, imaginé cette espece de sacrifice, pour sauver du naufrage la vertu des femmes, & racheter, pour toujours, leur chasteté, en leur faisant faire un écart, dont on se flattoit que Venus voudroit bien se contenter, & laisser ensuite ces victimes tranquiles pour le reste de leur vie. Ce qui justifie les

mo-

motifs de ces sacrifices singuliers, c'est que les femmes s'y préparoient par des offrandes & des prieres, & que les hommes, qui y contribuoient, imploroient la Déesse, en faveur de la victime. Ce qui confirme enfin, que les intentions étoient pures & exemptes de tout sentiment de débauche & de corruption, c'est que les plus graves Historiens de ces tems assurent que, dès que les femmes de Babylone avoient satisfait à l'obligation imposée par la loi, quelques offres qu'on pût leur faire par la suite, elles étoient inébranlables.

Les siecles fabuleux sont remplis de héros, qui se glorifioient d'une naissance illégitime, qu'ils devoient à des Dieux; d'amans, qui tenoient à honneur d'épouser les filles, qu'ils avoient séduites; de maris, qui, loin de se plaindre de leurs fréquens larcins, respectoient davantage l'objet & le fruit de leurs amours. De quoi ne font pas capables les esprits abusés par de faux

faux principes de religion ? Tous ces é-carts de la raison, chez les peuples anciens, ne sont-ils pas les emblêmes de ce que l'intérêt produit de nos jours chez des Nations plus éclairées, & qui se piquent de ce sentiment appellé, (je ne sais pourquoi) délicatesse, qui ne réside que dans l'imagination, puisqu'on n'en découvre aucune trace dans la Nature ?

En voilà assez pour nous mettre en garde contre les jugemens précipités, & nous apprendre que, pour prononcer sainement sur la valeur de tant de loix bisarres, de coutumes singulieres, d'opinions étranges, qui semblent avoir infecté la morale de quelques peuples anciens, il faut en rechercher les motifs, & pour les découvrir, se transporter dans les siecles, où elles étoient révérées, au lieu de rapporter vainement, à un tems qui n'existoit pas, les événemens d'un tems qui n'est plus. Opérer différemment, ce seroit souvent s'exposer à

fron-

fronder de vieilles opinions par de nouvelles. Les préjugés entrent dans la compoſition de toutes les idées & de toutes les actions ; ils roulent ſous diverſes faces ; ils circulent ſous toutes ſortes de formes ; c'eſt le triſte appanage de l'humanité.

## CHAPITRE XI.

*De l'Attraction Intellectuelle:*

Pour servir de supplement
a la
Philosophie de Newton.

J'Entrai à mon ordinaire, ſans me faire annoncer, dans le cabinet d'Arzame, que je trouvai occupé à chercher les propriétés d'une courbe à double courbure. Ah ! dit-il en me voyant, je ſuſpens volontiers, pour un moment, mon opération ; j'avois deſtiné cette matinée à nous délaſſer des

des matieres sérieuses, que nous avons traitées ces jours passés, par la lecture d'un opuscule, que je viens de recevoir: mais je vais vous le remettre, pour le parcourir, tandis que je continuerai mon travail.

Nous sommes, ajouta-t-il, disciples du grand Newton, vous n'en sauriez douter; l'étude profonde, que nous avons faite de l'Ouvrage sublime de cet illustre Philosophe sur l'attraction, qui mérite plutôt le nom de Découverte, ou de Théorie du Monde que celui de Sistême, puisqu'il démontre, nous a persuadés avec un de vos plus aimables Philosophes, *qu'il a pris la Nature sur le fait.*

Les vrais physiciens, parmi vous, n'hésitent plus à admettre la force de l'attraction dans toute la Nature: mais ils n'en reconnoissent encore les effets que sur la matiere.

Voici un Sectateur de Newton d'un esprit gai & enjoué, saisi de l'entousiasme de ses disciples, qui a poussé ses découvertes

tes plus loin que son maître, en démontrant la réalité de cette force sur les objets intellectuels ; il acheve ainsi de prouver, que l'attraction est un principe universel. Ce petit ouvrage peut servir de complément à la Physique de Newton. Je vous le laisse pour vous récréer ; je vous rejoindrai bientôt.

Je lus la brochure avec une sorte de plaisir, & j'en tirai quelques fragmens que je vais transcrire.

L'Attraction & l'Electricité, dit l'Auteur, sont les causes de tous les phénomenes tant physiques que moraux.

L'attraction est une force, dont on connoît l'action dans toute la Nature ; elle opére non-seulement sur tous les corps matériels, en raison directe de la masse & inverse du quarré de la distance ; mais une vérité non moins importante, c'est qu'elle agit pareillement sur les objets intellectuels, en suivant exactement les mêmes loix.

On peut supposer, ajoute-t-il, cette force, cause de la dureté des corps, de leur cohésion, de la coagulation, de la fermentation, de l'effervescence, du magnétisme, de l'électricité, &c; mais elle est indubitablement la cause de tous les phénomenes intellectuels dont, sans l'admission de cette force, il est impossible de rendre raison.

Elle est la cause de la mémoire, dans laquelle les idées s'attirent par la forte conjonction de l'idée du tems ou du lieu, où une chose arriva, avec la chose même; ce qui fait que le souvenir de l'un rappelle nécessairement l'autre.

Le nom attire vivement le souvenir de la chose, & la chose le nom.

La conjonction ou disjonction des idées naît d'une attraction plus ou moins forte, comme entre le sujet & l'attribut; la négative & l'affirmative, la proposition & l'argument, le problême, & sa résolution, &c.

&c: c'est ce qu'Aristote ne pouvoit soupçonner, & que Locke a très-bien compris.

Il y a des idées, qui s'attirent si fortement au point de contact, que rien n'est capable de les desunir; comme *la vertu est estimable; le vice est méprisable.* Il n'est pas même nécessaire, que l'intellect fasse aucun effort pour les unir; il se trouve au contraire (quel que soit l'état de l'âme & du cœur) forcé de reconnoître leur union *insécable.*

Ces axiomes respectés par ceux mêmes, qui en ignorent les causes, comme le tout est plus grand que sa partie: deux choses égales à une troisieme sont égales entre elles: le contenant est plus grand que le contenu, &c; ces axiomes sont des effets de l'attraction; ce que les Anciens ont compris sans en connoître les causes, comme Kepler a compris l'orbite elliptique des planetes; de même qu'on s'est servi, pendant plusieurs siecles, de besicles, sans imaginer les lunettes d'approche, & que nous faisons encore usage de la boussole, sans comprendre la cause du magnétisme.

L'attraction opére à un tel degré de force sur les connoissances acquises par l'éducation, la coutume & l'habitude, que leur cohésion est capable de résister aux efforts les plus grands du raisonnement & de l'expérience, pour les desunir; c'est ce qui convainc évidemment les esprits vulgaires, que les couleurs sont dans les objets, les saveurs dans les fruits, les odeurs dans les fleurs, la chaleur dans le feu, &c.

L'attraction se manifeste singulierement dans le phénomene produit par l'électricité des paroles, dans un long discours appris par cœur avec difficulté, & dont on ne peut se rappeller le premier mot; ce mot, une fois trouvé, se fait suivre de tous les autres; parce qu'en étudiant, on a souvent mis les mots en conjonction, ensorte que, par le

frot-

frottement réitéré, ils s'attirent avec force, l'électrifation arrivant par attrition & chaleur.

Les idées échauffées par l'imagination, le plaisir, la crainte, les défirs s'électrifent, comme les corps.

L'électricité, caufée par la chaleur & le mouvement, met en jeu les forces de l'attraction: ainfi les chofes, qui ont excité en nous un vif fentiment de frayeur, de colere, de jaloufie, de vengeance, ou de défir ardent, qui n'eft autre chofe que la matiere ignée agitée, s'impriment davantage dans la mémoire, parce que les idées, échauffées par la paffion, s'électrifent plus facilement que les autres. C'eft ainfi qu'on enflamme la mémoire des enfans, la vanité des auteurs, l'ambition des Grands, la cupidité de tous les hommes par l'efpoir d'obtenir de la gloire, des honneurs, des récompenfes en fumée ou en réalité.

Les idées probables font aux axiomes ce

qu'eft

qu'eſt l'attraction dans les corps éloignés les uns des autres, à ceux, où elle agit au point de contact: elles ont une attraction moins forte dans l'eſprit de ceux, qui uſent de violence, par les deſunir : mais dans le cerveau des eſprits foibles, elles acquierent, par la proximité des parties, une grande électricité.

La probabilité des propoſitions naît d'une électriſation d'idées, formée par l'uſage de les mettre enſemble; ce qui fait que, ſelon la nature ou la diſpoſition de l'eſprit, elles acquierent différens degrés d'attraction par les divers principes, qui les guident. L'Avare priſe dans l'or la couleur & le poids; le Prodigue ne l'eſtime, que comme moyen de contenter ſes paſſions; le Stoïcien, ne le conſidérant que par l'abus, qu'on en peut faire, n'y voit qu'un inſtrument de corruption, un écueil pour la vertu; le Cinique le place au rang des biens ſuperflus, qui ne peuvent tenir lieu d'aucune denrée néceſſaire; l'Alchimiſte te le fait évaporer avec la folle idée de le faire végéter; le Conquérant ne le défire que pour acheter du fer; le Politique l'employe fagement comme figne repréfentatif, qui augmente réellement jufqu'à un certain point, les richeffes de l'Etat.

Toutes les actions, par lefquelles on acquiert des biens, des honneurs, du crédit, de la réputation, une montre extérieure de vertu, font fondées fur la probabilité; donc les Logiciens devroient s'attacher plutôt à donner des regles de probabilité, que d'évidence, puifque l'on fait bien plus d'ufage de l'une, que de l'autre, & que le nombre de ceux, qui apprennent la Géometrie, eft bien moindre, que le nombre de ceux, qui s'appliquent aux Sciences purement probables, comme la Médecine, la Politique, la Jurifprudence, la Métaphyfique, &c.

Qui eut dit, il y a cent ans, qu'un corps mis en mouvement, par rapport à foi, se mouvra toujours ; qu'un infini peut être plus petit qu'un autre infini ; qu'on peut sommer plusieurs infinis ; que la Nature est si simple dans ses procédés, qu'elle n'employe jamais que la plus petite quantité de mouvement possible (*a*) ; qu'il y a des forces mortes (*b*) ; que l'inertie même est une force (*c*) ; que les corps n'ont d'autre action, que de se mouvoir localement ; que la Terre se meut & qu'elle n'est pas parfaitement sphérique ; que la lumiere se propage ; que les planetes parcourent des ellipses, &c ; que de contradictions n'auroit-il pas essuyées ? Les idées électrisées tiennent aujourd'hui tout cela pour certain, non que tous les philosophes en soient évidemment convaincus, la plûpart même n'y pensant pas ; mais parce qu'accoutumés

à

---

(*a*) Maupertuis.
(*b*) De Mairan.
(*c*) Newton.

à ces propofitions & croyant les concevoir, ils les ont reçues pour vraies, & que le long ufage de calculer intégralement & différentiellement, leur tient lieu de preuve.

La force des fillogifmes naît encore de l'attraction. &c. *La vertu eft un bien, la patience eft une vertu, donc la patience eft un bien.* Comment pourroit arriver ce phénomene, fi la troifieme idée de la *vertu*, en attirant les deux autres de la *patience* & du *bien*, ne leur communiquoit une force, qui les attire violemment à elle ? Cela arrive, comme dans les corps, qui non feulement en attirent d'autres ; mais encore leur communiquent la force attractive, puifqu'on voit que la troifieme idée fe joignant aux deux premières, les unit encore plus étroitement.

La mémoire n'eft point faculté, puiffance de l'âme, comme la refpiration : mais pur effet de l'habitude. Juger n'eft que di-

distinguer & comparer; ainsi point de mémoire, point de jugement. On ne peut distinguer qu'en associant une idée avec une autre: cela ne peut arriver, si l'on n'a la memoire d'une autre idée. Sans l'attraction, il n'y auroit point de mémoire: sans cette force, qui meut tout, on ne pourroit terminer une phrase commencée, qui lie la fin avec le commencement.

L'attachement ou l'antipathie, que l'on prend pour une Nation, un Ordre, une Secte, une Société, sont des effets de l'électrisation des idées. Sur la foi des Historiens, des Voyageurs, on se figure tous les hommes d'une Nation, d'un même caractere, tandis qu'on n'en trouve pas deux d'approchans semblables dans sa propre famille: on se prête aux influences du climat sur les caracteres, comme s'il agissoit sur les hommes, ainsi que le sol fait à l'égard des plantes. De-là cette prévention, aussi injuste que déraisonnable, qui fait,

qu'on

qu'on ne peut se persuader, qu'il y ait des François graves, constans, ennemis de la frivolité; des Anglois prévenans, gais, religieux, attachés à leurs Souverains; des Allemands sobres, capables de composer des ouvrages de goût; des Suisses spirituels & déliés; des Espagnols modestes & paisibles dans leurs amours; des Italiens généreux, braves, exempts de jalousie & de vengeance; des Turcs frappés de l'excellence du Gouvernement Despotique. Il ne faut qu'électriser ses idées par les voyages, pour se convaincre que l'attraction agit puissamment entre les honnêtes gens, les savans & les bons esprits de toutes Nations, en raison directe de la masse de leurs vertus & de leurs talens.

C'est de l'attraction que naissent les démonstrations arithmétiques, géométriques & algébriques. La preuve attire le fait & le fait, la preuve.

L'attraction opere encore par opposition,

tion, comme les maux, suivant Avicenne, se guérissent par les contraires, *contraria contrariis curantur*.

L'idée du vice attire celle de vertu, qui est son antipode, & *vice versâ*.

Les opinions de deux savans, de deux hommes d'esprit, de deux caracteres singuliers s'électrisent dans la conversation, dans la controverse, par le choc, & lancent des aigrettes qui les enflamment & produisent, tour-à-tour, l'attachement, l'opiniatreté, l'aigreur, &c.

L'attraction est la cause de l'analogie & de la sympathie; c'est ce qui fait pencher pour un joueur plutôt que pour un autre;

c'est

---

(*a*) Les Dieux, dit Platon dans son Banquet, avoient d'abord formé l'homme de figure ronde avec deux corps & deux sexes. Ce tout bisarre étoit d'une force extraordinaire, qui le rendit insolent. L'Androgyne résolut de faire la guerre aux Dieux. Jupiter, pour l'affoiblir, donna ordre à Apollon, qu'après avoir séparé l'Androgyne en

deux

c'est ce qui engage deux cœurs droits, deux hommes d'esprit, deux scélérats, qui se rencontrent fortuitement, à se lier étroitement.

Les Orateurs, par des discours captieux, les Courtisans, par des adulations, les Poëtes, par des épîtres dédicatoires, les Protégés, par des bassesses, les Grands, par de vaines promesses, électrisent les idées de ceux, qui sont assez imbéciles pour les écouter.

L'attraction, qui est, sans contredit, la cause unique de ce penchant secret, qui porte les deux sexes à s'unir (*a*), est, sans doute, la cause encore des effets surprenans,

deux moitiés, il perfectionnât ces deux demi-corps, en étendant la peau, afin que toute leur surface en fut couverte : Apollon obéit & la noua au nombril.

Cette fable a été ingénieusement employée par un Poëte célébre. Il attribue, avec le Philosophe ancien, le penchant qui entraîne les deux sexes

sans, que produisent les envies des femmes enceintes; puisque, n'y ayant aucune communiation entre la mere & le fœtus, encore moins entre l'imagination & les accidens d'un corps étranger, il n'y a aucune raison pour que cela arrive autrement.

Il y a divers degrés de force dans les différentes attractions.

L'éloquence fortement électrisée triomphe rapidement de la volonté & de l'incertitude des esprits.

Dans la Philosophie, l'attraction agit en raison composée d'une étude opiniâtre, & de l'amour de la vérité.

Il y a une double attraction dans l'animal, doué de raison, l'une qui l'entraîne au vice, & l'autre à la vertu. L'éducation

&

xes l'un vers l'autre, à l'ardeur naturelle, qu'ont les deux moitiés de l'Androgyne pour se rejoindre, & l'inconstance, à la difficulté, qu'à chaque moitié de rencontrer sa semblable. Une femme

& les circonstances lui donnent toute leur activité & leur énergie.

Enfin l'attraction, cette force admise, mais dont la cause est encore inconnue, cet agent avec lequel la Nature met tout en mouvement & tient tout dans l'équilibre, agit universellement.

Une belle action attire l'admiration; les mauvais procédés attirent le mépris; les mœurs douces attirent l'estime; les mœurs pures attirent le respect; les bienfaits attirent la reconnoissance; l'ingratitude attire l'indignation; la censure attire la haine; la complaisance attire des égards; les richesses, la naissance attirent de la considération; les tables délicates attirent les parasites; la gloire attire les conquérans; les honneurs attirent les âmes nobles;

me nous paroît-elle aimable, nous la prenons sur le champ pour cette moitié avec laquelle nous n'eussions fait qu'un tout, sans l'insolence du premier Androgyne.

bles ; les récompenses attirent les âmes mercénaires ; le vice attire le blâme ; la vertu attire la louange, & le vrai philosophe est attiré par l'amour de la vérité & de la vertu.

L'Auteur termine ainsi sa brochure.

Un argument invincible en faveur de l'attraction intellectuelle, c'est qu'outre les preuves déjà établies de son existence &
de

---

(*a*) Il seroit bien singulier, que ce sistême, ce croquis, que l'on voit bien n'être qu'un pur jeu d'imagination, séduisît quelques esprits. Quelle révolution ne causeroit-il pas dans la République Pensante ? Que deviendroient alors les sublimes abstractions, les profonds raisonnemens, les merveilleuses conjectures sur l'Etre en général, en tant qu'il est séparé de toute matiere ? . Les fameux Traités de Métaphysique d'Aristote, de Descartes, Malebranche, Clarke, Locke, Leibnitz, Condillac, &c, rentreroient, comme les tourbillons, dans le cahos, d'où les plus grands efforts de l'esprit humain les avoient tirés. Il n'y a opinion, si absurde qu'elle

de son universalité, il n'y a point d'autre moyen de donner l'explication de mille phénomenes métaphysiques, comme la mémoire, la volonté, la volition, l'imagination, la comparaison des idées, la réticence, &c, &c; & que ce sistême (si c'en est un) satisfait à toutes les objections possibles (a).

le soit, qui n'ait trouvé des sectaires (\*). Après la foule de sistêmes, qu'on regarde aujourd'hui avec pitié, & qui ont fait fortune dans leurs tems, on ne doit desespérer de rien.

Mais les esprits éclairés, après avoir ri de l'Idée, apprécieront ce sistême à sa juste valeur; ils n'y verront qu'une critique enjouée de l'extension, que les sectateurs outrés de Newton s'efforçent de donner au principe de l'attraction, bien différens de leur Maître, qui en a parlé si modestement, qu'il semble plutôt l'avoir soupçonné, qu'établi, malgré les sublimes calculs, dont il a étayé son hipothese.

(\*) *Nihil tam absurdum dici potest, quod non dicatur ab aliquo philosophorum.*

—Cic. de Divinat.

CHA-

## CHAPITRE XII.

*Livres à faire sur la Terre.*

ON avoit composé, à l'usage de la Jeunesse Sélénite, un petit livre portatif intitulé: *Bévues de l'humanité*, pour servir de guide & d'instruction dans tous les états de la vie. Il contenoit principalement

Un Extrait de diverses actions mémorables de desintéressement, de générosité, de grandeur d'âme, de zele patriotique, avec un examen sévere & impartial des motifs, qui les avoient occasionnées, qui réduisoit les actions vraiment estimables à un bien petit nombre.

Des Exemples d'hommes parvenus au plus haut degré des grandeurs par des actions viles & scélérates, qui, objets d'envie & d'admiration pendant leur vie, étoient

toient devenus des sujets d'horreur & d'exécration après leur mort, par le procès fait à leur mémoire.

De modestes Philosophes qui, ignorés & confondus, pendant leur vie, dans la foule des hommes oisifs, avoient rendu, par leurs écrits, des services signalés à leur Patrie.

De Citoyens vertueux, dont le zele inconsidéré & l'esprit de fanatisme avoient causé des maux infinis, & porté des coups mortels au parti, qu'ils s'efforçoient de soutenir.

Des Exemples d'hommes en place qui, répandant à pleines mains les graces & les faveurs, n'avoient jamais fait que des ingrats, pour apprendre à mésurer les bienfaits.

D'hommes qui, avec infiniment d'esprit, de lumieres & de droiture, n'avoient jamais vu réussir aucuns de leurs projets, par leur roideur à se plier aux circonstances.

*Tome II.*      K      D'au-

D'autres à qui les intentions les plus droites, les réflexions les plus mûres, la prudence la plus confommée, n'avoient jamais fait prendre que le plus mauvais parti dans les affaires & dans les confeils, faute de cette fagacité, qui en découvre toutes les faces, & de ce coup d'œil, qui en embraffe toutes les difficultés.

D'autres incapables de la plus légere combinaifon, que le pur hazard & des accidens fortuits avoient toujours conduits à leur but, fans les égarer; jeux de la fortune peut-être; mais confidérations propres à guérir l'efprit de la préfomption, & le foumettre à l'ordre établi, dont les conféquences lui font inconnues.

De Miniftres d'un génie du premier ordre, qui avoient eu l'imbécillité de fe laiffer gouverner par des valets, des maîtreffes & des courtifans bornés. *Habeo Afpafiam*, difoit Périclès, *fed Afpafia non habet me.*

Des Remarques curieuses fur les fautes des grands Capitaines, des grands Miniſtres, des grands Magiſtrats & des Auteurs célebres fur toutes fortes de matieres.

Des Eclairciſſemens fur un nombre infini de points de Chronologie & d'Hiſtoire, que l'ignorance, la crédulité, la ſuperſtition, la partialité, l'orgueil national, avoient altérés, embrouillés, falſifiés, ou ſupprimés.

Un Traité fur l'art de violer, avec ſuccès, les regles & les principes établis par les grands maîtres, dans tous les genres de compoſition littéraire.

Des Récits de malheurs étonnans, de revers étranges, qui avoient conduit certains hommes au comble de la félicité: exemples rares, mais propres à détromper les eſprits vains, qui prétendent aſſujetir les événemens aux loix d'une prudence conſommée, ſouvent confondue par des accidens imprévus, qui ne rendent les hom-

hommes ni plus sages ni plus conséquens.

De louanges outrées, que la servile flatterie a prodiguées, dans tous les tems, à des Grands, dont la postérité abhorre la mémoire : réflexions propres à sauver les Princes, jaloux de leur gloire, des déplorables effets de ce funeste poison.

Des Traits curieux de différens stratagêmes de la guerre, pour l'instruction des jeunes Militaires.

De vains Sistêmes de plusieurs Philosophes qui, entraînés par leur imagination,
con-

---

(*a*) Les Apothéoses se faisoient chez les Romains, par une Ordonnance du Sénat, en brûlant le corps d'un Empereur ou de quelque Personnage célebre dans les Armes, les Sciences ou les Arts. On tenoit sa représentation en cire, sous la figure d'un homme malade, sur un catafalque pendant sept jours, que les Médecins, en le visitant régulièrement, lui tâtoient le pouls, qu'ils trouvoient aller en dépérissant jusqu'au septieme, qu'il expiroit en présence des Chevaliers & des Dames Romaines; après quoi on conduisoit la
figu-

connoiſſoient aſſez bien ce qui étoit hors d'eux, & n'avoient pas la plus légere notion de ce qui étoit au dedans d'eux-mêmes.

De la Réforme de l'Hiſtoire Naturelle réduite, avec peu de principes, aux bornes de la vérité.

Un Recueil des principaux traits d'Uſages, d'Opinions, de Coutumes célébrés dans un tems & condamnés dans un autre, comme les Apothéoſes (*a*), les ſacrifices humains, la gui l'an neuf, la Fête des foux

figure de cire ſur un édifice très-élevé, rempli de matieres combuſtibles, tendu de drap d'or. Le nouvel Empereur mettoit le feu à cet édifice, puis du faîte il en ſortoit un Aigle qui, en s'envolant, étoit préſumé porter au ciel l'âme du défunt.

Les Apothéoſes devinrent ſi fréquentes chez les Romains, qu'elles diminuerent le reſpect, qu'on avoit pour des Dieux, avec qui l'on avoit vécu familierement. Eſt-ce à moi diſoit Néron, de craindre les Dieux, puiſque j'ai le pouvoir de

foux, &c; pour servir à l'Histoire des contradictions de l'esprit humain.

Un autre Recueil des petits motifs, qui ont causé les plus grandes révolutions & détruit le merveilleux des plus grands événemens, préservatif contre l'admiration stupide du Vulgaire.

Des de les faire? Caligula appelloit Jupiter en duel, &, jettant des pierres dans les nues, ote-moi du monde, s'écrioit-il, ou je t'en oterai.

Horace fait dire à une statue de Priape, j'étois autrefois un tronc de figuier, inutile à toute sorte d'ouvrages, lorsqu'un charpentier, ne sachant d'abord s'il feroit de moi un banc ou un Dieu, se détermina à me faire une Divinité.

Denis le Tiran ajoutoit les railleries aux pillages, qu'il faisoit des temples des Dieux; il fit ôter à Jupiter une robe d'or massif, comme trop pésante pour l'Eté, & trop froide pour l'Hiver. Il enleva une barbe d'or à Esculape, sous prétexte, qu'il n'étoit pas de la bienséance que le fils portât une barbe, tandis qu'Apollon, son pere, n'en avoit point. Si quelque statue tendoit la main, il se disoit autorisé à tout emporter, parce qu'il y auroit de la sottise à faire

des

Des Traits de Politique les plus remarquables unis aux loix étroites de l'honneur de la probité & de la vérité : modeles pour les Négociateurs.

Un précis des artifices de la plûpart des professions, appellés vulgairement, ou plutôt

des demandes aux Dieux, & à ne pas accepter ce qu'ils offrent d'eux-mêmes.

Vespasien, naturellement railleur, se sentant à l'extrémité, dit : je sens, que je deviens Dieu.

Les Chinois maltraitent leurs Idoles, quand elles ne leur accordent pas ce qu'ils demandent; ils les fouettent, les traînent dans la boue, les mutilent, & si, dans le tems de la profanation, ils obtiennent ce qu'ils désirent, ils leur font des excuses, les réparent, les redorent, &, en les reportant à leur place, ils leur font une morale sur leur résistance à faire le bien.

Un Mandarin Chinois, ayant perdu sa fille malgré les offrandes & les prieres, qu'il avoit faites à une Idole renommée, l'attaqua en justice réglée, & obtint du Conseil Souverain de Pekin, que le temple fut rasé, l'Idole dégradée, & que les prêtres fussent punis & condamnés aux dépens.

tôt honteusement *Tours du métier*, pour garantir les âmes droites des piéges & des subtilités des fripons & des charlatans.

Une Liste autentique des noms des Inventeurs d'arts utiles, & de découvertes avantageuses, dont d'autres ont usurpé la gloire.

Un Catalogue raisonné de tous les livres utiles, avec un plan de l'ordre dans lequel il convient de les lire.

Un Ouvrage aussi utile que nécessaire pour le progrès de la raison, qui détruisoit un grand nombre *d'axiomes* faux, qui enchaînent l'esprit humain à la honte du jugement.

Enfin quelques Indications sur le pouvoir de l'habitude, l'empire de la coutume & de l'éducation, l'ascendant de l'exemple, des axiomes & des préceptes établis, la tirannie des préjugés, les méprises des sens, les avantages de la philosophie, les charmes de la vérité, le libre exercice de

la

la raison, l'effet des loix, des livres & des études sur le cœur humain, &c. &c. &c. Quel vaste champ de morale à peine défriché! Que de matieres inépuisables, légérement effleurées par l'esprit philosophique! J'avoue, avec complaisance que c'est dans cette source, que j'ai puisé le fond de mon ouvrage, qui, traité par une main habile dans toute son étendue, seroit presque sans bornes.

Ces Extraits étoient suivis de quelques traits singuliers des jeux de la fortune, pour préparer l'âme à tous les événemens, & la disposer à ne désespérer de rien. Jason, abandonné des médecins pour une apostume, qu'il avoit dans la poitrine, cherchant la fin de ses maux, se précipite au milieu des ennemis, il est blessé d'un coup de lance si juste, que l'apostume creve, & qu'il en guérit. Un Scithe, dévoré par un ver rongeur, résolut de s'en délivrer en terminant sa vie par le poison; il ne fit périr que le ver, & il guérit (a). Un prodigue, tombé dans la misere & l'opprobre par ses dissipations, se pendit, & ayant attaché la corde à un anneau, qui étoit au plafond, il entraîna par son poids une trape, qui fermoit un trésor immense dont il sçut profiter. Cristophe Colomb, cherchant une route à la Chine entre les deux tropiques, & prêt à être sacrifié par ses compagnons, tombe dans les Isles Lucayes, & découvre l'Amérique, qu'il ne soupçonnoit pas. Que de maladies guéries par d'heureuses méprises, qui devoient traîner le malade au tombeau !

Ce Recueil étoit terminé par un Chapitre important pour la consolation du Genre Humain. Il étoit rempli de traits de la vie des plus grands hommes, qui n'ont point été

(a) Le Pere Mabillon étoit fort borné dans sa jeunesse : une maladie fit éclorre en lui beaucoup d'esprit, de pénétration & d'aptitude pour les Sciences.

été exempts de payer, par quelques foiblesses, quelques erreurs ou même quelques vices, un tribut à l'humanité: mais dont la grande réputation reste, lorsque les vertus surpassent en grand nombre les défauts ; ainsi qu'on remarque des taches dans le soleil, qui n'en ternissent point l'éclat.

Alexandre & César étoient superstitieux à l'excès. Alexandre étoit cruel, intempérant; Cesar la femme de tous les maris, & le mari de toutes les femmes.

Ciceron étoit vain, pusillanime, impie & poltron.

Turenne confia le secret de l'Etat à une femme, qui en abusa.

Kepler, ce célebre astronome, donnoit au Soleil une âme végétante, agissante; il

---

Milton avoit l'imagination plus forte pendant un équinoxe que pendant l'autre, ainsi sa verve le servoit bien ou mal par semestre.

il croyoit que les planetes font attirées par cet aſtre, en lui préſentant le côté ami, & repouſſées par le côté ennemi.

Un fameux Médecin Danois attribuoit aux cometes la production des monſtres, & les conſidéroit comme des abcès du Ciel.

Héliodore, Evêque de Tricca en Theſſalie, au IV. Siecle, aima mieux renoncer à ſon Evêché, qu'à la paternité de ſon Roman de Théagene & Cariclée (a).

Pic de la Mirandole, qui avoit écrit contre l'Aſtrologie Judiciaire, en fut la dupe & le martir.

Un Savant a prétendu, que le Livre de Job n'étoit qu'un Opera, un poëme religieux, fait pour être chanté par le Peuple de Dieu.

Un Juif, célebre par ſes Ecrits n'admettoit

―――――――
(a) La traduction de ce Roman valut une Abbaye à Amiot.

toit du Nouveau Teſtament que l'Apocalipſe, parce qu'il croyoit y trouver la pierre philoſophale.

Etienne de Pleutre, Chanoine de St. Victor, a trouvé la Vie de J. C. dans l'Enéide de Virgile.

L'immortel Newton a cru trouver dans l'Apocalipſe, que le Pape eſt l'Antechriſt.

Derham dans ſa Théologie Aſtronomique a cru voir l'Empirée dans cet eſpace immenſe plus clair que le Ciel, qu'on nomme communement la Voie Lactée.

La vertu militaire d'Hannibal fit naufrage dans les délices de Capoue.

Hercule fila pour Omphale.

Socrate, déclaré par l'Oracle d'Apollon, le plus ſage des hommes, aimoit Alcibiade & Archelaus: il avoit deux femmes & vivoit avec toutes les courtiſannes.

Trajan étoit ſujet au vin & au *Mollitiei peccatum*.

Le Divin Platon étoit libertin.

Un des plus vertueux Romains, après avoir fait mourir ses deux fils, & assassiné lâchement son bienfaiteur, finit par mettre la vertu en problême. (*a*).

Deux Républiques sages & éclairées, Athênes par la Loi de l'Ostracisme, & Syracuse par celle du Pétalisme, ont osé attacher des peines au mérite éminent, punir de l'éxil des mœurs pures, & bannir de leur Gouvernement les exemples vivans de la vertu.

Enfin on ne peut citer aucun Conquérant, sans en excepter Titus ni Trajan, qui n'ait souillé sa gloire par quelque action d'inhumanité.

(*a*) O Vertu, disoit Brutus, à qui j'ai tant sacrifié, ne serois-tu qu'un phantôme vain & une pure chimere!

## CHAPITRE XIII.

*Découvertes à faire sur la Terre.*

S'IL est un Peuple heureux dans l'Univers, dis-je un jour à Arzame, c'est, sans doute, le Sélénite qui, avec le secours d'un sixième sens, est parvenu à se dégager de tant de préjugés, qui offusquent la raison ; à former un Empire florissant ; & à régler sagement tout ce qui peut contribuer au bonheur de l'humanité. Tout me semble ici digne d'envie ; les Sciences, les Arts ne peuvent atteindre à un plus haut degré de perfection. Nous sommes bien éloignés de penser, me repliqua Arzame, que notre siecle, tout supérieur qu'il est à ceux qui l'ont précédé, ne puisse être surpassé. S'il est encore, parmi nous, quelques imbéciles, capables de croire qu'on ne puisse aller plus loin, la

par-

partie la plus saine pense bien différemment. La présomption est le partage des ignorans. Plus on est éclairé, & plus on sent, combien il reste encore à apprendre & à faire.

Il viendra peut-être un tems, où l'on ne concevra pas comment dans l'obscurité & la privation de tant de choses, qui seront alors fort communes, notre siecle (observez que je ne sépare point ici la terre de la lune), ait eu la vanité de se croire si avancé.

Figurons-nous un récipiendaire du vingt-quatrieme siecle, qui dans son Discours de Réception à l'Academie, s'écriera avec enthousiasme, peut-on, Messieurs, sans injustice, mettre en parallele le dix-huitieme siecle avec le notre? On avoit fait à la vérité d'utiles découvertes, quelques progrès dans la Philosophie ; les Sciences & les Arts y fleurissoient à un certain degré de perfection ; on avoit heureusement ap-

pli-

pliqué l'Analife à la Géométrie, à la Phyfique, à la Méchanique; mais très-improprement à la Métaphyfique, & à la Médecine; on avoit mefuré les deux diamétres de la terre; enfin le grand Newton avoit découvert le vrai fiftême de l'Univers; mais que favoit-on en Métaphyfique? Combien la Géographie étoit-elle bornée? Connoiffoit-on l'intérieur de l'Afrique, les terres auftrales, cette vafte cinquieme partie du globe? Soupçonnoit-on la poffibilité des découvertes immenfes, que notre fiecle fortuné a faites dans les Sciences & dans les Arts?

N'avons-nous pas lieu de nous étonner, que nos Anciens, au lieu de fe confumer pendant un fi longtems à la vaine recherche des longitudes, de s'expofer à de terribles naufrages, & de fe ruiner par les dépenfes exceffives de la navigation, n'euffent pas plutôt cherché, & trouvé, comme nous, l'art de fe promener librement dans les airs, & de fe tenir immobile dans l'atl'atmosphere contre le mouvement de direction qui l'entraîne avec la terre, au moyen de quoi en laissant paisiblement la terre tourner sous ses pieds, nous pouvons, sans nous mouvoir, faire le tour du globe en vingt-quatre heures, nous transporter de Paris à Rome en 48 minutes, ou au Japon en 16 ou 17 heures.

Que sur l'exemple de divers plongeurs, qui demeuroient un tems considérable sous l'eau, ils n'eussent pas songé à perfectionner les moyens d'y rester à son gré, moyens avec lesquels nous sommes parvenus à en retirer les trésors inutiles aux habitans stupides de ce terrible élément, décorer nos cabinets d'histoire naturelle, & restituer à la terre les richesses immenses, ensevelies dans la mer, pendant tant de siecles, qu'on s'étoit borné à perfectionner l'art stérile de la Navigation.

Qu'on se fût occupé, pendant si longtems, d'arts futiles, comme de filer la laine,

le

le byssus, le lin, la soie, &c. pour travailler des ouvrages d'une durée passagere, de matieres si rares & d'une récolte si pénible, tandis que le secret de rendre le verre ductile & malléable, nous a fourni des meubles d'éternelle durée, & avec d'autant plus de facilité, que la matiere du verre, qu'on fouloit dédaigneusement aux pieds, est en aussi grande abondance, que la terre.

Que l'on se fût borné à ouvrir la superficie de la terre pour en tirer de vils métaux, comme l'or & l'argent, tandis qu'en la fouillant à de plus grandes profondeurs, nous en avons tiré de si précieux, que les premiers ne sont presque plus d'aucune valeur, & qu'ils sont propres tout au plus à lier les pierres dans les édifices, paver les routes, faire des canaux, couvrir les toits, & à faire des chambranles, des bornes, des chaînes, des barrieres, &c.

Qu'on n'eut pas trouvé les moyens d'établir des communications souterraines entre les

les Volcans, pour aſſurer la terre contre les ſecouſſes, que l'air & les vapeurs comprimées lui font cruellement éprouver en certains climats.

Qu'au lieu du Thermoſcope, dont nos Anciens ſe ſervoient, qui n'indique que le changement de chaud ou de froid dans l'atmoſphere, ils n'euſſent pas inventé cette machine ſi ſimple, qui eſt le véritable Thermometre, avec lequel nous meſurons exactement la raiſon d'un degré de chaleur à un autre degré de chaleur.

Que leurs Géométrico-Métaphyſiciens ne fuſſent pas parvenus à rendre ſenſible le point mathématique, qui ne ſe concevoit que par abſtraction; au moyen de quoi nous démontrons, qu'une ligne droite d'un pied n'eſt pas plus longue qu'une d'un pouce, l'hypotenuſe qu'un des autres côtés du triangle, la diagonale qu'un des côtés du quarré, &c.

Qu'on eût fait un uſage ſi limité des ou-
vra-

vrages d'asbêste si aisé à blanchir par le feu, dont nous faisons du linge, du papier, des mech..s perpétuelles de lampe, &c.

Que la physique & la chimie, dans le cours de leurs progrès, eussent si peu connu le véritable usage du phosphore artificiel, qui n'étoit encore alors que l'allumette des philosophes, tandis qu'au moyen d'un mélange capable de conserver l'humidité, qui entretient la lumiere dans les corps, nous sommes parvenus à lui faire jetter, dans les ténebres, un éclat aussi brillant, que doux à la vue, & qui supplée si agréablement pour nous à l'absence du soleil.

Qu'on n'eût pas imaginé de perfectionner la langue par signes, idiome si naturel à l'homme, que, sans le secours de l'articulation, on peut converser distinctement à la distance de la portée de la vue. Qu'on eût encore moins pensé, que cette langue pouvoit s'écrire par le moyen de caracteres généraux, que chacun conçoit, sans effort,

fort, dans sa propre langue, comme le chiffre Arabe & l'algebre, que différentes Nations entendent, quoique chacune y applique des sons divers, que les Savans employent cette langue, pour faire passer facilement leurs productions d'un hémisphere à l'autre; qu'elle débarasse l'esprit de l'étude des langues étrangeres; qu'elle obvie à l'obscurité, aux bévues, aux infidélités des traductions; enfin, qu'avec ce secours, on peut parcourir commodement tout le globe sans avoir besoin de truchemens (a).

Que la vanité d'avoir inventé les serres chau-

(a) Cette langue est d'autant plus aisée à saisir, que presque tous les hommes ont des signes caractérisés, qui prennent leur source dans les besoins naturels; que les enfans en ont par lesquels ils se font entendre, avant que l'organe de la voix se soit délié, ou qu'ils ayent appris assez de mots pour s'exprimer intelligiblement. Les gestes même sont si naturels, qu'ils ajoutent de la force aux expressions & qu'ils semblent faire partie du discours au Théâtre, dans la chai-

chaudes, pour presser les opérations de la Nature, n'eût pas conduit à l'art de conserver aux fleurs leur odeur d'un printems à l'autre, en retenant, comme nous faisons, les particules, qui s'en exhalent continuellement, dans des vases elliptiques, aux foyers desquels étant placées, les vapeurs, après avoir erré & voltigé se réunissent, & rendent à la fleur sa fraîcheur naturelle, moyen que nous employons encore utilement pour préserver les fruits rares de la corruption par une prompte réparation.

Que, de tout tems, on se fût répandu en chaire, au barreau; que dans la conversation les personnes, qui ne s'observent pas, parlent autant de la tête, du corps & des mains, que de la glotte. Le langage, par signe, a suffi, sans doute, pendant longtems avant que les hommes rassemblés en société, & augmentant d'idées, eussent besoin d'y ajouter les sons, pour les exprimer avec plus de netteté & d'étendue.

en murmures vains & injustes contre l'existence des bêtes féroces, au lieu de chercher
à en tirer parti, en étudiant leurs vertus,
leurs talens & leurs propriétés. Que l'industrie humaine se fut contentée de dompter le cheval, le bufle & le taureau, tandis qu'avec plus de sagacité, l'homme auroit appris, qu'on peut tirer du service de
ces redoutables animaux; qu'il étoit moins
raisonnable de s'occuper à les détruire,
que de penser à les familiariser en pour-
voyant à leur subsistance; qu'on auroit vu
leur humeur sauvage & solitaire s'adoucir
par l'éducation domestique, & leur férocité
s'éteindre à la troisieme génération; qu'on
voit communément, parmi nous, des
chars superbement attelés par des lions,
des ours, des tigres, des léopards; les
loups servir à la garde des troupeaux, les
renards veiller à la sûreté des basses cours,
les cerfs tirer les traineaux avec vélocité,
les aigles porter partout les dépêches, le

vau-

vautour dreſſé parmi les oiſeaux de proie; le crocodile procurer une pêche abondante, &c; tant il eſt vrai, que la méchanceté n'eſt naturelle à aucune eſpece d'animaux; qu'excitée dans les uns par la faim, dans les autres par l'intérêt, l'éducation fait entre tous la différence qui ſe trouve entre le Caraïbe & l'homme policé.

Qu'on ne voyoit, dans les ménageries des Princes, que quelques animaux étrangers, au lieu de les remplir de monſtres ſinguliers & ſuperbes par l'accouplement d'animaux entierement oppoſés de figure, de couleur & de caractere, pour voir ce qui réſulteroit de la jonction des eſpeces les plus diſparates, comme ſi l'on mettoit enſemble le ſerpent & la perruche, le roſſignol & la tortue, le paon & le porc épic, le ſinge & l'aigle, la taupe & le canarie, &c (a).

Qu'on

─────────

(a) Pour détruire ce que cette propoſition pa-

Qu'on allât chercher à grands frais, dans les climats les plus éloignés, des simples & des plantes pour la guérison des maladies, tandis qu'on en écrasoit dédaigneusement de salutaires, que tout pays produit, qui sont pour nous des spécifiques infaillibles contre la rage, les pertes, le scorbut, le calcul, la goutte, la peste.

Qu'ainsi que l'aimant, avant l'invention de la boussole, l'électricité n'eût été pour ce siècle physicien qu'un objet d'amusement, tandis, qu'en poussant plus loin les expériences, on en eût tiré des secours merveilleux contre la paralisie, l'apoplexie, la léthargie & autres maladies funestes, que l'ignorance & l'impéritie traitoient d'incurables; & qu'on n'eût pas substitué la machi-

paroîtroit avoir d'absurde, ainsi que la précédente, il ne faut que considérer, qu'avec des soins, de l'adresse & de la patience, on a accoutumé à vivre ensemble des animaux communément faits pour se dévorer, comme le chat & la

chine pneumatique à la fuccion, dans le panfement du fecret, remede fi dangereux, qu'il coute quelquefois la vie au médecin.

Qu'on n'eût pu parvenir en mufique à divifer les tons par quartes & par huitiemes, pour donner à cet art le dernier degré de perfection.

Qu'on n'eût qu'ébauché l'admirable fecret de détourner & diffiper la foudre, avant qu'elle foit entiérement formée & de l'envoyer terminer, fans accident, fes fureurs dans le liquide Elément, moyen avec lequel nous préfervons nos campagnes de ravages affreux.

Qu'on n'eût pas trouvé un enduit de matiere impénétrable au feu, pour en couvrir

la fouris, la fouine & la poule, la mouche & l'araignée, &c. C'eft peut-être de la jonction de ces dernieres qu'eft née l'araignée volante. L'habitude de vivre enfemble, porte les inclinations bien loin.

L 2

vrir les combustibles, & les mettre ainsi à l'épreuve des in endies.

Que, dans ces tems, où l'art de la Navigation étoit aussi nécessaire, qu'il est inutile pour nous, on n'eût pas trouvé le secret de dessaler promptement, & sans fraix, l'eau de la mer, ce que nous faisons si facilement, en jettant dans un grand vase, plein d'eau de mer, une pincée de *flictitz* qui précipite au fond, dans l'instant, toute la matiere hétérogene, & détruit ensuite tout germe d'insectes, propre à la corrompre.

Ne devons-nous pas être surpris que, dans le cours de tant de siecles, l'art n'ait pu ajouter aux quatre premiers ordres d'architecture qu'un autre ordre, pillé encore de deux d'entre eux? (*a*) Quelle stérilité d'i-

___
(*a*) A la rigueur il n'y a que trois ordres d'architecture, le Dorique, l'Ionique & le Corinthien; ils pourroient même être réduits à deux.

d'imagination! nous en avons trouvé deux, qui n'ont aucun rapport avec les premiers, & qui donnent à nos édifices une majesté & une élégance, dont la belle antiquité ne sauroit approcher. Et qu'est-ce que la peinture du dix-huitieme siecle en parallele avec la nôtre, qui réunit le brillant du coloris & l'entente du clair-obscur, à la plus grande perfection du dessein?

Conçoit-on que, dans un siecle si célebre en artistes, le microscope fut demeuré si imparfait, que la plus forte lentille ne grossissoit les objets que soixante quatre millions de fois, au lieu que, par le degré de perfection que nous avons donné à cet instrument, nous pénétrons les replis les plus secrets de la Nature. Nous voyons l'air & jusqu'aux parties intégrantes des corps, au moyen de quoi nous sommes assurés, que les particules de l'eau sont sphériques, celles de l'air branchues; que chaque globule de sang est composé de douze cens quatre vingt-seize globules sanguins; que des animaux, dont soixante millions peuvent être couverts par un grain de sable, sont, comme nous, rongés de vermine; qu'enfin nous voyons croître les plantes, les ongles, les cheveux, &c.

Qu'on n'eût pas trouvé, comme nous, le secret de conserver le grain un siecle, sans qu'il se corrompe, & dont on fait des provisions dans les années abondantes, pour suppléer aux années de stérilité, tems auxquels les riches ouvrent généreusement leurs gréniers en faveur des indigens qui, depuis cette admirable invention, ne connoissent plus la famine que par tradition.

Je ne finirois pas l'énumération de nos découvertes utiles, inconnues au dix-huitieme siecle, si les bornes de ce Discours ne me forçoient de m'arrêter, pour louer pompeusement mon prédécesseur, vos protecteurs, & Vous-mêmes, Messieurs, &

met-

mettre modestement le feu à l'encens que votre sécrétaire me prépare.

Si ce tems vient, dit Arzame, où l'on aura fait tant d'heureuses découvertes, dont nous sommes privés, malgré l'étendue de nos connoissances, on pensera alors de nous, comme nous faisons de nos ancêtres, qui, dans leurs capitales n'avoient ni chéminées, ni pavé, ni lanternes, ni aqueducs, ni équipages, ni boulingrins, ni spectacles; qui n'avoient pas imaginé les grands chemins, les levées, les chauffées, les canaux, les postes, l'imprimerie, les pendules, &c. Les esprits éclairés gémiront sur l'indigence & la barbarie de notre siecle: leurs antagonistes diront: *eh mais on ne laissoit pas de vivre sans tout cela! avec moins de désirs on étoit peut-être plus heureux.*

Quand on est parvenu, ajouta Arzame en terminant ses réflexions, à donner, par l'entremise de caracteres muets, du corps à la pensée, à converser avec des esprits séparés de nous par des tems qui n'existent plus, à traverser les Océans, à mesurer les astres, à suivre la route des cometes, à dresser la carte des Cieux, j'ai trop bonne opinion de l'industrie humaine, pour douter, qu'on puisse faire un jour toutes les découvertes que je sens qui nous manquent, ainsi que bien d'autres que je n'imagine pas. Si vous avez le bonheur de pénétrer quelque jour, dans Jupiter ou dans Saturne, comme vous avez fait dans la Lune, peut-être trouverez-vous, qu'on y fait peu de cas des sublimes inventions dont nous nous pavanons avec tant de faste; & qu'elles ne paroissent aux habitans de ces planetes, que des jeux & des miseres, en comparaison des avantages, dont ils jouissent naturellement.

## CHAPITRE XIV.

*Avertissement sur les quatre Chapitres suivans.*

TOUT Lecteur, qui n'est point porté, par goût, à démêler en tout le spécieux du réel, à analiser ses propres idées, à méditer sur celles des autres, à distinguer, dans les phénomenes, les effets des causes; à rechercher le *pourquoi*, le *comment*, & le *combien* sur tout ce qui s'offre à ses yeux & à son esprit; tout Lecteur enfin machinalement habitué à ne penser que d'après les autres, pour qui une conjecture est une preuve, & que la plus légere question épouvante, peut s'arrêter ici, & passer droit au dernier Chapitre, il s'épargnera des tourmens & de l'ennui.

Il ne s'agit dans les quatre Chapitres suivans que d'une foule de questions plus ou moins importantes, toutes cependant propres à exercer la réflexion.

J'avois déjà ébauché, sur la plûpart de ces questions, des dissertations dont la longueur m'effrayoit avant que d'avoir rien conclu, lorsque j'appris qu'il se tenoit à Sélénopolis, deux fois l'année, une assemblée générale de toutes les Académies, ou chacun avoit le droit de proposer des doutes & des questions sur lesquels cet Aréopage respectable délibéroit, & prononçoit définitivement.

Ces Académies, par un usage différent du nôtre & sans doute mieux raisonné, au lieu de proposer elles-mêmes des questions sur lesquelles des particuliers dissertent tant bien

(*a*) C'est, dit Montagne, aux apprentifs à enquérir & débattre, & au cathédrant de résoudre.

(*b*) Horace pensoit bien différemment, lorsqu'il dit que, ne pouvant s'arrêter à aucune opinion

bien que mal, pour obtenir un prix qui n'est pas toujours mérité, se faisoient au contraire un devoir de donner la solution des questions, qui leur étoient présentées; & ce qui ailleurs n'est souvent qu'un jeu, source de nouveaux doutes, devenoit à ce Tribunal éclairé, une source de lumieres (*a*).

J'avois de tout tems l'esprit embarrassé de questions, que je m'étois faites à moi-même, ou proposées par d'autres, sur lesquelles j'avois médité sans fruit (*b*). Forcé de reconnoître l'insuffisance de nos lumieres, malgré l'étendue de nos connoissances, je gémissois, en secret, de trouver notre raison engravée à chaque pas sur les matieres les plus simples en apparence, & d'un si foible secours pour

tout alon fixe, dans ce doute éternel, il songe à se mettre au dessus de toutes les questions au lieu de s'y soumettre.

Ep. I. L. I.

tout esprit qui ne se rend qu'à la démonstration. Je saisis donc avec ardeur l'occasion de l'assemblée générale des Académies, pour y porter mes doutes dans l'espérance de les voir résolus par un Tribunal aussi éclairé.

Je rédigeai mes propositions en quatre classes. 1°. frivoles en apparence. 2°. sur lesquelles nous n'avons que des conjectures. 3°. morales & métaphysiques. 4°. insolubles pour tout Être borné à cinq sens.

J'aurois pu y en ajouter d'un ordre différent, que les ignorans & les superstitieux, même du beau monde, proposent quelquefois gravement, à la honte de leur jugement, comme, par exemple; pourquoi le Basilic tue-t-il l'homme qu'il regarde, ou qu'il meurt s'il en est regardé le premier ? Pourquoi un tambour de peau d'a-

(a) Préjugé bien ancien, puisqu'Aristote en parle à l'égard des animaux.

d'agneau créve-t-il auprès d'un tambour de peau de loup, que l'on frappe? Pourquoi, dans les ports de l'Océan, ne meurt-il personne pendant le flux? (a). Comment le petit poisson, appellé Remore, a-t-il la force d'arrêter un vaisseau? Pourquoi appaise-t-on un taureau furieux, en l'attachant à un figuier? Comment l'amnios, cette coife qui reste attachée à la tête de quelques enfans, au moment de leur naissance, les rend-elle heureux? Comment le Caméléon peut-il ne vivre que d'air? Comment la baguette de coudrier a-t-elle la vertu de faire découvrir les trésors & les assassins? Pourquoi pese-t-on plus à jeun, qu'après avoir mangé? Pourquoi un poulain, qui a été couru par un loup, est-il plus vîte qu'un autre? Pourquoi les cheveux croissent-ils moins, coupés dans le déclin de la lune que dans le croissant? (b). Pourquoi le no-

(b) Malgré ce qu'en affirme Pline. L. II. Chap. 19.

noyer est-il plus sujet à la foudre que le figuier? Pourquoi un cœur, infecté de poison, ne peut-il plus brûler? Pourquoi les enfans portent-ils des marques des envies de leurs meres, pendant leur grossesse? &c. &c. &c. &c. De pareilles questions & cent autres aussi ineptes se soldent par une seule réponse :

*C'est que tout cela n'est pas vrai* (a).

Si la quantité de questions, que j'ai rassemblées, révolte les esprits frivoles, ils se calmeront peut-être, s'ils veulent bien considérer, que les questions sont aussi naturelles à tout Etre pensant, que fréquentes dans toutes les situations de la vie. Si l'on recueilloit toutes celles, qu'ont agitées ou proposées les Académies & les Journaux, on en formeroit des volumes.

Les

(a) *Transcurramus solertissimas nugas.*
Senec. Ep. 117.

Les conversations en sont remplies. La plûpart des réflexions sur les usages, les mœurs, les ridicules du siecle ne sont que des questions déguisées, que chacun dévelope à sa maniere, rélativement à son goût, ses lumieres, ou son tempérament ; les Traités de politique, de commerce, de finance, de médecine, même de morale en sont bigarrés. Tous les Ouvrages d'esprit en sont parsemés : les Scientifiques en fourmillent sous le nom de problêmes. D'illustres auteurs, mais vains, comme La B.. La R. T. f. D. de P, donnent des décisions très-contestables, sous le titre modeste de réflexions. D'autres plus sublimes, & conséquemment plus modestes, comme Bacon, Locke, Newton, Pascal, Montagne, Bayle, Montesquieu, l'Ami des hommes, proposent une infinité de questions, qui valent des décisions. Les questions sont l'objet des Conseils, que tiennent les

Prin-

Princes, les Généraux. Les procès roulent sur des questions de fait, sujettes à contradiction, & de droit, balancées par des autorités, écueils de la plus profonde sagacité. Les Savans en proposent de grandes, qui semblent puériles aux ignorans: ceux-ci en font de sottes, & quelquefois d'embarrassantes pour les philosophes même; les uns font des aveugles, qui croyent tout voir; les autres trop éclairés, pour ne pas avouer de bonne-foi, qu'avec de bons yeux, ils ne voyent presque rien. J'en fais moi, parce que je desirerois voir, & bien voir, que je les crois utiles à qui veut faire un usage sensé de sa raison, éclairer son esprit, asseoir son jugement & en étendre les limites. Tout Lecteur donc, je le répete, qui se conduit par d'autres principes, ou qui n'en veut pas changer, fera bien de passer à la conclusion.

On

On m'objectera, sans doute, que, dans le nombre considérable de questions que j'ai rassemblées, la plûpart ont été agitées, discutées, peut-être résolues par des Ecrivains même célebres: à cela je reponds, que je ne l'ignore pas, & que les plus profonds raisonnemens sur la plûpart de ces matieres, n'étant que vraisemblables, je reste toujours dans le doute jusqu'à la démonstration, si l'on peut y atteindre.

On ajoutera peut-être, que telle de ces questions, pour être approfondie, demanderoit des volumes : ce n'est pas ma faute; donc elles méritent d'être encore présentées, & d'exercer les esprits curieux & amateurs de la vérité; donc il y aura des Lecteurs, qui les trouveront ici avec une sorte de plaisir,

Je présentai les questions suivantes à l'assemblée des Académies; on les reçut avec bonté, & l'on me promit de m'en faire re remettre les solutions à la prochaine assemblée (a).

## CHAPITRE XV.

*Questions frivoles en apparence, & dont il seroit curieux & même utile d'avoir la solution.*

POURQUOI la description d'un fruit acre fait-elle venir l'eau à la bouche?

D'où vient, que la peinture d'un objet dégoutant ou d'une drogue médicinale donne des nausées?

Que l'idée du lait ou du miel met l'âme dans une assiette tranquile?

Qu'une

---

(a) On ne doit point s'étonner, que la plûpart des questions, que je portai à l'Académie, ne regardent que la terre, par préférence à tout ce qui touche directement la Lune, si l'on se rappelle, que les habitans de cette planete ont avec la terre une communication intime, qui de-

Qu'une menace d'être chatouillé, le signe même, cause un tréssaillement?

Que le récit d'un acte de générosité tire des larmes, d'une action cruelle cause un frémissement, d'une odeur desagréable affecte l'odorat?

Pourquoi un bègue ne balbutie-t-il plus, en lisant, en déclamant ou en chantant?

Pourquoi la présure fait-elle cailler le lait, & que la présure mise dans le lait caillé, le dissout au lieu d'en augmenter la consistence?

Pourquoi une personne qui bâille, en fait-elle bâiller d'autres & même toute une assemblée? (b)

Pourquoi le corail, le marbre noir, & tou-

devoit les mettre en état de me satisfaire sur des matieres, qui m'interessoient d'avantage, que ce qui se passe en d'autres lieux.

(b) Aristote dit qu'on arrête le bâillement & le hocquet en retenant la respiration; ce qui est confirmé par l'expérience.

toute pierre colorée, deviennent-ils blancs, lorsqu'ils sont réduits en poudre, & que le charbon conserve sa couleur noire ?

Que l'écrevice, le homar, & autres animaux du genre des crustaces, deviennent rouges par la cuisson ?

Que la décoction de rose mêlée de chaux, donne un verd foncé ?

Qu'une dissolution de vitriol sur la même décoction de roses l'épaissit & la rend noire; qu'enfin quelques goutes d'esprit de vitriol jettées sur ce mêlange, changent le noir en rouge ?

Que les œufs de carpe, qui sont d'un jaune clair, deviennent blancs en cuisant, & redeviennent jaunes en se refroidissant ?

Pourquoi le poisson d'eau douce, vit-il quelque tems hors de l'eau, & que le poisson de mer, meurt aussi-tôt qu'il en est tiré ? Seroit-ce que l'eau douce seroit plus analogue à la nature de l'atmosphere, que

cel-

cellé qui est salée ? L'atmosphere cependant est chargée de sels, de souffre & de nître, &c.

Les poissons sont-ils sourds, comme ils sont muets ; dorment-ils ?

Les poissons de mer sont-ils sujets à des maladies épidémiques, comme les animaux terrestres ? (a) S'ils en sont exempts, l'eau est donc plus saine que l'air ?

Comment le musc, qui plaisoit tant autrefois sans offenser l'organe de l'odorat, donne-t-il aujourd'hui des vapeurs, tandis que le tabac d'une odeur ammoniacale, & d'une qualité vénéneuse, fait les délices des odorats les plus foibles & les plus délicats ? Les organes sont-ils changés ? Est-ce l'effet de l'imagination ?

Les odeurs sont-elles aussi nuisibles aux fem-

---

(a) Les veaux marins, ainsi que les tortues de mer, jettés sur les côtes dorment & ronflent comme les animaux terrestres.

Arist. L. V. C. 12.

femmes en couche, qu'on se le persuade en France? Il y a des pays, entre autres l'Italie, où les femmes, en cet état, ont leurs chambres remplies d'odeurs, leurs cheminées garnies de pots-pourris & leurs lits couverts de fleurs, sans qu'on remarque, qu'il en arrive jamais d'accidens.

Pourquoi les lunettes d'approche font-elles voir les étoiles plus petites, qu'à la vue simple, tandis qu'elles grossissent les objets moins éloignés?

De quel organe recevons-nous la plus vive sensation du goût? Est-ce du palais, ou du gosier?

Pourquoi la glace est-elle moins transparente & plus blanchâtre que l'eau, dont elle est formée?

Comment un charbon ardent, qu'on fait tourner rapidement, décrit-il un cercle de feu continu, quoique le feu ne soit successivement, qu'à un seul point du cercle, & qu'une roue, peinte de toutes les couleurs prifmatiques, tournée rapidement, ne donne que la couleur blanche?

Pourquoi le feu, qui durcit la boue, amollit-il la cire?

Pourquoi le Soleil, qui blanchit la cire, noircit-il la peau?

Pourquoi tant de perfonnes fe trouvent-elles incommodées jufques à s'évanouir, lorfqu'elles font à reculons dans une voiture, ou dans un bateau?

Quel tems pourroit vivre un homme, d'une bonne conftitution, dans une chambre quarrée, haute & large de quarante pieds, fermée hermétiquement, avec des vivres fuffifans & la feule lumiere d'une bougie?

Comment le corps fe fait-il à des chofes, qui femblent très-nuifibles, comme les odeurs pénétrantes, les vernis, la vapeur du charbon, &c.

Pourquoi une table, que l'on racle avec la lame d'un couteau, pofé à angle droit, ou un fruit verd dans lequel un autre mord,

nous

nous cause-t-il des mouvemens convulsifs?

— Par quel méchanisme la castration énerve-t-elle la voix, enleve-t-elle la barbe, ou l'empêche-t-elle de croître?

Ne pourroit-on pas se servir de Dails au lieu de lampes, la nuit dans les appartemens?

Pourquoi les plumes du Canard & d'autres oiseaux aquatiques vivans ne se mouillent-elles point dans l'eau, & que celles des animaux tués s'en imbibent?

Pourquoi un pré parsemé de fleurs blanches paroît-il entiérement blanc à une certaine distance, ou dans une position oblique?

Pourquoi les métis n'engendrent-ils pas, quoiqu'ils aient les parties propres à la génération?

A quoi servent les aîles aux autruches, puisqu'elles ne volent point, qu'elles s'en servent seulement pour courir, mais moins vîte,

vîte, que d'autres animaux, qui n'en ont pas ?

Pourquoi les hommes deviennent-ils si communément chauves & les femmes si rarement ?

Pourquoi voit-on si peu de femmes gauchères en comparaison de la quantité d'hommes gauchers ?

Pourquoi un chat, qui tombe d'un lieu fort élevé, est-il un instant dans sa situation naturelle, renversé dans le second instant, & qu'il se retrouve ensuite sur ses pattes en touchant la terre ?

Est-ce parce que le papillon n'a ni bouche ni estomac, pour prendre de la nourriture, qu'il ne vit que très-peu de tems, ou est-ce parce qu'il ne devoit vivre que quelques instans, qu'il n'a ni bouche ni estomac ? Les Ephémeres cependant, qui vivent encore moins que le papillon, sont conformés pour une vie plus étendue.

Dans l'ordre de la Nature, le Negre est-

est-il moins beau que le Blanc?

Pourquoi une boule de cire, qui surnage dans l'eau froide, va-t-elle au fond, si 'on fait chauffer l'eau, & qu'elle remonte ensuite si la chaleur augmente?

Pourquoi la lime, qui n'échauffe ni le plomb ni l'étain, échauffe-t-elle le fer sans s'échauffer elle-même (*a*)?

Quelles couleurs donneroit par le prisme, dans une chambre obscure, la lumiere d'un flambeau, ou celle de la lune?

Quel est le plus naturel ou le plus raisonnable d'écrire, comme nous, de gauche à droite, ou de droite à gauche, comme les Hébreux, les Egyptiens, les Arabes, &c (*b*)?

Pourquoi un louche ne voit-il pas tous les objets doubles, si ce n'est par la même rai-

(*a*) Un peu de réflexion fait voir, que le plomb & l'étain ne font presque point de résistance, que le fer en fait beaucoup, & que la lime se rafraîchit en coulant sur le fer, qui souf-

raison que les yeux biens conformés les voyent simples? L'habitude de voir est dirigée par le toucher?

Quelle est la privation la plus fâcheuse de la vue ou de l'ouïe, de naissance, ou par accident?

Pourquoi certains portraits semblent-ils vous regarder directement de quelque côté que vous les envisagiez?

Quelle est en général la cause de la répugnance qu'ont certaines personnes, en santé, pour les meilleurs alimens, & au contraire de l'appetit pour les plus mauvais?

Comment le vin de Champagne est-il transparent, tandis que sa mousse, formée de parties plus subtilisées, est opaque?

Pour-

souffre un frottement continu.

(*b*) Les Chinois écrivent de haut en bas, les Méxiquains de bas en haut, & quelquefois en ligne circulaire.

Pourquoi les personnes blondes ont-elles généralement les yeux bleus ?

Pourquoi le feu est-il éteint par un vent léger, & s'augmente-t-il par un vent violent ?

Pourquoi l'eau, qui est l'antagoniste du feu, jettée sur lui en petite quantité, en augmente-t-elle la force, au lieu de la diminuer ?

Qu'est-ce qui produit ces filamens, qu'on voit en été dans les campagnes, que l'on appelle chevelure de Vénus, ainsi que ces flocons de fils blancs très-déliés, dont toutes les pointes, d'égale longueur, se réunissent à un même centre ?

Pourquoi la gomme fond-elle dans l'eau, & que la résine ne fond qu'au feu ?

## CHAPITRE XVI.

*Questions sur lesquelles il n'y a que des conjectures, la plûpart vraisemblables; mais sans démonstration.*

LA Terre est-elle immobile au centre de l'Univers, ou tourne-t-elle autour du Soleil, & sur son axe?

Est-il certain que, jusqu'à ce que l'on soit parvenu à déterminer la parallaxe d'une étoile fixe par rapport au mouvement diurne de la terre, l'on ne pourra démontrer, qu'elle tourne sur elle-même?

La lumiere se propage-t-elle, ou est-elle instantanée? En d'autres termes, la lumiere est-elle un fluide répandu par tout l'Univers, qui n'attend, pour agir, que d'être mis en mouvement, ou est-elle émanée du Soleil, pour parvenir à nos yeux

yeux dans un tems déterminé, comme la découverte de Roemer semble le démontrer?

La lumiere & le feu sont-ils une même matiere? Si cela est, pourquoi y a-t-il de la lumiere qui ne donne point de chaleur, & du feu qui ne donne point de lumiere?

A quel degré la flamme & la lumiere sont elles compressibles, & par quelle expérience pourroit-on établir cette compression?

Pourquoi les astres paroissent-ils plus grands à l'horison, qu'au Zenith?

Lequel a été créé le premier de la poule ou de l'œuf; de la plante ou de la graine? (a).

A quel point l'air peut-il être condensé,
ou

_____

(a) Cette question élevée depuis qu'on raisonne, mais devenue basse, parce qu'elle est dans la bouche du Vulgaire, est une de celles, qui confondront toujours la plus haute sagesse, & montreront le néant des lumieres les plus profondes.

ou à quel volume peut-il être réduit en le comprimant?

On fait, que la force du reffort de l'air peut augmenter par la chaleur de l'eau bouillante; mais comment l'air acquiert-il cette roideur?

L'air ceffe-t-il quelquefois d'être dans un état fixe, ou ceffe-t-il quelquefois d'être en reffort?

Le fang eft il rafraîchi ou échauffé par le jeu des poulmons?

Pourquoi le vent, qui caufe au corps humain une fenfation de fraîcheur ou de froideur, ne produit-il aucun effet fur le thermomètre (*b*)?

Comment fe forment les criftaux & les pierres précieufes?

Quel

---

(*b*) On fent bien, que la fenfation de fraîcheur, qu'éprouve le corps humain, n'eft que relative au degré de chaleur qu'il a, & que l'air ne change point de température, agité ou en repos.

Quel est le lieu apparent d'un objet vû par un verre ou dans un miroir ?

La terre est-elle aliment des plantes, ou simple agent (a) ?

Est-ce la disposition des organes de la plante, qui modifie différemment la nature de la seve, qui est probablement la même partout ?

Comment la seve monte-t-elle dans les plantes ? Comment cette seve y produit-elle des fleurs & des fruits d'odeurs & de saveurs si différentes ? Les racines des plantes ne sucent-elles de cette seve, que les parties, qui lui conviennent ; ou la seve, de même nature partout, n'est-elle qu'un véhicule, qui s'assimile à la nature de la plante, qu'elle vivifie ?

Ce qu'on appelle seve ne seroit-il que de
la

_____

(a) On peut croire la terre simple agent des plantes, puisqu'on en voit prendre racine sur des murs, où il ne paroît point de terre ; &
que

la terre extrêmement affinée; ne feroit-ce que de l'eau, ou les matieres, dont elle est imprégnée?

Quelles font les branches ou les racines des plantes; puifqu'en déracinant un arbre, & en le replantant de haut en bas, les branches deviennent racines, & les racines deviennent branches, qui portent des feuilles & des fruits?

Pourquoi les plantes fur un plan oblique, ou qui fortent d'une muraille s'élevent-elles, toujours en une ligne perpendiculaire à l'horifon?

D'où les gros arbres tirent-ils leur nourriture, après que leurs racines ont épuifé les fucs nourriciers, que contenoit la terre; puifque fans pluie, labour, marne ou fumier, la terre n'en acquiert point de nouveaux, & que les pluies ne pénetrent pas

à

que d'autres végetent & prennent leur accroiffement dans l'eau pure.

à une assez grande profondeur, pour fournir de l'aliment à leurs racines ?

Pourquoi certains arbres sont-ils verds & en feuilles toute l'année, comme le buis, l'if, le chêne verd, le laurier, l'oranger, &c ?

Quelle est la vraie cause des épines dans les plantes ? De quelle utilité peuvent-elles être ?

Pourquoi dans les pommiers, les poiriers, les chataigniers & autres arbres, qui en imitent le port, la touffe suit-elle toujours exactement le plan sur lequel est l'arbre, ainsi que les racines ?

Pourquoi les plantes foibles qui ont besoin de soutien, pour s'élever, comme le lierre, les feves, la capucine, &c ; s'entortillent-elles toutes exactement de gauche à droite en montant ?

Pourquoi les fruits d'un arbre arrosé avec des eaux de senteur & même de camphre, n'en prennent-ils aucune odeur,

tan-

tandis que le fût & les queues des feuilles les prennent?

Comment les fruits changent-ils de couleur sur la peau, à mesure qu'ils acquierent un plus grand degré de maturité, sans que, dans la plûpart, l'intérieur souffre aucune altération?

Comment l'eau monte-t-elle au dessus de son niveau dans le sel, le sable, le sucre, l'éponge, &c; ainsi que dans les tuyaux capillaires?

Comment le mercure, qui touche un barre d'or, posée verticalement, monte-t-il jusqu'au haut, tant en dehors qu'en dedans?

Qu'est-ce que le mouvement? Comment passe-t-il d'un corps à un autre? Comment le corps le reçoit-il.

Lequel des deux est privation, du mouvement ou du repos?

Qu'elle est la nature des aurores boréales & de la lumiere Zodiacale?

Quelle est la force productrice du mouvement du sang dans les animaux ?

Où trouver un corps parfaitement dur & un corps parfaitement élastique, qui puisse servir de type, pour trouver le degré de dureté & d'élasticité de tous les autres ?

Puisqu'on ne connoît point de corps sans pores, comment assigner la quantité de matiere, que contient un corps quelconque, pour trouver celle que contiennent tous les autres ?

Comment trouver la mesure d'une ligne droite, qui ne dépende pas du rayon visuel ?

Comment trouver la maniere d'engendrer le cône oblique ?

De toutes les occasions, où la Nature forme des cannelures aux corps, y en a-t-il une seule, où la physique soit en état de rendre compte de ce phénomene ?

Si l'état naturel de l'eau est d'être glacée,

le repos est donc un état plus naturel aux corps que le mouvement?

Quelle utilité le physique & la société ont-ils retirée jusqu'ici des travaux immenses des mathématiciens sur l'infini?

Pourquoi n'y a-t-il ni flux ni reflux dans la Mer Méditerrannée, la Mer Baltique, le Pont-Euxin, la Mer Morte, &c; & qu'on n'observe, dans ces Mers, qu'un simple mouvement des eaux, qui glissent sur les côtes?

Et pourquoi y a-t-il reflux dans la Mer Adriatique, qui n'est, à proprement parler, qu'un golphe ou une branche de la Méditerrannée, avec laquelle elle communique, & qui n'est elle-même qu'un lac?

Quel est le degré d'éloignement avec lequel le diametre de la prunelle de l'œil n'a plus de rapport sensible?

Pourquoi, dans l'obscurité & même les yeux fermés, voit-on, en pressant l'œil d'un côté, un petit soleil ou cercle lumineux au coin opposé ?

Comment la lumière peut-elle pénétrer la tunique même au milieu de la nuit ?

Quelles sont les vraies causes de la simpathie & de l'antipathie auxquelles on ne peut nier la réalité même dans les corps inanimés ?

Quelle est la vraie cause de l'écho ?

La voye lactée est-elle un assemblage d'étoiles ?

Pourquoi le foin entassé, lorsqu'il est humide, s'échauffe-t-il quelquefois jusqu'à s'enflammer ?

Quelle est la cause de la croute appellée pleuretique, cette coine, dont le sang est quelquefois recouvert après la saignée, dans le bassin, où elle a été faite ?

Comment l'inflammation de la poudre à canon, & le mélange de deux liqueurs produisent-ils une dilatation subite & bruyante ? si c'est par l'effort de l'air qui, resserré auparavant, se dilate tout d'un coup

avec

avec force, comme dans les larmes de Prusse, pourquoi & comment l'air étoit-il resserré avant l'explosion?

Comment l'eau éteint-elle le feu?

Pourquoi l'eau en repos dans un air tranquile se gele-t-elle à un degré de froid moindre, que celle qui est agitée?

L'eau se gele-t-elle dans tous les différens climats constamment par le même degré de froid?

Si l'on admet, que l'eau forte ne peut dissoudre l'or, parce que ses trenchans ne font pas assez tenus pour en pénétrer les pores, pourquoi l'eau régale, qui dissout l'or, ne peut-elle dissoudre l'argent?

Pourquoi les sels réfroidissent-ils la glace, en la fondant, & que la glace artificielle se forme plus promptement sur le feu que dans un air libre très-froid?

Pourquoi les goutes des fluides prennent-elles toujours une forme sphérique?

Comment les Romains calculoient-ils avec leur chiffre?

Comment quelques goutes d'acide, quelques grains d'alkali, une petite quantité d'esprit de vin, &c; peuvent-ils se distribuer assez également & en une portion suffisante dans une grande quantité de lait, pour en lier les parties au point de leur faire perdre leur fluidité en très-peu de tems?

Peut-on démontrer le phénomene de la chaux, avant que d'avoir une théorie chimique de la chaleur des effervescences?

Pourquoi, dans la congélation, la glace se forme-t-elle toujours par filets, qui s'attachent constamment aux plus longs par un angle de 60 degrés, ou de 120 qui en est le complément, & jamais à angles droits?

Pourquoi les rayons du soleil, qui réunis produisent un feu si terrible au miroir ardent, n'operent-ils rien au même foyer, lorsqu'ils sont réfléchis par la lune, quoiqu'ils donnent déjà une blancheur 500 fois plus considérable que la lumiere, qui l'environne ? Seroit-ce la distance de 90 mille lieues ? Mais qu'est-ce que cette distance sur un espace de trente-trois millions de lieues ?

Qu'elle est la propriété qu'ont les instrumens de dioptrique & de catoptrique de grossir les objets ?

Comment & de quelle matiere se forment la resine, & la gomme, qui se trouvent sur les troncs des arbres ?

Les fermentations chaudes & les fermentations froides ont-elles la même cause ?

Si la différence entre les fermentations chaudes & froides, consiste en ce que dans les fermentations chaudes, les particules ignées font évaporer les parties les plus légeres des liqueurs, & que dans les froides ce sont les parties du feu, qui s'évaporent, comment cela s'opere-t-il ?

Pourquoi les Amériquains, qui habitent sous la Zone Torride les mêmes climats,

que

que les Caffres, & les Negres, au lieu d'être noirs, font-ils plus blancs, que quelques Nations Européennes?

Quelle est la cause de la goutte & du levain goutteux; & comment cette maladie est-elle héréditaire, ainsi que la pulmonie, la phtisie, le mal caduc, &c?

Quelle est la cause des voix fausses?

La planete de Mercure a-t-elle quelque révolution sur elle-même?

En combien de tems Vénus tourne-t-elle sur elle-même?

La planete de Saturne tourne-t-elle sur son axe?

L'angle, sous lequel la terre coupe l'Ecliptique, est-il toujours le même?

Comment l'aiman communique-t-il sa vertu à l'aiguille?

L'é-

---

(a) On ne sauroit nier ni affirmer le fait; on peut tout au plus le soupçonner par le rapport mutuel & nécessaire entre tous les corps, qui
com-

— L'éclair est, dit-on, un composé d'exhalaisons grasses, bitumineuses, sulphureuses, nitreuses, &c, qui élevées & échauffées par l'ardeur du soleil s'enflamment ; soit. Mais comment s'enflamment ces exhalaisons ?

Quelle est la cause de ce météore, nommé par les Anciens Castor & Pollux, & par les Modernes, Feu St. Elme, qui paroît en mer après une tempête au haut des hunes des vaisseaux ?

Pourquoi la rosée ne touche-t-elle jamais certains métaux polis, sur lesquels tombe le brouillard ?

Les corps célestes ont-ils quelque influence sur les choses de la terre, ou la lune particuliérement sur la végétation & l'économie animale (*a*) ?

Les hommes, qui tombent frappés de la fou-

composent le sistême de l'Univers, dont les phénomenes sont les suites.

foudre, sans qu'on puisse découvrir aucune trace de ce qui peut les avoir privés de la vie, meurent-ils par la frayeur du coup, qu'ils ne peuvent avoir entendu, par la vapeur du soufre allumé, ou par la violente raréfaction de l'air, qui les environne, & qui les fait périr dans le vuide ?

Pourquoi certaines liqueurs fermentent-elles par l'action de la foudre ; que d'autres cessent de fermenter, comme le vin, la bierre ; & que d'autres se corrompent, comme le lait ?

Tous les physiciens tombent d'accord que, pour produire le feu, il faut un corps, de l'air & de la matiere combustible ; cependant, lorsque l'on met le feu à du minium dans le vuide avec un verre ardent, il s'enflamme & brise tout ce qu'il rencontre ;

---

(*a*) Il y a tout lieu de croire, que la vision n'a pas son siege dans la choroïde, puisqu'en dépouillant un œil de bœuf de la sclérotique & de

tre; & si l'on verse du plus fort esprit de nître sur l'huile de carvi, elle prend feu, & met tout en pieces; qu'elle est donc la cause de tous ces phénomenes, où le feu est produit sans air?

D'où vient, que le sel joint à la neige ou à la glace pilée, produit la glace artificielle, & que l'eau salée de la mer se gele moins promtement, que l'eau pure?

Les rayons, qui viennent des objets, tombent-ils sur la rétine ou sur la choroïde (*a*)?

Comment, après l'amputation, sent-on de la douleur dans les parties du corps, qui étoient affligées, & qui sont alors séparées de l'organe de la sensation?

Les rivieres commencent-elles à se geler par la surface, ou par le fond?

Quel-

---

de la choroïde, l'image des corps, que l'on présente devant le trou de la pupile, se peint distinctement sur la rétine.

Quelle est la cause de cette bordure externe, & de cet amas de grains noirs ou rougeâtres, qu'on trouve presque toujours sur les fruits verreux ?

Quelle est la cause du son, ou du bruit sonore, que donnent certains corps, & que d'autres ne rendent pas ?

De quelle maniere la créature prend-elle sa nourriture dans le sein de sa mere ?

Quand le foetus commence-t-il d'être animé ?

Comment le ver luisant, le poisson & le bois pourri jettent-ils de la lumiere ?

Comment concevoir, que les mêmes animaux vivent aux pôles, & sous la Zone Torride, sans que l'uniformité de leur chaleur naturelle en soit altérée ?

Lequel est le plus à plaindre, dans un âge avancé, de celui qui devient sourd, ou de celui qui devient aveugle ?

Celui, qui naît sourd, est nécessairement muet ; puisque parler n'est qu'exercer l'orl'organe à la répétition de ce qu'on entend, enforte qu'un Parifien feroit fourd à Pekin; mais un enfant, qui perdroit l'ouïe à l'âge de trois ans, après avoir parlé & entendu, deviendroit-il muet?

Tous les corps font-ils durs, ou aucun corps ne l'eft-il? Connoiffons-nous affez les corps, pour nous permettre l'une ou l'autre affertion?

L'homme eft-il animal carnacier ou frugivore? N'eft-ce que par la forme de fes dents qu'on peut décider la queftion? Les animaux carnaciers ont-ils, tous, les dents placées & formées de la même maniere?

De quelle matiere font formés le charbon de terre, l'ardoife & la plûpart des foffiles?

Pourroit-il y avoir une lune de plus pour éclairer la terre, en l'abfence de celle, qui exifte? Quel devroit être fon diametre? A quelle diftance de la terre devroit-elle être placée, pour produire l'effet demandé?

Quel

## Questions.

Le bonheur existe-t-il absolument? N'est-ce pas plutôt un phantôme, qu'il dépend de l'homme de créer ou d'anéantir par sa façon de penser?

Y a-t-il des moyens sûrs de plier sa façon de penser aux événemens, ou de les subordonner à sa façon de penser? Sommes-nous libres de diriger notre imagination? Ne sommes-nous pas au contraire entraînés, comme malgré nous, par le reflux de l'opinion générale, & forcés de penser comme il plaît à tout ce qui nous environne?

En d'autres termes, peut-on se rendre heureux au sein de la misere & malheureux au comble de la fortune par sa façon de penser & de sentir? Je le présume: mais la façon de penser & de sentir dépend-elle de nous? J'en doute. La façon de penser & de sentir n'est-elle pas en nous l'effet l'effet de l'organisation, des premieres impressions reçues & des circonstances, qui environnent l'entendement ? En ce cas elle est donc accidentelle, comme la naissance, la beauté, l'esprit, &c.

La méditation & la réflexion ne peuvent-elles pas triompher des obstacles, qui s'opposent à notre bonheur ? C'est ce qu'expérimente tous les jours le vrai philosophe, lorsqu'il parvient à surmonter l'affliction, se contenter de peu, ne se laisser pas enivrer dans la prospérité, ni abattre dans l'adversité (a).

Si donc la maniére d'envisager les choses, & de les sentir, influe tellement sur le jugement, qu'elle le redresse ou l'abatardit, ne s'en suit-il pas, qu'elle a le même pouvoir sur la santé & les différentes situations de la vie, & que ce pouvoir est

le

(a) La plûpart des malheurs & des accidens n'ont d'extraordinaire que la maniere, dont on les sent.

le fruit de la philosophie, le seul instrument de notre bonheur, le premier de tous les biens, qui tient lieu de tous les autres, & que tout homme peut acquerir par l'étude, la méditation & la recherche de la vérité ?

Est-il rien de plus affligeant, que les consolations tirées de la nécessité du mal, des malheurs de la condition, de l'inutilité des remedes qu'employent, avec une sorte de satisfaction, les mélancoliques & les atrabilaires ? Ne vaudroit-il pas mieux, au lieu de nourrir ces idées douloureuses, avoir recours aux moyens, quels qu'ils fussent, de charmer notre misere, pour se rendre heureux au moins en imagination ? On le feroit en effet, puisqu'il suffit de se le croire, pour l'être réellement.

Est-il si difficile, qu'on le croit, d'être modéré & même humble dans la prospérité ? Conçoit-on même, que cela soit si rare, quand on considere, qu'avec la modestie,

la

la probité acquiert de l'éclat, & que l'hipocrisie y trouve un moyen noble de flatter son orgueil?

Qu'entend-on, ou que doit-on entendre par animal raisonnable, sinon un être doué de raison, qui peut en avoir, mais qui n'en a pas toujours?

En considérant la difficulté d'être parfaitement heureux, & l'empire tirannique qu'exercent les passions sur le cœur de l'homme, n'est-on pas tenté de croire, que l'honnête homme physique est celui chez qui le vice & la vertu sont en équilibre?

Qu'est-ce qui contribue le plus à rendre l'homme heureux, de la possession des grands biens, ou de l'art de savoir s'en passer? Le nécessaire se réduit à si peu de chose (*a*)! Tel ne sauroit vivre avec le mê-

---

(*a*) *Nam si, quod satis est homini, id satis esse posset, hoc sat erat:* —— —— ——

Lucil. L. V. apud Non. Marcel. C. V. v. 98.

même revenu, qui fait subsister commodément une communauté nombreuse. Une infinité de choses, que nous avons, & que nous ne sentons pas, feroient chacune, le suprême bonheur de quelqu'un. Il y a tel homme, dont tous les désirs se borneroient à avoir un œil & deux bras.

Malgré la répugnance de tout être pensant à finir, si malheureux qu'il soit, y a-t-il bien des hommes, qui consentissent à recommencer leur carriere, aux conditions d'éprouver tous les revers, & tous les maux qu'ils ont soufferts (a)?

L'âme est-elle également satisfaite dans la jouissance d'un plaisir, qu'elle connoît, comme dans la privation d'un plaisir, qu'elle ignore? Si le plaisir est toujours précédé du désir, qui est une douleur, il n'est

donc

(a) Tout bien pesé, je tiens pour la négative; & quant à moi, quoique la somme des biens l'ait emporté sur celle des maux, que j'aie

tou-

donc qu'un remede à une infirmité, qu'il eût mieux valu ne point éprouver.

Demander si l'homme seroit plus heureux sans passions & sans désirs, qu'avec ces maux & les moyens de les guérir, n'est-ce pas demander, si une maladie est nécessaire, pour nous faire goûter plus déliciesement le prix de la santé; une longue captivité désirable, pour rendre plus sensibles les charmes de la liberté ?

Si le vrai bonheur consiste dans l'absence de la douleur, peut-il se rencontrer ailleurs que dans une parfaite indifférence ? Mais comment saisir cet état ? L'indifférence absolue existe-t-elle ?

Si le repos de l'esprit contribue à la félicité de l'homme; lequel doit être le plus heureux d'un Ministre honnête-homme,

ou toujours joui d'une santé parfaite, & que je me fasse une idée agréable d'être le dernier Tontinier de ma classe, je dis hardiment & avec vérité, que je ne voudrois pas renaître.

ou d'un Esclave à la chaîne ?

Si la maniere de voir & de sentir procede de la constitution des organes, de l'éducation, des circonstances, il y a donc autant de goûts, que de tempéramens; autant d'opinions que d'études; autant de jugemens que d'accidens. La variation continuelle de ces trois choses faisant que les goûts ne sont jamais exactement les mêmes, en divers instans, quel fond peut-on faire sur les lumieres de l'esprit humain ?

La diversité des opinions ne viendroit-elle pas de la forme des têtes, auxquelles se plie nécessairement le cerveau ?

Par la diversité des opinions, ne pouroit-on-pas assurer la diversité dans les organes, d'où naît la différente maniere de voir, tant corporelle qu'intellectuelle, ensorte que les couleurs ne soient pas les mêmes pour tous les yeux, de même que tous les objets paroissent jaunes aux yeux, affec-

tés

tés d'une bile répandue; & ne devroit-on pas convenir de bonne-foi, qu'on n'est d'accord que sur le nom des choses, & non sur les choses mêmes?

Les hommes sont-ils nés méchans, comme ils sont nés féroces, paresseux & poltrons? N'est-il pas plus raisonnable de croire qu'ils sont foibles par nature, & méchans par occasion?

Qu'est-ce que ce sentiment qu'on appelle amour propre, qui, ne se suffisant point à lui-même, n'est pas une vertu; qui est tout au plus le principe de quelques-unes; qui, n'ayant qu'une existence précaire, ne vit, pour ainsi dire, que d'emprunt, & dans le jugement & l'opinion des autres? Est-il inhérent à la nature de tout être? Existeroit-il hors de la société? En est-il né? L'a-t-elle engendré?

A quoi tient la plus sublime intelligence, puisqu'un coup de doigt de la sage-femme pouvoit faire de Voltaire un sot?

La santé, toute seule, est-elle un bien fort sensible? Ne sert-elle pas le plus souvent à nous faire éprouver plus sensiblement la privation de tous les autres?

M<sup>lle</sup> Scuderi.

L'honneur, cette source de tant de belles actions utiles à la société, n'est-il pas un moyen adroit, par lequel on est venu à bout de faire produire à la vanité les effets de la vertu? Et qu'est-ce que l'honneur dans sa véritable signification, sinon la bonne opinion, que les autres ont de notre mérite, & une chimere hors de l'état de société?

Est-il bien facile d'aimer le travail, si l'on n'aime pas le plaisir?

Laquelle est préférable de la médiocrité qui jouit paisiblement, ou de la haute fortune, sans cesse agitée par le désir de

ce

(*a*) L'état de l'homme est tel qu'il ne peut être heureux, que par anticipation? Il ne vit

que

ce qu'on n'a pas, ou les regrets de ce qu'on n'a plus?

Les premiers laboureurs n'ont-ils pas été placés au rang des Dieux avec bien plus de raison, que ceux d'aujourd'hui ne sont mis au dessous des autres hommes?

Si dans le délire, dans l'ivresse ou dans l'obscurité, l'homme peut jouir de plaisirs vifs, qui deviendroient des peines cruelles avec un sens rassis, ou en pleine lumiere, l'illusion est donc quelquefois préférable à la réalité & l'imagination au jugement (a)?

Celui, qui ne consulte pas la raison dans ses plaisirs, doit-il se flatter d'en attendre du secours dans ses peines?

La constance des sages dans les maux & dans les revers est-elle autre chose, que l'art de renfermer l'agitation dans le cœur?

Si l'on retranchoit du nombre des vertus

que de projets, de chimeres, d'illusions & d'espérances.

tus celles, qui font caufées par la vanité ou le tempérament, en refteroit-il beaucoup de réelles?

S'il fe pouvoit faire, que nous ne fuffions pas des hommes & que nous euffions de la raifon, pourrions-nous nous figurer qu'elle eft cette efpece bifarre de créatures, qu'on appelle le genre-humain? Imaginerions-nous quelque chofe, qui eût des paffions fi folles & des réflexions fi fages, une durée fi courte avec des vues fi longues, tant de fcience fur des chofes prefque inutiles, & tant d'ignorance fur les plus importantes, tant d'ardeur pour la liberté, & tant de penchant pour la fervitude, une fi forte envie d'être heureux avec une fi grande incapacité de l'être? Comment pourroit-on comprendre toutes ces chofes, fi nous voyant continuellement nous-mêmes, nous en fommes encore à deviner comment nous fommes faits?

*Fontenelle.*

Qui peut assurer, que les actions les plus héroïques, les découvertes les plus utiles n'ayent point eu pour mobile quelque passion déréglée, comme l'ambition effrénée, l'orgueil, la cupidité, la présomption, la crainte du deshonneur, la colere, la vengeance, &c.?

Pourquoi anime-t-on le courage des soldats par des liqueurs, par des mouvemens de colere, qui les fait cesser d'être hommes? Pourquoi excite-t-on les arts par des récompenses, le zele par des bienfaits, les vertus par la crainte des châtimens? La crainte ou l'espoir tiennent donc partout lieu de vertu.

L'ambition & la cupidité ont-elles produit plus de maux, que de biens, dans la société humaine?

Qu'est-ce que ce monstre de vanité, d'orgueil, qui porte les hommes à persister dans l'erreur reconnue?

Pourquoi rougir d'avouer qu'on s'est trom-

trompé ? En convenir, n'eſt-ce pas au contraire annoncer qu'on eſt plus ſage aujourd'hui, qu'on ne l'étoit hier ?

Y auroit-il tant d'eſprits faux, s'il y avoit autant de moyens de ſaiſir la vérité, qu'il y en a de s'en écarter ?

Y auroit-il tant de gens gauches, s'il n'y avoit mille moyens de faire mal une choſe, contre un de la bien faire ?

Eſt-ce par raiſon ou par foibleſſe qu'on ſe conſole des maux ſans remede ?

Ne faire du bien qu'au terme de ſa vie, n'eſt-ce pas un dernier témoignage d'avarice, & faire jouir de ſes dépouilles plutôt que de ſes dons ?

Reſtituer par teſtament, n'eſt-ce pas prendre des témoins de ſon avarice ou de ſon deshonneur ; & affliger un héritier, ſans obliger un créancier ?

Eſt-ce bien avec raiſon, que nous tirons tant de vanité de l'invention des Arts ? L'utilité qu'on en retire eſt-elle de néceſſi-

té

té abfolue, & balance-t-elle les maux qui s'en font fuivis ?

Combien n'avons-nous pas à nous plaindre de celui qui, par une délicateffe malentendue, imagina le vêtement ? Sans lui toutes les infirmités, caufées par l'intempérie des faifons, n'exifteroient pas ; dans le plus glacé des climats on ne couvre pas la partie du corps la plus tendre, les yeux ; le befoin continuel qu'on en a, l'a fauvée de l'état de *cécité*. Tous les autres membres fe feroient également paffés d'être garrotés, emmaillotés, &c.

Celui, qui le premier imagina de fe mettre à couvert fous une hute, ou forma une cabanne de branchages, n'eft-il pas l'auteur de la mort de tous ceux, qui ont péri, dans les conftructions des édifices, fous les ruines de leurs maifons, dans les incendies, les débordemens d'eau, les tremblemens de terre ?

La bouffole, en approchant la commu-
ni-

nication, n'a-t-elle pas augmenté considérablement la liste des naufrages ?

Le premier bateau, formé d'un tronc d'arbre creusé, ou de peaux d'animaux, ne fut-il pas inventé par l'avidité, qui a causé la destruction de tant d'êtres, que la Nature n'avoit pas destinés à périr dans un élément étranger ?

La funeste invention du *tien* & du *mien* n'a-t-elle pas engendré la cupidité, source de tous les maux, qui inondent la terre, les vols, les assassinats, les empoisonnemens, & conséquemment la mort de malfaiteurs, qui eussent vécu tranquiles, n'ayant rien à convoiter, ou à garantir ?

Il n'y a point d'injure, où il n'y a point de propriété. Le luxe, né de la distinction des rangs & des fortunes, n'a-t-il pas livré à la mort un nombre considérable de malheureux dans les travaux des mines & des carrieres, & fait, qu'une partie des hommes périt par la faim, & l'autre par les excès ?

cès ? Croiroit-on cependant, que ce qui tient l'homme dans une agitation perpétuelle c'eſt l'amour du repos ?

Si toutes nos connoiſſances nous viennent des ſens ; ſi toutes nos ſenſations ne ſont que des manieres d'être, comment donc pouvons-nous voir des objets hors de nous ? Ne ſemble-t-il pas, que nous ne devrions voir que notre ame modifiée différemment ?

Y a-t-il des idées, des ſenſations indifférentes, ſi ce n'eſt par comparaiſon ? Toutes ſont agréables ou déſagreables plus ou moins, autrement ſentir & ne pas ſentir, ſeroit la même choſe ?

Parce que la perfection réelle eſt une chimere, l'homme eſt-il jamais diſpenſé d'y tendre, le Gouvernement de l'y exciter ? L'Etat ne trouve-t-il pas ſur la route d'honnêtes citoyens, de braves ſoldats, de bons Magiſtrats ?

Y a-t-il des gens nés heureux ou mal-
heu-

heureux, c'est-à-dire, à qui tout réussit ou tourne mal constamment, indépendamment des mesures les plus justes, que la prudence employe ? Quelques exemples peuvent le faire soupçonner ; mais leurs lumieres, la trempe de leur esprit, leur tempérament, ne contribuent-ils pas, en grande partie, aux événemens, dont ils attribuent le bon ou le mauvais succès à un hasard aveugle, qui n'existe pas?

N'est-ce pas se faire esclave de la rénommée, des affaires & du public, que de prendre une charge?

N'est-ce pas une ambition étrange que de vendre sa liberté pour une ombre de pouvoir, & de consentir à n'être plus maître de soi-même, pour le frivole & dangereux plaisir, de commander aux autres?

Y

(a) *Ut nox longa: quibus mentitur amica, diesque*
   *Longa videtur opus debentibus, ut piger*
   *annus*

Pu-

Y a-t-il jamais eu aucune action ou aucune opinion, qui ait été universellement approuvée ou blâmée?

N'est-ce pas l'opinion, qui mesure le tems, & le fait trouver court ou long (*a*)?

*Afflictis lentæ, celeres gaudentibus, horæ.*

Le plus court jour est-il de moins de vingt quatre heures? Le plus long en a-t-il davantage, dans un cachot comme sur le trône? Il dépend de l'imagination de l'homme d'étendre ou d'abréger le cours de sa vie.

Comment la vie peut-elle paroître si courte à la plûpart des hommes, qui trouvent les jours si longs, & qui ne semblent occupés que du soin d'en abréger le terme? La vie est certainement trop longue pour ceux, qui souffrent, ou qui s'ennuient; & trop

*Pupillis, quos dura premit custodia matrum:*
*Sic mihi tarda fluunt* —— ——
Horat. L. I. Ep. I.

trop courte pour ceux, qui jouiffent en liberté des biens de la fanté & de la fortune. Pour le fage elle eft telle, qu'il n'en défire ni une plus longue ni une plus courte.

Si l'on ne comptoit les jours que fuivant l'emploi utile que l'on fait du tems, quel mécompte ne fe trouveroit-il pas dans la maniere de calculer l'âge des hommes? Combien peu en verroit-on montrer une belle vieilleffe à la fleur de l'âge? Que d'adolefcens & de jeunes étourdis feptuagenaires!

Si le tems eft le déftructeur de toutes chofes, eft-ce un mal, que de le tuer? Et parmi les différens moyens de le tuer, ne compte-t-on pas, avec raifon, la médifance; la lecture des romans; le jeu, les parades, l'Opera François?

Si du nombre des êtres penfans, qui habi-

---

(a) —— —— *Quos ille timori*
*Maximus, haud urget lethi metus: inde*
*ruendi*

bitent nôtre petite planete, on retranchoit ceux qui, insensibles aux plaisirs de l'âme, uniquement occupés de la recherche du plaisir physique, de la fuite de la douleur & du soin de leur propre conservation, font consister la vraie philosophie dans l'art de jouir de la vie, resteroit-il beaucoup d'animaux raisonnables?

Pourquoi voit-on dans l'état civil tant d'hommes se plaindre de la vie, désirer la mort, & même se la donner; tandis que le Sauvage libre l'attend d'autant plus tranquillement, qu'il ne la redoute point? L'état naturel seroit-il donc plus heureux, que l'état civil? S'il est plus heureux peut-on comprendre comment l'homme en est sorti, & sur quoi il se glorifie de l'avoir quitté (*a*)?

Qu'en-

*In ferrum mens prona viris, animæque capaces*
*Mortis:* —— —— —— ——
Lucan. Lib. I. v. 459.

Qu'entend-on par l'âge de raison ? A quel nombre d'années vient-il ? A 7. à 10. à 60 ans ? Combien voit-on de sexagénaires en qui la raison ne s'est pas encore manifestée ?

En quoi consiste la beauté humaine, tant dans les traits, que dans la couleur ; puisque les beautés, qui touchent, & font l'admiration d'un peuple, serviroient chez d'autres de modele pour peindre la laideur & la difformité ? Quel est le mieux fondé de l'Européen, qui peint le diable en noir, ou de l'Ethiopien, qui le peint en blanc ? L'homme n'auroit-il réellement rien de propre à lui, que l'usage de ses opinions ?

N'y a-t-il pas de l'injustice à exiger de la constance dans l'homme, c'est-à-dire, dans un corps, dont la nature change à tout moment, & porte par conséquent à l'âme par ses sens, à chaque instant, une différente maniere d'appercevoir & de juger ? Y auroit-il moins d'absurdité à exi-

exiger, qu'un homme foit gai, lorfque la colique le tourmente, ou qu'il chante un vaudeville au milieu d'une opération mathématique?

Sans la flatterie, les louanges, la crainte & la fuperftition, y auroit-il encore de véritables enchantemens?

Sans les paffions, qui font & défont tout, que fe pafferoit-il fur la terre? Ne feroit-elle pas le féjour de l'indolence, du fommeil & de l'ennui?

Pour juger des ouvrages d'efprit, le fentiment eft-il plus fûr, que la difcuffion? Ne devroient-ils pas y concourir également?

N'y a-t-il rien de beau, de merveilleux que dans la perfpective? L'efprit humain a-t-il jamais paffé de l'imagination à la réalité, fans y perdre?

Sur quoi eft fondé ce foin puéril de cacher le nombre de fes années, fi la Natûre les grave fur les traits du vifage? Seroit-ce fur la honte de paroître moins fage, qu'on ne devroit l'être à un certain âge ?

Quelle idée se formeroit-on d'une Nation, où les Grands donneroient à leurs cuisiniers & à leurs cochers dix fois les appointemens d'un précepteur ; où un poisson se vendroit plus cher qu'un bœuf ; où les filles bien élevées sauroient mieux marcher que parler, mener une contredanse que leurs affaires (*a*) ; où les femmes sont accusées de fausseté, parce qu'elles se plient aux loix de la décence en opposition avec celles de la Nature ; où le spectacle est estimé & les acteurs flétris ; où, avec une humeur très-vive, on s'accommode d'une musique excessivement lente ; où les dettes du jeu sont acquitées par préférence à celles des marchands & des ouvriers ; où

les

---

(*a*) *Motus doceri gaudet Jonicos*
*Matura virgo, & fingitur artibus*
*Jam nunc, & incestos amores*
*De tenero meditatur ungui.*
   Horat. L. III. Od. VI.

*Sal-*

les charges de judicature sont vénales & les commissions de finance ne le sont pas; où des gens, incapables de régler leur domestique, s'érigent en arbitres des intérêts des Souverains; où l'honneur d'un époux est terni par les déportemens de sa femme; où les Grands déprisent des professions utiles, d'où ils tirent leur origine, avec lesquelles ils s'allient, & qui doivent remplacer les noblesses éteintes; où, très-sensible à la gloire de la Nation, on se console d'une disgrace, par une chanson ou une épigramme; où, tour à tour jouet du préjugé & de la frivolité, quoique chacun prétende au titre de philosophe & de citoyen, un roman a plus de cours, qu'un traité de morale, de politique, de commerce, d'agriculture; où, dans une partie de l'Etat, l'esclavage seroit en horreur, & dans l'autre

*Saltare elegantius, quam necesse est probæ.*
Sall. Bell. Cat.

tre, les hommes feroient marchandife; où celui, qu'on infulte, eft deshonoré s'il obéit à la loi, & puni de mort s'il l'enfraint; où une famille entiere eft couverte d'opprobre pour le crime d'un feul; où l'induftrie feroit taxée & l'oifiveté à l'abri de toute impofition; où enfin le bâteleur, le muficien, l'hiftrion feroit plus à fon aife que le cultivateur; & ceux, qui font rire gagneroient plus que ceux, qui font vivre?

N'imagineroit-on pas, que quelque enchanteur a placé dans ce pays un talifman, qui a tourné toutes les têtes, & forcé les hommes à fe trouver continuellement en oppofition avec eux-mêmes (*a*)?

Lequel feroit à préférer dans un homme d'état, d'un génie fupérieur avec un ef-

---

(*a*) —— *Convivæ, prope diffentire videntur,*
*Pofcentes vario multum diverfa palato,*
*Quid dem? quid non dem?*
            Horat. L. II. Ep. II.

esprit ordinaire, ou d'un esprit infini avec un médiocre génie?

Quel est l'art le plus difficile de la peinture, ou de la sculpture?

Si l'on n'a pas de plus grande satisfaction que d'être seul avec une personne qu'on aime, pourquoi l'homme, si plein d'amour propre, ne peut-il rester un instant avec lui-même? Seroit-ce la crainte de se connoître, qui cause son ennui?

Lequel est le plus propre à conduire à la fortune, du phlegme ou de la vivacité?

Y auroit-il moyen de disposer son imagination de maniere, qu'elle séparât les plaisirs d'avec les peines, & qu'elle ne laissât passer que les plaisirs?

Le commerce du monde a-t-il fait plus de bien que de tort aux gens de Lettres & aux artistes?

Sur quoi est fondée la gloire, ou la vanité que l'on tire, de compter des hommes illustres, des Savans, des inventeurs célebres

bres de sa Nation ? Quel rapport cela a-t-il avec nous ?

L'impossibilité de trouver un remede à un mal violent, comme la perte d'une personne chérie, est-elle une raison de s'en consoler, ou de s'en affliger éternellement ?

Qu'est-ce que cet ascendant, qu'ont certains hommes sur la volonté des autres; l'esprit, l'éloquence sur le cœur; la beauté sur toutes les âmes ? Quelle est cette force secrette, qui subjugue & entraîne les autres à la vénération, au respect, à l'amour, &c ?

L'éducation publique est-elle préférable à l'éducation domestique ?

Est-il permis de tuer les animaux hors le cas de sa propre défense, ou la nécessité absolue de s'en nourrir ?

S'il étoit vrai, que les passions des animaux circulassent dans leur sang; ne devroit-on pas abhorrer les viandes; le chasseur

seur ne devroit-il pas craindre que la férocité du sanglier ne passât dans son âme?

Lequel est préférable d'être gouverné par le bon sens ou par le génie? Il n'est pas douteux, qu'il est plus doux de l'être par l'humanité.

La multiplicité des Académies Littéraires est-elle plus avantageuse que nuisible au progrès des Sciences & des Lettres?

Le luxe est-il nécessaire, ou du moins tolérable dans une grande Monarchie, qui recueille toutes les denrées de premiere nécessité?

Si l'on demandoit à mille personnes, prises au hasard, quel est, dans l'ordre établi, l'état le plus heureux, ou celui qu'ils choisiroient par préférence avec les motifs de leur choix, peut-on assurer, qu'il s'en trouvât deux, qui s'accordassent parfaitement?

Est-il permis d'oublier l'équité pour sauver sa Patrie, ou de sacrifier son siecle au bonheur de la postérité ?

Si l'on a trouvé l'art de lire dans le passé par les hiérogliphes, l'écriture & l'imprimerie, & de se représenter ainsi les événemens les plus reculés de nous, peut-on assurer, qu'on n'en puisse jamais trouver un, qui nous dévoile l'avenir ?

Dans quel espace de tems un absent peut-il être réputé pour mort ?

Le bucher est-il une sépulture plus honorable pour les morts que la terre ; & pourquoi le bucher, qui n'étoit autrefois en usage que pour les Empereurs, est-il aujourd'hui réservé pour les malfaiteurs (a) ?

Si les sens ne se faisoient pas une guerre continuelle, les goûts changeroient-ils ; une chose nous plairoit-elle, ou nous déplairoit-elle plus dans un tems, que dans un autre ? Est-

(a) Dans la Colchide on pendoit les morts à des arbres, les Egyptiens les embaumoient,
les

Est-il plus facile de passer de la haine à l'amour, que de l'antipathie?

Par quels moyens pourroit-on discerner ce qui vient de la Nature, de ce qui vient de l'éducation?

Puisqu'on peut prolonger la vie des plantes & des insectes, en tenant les plantes, qui ont besoin de chaleur pour croître, dans des lieux froids, &, qu'en ôtant aux œufs la chaleur nécessaire pour éclore, on allonge la vie, que les animaux ont déjà dans l'œuf; doit-on désespérer de découvrir quelque moyen d'étendre la vie de l'homme par delà son terme?

N'est-ce pas une maladie de l'esprit, que ce soin de s'instruire, avec tant d'ardeur, des événemens passés, cette curiosité frénétique de pénétrer dans l'avenir, & cette indifférence si grande pour le présent,

les Romains les brûloient, les Péoniens les jettoient dans des étangs.

sent, qui de ces trois tems est le seul, qui appartienne véritablement à l'homme?

Quel nom peut-on donner à cette société, qui se forme entre le cheval, le chien, l'épervier & le chasseur?

Qui peut s'assurer de trouver un juste milieu entre deux extrêmes; entre le besoin & la volupté, la superstition & l'incrédulité, le blasphême & l'idolâtrie, la douleur & le plaisir (*a*), la poltronnerie & la témérité, l'abstinence des plaisirs défendus & l'abus des plaisirs permis, la misere & la félicité, la présomption & la pusillanimité, la raison & l'instinct, le regne végetal & le regne animal; l'infection & le parfum, la géométrie & le préjugé, les mouvemens sensibles & les mouvemens im-

(*a*) C'est une vérité philosophique que la douleur & le plaisir se touchent, & que là où finit la sensation de plaisir; là commence celle de la douleur: c'est ce qu'on éprouve de la démangeaison, lorsqu'on se gratte trop fort.

imperceptibles, la pensée & la matiere, le néant & l'être, &c?

Qui peut pareillement assigner les bornes des extrémités, qui ne sont peut-être que des noms?

Enfin le vice est-il placé entre deux vertus, ou la vertu entre deux vices?

Est-il bien facile de s'arrêter dans le cours de la fortune?

Pourquoi l'amour, qui fait le bonheur de tous les êtres, fait-il si souvent le malheur de l'homme (a)?

En quoi consiste la nature de la perception désagréable de la douleur, & la perception agréable du plaisir?

L'entendement peut-il produire par lui-même quelque idée, ou n'en a-t-il aucune, qui ne lui ait été transmise par les sens?

Quel

(a) Mr. de Buffon, qui propose cette question, se répond, que, dans cette passion, il n'y a de bon que le physique, & que le moral n'en vaut rien.

O 6

Quel est le prix réel de ce métal précieux, qui n'a de valeur que par l'industrie de l'homme, qui s'est fabriqué volontairement un tiran de son propre ouvrage, & que, par un déréglement de la raison, il estime plus que soi-même, puisqu'il en achete des serviteurs, des ouvriers, des courtisans & des esclaves?

Si les pierreries n'ont d'autre mérite que l'éclat, & de valeur que la rareté, pourquoi ne pas suppléer à l'avarice de la Nature par une convention générale de ne les pas estimer plus que les factices, avec lesquelles on trompe si facilement tant d'yeux de bonne-foi?

Lequel est préférable, dans un peintre, de réunir toutes les parties de la peinture dans un beau degré, ou de n'en posséder qu'une seule à un degré sublime? *Cochin.*

Le goût se peut-il goûter? L'odorat peut-il se sentir? L'œil peut-il se voir? Aucun homme a-t-il jamais vû son visage?

Sans

Sans l'expérience, qui n'eſt pas toujours ſûre, qui pourroit juger, lorſqu'un homme rougit, ſi c'eſt de honte ou de colere?

Si l'on ne ſait rien lorſqu'on ne ſait pas tout, & ſi comme on ne ſait pas tout, on ne ſait rien, de même qu'en voyant une ſeule roue d'une machine, on ne ſait rien pour juger de la machine entiere, quelle témérité n'y a-t-il pas de juger la fortune ou la vie des hommes, ou d'entreprendre de les guérir? La Magiſtrature & la Médecine ſont donc deux profeſſions bien délicates?

Qu'eſt-ce que l'on appelle vulgairement maladie du pays? Eſt-elle cauſée par l'éducation, l'inſtinct, l'inconſtance, ou le regret de ce qu'on a quitté, par le dégoût de ce dont on jouit (a)?

(a) *Ante oculos errant domus, urbs & forma locorum.*
Ovid. L. III. Triſt. Eleg. IV. v. 57.

Pourquoi deux hommes, qui auroient été ennemis dans leur patrie, se trouvent-ils tout d'un coup amis, lorsqu'ils se rencontrent aux antipodes? Seroit-ce au besoin mutuel qu'ils ont de s'épancher sur des mœurs, & usages, qu'ils regrettent, ou de censurer librement ce qu'ils ont sous les yeux, qu'ils doivent la réunion de leurs cœurs? L'instinct national s'accroît donc en raison du quarré de la distance.

L'amour de la Patrie n'est-il pas un sentiment exclusif à l'amour universel? Pourquoi les Gens d'esprit, les Savans, les Artistes célebres, les Philosophes, les Grands-hommes de tous les pays s'estiment-ils indépendamment des circonstances, qui alienent les Etats, & que l'intérêt particulier rend des Nations entieres ennemies; que la rivalité engendre les haines entre les habitans des villes d'un même ordre, entre des sociétés qui, parlant la même langue, ne different que par les vêtemens?

L'a-

L'amour de la Patrie n'a-t-il point de bornes qu'on puisse prescrire? Se réduiroit-il à l'enceinte des murs, qui nous ont vû naître? Seroit-ce la difficulté d'en fixer les limites, qui auroit desabusé les hommes de cette chimere des Anciens?

Quelle est la nature de tempérament la plus propre à former les hommes de génie?

Pourquoi tant de déclamations contre la coquetterie, puisque sans ce désir de plaire qui en est le ressort, peu de femmes seroient aimables, peu d'hommes seroient sociables, & que l'on auroit peu de bons livres?

Si la singularité, dans les productions de l'esprit & de l'art, n'étoit pas un signe de l'instabilité, ou de la décadence du goût, la vive impression, qu'elle fait sur notre esprit, ne seroit-elle pas préférable à la contemplation du beau qui, à la longue, nous mene à l'ennui?

Lequel est le plus difficile à acquérir, dans le beau monde, du titre de philosophe, ou de celui de bel-esprit ? Lequel doit flatter davantage une âme bienfaite ?

Pourquoi l'Elegie, si en vogue dans le siecle dernier, est-elle passée de mode ? Seroit-ce que des passions plus impétueuses, des appétits plus grossiers ont chassé de l'empire de l'amour, la délicatesse & les tendres sentimens ?

N'est-ce pas aux demandes indiscrettes des prétendans & à l'ingratitude des protégés, plutôt qu'à l'insensibilité des protecteurs, qu'on doit attribuer cette dureté, qu'on reproche si communement à la plûpart des gens en place ?

Pourquoi tant de petits prodiges, si merveilleux dans la jeunesse, ne sont-ils commu-

―――

(*a*) En certains pays, comme en Espagne, la délicatesse n'est pas si inhumaine. On excuse les effets d'une mauvaise digestion.

L'Em.

munément dans un âge avancé que des hommes médiocres? La Nature s'épuiseroit-elle en leur faveur par des efforts trop violens, comme les terres dont on veut tirer trop promtement les productions?

Si les hommes, avant que de tirer vanité de quelque chose, vouloient bien s'assurer qu'elle leur appartient en propre, y auroit-il beaucoup de vanité dans le monde?

Par quelle bisarrerie de la coutume, l'air, qui sort avec impétuosité des narines, qu'on appelle éternuement, est-il moins choquant, que celui, qui fait son éruption par d'autres endroits, & dont la retention est si pernicieuse à la santé? Une infirmité commune à tous les êtres est-elle un vice, une indécence? peut-on s'en offenser sans injustice (a)?

*Des*

---

L'Empereur Claude permit, par un Edit, de se soulager des flatuosités, même en sa présence.

## Des Monstres.

N'aît-il réellement des Monstres, & qu'est-ce que cette distinction subtile de monstres par excès & de monstres par défaut (*a*)?

Qu'est-ce, dans le physique, qu'un monstre, sinon une figure qui s'écarte de la forme ordinaire, à laquelle notre imagination attache l'idée arbitraire de beauté, de convenance ou de régularité?

Les individus, qu'il nous plaît d'appeller monstres, sont-ils autre chose que des créatures, (jeux de la Nature si l'on veut, eh! de quoi la Nature ne se joue-t-elle pas?) objets extraordinaires, plus difformes ou plus bisarres à nos yeux, que ceux, auxquels nous sommes accoutumés? Si quelque

---

(*a*) Il n'y a, proprement parlant, de Monstres que dans le figuré. Ce sont ceux, que des inclinations perverses, ou des idées fausses
&

que chose peut être produit contre la marche ordinaire, rien peut-il l'être contre la Nature, si ce n'est à nos foibles perceptions ? Toutes les formes possibles nous sont-elles connues ? En peut-il entrer dans nos idées par delà les modeles, qui sont sous nos yeux ? Enfin connoissons-nous assez toutes les manieres d'opérer de la Nature, pour oser prononcer sur ses irrégularités, & traiter de bisareries, ou de caprices, ce qui est peut-être le produit de ses plus grands efforts ?

N'est-ce pas avec autant de raison que les botanistes appellent les oeillets doubles, les anémones des monstres ?

Notre jugement n'est-il pas encore plus en défaut, à l'égard des animaux, que nous appellons monstres ? En quoi diffé-
rent-

& déréglées, portent à commettre, de propos délibéré, des actions funestes à la société, ou au genre-humain.

rent-ils d'une infinité d'autres qui, par leur singularité attirent notre admiration? Qu'ont-ils d'horrible ou d'effrayant qui ne puisse cesser de le paroître par l'habitude de les voir?

Qui osera décider que, dans l'ordre de la Nature, la chouette est moins belle que le perroquet, la chauve-souris que le canarie?

Une figure hideuse, monstrueuse, selon le langage vulgaire, ne nous plaît-elle pas en peinture, laquelle nous dégoûteroit, ou nous effrayeroit en réalité?

## *Des Souhaits.*

Les Souhaits sont-ils toujours l'ouvrage de la raison, comme les désirs partent toujours du tempérament; & n'est-ce pas un bonheur privatif, pour la plûpart des hommes, que leurs souhaits ne soient pas tou-

toujours exaucés (a)?

Tel défire, pour femme, une beauté, dont les humeurs, les caprices, la jaloufie, l'infidélité, auroient fait le tourment de fa vie.

Tel fouhaite ardemment un héritier, dont la conduite auroit ruiné fon pere & deshonoré fa famille.

Tel brigue à la Cour une charge importante, où il eût été perfécuté par l'envie & les cabales, ravi à lui-même, objet de la haine publique dans des tems de calamité, enfin le jouet de la difgrace, qui l'eût jetté dans le défefpoir.

Tel ambitionne des talens pour la poëfie, qui auroit payé de fa tête une fatire, un libelle, ou une épigramme.

Tel tranquile dans un état de médiocrité,

---

(a) ——— ——— aptiffima quæque dabunt Dii.
Carior eft illis homo quam fibi. ———
Juv. Sat. X.

té, désire des richesses qui l'auroient rendu victime de l'avarice, ou des maux, attachés à la passion satisfaite.

Tel sollicite une Négociation, où, par l'insuffisance de ses lumieres, il eût perdu son repos, sa réputation & l'estime de son maître même, aux dépens de sa probité (a).

En combien de rencontres béniroit-on le ciel de ses refus, si l'on pouvoit prévoir les maux, auxquels l'obtention des biens désirés nous auroit exposés?

Que de souhaits, dont on n'oseroit avouer le motif! que de demandes au ciel, qu'on n'oseroit faire à voix haute!

Comment l'homme prétend-il connoître, calculer l'infini, si l'indéfini, qui est bien en deçà, est incompréhensible pour lui?

Pour-

---
(a) *Jam ne igitur laudas, quod de sapientibus alter*
  *Ridebat, quoties à limine moverat unum*
    *Præ-*

Pourquoi se plaindroit-il d'ignorer les causes des phénomenes, qu'il connoît, puisqu'il n'y a que les effets, qui lui importent réellement?

A quelles causes peut-on attribuer cette grande inégalité d'esprit qu'on remarque entre des hommes bien conformés, qui ont reçu la même éducation?

Si l'éducation, plus souvent que la disposition des organes, contribue au développement des facultés naturelles, pourquoi découvre-t-on tant d'esprit & de bon sens dans certains rustres, & tant d'imbécilité chez quelques Grands?

Quand on considere combien les connoissances se nuisent, & combien les différens aspects des choses jettent d'incertitude dans les jugemens, ne peut-on pas comparer

l'es-

*Protuleratque pedem, flebat contrarius alter?*
Juv. Sat. X. v. 28.

l'esprit humain à un Océan, qui ne sauroit gagner d'un côté, qu'il ne perde de l'autre?

Ne seroit-il pas plus sage de s'occuper à jouir du monde, qu'à le juger?

Si la vie est un songe, n'est-il pas important de le faire bon, & d'être vertueux, pour rêver à son aise?

## De la Simétrie.

La Simétrie est-elle une beauté réelle dans l'architecture? N'est-elle pas souvent la cause d'une uniformité peu agréable, d'une monotonie fastidieuse?

Les proportions sont-elles toujours de véritables beautés; sont-elles si indispensables, qu'on ne puisse s'en écarter avec goût; ne sont-elles pas plutôt des préjugés de l'art, que des préceptes de la raison?

Excepté dans l'organisation des animaux,

maux, où l'économie exige des rapports. & de l'harmonie pour l'entretien & le mouvement de la machine, où trouve-t-on des proportions dans les ouvrages de la Nature, modele de toutes les productions humaines ? N'y regne-t-il pas au contraire un désordre affecté, un agreste, qui fait le charme des yeux ? Quel ordre trouve-t-on dans l'arrangement, dans la grandeur des astres ? Quelle simétrie dans la position, dans la hauteur des montagnes ? On ne voit que sinuosités dans le cours des fleuves, qu'irrégularités dans la figure des lacs, des mers, une confusion étrange dans les forêts. La terre n'est point sphérique, elle ne tourne point sur ses pôles, son orbite n'est point circulaire ; c'est pourtant de cette diversité d'aspects, de cette irrégularité de tableaux, que naît l'enchantement du spectacle de la Nature. Qu'est-ce donc que ce beau de simmétrie & de proportions, qui ne se ren-

*Tome II.* P con-

contre nulle part dans la Nature, si ce n'est un effet de l'habitude, un asservissement aveugle à des regles prescrites par des génies austeres, un beau idéal de convention, & par conséquent sujet aux caprices de la mode, qui n'a aucun empire sur le beau réel?

En voyant la moitié d'un ouvrage simétriquement construit, on peut se représenter le tout : l'autre moitié n'a plus rien d'agréable, puisqu'elle ne peut causer aucune surprise. Le contraire arrive dans les ouvrages de la Nature, aussi simple dans ses moyens, que variée dans ses effets. La diversité d'aspects, qui ne se répetent point, ne nuit jamais aux charmes de ce qu'on appelle l'ensemble.

Il en est de même, sans doute, dans les ouvrages d'esprit, où l'auteur ne marche qu'avec le compas; &, l'équerre à la main, il seme infailliblement l'ennui sur la route. Un drame, dont on prévoit le dénouement,

ment, est une entreprise manquée, qui annonce sa chûte.

N'est-ce pas à la forme des Gouvernemens, plutôt qu'à la nature du climat & aux principes même de l'éducation, qu'on doit attribuer les vertus & les vices dominans des Nations?

Les mœurs des Spartiates comparées à celles des Athéniens ne sont-elles pas une preuve de l'influence des loix sur les mœurs. La différence des mœurs des Grecs & des Romains de nos jours, en regard avec celles de leurs Anciens, n'en est-elle pas une preuve encore plus convainquante? Et si l'on demandoit pourquoi Rome, autrefois si puissante, est aujourd'hui si foible, ne pourroit-on pas répondre, que c'est par la raison que tout ce qui devroit y être en canons, y est en cloches?

Punir également de mort le vol & le meurtre, n'est-ce pas mettre en danger la vie des citoyens, qui y auroient échappé

P 2            par

par le sacrifice d'une petite partie de leurs biens, qu'ils ont mille moyens de réparer par leur travail ou par leur industrie?

Si l'expérience nous apprend, qu'à quelques exceptions près, la Nature forme l'homme sain, niera-t-on, que la plûpart des maux, qu'il éprouve, proviennent de son intempérance, du déréglement de son esprit, de l'art funeste de raffiner sur les plaisirs? En ce cas l'entendement & la liberté, dont l'homme est doué, à l'exclusion des animaux, seroient donc de fatals instrumens, avec lesquels il fabrique ses maux & ses peines, qu'il transmet inhumainement à sa postérité?

Quelles sont les bornes précises de la nécessité, dans laquelle il faut contenir les abus & les scandales?

La prudence est-elle une vertu? Sans doute: mais si elle envisageoit tous les dangers d'une entreprise, l'humanité ne seroit-elle pas souvent privée de secours?

Ver-

Verroit-on aussi tant d'exemples de ces heureuses témérités, dont les événemens ont justifié la cause, vicieuse en son essence? Il est donc quelquefois utile, que l'homme ne raisonne pas toujours?

Peut-on assurer, qu'il entre de la réflexion, ou que la volonté ait aucune part dans les mouvemens, que fait un homme, à qui le pied vacille, pour contrebalancer sa chûte? Le plus habile anatomiste peut-il concevoir, encore moins calculer le nombre des contractions & dilatations des fibres, des nerfs, des muscles fléchisseurs, ou extenseurs, qui se font subitement, pour empêcher de tomber un corps, qui perd le centre de gravité? Le musicien peut-il comprendre comment il donne à un des rubans de sa glotte, préférablement à un autre, le branle nécessaire, pour produire le son, qu'on lui demande, & qui n'est jamais que de l'air frappé?

Quelle nécessité y a-t-il, dit-on communément, qu'il y ait fur la terre des animaux féroces (a), des infectes rongeurs, des plantes vénéneufes, de l'intempérie dans les faifons, des foudres dans l'air, des tempêtes fur la mer, &c. Les plaintes

(a) L'animal le plus féroce, felon nous, c'eft le Tigre; pour l'infecte, c'eft le mouton.

(b) Il y a des infectes incommodes, des animaux nuifibles, venimeux; mais ils n'ont, pour ainfi dire, qu'une exiftence éphémere. La propreté, un peu de foin, & mille moyens peuvent en garantir.

Ceux, qui dévaftent les champs, comme les chenilles, les rats, les fauterelles, n'affligent que quelques contrées; ils rencontrent fouvent leurs antagoniftes, qui les détruifent.

Il y a des animaux féroces, qui femblent, ainfi que les conquérans, nés pour la déftruction du genre-humain: rarement attaquent-ils s'ils ne font preffés par la faim? Tandis qu'ils font affaillis par les hommes pour leur plaifir ou leur gourmandife; cependant, par une fage providence qui les a, fans doute, jugés néceffaires, puifqu'ils exiftent, ils font moins féconds, que les animaux utiles, & l'herbe eft très-courte pour

tes & les murmures fur ces inconvéniens ont-ils d'autres fondemens, que les bornes de l'efprit humain, & l'orgueil de l'homme affez infenfé, pour rapporter tout l'Univers à lui (b)?

pour leur fubfiftance. En effet fi les lions, les tigres, les ours, les loups, les pantheres, les crocodiles, &c. pulluloient autant qu'ils le pourroient faire, en dix ans la terre en feroit couverte, toute l'efpece humaine en deviendroit la proie, l'induftrie des hommes feroit nulle contre leur voracité, la plus grande partie de ces animaux périroit, faute de nourriture. Il femble, qu'il n'ait tenu qu'au fecond pere du genre-humain d'en délivrer la terre. S'il ne le fit pas, ce fut, fans doute, pour obéir à un décret éternel, qu'il en r'enferma les efpeces dans l'arche.

Il y a des plantes vénéneufes, que nous rejettons comme nuifibles, faute d'en connoître toutes les propriétés. Plufieurs font à la fois utiles & nuifibles, comme la racine de l'herbe appellée *Lunaria*, qui eft un poifon, dont les feuilles font l'antidote, au contraire des feuilles de l'herbe appellée *Minofa*, qui font veni-

Est-ce la connoissance, ou la crainte du péril qui fait, que l'homme ne nage pas aussi

meuses, & dont la racine est le contrepoison. Avec la Cassave, dont le jus est un poison, on fait le pain pour les Négres en Amérique, &c. Ainsi plusieurs plantes portent en même tems les vertus contraires.

Les exhalaisons pestilentielles, qui s'enflamment dans la moyenne région se consument par le feu. Les orages causent quelques dommages passagers, mais ils apportent un bien général par la dissolution des nuées qui, en tombant sur la terre, la fertilisent & lui rendent des forces, pour résister à la trop grande ardeur du soleil.

Les vents trop violemment agités causent sur la mer des tempêtes, qui occasionnent quelques désordres; mais sans les vents, les vaisseaux ne pourroient voguer, les eaux de la mer croupiroient sur ses bords, & la communication, entre les peuples, seroit très-bornée.

C'est aux tremblemens de terre, qu'on doit la découverte des métaux, que l'avidité a rendus si précieux.

Si pendant un demi siecle seulement, il ne naissoit que des mâles ou des femelles, la race du

aussi naturellement que les animaux les plus pésans, comme l'éléphant, le dromadai-

du genre humain seroit anéantie.

S'il ne naissoit pas plus d'hommes que de femmes, la population tendroit à sa fin, & l'espece humaine s'éteindroit en peu de siecles, puisque la navigation, les guerres, les travaux pénibles des carrieres & des mines, auxquels les hommes seuls sont destinés, en enlevent une partie considérable. Ne seroit-on pas tenté de croire, que les guerres & les maux, attachés à l'avidité, sont nécessaires dans l'ordre des choses, puisque la Nature semble s'y prêter, en suppléant à ces prétendus désordres par la différence, qu'elle met constamment dans le nombre des naissances d'un sexe à l'autre?

Si tous les glands, qui tombent des chênes, les fruits des pins, les semences, les graines des autres plantes prenoient racine & fructifioient, les bois périroient, faute d'air; une forêt deviendroit, en un siecle, une masse solide comme un rocher, sur laquelle s'éléveroient d'autres arbres qui, devenus montagnes à leur tour, s'entasseroient, & le projet d'Encelade pourroit s'exécuter: mais heureusement il y a toujours un ordre si admirable, qu'on peut croire,

P 5                    qu'il

daire, le rhinocéros ? Si c'eſt l'ignorance du péril, qui fait la ſécurité des animaux, pourquoi, à d'autres égards, y en a-t-il de plus timides les uns que les autres ? Le courage ne ſeroit-il, dans les hommes, comme dans les animaux, que l'effet d'une vue peu nette, ou de l'ignorance entiere du danger ?

Pourquoi voit-on, ſans y faire preſque attention, des hommes contrefaits, & qu'on eſt ſi ému à la rencontre d'eſprits tortus & biſarres ? Seroit-ce que ceux-ci ſont moins communs ? L'expérience démontre

qu'il n'y a jamais d'inſtant, où un homme, de quelque âge qu'il ſoit, ne puiſſe s'aſſortir avec ſa compagne ; que des glands, qui tombent, il n'en fructifie que ce qui eſt néceſſaire, pour que les chênes, déjà produits, puiſſent croître ſans obſtacles, &c.

L'Etre doué de raiſon, qui a l'imbécillité de ſe faire le mobile & le centre de tout, trouveroit bien moins à redire dans les procédés de la Nature, & dans l'ordre des choſes, s'il mettoit

tre le contraire. Seroit-ce, parcequ'ils peuvent se réformer? C'est une question.

Rencontre-t-on un guerrier décoré des marques de sa valeur, balaffré, privé d'un œil, la temple défigurée par un emplâtre, on le voit avec une sorte de respect & de commisération, excités par le noble sujet de son infortune; pourquoi regarde-t-on avec répugnance celui, que la Nature a affligé de pareilles disgraces?

Quel est ce pouvoir si étrange de l'habitude, qui fait que le chasseur, dont le sommeil est dérangé par un pli à son drap,

toit dans ses raisonnemens moins d'orgueil & plus de philosophie. S'il daignoit observer, il reconnoîtroit, que tout est combiné jusqu'à ce qu'il appelle hasard, que tout est bien & sans doute le mieux qu'il soit possible; il cesseroit de discuter le bien & le mieux, dont il ne connoît ni les fins, ni les rapports. Les murmures sont toujours téméraires, & la raison, qui se soumet, trouve partout des sujets d'adoration & de reconnoissance.

la tête ébranlée par la plus légere odeur, la transpiration interceptée par un vent coulis, affronte, dans les bois, la pluie, la neige & l'ardeur du soleil, sans en être incommodé? Ne devroit-on pas retourner ce pouvoir de l'habitude à son avantage?

Que signifient ces termes vagues & bifarres de sort, fortune, hasard, étoile, destin, &c, sinon un aveu humiliant de l'ignorance profonde, où est l'homme des causes premieres, & de l'ordre établi dans la Nature, dont tous les phénomenes ne sont que les suites nécessaires?

Le Duo en musique est-il dans la Nature?

Dans la supposition du principe, le plus généralement admis, que la mémoire dépend des impressions corporelles du cerveau sur lequel se tracent les idées, conçoit-on comment des idées, qui ne sont point corps, peuvent se graver sur des corps, & que l'impression y reste, de manienière que la volonté (autre faculté incompréhensible) aille les y retrouver au besoin, & comment ensuite de nouvelles idées peuvent-elles se placer dans un si petit espace, sans effacer l'empreinte de celles, qui y sont déjà gravées ; surtout, lorsqu'elles sont antagonistes, & qu'elles ne peuvent s'établir que sur la destruction des premieres?

Est-il bien certain, que l'homme ait seul la faculté de rire, & que les autres animaux ne rient pas? Leurs jeux folâtres ne sont-ils pas des signes de joye & de plaisir, qui excitent le rire? Est-il toujours besoin, pour désigner le rire, d'un mouvement de levres & d'un éclat de voix convulsif? Peut-être les animaux ne sont ils privés que de ce ris, causé par la surprise, & la comparaison d'idées disparates, ou de choses bisarres, que ne peut faire un être, à qui l'on réfuse des idées? D'ailleurs

leurs comment reconnoître sûrement le rire sur les traits du visage, puisque les mêmes mouvemens désignent également les ris & les pleurs?

Quel que soit le principe, qui fasse agir des hommes, de l'amour de la gloire, ou de celui de la vertu, de l'intérêt ou du plaisir, les devoirs de la société en sont-ils moins remplis? L'ordre, que la Nature a voulu établir sur la terre, en subsiste-t-il moins, que la folie ou la raison y concourent?

N'est-il pas bien singulier que plus un peuple est vif & gai, & plus sa musique est grave & lente, & *vice versâ*?

Tous les mots, qui composent une langue quelconque, ne doivent-ils pas leur origine au hasard, si ce n'est ceux par onomatopée? Y en a-t-il par conséquent de nobles & de bas? Ne sont-ils pas tels par l'habitude de les placer? Sublimes ou triviaux,,

viaux, honnêtes ou obscenes par pure convention ? Quelques-uns n'ont-ils pas une signification honnête dans un sens & deshonnête dans un autre ? Les mots, appellés sales, ne sont-ils pas plus contraires à la politesse, qu'aux bonnes mœurs ? Effarouchent-ils dans la bouche de la populace ? Quelle difficulté y auroit-il, qu'horreur signifiât tendresse ; crapule, volupté ; temple, cloaque ; haillon, pompe ; spectacle, cachot ; huître, Grand-Seigneur ?

Pourquoi l'oreille seroit-elle blessée d'un son plutôt que d'un autre ? Les mots sont-ils autre chose, que les signes représentatifs des idées ? Ont-ils aucun rapport avec les choses ?

Y a-t-il quelque chose de bas & de vil dans la Nature ? La fange est-elle plus méprisable que le diamant ? Le plomb est-il d'un moindre prix que l'or ? Le fer, eu égard à son utilité, n'est-il pas préférable au

plus

plus précieux des métaux connus (*a*)?.

Y a-t-il des conditions viles & méprisables parmi celles, qui contribuent honnêtement à l'utilité publique ?

La condition d'un boueur, d'un vuidangeur est-elle inférieure à celle d'un noble fainéant ?

La distinction des conditions, plus basses les unes que les autres, ne dépend-elle pas entiérement de l'opinion ? A Sparte le roullier n'auroit-il pas été, avec raison, plus estimé que l'ouvrier en modes ; l'agriculteur, plus que le financier ; le pédant plus que le poëte ; l'historien plus que le Romancier ; le bouvier plus que le cocher ;
le

―――――――――――

(*a*) L'estime & le mépris de toutes choses ne sont que relatifs à nos besoins, nos goûts & nos plaisirs. Toute matiere est une, la boue peut devenir diamant, comme le diamant peut devenir boue. L'or pilé longtems se change en eau, qui s'infecte. Chaque chose se fait rechercher ou fuir, suivant l'affection ou l'aversion

le charpentier plus que le sculpteur; le manœuvre plus que le décorateur; le médecin plus que le métaphysicien; le botaniste plus que le politique; le méchanicien plus que l'algébriste; le forgeron plus que le chimiste; le serrurier plus que le lapidaire?

## De l'Inconséquence.

Qu'entend-on par ce mot nouveau d'*Inconséquence*, dont on taxe si libéralement la plûpart des discours & des actions des hommes? Y a-t-il de l'inconséquence dans toute conduite qui paroît diamétralement opposée au but qu'on se propose? N'existe-

tion, qu'elle inspire; mais n'est estimable, ni haïssable absolument.

Une statue brisée est de moindre prix qu'une entiere: mais la matiere de l'une n'est pas plus méprisable, que celle de l'autre. Nous foulons dédaigneusement aux pieds la matiere, dont on forme les palais, les glaces, les peintures & les porcelaines.

xiste-t-elle pas plutôt dans l'ignorance, où l'on est de ce but, ou dans la fausse interprétation des moyens, que les hommes employent & des ressorts, qui les font agir? Absolument parlant, l'homme n'est inconséquent, ni volage: il ne paroît tel, que parce qu'il cherche, sans cesse, le bonheur, qu'il ne sauroit saisir, & qu'il espere toujours le trouver en changeant de route ou de sistême (a). Ses changemens prouvent moins son inconséquence & même son inconstance (b), que la difficulté de trouver le point de félicité.

Peut-on penser, qu'un homme prenne, de propos délibéré, une voie, qu'il sait, ou qu'il croit devoir l'écarter de son but, s'il

---

(a) —— *dum abest, quod avemus, id exuperare videtur*
*Cætera; post aliud, cum contigit illud, avemus;*
*Et sitis æqua tenet vitaï semper hianteis.*
Lucret. L. III. v. 1096.

s'il n'en eſt détourné par un faux jugement, ou s'il n'y eſt entraîné par les paſſions & les circonſtances? Qui peut ſe vanter de n'avoir jamais fait que ce qu'il a voulu? Il n'y a point d'actions ſans motifs, autrement il y auroit des effets ſans cauſes, ce qui implique contradiction.

L'avare eſt-il inconſéquent en ſe privant de tout, pour ne manquer de rien, lorſqu'inſenſible à la jouiſſance des choſes, qui font les délices des autres, tout ſon plaiſir conſiſte dans la puiſſance de ſe les procurer? En quoi différe-t-il d'un curieux, qui dérange ſa fortune, ou ſe prive de choſes néceſſaires, pour acquérir, à haut prix, une médaille antique, un rare coquillage, ou une toile colorée, qui n'ont de valeur que dans l'imagination?

Le

(b) Les Anciens avoient fait de la Conſtance une Divinité à deux faces. Si l'attachement eſt mal placé, la conſtance prend le nom d'opiniâtreté, & l'inconſtance celui de raiſon.

Le prodigue, qui ne sauroit se dissimuler, qu'il ne pourra fournir une longue carriere dans l'aisance, ne s'occupe que du présent, qui seul appartient à l'homme; il plaint l'avare, qui gémit sur son sort. Ne pourroit-on pas conclure de la différence de ces deux caracteres, sans les blâmer rigoureusement ni l'un ni l'autre, que l'un a la vue trop longue, & que l'autre l'a trop bornée?

L'Alchimiste, qui se suppose des lumieres inconnues à ceux, qui le traitent d'insensé, est-il moins fou qu'un marin, déjà opulent, qui risque sa vie, plus précieuse que les biens même, pour accroître une fortune, dont mille accidens peuvent l'empêcher de jouir?

Le Magistrat, qui prononce un jugement opposé à un arrêt, qu'il a déjà rendu, en pareille matiere, ne se contredit, qu'aux yeux de celui qui est condamné; il n'est point inconséquent, il montre au

pu-

public, que sa maniere de voir est plus éclairée qu'auparavant. La vraie vertu rougit-elle jamais d'avouer qu'elle s'est abusée?

Les plaisirs ne sont tels, que lorsqu'ils affectent l'âme d'une sensation agréable. Les goûts dépravés, les appetits extravagans ne sont, dans le moral comme dans le physique, que l'effet d'une disposition alterée des organes; c'est ce qui fait, que la farce plaît davantage aux uns, que le haut comique, à d'autres les romans plus que l'histoire; qu'un petit nombre de gens de vieux goûts préfere un monologue François, hérissé de cadences, à la mélodie d'un grand air Italien. Comment donc définir le goût: comment prescrire & fixer les principes & les regles de ce qu'on ne peut définir? Ce sentiment, toujours relatif, n'est-il pas sujet à mille variations? Le goût d'un siecle n'est-il pas souvent ridiculisé par celui qui le suit? Ne revient-il pas quelquefois, après

a-

avoir été proscrit ? Tant de routes semblent conduire au bonheur, que rien n'est plus aisé, que de se fourvoïer. L'un rejette la voie qui y mene, l'autre prend celle qui en écarte : tous deux se traitent d'inconséquens, parce que le foyer de leur vue n'est pas le même. Sont-ils autre chose tous les deux, que jouets de leur prudence & tributaires de l'erreur ?

Combien d'actions blâmables en apparence, s'attireroient l'estime & l'admiration, si le motif en étoit dévoilé ? Combien au contraire de faits éclatans, honorés des plus grands éloges, ne seroient-ils dignes que de mépris & même d'horreur, si la source en étoit découverte ? Que d'inconséquences imaginaires dans les actions ! Que d'inconséquences réelles dans les jugemens ! L'homme ne peut véritablement juger inconséquent que soi-même.

La conséquence absolue peut-elle exister dans un être, jouet perpétuel des événemens,

mens, des passions & des circonstances ?

L'homme poli ou sociable est-il inconséquent, lorsqu'entre amis, il semble se prêter à des usages puérils, voisins du ridicule ? Fait-il autre chose que s'accommoder à la foiblesse humaine & user des égards dûs à la société dans la forme établie ? Il sera d'autant plus indulgent, qu'il sera plus éclairé. S'il applaudit une jeune Muse, dont les premiers essais sont foibles, il veut encourager le talent. S'il flatte décemment une beauté capricieuse, ou coquette, que dans le fond il méprise, c'est que, n'ayant aucun droit de la réformer, il se rend agréable à peu de fraix, & se sauve de la haine ou du ridicule, attachés au caractere de Cinique ou de Misantrope. L'adulation n'est honteuse, que lorsqu'elle encense les vices; il préfere, avec raison, la réputation de complaisant délicat à celle de censeur inutile (a).

Un

(a) *Cum tristibus severè, cum remissis jucundè,*

Un homme très-attaché à la vie, comme tout être l'est machinalement, semble la mépriser, en traversant les mers. Cet insensé aux yeux des gens, dont les passions sont tranquiles, est souvent moins guidé par l'ambition ou la cupidité, que par le noble sentiment d'un bon pere de famille ou d'un citoyen généreux.

Sacrifier son bonheur à l'opinion publique, n'est-ce pas être bien dupe de sa raison?

La raison peut-elle perfectionner l'usage des sens; ou l'usage des sens peut-il perfectionner la raison?

Lequel seroit le plus heureux de celui, dont la raison assaisonneroit tous les plaisirs, ou de celui, qui les goûteroit tous également, sans réflexion?

Si

*dè, cum senibus graviter, cum juventute comiter vivere.* Cicero.

(*a*) En Ethiopie, à la Chine, au Tonquin, où les traits de beauté ne sont pas les mêmes qu'en

## PHILOSOPHE. 361

Si le corps humain, comme dit Hippocrate, est un cercle, qui peut dire à quel point il a commencé?

Quelles expériences seroient nécessaires, pour parvenir à connoître l'homme naturel; & quels sont les moyens de faire ces expériences au sein de la société?

Lequel est le plus facile à trouver d'un Ecrivain impartial, ou d'un Lecteur équitable, si l'un & l'autre ne sont presque que des êtres de raison?

Peut-il y avoir des principes universels & invariables, pour juger du beau dans tous les genres?

Si le beau est ce qui plaît dans tous les tems & dans tous les pays, il n'y a donc rien de réellement beau dans le moral ni dans le physique, sans en excepter la plûpart des ouvrages de la Nature (*a*).

Si qu'en Europe, la Vénus de Médicis y paroîtroit une mignature enlaidie par le caprice du sculpteur, au mépris de la belle nature, comme nous voyons, avec horreur, leurs plus belles Idoles.

*Tome II.*      Q

Si les yeux étoient, comme on le dit communément, le miroir de l'âme, si la phisionomie annonçoit le caractere, seroit-on si souvent la dupe des sermens & de l'hipocrisie?

A quelles causes peut-on attribuer les songes?

Pourquoi y a-t-il tant d'excellens poëtes, & si peu de bons historiens?

La fiction seroit-elle plus aisée à traiter que la vérité, ou le jugement seroit-il plus rare, que le génie?

Qu'est-ce que ce pouvoir des passions & de l'imagination sur le tempérament?

Quelle est l'influence réciproque des opinions d'un peuple sur le langage, & du langage sur les opinions?

L'esprit, en comparant, peut-il concevoir

---

(*a*) On ne voit des objets que le point qui correspond aux axes optiques; ceux-là seuls se voyent distinctement: de même nous pouvons avoir

voir deux idées, ou comprendre deux propositions en même tems? Si cela est impossible comme on le prétend, comment l'esprit peut-il donc comparer (a)?

Dans les ouvrages dramatiques quel est le genre le plus facile à traiter, du tragique, ou du comique?

Qu'est-ce qui nous attire au théâtre? Le dessein de corriger nos mœurs? Non: celui de reformer nos ridicules? encore moins: le plaisir? Oui sans doute. Pleurer est donc un sentiment agréable. Il n'est donc pas toujours un signe de tristesse. La douleur produit donc quelquefois le plaisir. N'est-il pas bien singulier, qu'on s'excite au plaisir par les larmes, & bien bisarre qu'on se porte à rire immodérément à l'attelane ou à la farce, un instant après, qu'on a pris tant de plaisir à s'affliger? Est-

voir en même tems plusieurs perceptions, mais confuses, dont nous ne distinguons bien qu'un

Est-il bien assuré, que tout Ecrivain ait un stile à lui? Si cela est, il y a donc autant de stiles que de têtes. Il peut donc y avoir une infinité de bons stiles.

Est-il aussi facile, qu'on le croit communément, de reconnoître un auteur qui a déjà écrit, par le stile de l'ouvrage? De vingt à trente ans le stile ne change-t-il pas quelquefois à ne plus le reconnoître? Qui retrouveroit dans Cinna l'auteur de Clitandre ou de Mélite?

Est-il nécessaire, pour bien peindre les passions, d'en être vivement pénétré? Si cela étoit, quel danger n'y auroit-il pas dans la société de certains auteurs tragiques?

Est-il bien certain, qu'un auteur se peigne tellement dans ses Ecrits, qu'on puisse y découvrir ses sentimens & son caractere, quelque soin qu'il prenne de les voiler? N'est-il pas plus naturel de croire, que le cœur & l'esprit ont chacun leur stile? Autretrement quel jugement porteroit-on du caractere & des sentimens de Rousseau, de l'Arétin, & d'autres, qui ont également excellé à traiter le pieux & l'obscêne? La Fontaine n'est-il pas un problême insoluble de finesse & de simplicité?

Peut-il y avoir une regle fixe de goût pour tous les peuples, & pour tous les hommes?

Seroit-il bien difficile de prouver, que, parmi les livres qui passent pour bien écrits, il n'y en a pas un, dont le stile soit semblable à un autre?

Le seroit-il, de prouver, qu'il n'y a pas absolument un seul livre bien écrit?

Si le discours mesuré de la Poësie rimée, dont l'origine est barbare chez tous les peuples, a été inventé pour aider la mémoire sur les choses les plus nécessaires à retenir, qui ne croiroit, que le Code dût être en vers, & les Contes de la Fontaine en prose?

tout ce qu'il a appris, & d'apprendre de nouveau tout par examen & par réflexion, sans s'étayer des principes ni du jugement des autres ? Ne seroit-ce pas le plus sûr moyen de faire un usage sensé de sa raison & de trouver en tout la vérité ?

N'est-ce pas exhaler gratuitement les vapeurs de la misantropie, & dégrader à plaisir la condition humaine, que de soutenir si hautement, que les hommes se pervertissent toujours de plus en plus. N'est-ce pas convenir tacitement, qu'on est plus méchant que son pere, qui l'étoit plus que son ayeul. L'esprit de satire ne se lassera-t-il jamais de tant de vaines & fausses déclamations, démenties par l'Histoire de tous les tems, & seroit-il bien difficile de prouver, que le fond de l'humanité ayant toujours été le même, à quelques nuances près, tout bien consideré, notre siecle vaut mieux que ceux, qui l'ont précédé, & en tirer la conséquence, qu'il
sera

féra suivi par un meilleur?

Ne croiroit-on pas, par les Ecrits de ce fiecle, que cette vertu exercée par les Romains dans le plus haut degré, & fi vantée par les Hiftoriens, L'AMOUR DE LA PATRIE, dont, à la vérité, nous avons fort peu d'idée, ait été remplacée par celle d'AMOUR DU GENRE-HUMAIN?

Tant d'Ouvrages excellens fur le commerce, l'économie politique & rurale, la navigation, l'art militaire, la méchanique, la morale, l'examen des préjugés, &c, ne le prouvent-ils pas? Ne font-ils pas des fignes évidens du progrès de la Raifon?

Ce mot refpectable d'HUMANITÉ, fi fréquemment employé dans tous les Ecrits, & auquel des efprits méchans femblent vouloir faire le procès, ne fait-il pas l'éloge des fentimens actuels? N'eft-il pas le fimbole des mœurs régnantes?

Peut-on appeller frivole le fiecle, où la bonté & l'humanité du Souverain ont pafsé dans le cœur de ses sujets ?

*Regis ad exemplum, totus componitur orbis.*

Ne mérite-t-il pas, à tous égards, avec plus de raison, le titre de SIECLE HUMAIN, de SIECLE PHILOSOPHE ? Titres qui, à en juger par les efforts de quelques citoyens généreux, entraîneront nécessairement celui de SIECLE AGRICULTEUR (*a*).

(*a*) On pourroit justement l'appeller Siecle Méchant, si l'on en jugeoit par le succès honteux de certaines pieces satiriques & le débit de certaines feuilles périodiques ; mais c'est le sort des Siecles Eclairés d'avoir leur ARISTOPHANE & leur ZOILE.

## CHAPITRE XVIII.

*Questions insolubles pour tout Etre borné à cinq sens, & sur lesquelles il est libre à tout Philosophe d'adopter, ou de se former un Sistême pour sa propre satisfaction, convaincu qu'il n'est pas donné à l'esprit humain de les résoudre.*

Quelle est la cause de la pésanteur? Est-ce l'attraction? En ce cas quelle est la cause de l'attraction? Est-ce impulsion? De quelle nature est le fluide qui la cause?

Avec quel degré de vitesse le feu pénetre-t-il dans les corps?

Comment trouver la quadrature du Cercle; la duplication du Cube; la trisection de l'Angle; le rapport de la diagonale avec un des côtés du Quarré; la commensurabilité d'un Cube à un autre; le Mouvement Perpétuel; la Pierre Philosophale; la Médecine Universelle?

La Lumiere a-t-elle un mouvement d'accélération, comme les corps dans leur chûte?

Qu'est-ce que l'Huile?

Pourquoi les Rayons du Soleil réjaillissent-ils de dessus la surface des corps, sans toucher à cette même surface?

Pourquoi les Liquides & principalement l'Eau ne sont-ils pas compressibles, quoiqu'ils soient élastiques, & que les Métaux, qui ont beaucoup moins de pores, l'Or même, qui a dix-neuf fois plus de matiere que l'Eau, se compriment-ils?

En quoi consiste l'Acte de la Conception dans les animaux, & comment s'opere la Génération dans les vivipares & les ovipares; comment dans les limaçons, les pucerons, & les poissons qui engendrent sans

co-

copulation; enfin dans les polypes & autres animaux, dont les parties retranchées se reproduisent d'elles-mêmes?

Comment se fait la Digestion dans l'estomac, où les alimens, de différente nature, se transforment également en lait, en chyle, en sang, en lymphe & en parties solides?

Le Cas, où rien ne s'oppose, existe-t-il dans la Nature?

Comment la Volonté agit-elle sur quelques parties de notre corps, & pourquoi n'a-t-elle aucune action sur d'autres?

Y a-t-il une gravité absolue de tous les corpuscules. Quelle est leur gravité spécifique?

Qu'est-ce qui constitue la différente configuration des corps?

Si les corps ne différent de couleur, de poids, de qualité, de figure, que par les divers arrangemens des élémens, qui les composent, ensorte que les élémens du plomb, de l'or, soient les mêmes (ainsi qu'on le sup-

supposé); enfin si chaque particule est un corps, ces particules ont-elles une dureté primitive, ou leur dureté vient-elle de la pression d'un fluide; & si cela étoit, quelle seroit la cause de cette pression?

Quelle est la nature de la matiere, appellée Gluten? Est-ce à elle que doivent leur consistence les pierres, qui ne sont que de la terre d'une plus grande consistence? Est-ce enfin la matiere de la concrétion, pétrification, cristallisation? Comment se lie le grez par ce gluten, & qu'il tombe en poussiere au moindre frottement?

Où est le siege de l'intelligence, de la mémoire, du jugement?

Les étoiles les plus brillantes, & qui nous paroissent les plus grandes, sont-elles réellement plus proches de nous, que celles que l'on n'apperçoit, qu'avec le meilleur télescope? La scintillation est-elle une preuve, que ce sont autant de soleils,

&

& l'analogie, qu'elles sont toutes de la même grandeur ?

Jusqu'à quel point s'étendent les connoissances des animaux par delà la conservation de leur être ? Ont-ils un langage ? Y en a-t-il un différent pour chaque genre ? Qu'est-ce enfin que l'instinct ?

L'Univers s'entretient-il par le mouvement, imprimé à la matiere dès le commencement du Monde, ou par une nouvelle création à chaque instant ?

En quelle proportion l'attraction agit-elle entre la lumiere & les corps ?

Quel est le méchanisme de la dissolution, considerée en tant qu'action du corps dissolvant ? Est-ce du sel dans l'eau, de l'eau dans l'air, &c ? Est-ce haine, antipathie ? Comment des corps inanimés peuvent-ils avoir cette faculté ?

Le feu est-il un element, ou une matiere particuliere ; ou n'est-ce que l'effet de la matiere des corps mise en mouvement ?

Est-

Est-ce à des causes physiques ou méchaniques, qu'on doit attribuer la chaleur animale ? Dans quelle partie du corps en est le foyer ou siege principal ?

La chaleur, qu'on sent dans la terre, à une certaine profondeur, a-t-elle sa source dans un feu central, ou est-elle causée par l'agitation des souffres & des minéraux, qui se trouvent en abondance dans les entrailles de la terre ?

Qu'est-ce que la lumiere ? Est-ce une matiere émanée du soleil ? Est-ce un corps intermédiaire, & dont l'existence soit indépendante de cet astre, un fluide répandu dans tout l'Univers, qui n'attend, pour agir sensiblement sur la vue, que d'être mis en mouvement ? Quel que soit ce phénomene, quelle impression fait-il sur l'organe de la vue ? Ne fait-il que presser l'extrémité des nerfs ? Ne lui imprime-t-il point un mouvement de trémoussement ? Les filets nerveux, sur lesquels il agit, sont-ils creux

creux & remplis d'esprits animaux ? Qu'appelle-t-on esprits animaux ? Est-on bien sûr de leur existence ? S'ils existent & qu'ils soient susceptibles d'impression des objets extérieurs, par quelle méchanique portent-ils leurs impressions jusqu'au cerveau ? Est-ce par un mouvement de réflux, ou de vibration ? Quelle est leur action sur le cerveau ? Forment-ils des traces ? Ne font-ils qu'ébranler les fibres, &c ?

Si la lumiere est une matiere émanée du soleil, la quantité de ces corpuscules, qui remplissent l'espace & que la physique ne fait point retourner à leur source, ne doit-elle pas, malgré la ténuité de ses parties, devenir si prodigieuse, dans des millions de siecles, que l'espace devienne compacte, & que les globes, que le soleil éclaire, augmentent de volume à ses dépens, au point, qu'après avoir tari la source, ils deviennent eux-mêmes des soleils, formés des débris de celui, qui leur aura transmis sa
sub-

fubftance? L'aliment, que les cometes fourniffent au foleil, dans leur paffage, eft, à la vérité, une jolie & ingénieufe hipotefe, pour réparer fa déperdition; il n'y manque que la vraifemblance, & de favoir fi la comete la plus confidérable eft en état de reftituer au foleil, en quelques inftans, tout ce qu'il perd continuellement.

Quelles font les loix de l'union de l'âme avec le corps (a)?

Qu'eft-ce ce qu'on appelle force dans les corps, finon le nom d'une chofe, dont nous n'avons point d'idée?

Où eft le centre de gravitation du foleil avec les planetes & les cometes de fon tourbillon?

Enfin quelle eft la nature & la fubftance de l'air?

Quel-

(a) Un Bel-Efprit a dit, que le corps & l'âme font deux ennemis, qui ne peuvent fe quitter, & deux amis, qui ne peuvent fe fouffrir.

Quelles sont les causes de la cohésion des corps.

De la coagulation des liquides.

De l'élasticité.

De la dureté.

De l'électricité.

De la ductilité.

De la fragilité.

De la malléabilité.

De la fermentation.

De l'effervescence.

Du magnétisme.

De la déclinaison des aiguilles aimantées.

De l'attraction.

De l'impulsion.

De la contraction, & dilatation des muscles.

De la fluidité.

De la simpathie & de l'antipathie jusques dans les corps inanimés.

Du mouvement.

De

De la vertu prolifique des femences & des graines?

CHAPITRE XIX. ET DERNIER.

*Fin du Voyage.*

AU bout de fix mois, le jour de l'affemblée générale des Académies aiant été annoncé, je me rendis avec empreffement chez le Sécrétaire, qui me remit un pacquet confidérable cacheté du fceau de l'Académie, contenant les décifions de ce Tribunal refpectable fur toutes les queftions, que j'avois préfentées, & qui, fuivant ce que me dit le Sécrétaire, fourniroient la matiere de quatre volumes *in-folio*. On exigea feulement de moi, que je n'ouvrirois le pacquet qu'à mon retour fur la terre. Je me foumis avec quelque peine, &, tout fier d'un butin fi précieux,

cieux, je ne m'occupai plus que de mon départ. J'employai le peu de tems, que je comptois refter encore à Sélénopolis, à rédiger avec foin, par écrit, toutes les connoiffances, que j'avois acquifes, & les découvertes curieufes, que j'avois faites pour l'agrément, l'utilité & le bonheur de l'humanité, dans le deffein d'en enrichir ma Patrie; & content du fuccès de mes travaux, je terminois ma derniere période, lorfque, par l'accident le plus fatal, fentant, tout-à-coup, trembler le fol fous moi, & voyant des temples, des palais s'écroûler & la terre s'entrouvrir pour m'enfevelir dans fes abîmes profonds, je m'élançai précipitamment par une fenêtre, pour gagner la plaine. Mais, par un malheur plus grand, que celui, dont je cherchois à échapper, je me trouvai au bas de mon lit, étendu fur le parquet, les membres froiffés, & prefque fans mouvement; moins fenfible cependant à la douleur, que

je

je ressentois de ma chûte, qu'au chagrin de reconnoître, que la plûpart de mes doutes resteroient pour moi sans solution, & que tout ce que j'avois vu & entendu, n'étoit que l'effet d'un songe vain, image triste, mais fidele de la plûpart des félicités de la vie.

EPPUR TROPPO E LA VITA
UN SOGNO.

*FIN.*

www.ingramcontent.com/pod-product-compliance
Lightning Source LLC
Chambersburg PA
CBHW060601170426
43201CB00009B/859